마이크로소프트 봇 프레임워크 프로그래밍

챗봇 구축을 향한 다층적 접근

Programming the Microsoft Bot Framework:
A Multiplatform Approach to Building Chatbots
By JOE MAYO

마이크로소프트 봇 프레임워크 프로그래밍

초판 1쇄 발행 2018년 8월 30일

지은이 조 마요
옮긴이 김정인
펴낸이 장성두
펴낸곳 주식회사 제이펍

출판신고 2009년 11월 10일 제406-2009-000087호
주소 경기도 파주시 회동길 159 3층 3-B호
전화 070-8201-9010 / 팩스 02-6280-0405
홈페이지 www.jpub.kr / 원고투고 jeipub@gmail.com
독자문의 readers.jpub@gmail.com / 교재문의 jeipubmarketer@gmail.com

편집부 이종무, 황혜나, 최병찬, 이 슬, 이주원 / **소통·기획팀** 민지환 / **회계팀** 김유미
교정·교열 이종무 / **본문디자인** 최병찬
용지 에스에이치페이퍼 / **인쇄** 한승인쇄 / **제본** 광우제책사

ISBN 979-11-88621-28-6 (93000)
값 28,000원

제이펍은 독자 여러분의 아이디어와 원고 투고를 기다리고 있습니다. 책으로 펴내고자 하는 아이디어나 원고가 있는 분께서는
책의 간단한 개요와 차례, 구성과 저(역)자 약력 등을 메일로 보내주세요.　　　**jeipub@gmail.com**

마이크로소프트 봇 프레임워크 프로그래밍
챗봇 구축을 향한 다층적 접근

Programming the Microsoft Bot Framework
A Multiplatform Approach to Building Chatbots

조 마요 지음 / 김정인 옮김

이 책을 알리야 마요(Aaliyah Mayo)에게 바친다.

— 조 마요

차례

P A R T I **시작하기**

CHAPTER 1 **봇 프레임워크 아키텍처** ——————— 3

CHAPTER 2 프로젝트 구성 ——————— 16

IT 서적을 번역하는 일에는 여러 변수가 존재한다. 제품, 솔루션의 생애 주기가 빠른 분야인 만큼 책이 출간된 시점과 역서가 출간되는 시점 사이의 변화가 있기 마련이고 경우에 따라서는 원서가 출간된 지역과 지역 사이의 서비스 차이도 생긴다.

공교롭게도 이 책에서는 동시에 이 두 가지 문제에 직면했다. 대체로 데이터를 다루는 예제의 경우 외부에서 무료로 제공하는 데이터를 API로 받아 활용하기 마련인데 하나는 책이 출간되고 얼마 지나지 않아 서비스가 중단되었고, 나머지 하나는 아직 한국에서 공식 서비스가 개시되지 않았다.

그럼에도 이 책의 번역을 계속 진행했던 것은 이 문제는 주변적인 것이며, 이 책에서 다루고자 했던 본질적인 내용, 즉 마이크로소프트 봇 프레임워크를 사용해 봇을 어떻게 만들고, 서비스 유형에 따라 사용자에게 최적의 서비스를 제공하는 방법에 영향을 미치는 범위는 아니라고 판단했기 때문이다. 예제 프로그램은 모두 현 실정에 맞게 일부 조정해 두었으나, 기대를 충족할 만큼은 아닐 수도 있겠다. 그렇지만 앞서 말한 본질에 집중하면서 자신만의 데이터를 가지고 연습하고 실험한다면 충분히 유익한 교재가 될 것이라 믿는다.

이 책에서 사용하는 용어들은 마이크로소프트의 문서를 기준으로 최대한 맞추어 온라인에서 관련 자료들을 참고할 때도 혼선이 없도록 노력했다. 예를 들어, 최근 object를 객체나 개체 모두로 번역이 가능하지만, 마이크로소프트에서 제공하는 문서는 개체를 사용하므로 그에 준하여 개체를 채택하였다. 조금이라도 여러분이 이 책을 시작으로 학습 또는 실습을 연장해 나가는 데 도움이 되길 바란다.

이 책이 나오기까지 도움을 주신 이종무 팀장님을 비롯한 제이펍 식구들에게 감사드린다. 처음 내 손을 떠날 때는 늘 손부끄러울 따름인데, 책이 나오기까지는 오롯이 그분들 덕이라 생각한다.

마지막으로 늘 언제나 나를 믿고 기도로 응원해 주시는 가족에게 고마운 마음을 전한다.

옮긴이 **김정인**

추천사

작년 한 해 동안 챗봇에 대한 요구가 상당히 많았다. 클라우드와 인공지능 기술들을 사용하면서 챗봇 프로젝트만 5개를 했을 정도였다. 시장에서 이렇게 챗봇에 대한 요구가 많은 것은 단순히 인공지능에 대한 트렌드 영향만은 아니다. 실제 업무에 챗봇을 적용했을 경우, 단순한 업무들을 자동화해서 실질적인 결과를 만들 수 있기 때문이었다.

챗봇은 메신저들 이외에도 인공지능 스피커와 각종 디바이스에 이르기까지 많은 곳에서 지속적인 요구가 있을 것으로 기대되는 기술이므로 많은 관심을 받고 있다.

그런데 문제는 챗봇에 대한 요구는 많으나 챗봇을 개발하기 위한 체계적인 정보는 상대적으로 많이 부족했다. 더더군다나 한국어로 된 개발서는 찾아보기 어려웠다. 그래서 아쉬운 이들은 원서를 구입해 보기도 했지만, 그래도 역시 잘 번역된 한국어 서적은 늘 필요할 수밖에 없다.

이 책은 원서로도 접했지만, 한국어 번역서로도 접할 수 있게 된 것은 매우 고무적이다. 또 이 책에서 다루는 마이크로소프트 봇 프레임워크도 매우 흥미로운 기술이다. 마이크로소프트의 봇 프레임워크는 클라우드 서비스인 애저(Azure)와 결합해서 최소한의 노력과 시간으로 쓸만한 챗봇을 개발하는 데 필요한 기능들을 지원해 준다.

이 책은 기본적인 내용부터 자연어 처리를 위해서 꼭 필요한 NLP(Natural Language Processing) 기술인 LUIS와 기본으로 지원하지 않는 채널을 연결하기 위해서 사용되는 다이렉트라인(DirectLine)에 이르기까지 필요한 요소들을 두루 포함하고 있어서 챗봇 개발자들에게 단비와 같은 책이 될 것이다.

제4차 산업혁명이라는 단어가 시장에 흘러넘치고 있지만, 이런 실체 없는 단어에 생명을 불어넣고 시장을 만들어가는 진정한 개발자들에게 이 책을 강력히 추천한다.

Microsoft Commercial Software Engineering Team

Senior Software Engineer 김영욱

서문

마이크로소프트는 2016년 3월 30일에 열린 빌드 개발자 콘퍼런스에서 처음으로 봇 프레임 워크(Bot Framework)를 소개했다. 근본적으로 봇 프레임워크를 사용하면 개발자가 공통적인 메시징 앱에 등장하는 챗봇(Chatbot) 앱을 구축할 수 있다. 먼저 메신저(Messenger), 스카이프(Skype), 슬랙(Slack)처럼 자신이 자주 사용하는 메시징 앱을 열고 친구 목록에 챗봇을 추가하면 된다. 그러하면 거의 모든 유형의 응용 프로그램에 대해 버튼, 카드, 텍스트를 사용해 챗봇과 상호작용할 수 있다. 차이점은 챗봇은 그래픽보다 대화식 커뮤니케이션에 탁월하기 때문에 매우 효율적이다. 또한, 개발자는 봇 프레임워크를 사용해서 챗봇을 하나 작성하고 채널이라고 부르는 플랫폼 목록(이 목록은 계속 늘어나고 있다)에 포함할 수 있다. 앞에서 이미 몇 가지 메시징 채널을 언급했고, 웹 페이지, SMS 텍스트, 코타나 스킬(Cortana skill)을 포함하여 말 그대로 어디에나 같은 챗봇이 나타날 수 있다. 게다가 자신만의 채널을 만들 수 있게 해주는 Direct Line API도 있다. 개발자는 대화, 다채널, 음성 기능을 결합해서 자신이 만든 응용 프로그램을 챗봇을 통해 누구에게나, 어디에서든지 제공할 수 있는 강력한 도구를 가질 수 있게 됐다.

《마이크로소프트 봇 프레임워크 프로그래밍: 챗봇 구축을 향한 다층적 접근》은 고차원 아키텍처부터 다이얼로그로 대화를 관리하기까지, 그리고 자연어 처리와 음성 커뮤니케이션에 이르는 봇 프레임워크에 대해 알려준다. 단계마다 그 주제가 중요한 이유와 해야 할 작업에 적용하는 방법에 대한 핵심 원칙을 배우게 된다. 챗봇은 무수히 많은 엔터프라이즈 응용 프로그램과 산업에 존재하지만, 그중 이 책은 게임, 점포, 엔터테인먼트의 세 가지 주요 예제에 초점을 맞추었다. 이 책의 예제와 설명은 여러분만의 챗봇을 위한 아이디어를 제공할 뿐 아니라 즉시 자신만의 챗봇을 구현할 수 있는 탄탄한 기초를 제공하도록 설계되었다.

대상 독자

이 책은 챗봇이 무엇인지, 그리고 그것으로 무엇을 할 수 있는지 배우고자 하는 C# 개발자를 대상으로 한다. 코드를 짤 수 있고 C# 구문을 읽을 수 있다면 이 책의 내용을 따라갈 수 있을 것이다. 이 책은 개발자 관점에서 쓰였지만, 설계자에게도 봇 프레임워크의 작동 방식과 통합 및 시스템 설계에 영향을 미치는 고려사항을 알아보는 데 도움이 될 것이다.

가정

최소한 C# 코드를 읽을 수 있어야 한다. 능숙한 C# 개발자라면 문제없을 것이다. 이 책의 모든 예제에서 쓰인 프로젝트 형식인 ASP.NET MVC Web API를 알고 있다면 도움이 될 것이다. 그렇지만 이 책에서는 봇 프레임워크가 웹 관련 자료를 처리하는 방법에 대해 매우 자세히 설명하기 때문에 ASP.NET을 처음 접하더라도 문제 되지 않을 것이다.

대상으로 삼지 않는 독자

이 책은 이제 막 입문해서 코드를 작성할 줄 모르는 독자를 대상으로 하지는 않는다. 봇 프레임워크가 Node.js SDK를 제공하고 향후 다른 언어도 지원할 가능성이 있지만, 이 책은 C#만 사용한다. 사람들은 '봇'이라는 단어를 들으면 대체로 물리적인 로봇과 자동화 기계를 생각하는데 이 책은 둘 중 어느 것도 다루지 않는다. 이 책은 대화형 사용자 인터페이스(이것이 '챗봇'이라는 용어를 사용하는 또 다른 이유다)를 위한 소프트웨어를 작성하는 방법을 다룬다. 다른 챗봇 플랫폼도 있지만, 이 책은 마이크로소프트 봇 프레임워크만 다룬다. 즉, 챗봇과 마이크로소프트 AI 기술에 관심이 많은 C# 개발자라면 이 책을 바로 사면 된다.

이 책의 구성

이 책은 총 15장, 4개의 파트로 구성되어 있다. 파트 I인 '시작하기'는 책의 나머지 부분에 필요한 기본 사항을 구성한다. 첫 번째 장에서는 봇 프레임워크 아키텍처에 대한 조감도를 제공한다. 이 조감도는 여러분이 내리게 될 수많은 의사결정 내용이 이 조각들을 어떻게 끼워 맞추는지 아는가에 따라 달라지므로 중요하다. 프로젝트 구성하는 방법을 배운 다음, 2장과 3장에서 메시지와 대화 상태를 설명하면서 대화(conversation)의 핵심 부분을 소개한다. 4장에서는 테스트를 위해 봇 에뮬레이터(Bot Emulator)를 사용하는 방법과 챗봇이 처리할 수 있는 다양한 유형의 정보 및 챗봇이 사용자와 대화하는 방식에 대해 배운다.

파트 II에서는 다양한 형식의 다이얼로그를 다룬다. 5장에서는 사용자 상호작용을 다루는 도구와 하나의 질문을 다른 질문으로 바꾸는 방법에 대해 배울 것이다. 6장에서는 적은 양의 코드로 질문과 대답 양식을 구축하는 방법인 폼플로우(FormFlow)를 소개한다. 폼플로우는 간단하지만 강력한 도구로 7장에서 계속해서 폼플로우를 맞춤 변경하는 더 많은 기법을 배우게 될 것이다. 챗봇은 자연어 처리(Natural Language Processing, NLP)로 활기를 띠게 된다. 8장에서는 마이크로소프트의 LUIS(Language Understanding Intelligence Service)가 특정 다이얼로그 형식을 사용하는 챗봇에 NLP를 쉽게 추가할 수 있게 해주는 방법을 보여준다. 봇 프레임워크가 다이얼로그 스택으로 커뮤니케이션을 관리하는 법을 다루는 9장에서는 고급 대화 관리 기법에 대해 더 배울 것이다. 또한, LINQ to Dialog를 포함한 체이닝(chaining)을 다루고 사용자가 대화 중간에 주제를 바꾸는 경우를 처리하는 방법에 대해 보여준다.

파트 III는 채널과 그래픽 사용자 인터페이스(Graphic User Interface, GUI)를 알아본다. 챗봇은 주로 대화형이지만 10장에서는 봇 프레임워크가 다양한 유형의 카드를 지원하여 사용자가 GUI 제어와 상호작용하는 방법을 보여준다. 멀티 플랫폼 지원은 채널 설명에 두 장을 할애할 만큼 매우 중요하다. 11장은 채널에 대해 개괄적으로 알아보고 분석을 설정하는 법을 설명하며 빙(Bing)과 팀(Team) 채널을 설정하는 방법을 보여준다. 채널 목록은 점점 증가하고 있으므로 여기에서 다루는 내용은 채널 설정 작업에 어떤 방식으로 접근할 것인지에 대한 일반적인 예제로 이해하면 된다. 12장에서는 이메일, SMS, 웹 챗봇을 설정하는 방법을 다뤄서 챗봇을 메시징 앱 채널이 아닌 다른 것에 추가하는 방법을 보여준다. 또한, 웹챗(Webchat) 제어를 안전하게 페이지에 추가하는 방법을 설명한다.

마지막으로 파트 IV의 3개의 장에서는 맞춤 채널, 인텔리전스(intelligence)를 추가하고 음성 서비스를 사용하는 방법을 보여준다. 봇 프레임워크는 13장에서 설명하듯이 자신만의 채널을 만들 수 있게 해주는 강력한 Direct Line API를 보유하고 있다. 근본적으로 이것은 어떤 플랫폼에서도 챗봇을 포함할 수 있게 해준다. 인공지능(AI)을 적용하지 않더라도 정교한 챗봇을 작성할 수 있지만, AI를 적용하면 이를 더 개선할 수 있다. 그렇기 때문에 14장에서는 마이크로소프트 인식 서비스(Cognitive Service)를 사용하여 챗봇에 AI를 추가하는 방법을 보여준다. 마지막으로 15장에서는 챗봇을 코타나 스킬(Cortana Skill)로 올림으로써 우리가 앞으로 해야할 가장 매력적이며 흥미로운 기술 중 하나를 소개한다. '직관적인 사용자 인터페이스란 무엇인가?'에 대한 논의는 있지만, 자신의 목소리로 컴퓨터에 말을 거는 것보다 더 직관적인 것이 있을까?

이 책의 표기법과 그림

이 책은 정보를 가독성 있고 따라 하기 쉽도록 다음의 표기법으로 나타내었다.

- 노트 팁 주의 와 같이 레이블이 붙은 박스 안의 내용은 추가적인 정보나 한 단계를 성공적으로 완료하는 또 다른 방법을 제공한다.

- 코드 블록 외에 직접 입력해야 하는 텍스트는 고딕 글씨체로 나타낸다.

- 메뉴 선택이나 클릭해야 하는 경우도 고딕 글씨체로 나타낸다.

- 코드가 길면, 코드 줄을 나눠서 왼쪽 끝에 맞춰 정렬한다.

- 둘 이상의 메뉴 항목 사이에 굵은 화살표 기호(➡)는(예: File ➡ Close) 첫 번째 메뉴 항목을 선택한 다음 그다음 항목을 선택한다는 것을 뜻한다.

시스템 요구사항

이 책의 실습을 완료하려면 다음의 하드웨어와 소프트웨어가 필요하다.

- 윈도우 10, 윈도우 8.1, 윈도우 8, 윈도우 7 SP1, 윈도우 서버 2012 R2, 윈도우 서버 2012나 윈도우 서버 2008 R2 SP1 중 하나

- 비주얼 스튜디오 2015: 어떤 에디션도 상관 없음(비주얼 스튜디오 2017에서 잘 동작하지만, 비주얼 스튜디오 2015와 호환되도록 테스트되고 검증되었다)

- 1.6GHz나 그보다 빠른 프로세서를 가진 컴퓨터

- 1GB RAM(가상 머신에서 실행한다면 1.5GB 필요)

- 4GB 이상 여유로운 하드 디스크 공간

- 5,400RPM 하드 디스크 드라이브

- 1,024×768 이상의 해상도로 실행되는 DirectX 9이 가능한 비디오 카드

- 소프트웨어를 내려받고 NuGet 패키지나 각 장의 예제를 갱신하기 위한 인터넷 연결

윈도우 설정에 따라 비주얼 스튜디오 2015를 설치하거나 설정하려면 로컬 관리자 권한이 필요할 수도 있다.

다운로드: 코드 샘플

이 책의 대부분에서는 주 텍스트에서 학습한 새로운 내용을 대화식으로 실험할 수 있도록 연습문제를 포함하고 있다. 모든 샘플 프로젝트(사전 연습문제, 사후 연습문제 모두)는 다음 페이지에서 내려받을 수 있다.

https://aka.ms/ProgBotFramework/downloads

 코드 샘플 외에도, 시스템에 비주얼 스튜디오 2015(또는 비주얼 스튜디오 2017)가 설치되어 있어야 한다.

노트

코드 샘플 설치하기

이 책의 연습문제와 함께 사용할 수 있도록 컴퓨터상에 코드 샘플을 설치하려면 다음 단계를 따라 하면 된다.

1. 코드를 내려 받았으면 이 책의 웹사이트에서 내려받은 MSBotFrameworkBook-master.zip 파일의 압축을 풀도록 한다(필요하다면 특정 디렉터리를 생성하기 위해 지시사항에 따라 해당 디렉터리의 이름을 지정한다).
2. 확인하고 싶은 장의 이름으로 파일을 찾고 해당 장의 *.sln 파일을 연다.

코드 샘플 활용하기

코드는 ChapterXX(역주: XX는 01부터 15까지 각 장의 숫자를 의미) 형태의 15개 폴더로 구성되어 있다. 1장은 아키텍처를 개괄하는 장이기 때문에 Chapter01에는 코드가 없다. 각 폴더에는 ChapterXX.sln 파일이 포함되어 있는데 파일 탐색기에서 그 파일을 더블 클릭하여 비주얼 스튜디오에서 열 수 있다. 다른 폴더 콘텐츠는 그 장의 코드를 구성하는 프로젝트와 기타 파일이다.

각 장의 폴더는 NuGet 어셈블리를 위한 패키지 폴더를 가지고 있다. 솔루션을 빌드하는 데 어려움이 있다면 패키지 폴더를 삭제하고 리빌드하도록 한다. 이렇게 하면 성공적으로 빌드할 수 있도록 NuGet 패키지가 복구된다.

감사의 글

우선 내 아내 메이(May)에게 감사한다. 이 책을 쓰는 데 상당한 시간이 들었고 그 과정에서 보여준 그녀의 사랑과 지원에 감사한다. 나의 부재에도 인내심을 보여준 나의 나머지 가족에게도 감사한다.

편집팀에 감사한다. 데본 머스그레이브(Devon Musgrave)는 나를 이 프로젝트에 참여시켜줬다. 나의 원고 검토 편집자인 트리나 플레처 맥도날드(Trina Fletcher MacDonald)의 조언과 인내심, 그리고 프로젝트가 원활하게 진행될 수 있도록 도와준 것에 감사한다. 이것은 개발 편집자인 송린 추(Songlin Qiu)와 진행한 세 번째 프로젝트였다. 그는 조직과 다른 사람과 함께 작업하는 경험의 질을 지속적으로 개선하는 통찰력을 보여주었다. 우리 교열 편집자인 크리스티나 러들로프(Christina Rudloff)는 고르지 못한 문체를 다듬어줬고 가이드라인을 지킬 수 있게 도와줬다. 트로이 못(Troy Mott)은 원고 정리, 배치 및 구성, 교정, 장을 색인하는 일을 전문적으로 관리해줬다. 개인적으로 함께 일하지는 않았지만, 이 책을 위해 애써준 수많은 사람이 있다. 그들의 헌신에 감사한다.

앤킷 신하(Ankit Sinha)와 샤헤드 초드후리(Shahed Chowdhuri)라는 훌륭한 기술 편집자들도 빼놓을 수 없다. 이들이 제안한 셀 수 없이 많은 개선안 덕분에 작업의 완성도를 높일 수 있었다. 이들이 했던 모든 일에 진심으로 감사한다.

오타, 업데이트, 참고자료

우리는 이 책과 관련 자료의 정확도를 보장하기 위해 최선을 다했다. 이 책의 업데이트 내용은 다음의 사이트에서 오타, 관련 수정 내용에 대해 목록 형태로 제공한다.

https://aka.ms/ProgBotFramework/errata

아직 수정되지 않은 오류를 발견했다면 이 페이지에 제출해주기 바란다(역주: 제이펍 출판사에 연락해도 된다).

추가적인 지원이 필요하다면 Microsoft Press Book Support의 mspinput@microsoft.com으로 연락하면 된다.

마이크로소프트 소프트웨어와 하드웨어 관련 지원은 이 페이지에서 지원하지 않으며, 지원을 받으려면 *https://support.microsoft.com/*을 방문하면 된다.

마이크로소프트 프레스의 무료 전자책

기술 개요부터 특정 주제에 대한 깊이 있는 정보까지 마이크로소프트에서 제공하는 무료 전자책은 광범위한 주제를 다루고 있다. 이 책은 PDF, EPUB, 킨들을 위한 Mobi 포맷으로 제공되며, 다음 사이트에서 내려받을 수 있다.

https://aka.ms/mspressfree

자주 방문해서 새로 나온 책을 확인해보도록 하자!

의견 남기기

마이크로소프트 프레스는 독자의 만족이 최우선이며 독자의 의견을 가장 소중한 자산으로 여긴다. 다음 페이지에 이 책에 대한 생각을 남기면 감사하겠다.

https://aka.ms/tellpress

독자 여러분이 바쁘다는 것을 알기 때문에 단 몇 가지 질문으로 간단하게 만들려고 노력했다 (개인 정보는 요청하지 않는다). 독자 여러분의 의견에 미리 감사하게 생각한다.

트위터

트위터 *http://twitter.com/MicrosoftPress*로 계속 대화하도록 하자!

베타리더 후기

김용현(Microsoft MVP)

2016년부터 붐이 일었던 챗봇은 이제 단지 최신 기술로 치부하기에는 세계 IT의 흐름이 되었습니다. 이 책은 마이크로소프트 기술을 이용해 쉬우면서도 개발자 친화적인 챗봇 구축 방법을 알려주는 좋은 예제이며, 까다롭고 전문적인 C# 문법에 대한 익숙함이나 비주얼 스튜디오, 애저에 대한 전문 지식 없이 시작할 수 있는, 챗봇 프로그래밍의 대표적인 입문서로서 손색이 없습니다.

박재유(LG전자)

다가올 인공지능 시대에서 챗봇은 사람과 AI를 연결하는 중요한 교두보가 될 것입니다. 마이크로소프트가 출시한 봇 프레임워크는 C#을 이용하여 채팅 봇을 쉽게 개발할 수 있도록 돕는 도구입니다. 입문자가 다루기에 아주 쉬운 툴은 아니지만, 봇과의 대화를 구축하는 어려움을 상당 부분 경감시켜주는 역할을 할 것으로 기대합니다.

정욱재(서울시립대학교)

챗봇을 구현하고 싶거나 마이크로소프트 봇 프레임워크에 관심이 많은 사람이라면 반드시 읽어야 할 책입니다. 조금 더 나은 방식으로 다양한 플랫폼에 효과적으로 챗봇을 구축하여 배포하는 방법을 알려줍니다.

🦋 김진영(야놀자)

C#을 사용하던 개발자는 아니지만, 봇에 관심이 생겨 이 책을 보게 되었습니다. C# 사용자가 아니기에 소스의 원리를 이해하기보다는 봇 전체적인 흐름을 파악하고 사용법을 탐색해 볼 수 있었던 점이 좋았습니다. 다만, 예제에 사용된 API 제공이 중단된 점이 아쉬웠습니다.

🦋 차준성(서울아산병원)

프레임워크를 이용해서 간단하고 빠르게 봇 개발을 경험해보고 싶은 분들에게 추천하고 싶습니다. 하지만 개발에 대한 배경 지식이 없는 분들이 보기에는 조금 어려울 수도 있습니다.

제이펍은 책에 대한 애정과 기술에 대한 열정이 뜨거운 베타리더들로 하여금
출간되는 모든 서적에 사전 검증을 시행하고 있습니다.

PART

I

시작하기

봇 프레임워크를 사용하여 첫 프로젝트를 구성하고 간단한 챗봇을 만드는 것은 쉽다. 하지만 정교한 챗봇을 만들려면 자신이 작업하고 있는 플랫폼과 거기에서 이용할 수 있는 핵심 기능의 이해를 돕는 기초 지식이 필요하다. 이것이 이 파트에서 독자에게 도움을 줄 내용이다.

이 파트는 1장 '봇 프레임워크 아키텍처', 2장 '프로젝트 구성', 3장 '대화 구축하기: 기초', 4장 '챗봇 세부 조정'의 총 4개의 장으로 구성됐다. 1장 '봇 프레임워크 아키텍처'에서는 봇 프레임워크의 주요 구성 요소 전반에 대해 알아볼 것이다. 이것은 여러분이 챗봇을 구현할 때 디자인, 구성, 배포 관련 의사결정에 영향을 줄 수 있으며, 이 책 전반에서 각 개념이 다른 개념과 어떻게 들어맞게 되는지 배울 때 도움이 될 것이다. 2장 '프로젝트 구성'에서는 비주얼 스튜디오 프로젝트와 그 프로젝트의 다양한 아티팩트(artifacts)를 만드는 방법과 한 프로젝트의 아티팩트들이 어떻게 함께 동작하는지 배우게 될 것이다. 또한, 여러분이 처음으로 만든 챗봇을 실행하고 상호작용할 것이다. 3장 '대화 구축하기: 기초'에서는 여러분이 만든 챗봇과의 대화 및 다른 유형의 통신을 관리하기 위해 작업해야 할 코드를 설명한다. 4장 '챗봇 세부 조정'에서는 봇 에뮬레이터를 자세히 알아보고 로컬 환경에서 챗봇을 테스트하기 위해 사용할 수 있는 옵션에는 무엇이 있는지 알아볼 것이다. 또한, 고급 액티비티와 사용자와 통신할 수 있는 추가적인 방법을 배울 것이다.

시작하기 파트에서 다룬 이러한 기본 사항은 파트 II를 위한 환경을 구성한 것으로, 이 지식은 파트 II에서 다이얼로그를 사용하여 대화 흐름을 관리하는 방법을 배우기 전에 필요할 것이다.

CHAPTER 1

봇 프레임워크 아키텍처

새로운 기술을 선택할 때 어떤 이점이 있는지 알아보는 것은 당연하다. 이 도구나 프레임워크가 작업을 완료하는 데 어떻게 도움이 될까? 같은 코드를 처음부터 작성하는 것보다 생산적인가? 기존(또는 익숙한) 기술을 사용하여 앱이나 웹사이트, 데스크톱 프로그램을 만드는 것이 낫지 않을까? 이 장의 목표는 이러한 질문에 답을 얻도록 돕는 것이다.

봇 프레임워크를 설명하기 전에 먼저 챗봇이 무엇인지 그리고 왜 챗봇을 구축해야 하는지 생각해 볼 것이다. 이 책은 여러분이 이미 아는 내용에서 한발 더 나아가 이해하고 검증한다. 봇 프레임워크에는 몇 가지 주요 구성 요소가 있으며, 이 장에서는 그 구성 요소가 무엇인지, 그리고 이들이 서로 어떻게 연관되어 있는지, 그 이점은 무엇인지에 대해 보여준다.

1.1 챗봇이란 무엇인가?

마이크로소프트 봇 프레임워크에서는 '봇(bot)'이라는 용어를 사용하고 있지만, 이 책에서는 봇 프레임워크를 사용해 구축하게 될 프로그램의 유형을 말할 때 '챗봇(chatbot)'이라는 용어를 사용한다. 이 절에서는 챗봇이 무엇인지 그리고 그것이 제공하는 이점과 챗봇이 특정 작업에 적절한지 아닌지를 판단하기 위한 장단점에 대해 알아보도록 한다.

챗봇의 정의

챗봇의 정의에 대해 많은 의견이 있지만, 공식적으로 합의된 보편적인 정의는 없다. 몇몇 사전에서 봇에 대해 언급하지만, 현대 챗봇이 무엇인지에 대한 본질을 분명하게 표현하진 못하고 있다. 다음의 정의는 사전에 등재될 수 없더라도 챗봇이 무엇인지, 무엇을 할 수 있는지, 어떤 유형의 플랫폼에 위치하는지 잘 보여준다.

챗봇은 주로 메시징 플랫폼을 통해 사용할 수 있고 대화형 사용자 인터페이스(Conversational User Interface, CUI)와 상호작용하는 일종의 지능(intelligence)을 사용하는 응용 프로그램이다.

이 정의를 곱씹어보면 챗봇은 개발자가 작성한 프로그램이라는 점에서 응용 프로그램이라는 것을 알 수 있다. 챗봇은 본질적으로 사용자로부터 입력을 받아 처리해서 사용자에게 응답한다.

다음으로 메시징 플랫폼을 통해 사용할 수 있다는 구문은 오늘날 사용자가 메시징 플랫폼에서 최신의 챗봇을 많이 찾을 수 있으므로 중요하다. 이러한 메시징 플랫폼에는 스카이프, 메신저, 슬랙 등이 있다. 이 메시징 플랫폼이 중요한 이유는 메시징 응용 프로그램이 사람이 상호작용하기 위한 가장 대중적인 곳 중 일부이기 때문이다. 이 때문에 챗봇 형태의 응용 프로그램을 보통 사람이 일반적으로 머무는 곳에서 당연히 사용할 수 있다.

정의에는 마이크로소프트 인식 서비스(Microsoft Cognitive Services)와 기타 서드파티를 통해 AI(Artificial Intelligence) 서비스를 모두 사용할 수 있기 때문에 지능이라는 단어가 포함된다. 필수 사항은 아니지만 일종의 AI를 이용하는 챗봇을 일반적으로 볼 수 있다. 여기서는 메시징과 지능과 관련해서 '주로'라는 용어를 사용했는데 이 둘을 사용하는 것이 보편적이긴 하지만 절대적이거나 필수 요건은 아니기 때문이다.

이 정의의 마지막으로 CUI를 통해 사용자와 상호작용하는 부분은 챗봇의 두드러진 특징이다. 사람들은 텍스트뿐 아니라 음성을 통해서도 챗봇과 소통한다. 대화는 텍스트나 음성이 될 수 있다. 이 책에 등장하는 챗봇 대부분은 텍스트를 사용하지만, 일부는 빠르게 상호작용할 수 있도록 카드를 사용하고, 그 밖에도 15장 '음성 서비스 추가하기'에서 논의하겠지만, 코타나 스킬을 사용해 음성 인터페이스를 제공한다. 다음 절에서는 왜 대화가 그렇게 중요한지를 설명한다..

커뮤니티에서 챗봇의 정의를 두고 치열하게 논쟁을 이어가고 있지만, 인원 대부분이 합의하고 있는 부분은 '봇' 대신 '챗봇'이라는 용어를 사용하는 것이다. 과거에 봇은 자동화된 서버 프로세스, 스파이더, 웹 크롤러를 의미했다. 이 용어는 로봇의 약칭이기도 하다. 이 장에서 내린 정의를 살펴보고 모호하다고 생각되는 부분을 고려하면 많은 사람이 챗봇이라는 용어가 일반 언어로 상호작용하는 프로그램을 좀 더 잘 설명한다고 생각하고 있다.

왜 대화인가?

대화는 챗봇의 중요한 특성이다. 대화가 무엇이며, 왜 중요한지에 대해 더 깊이 알아보자.

챗봇은 그래픽 사용자 인터페이스(Graphic User Interface, GUI)보다는 대화형 사용자 인터페이스를 사용한다. GUI는 화면에 표시되고 마우스나 터치 동작을 위한 그래픽 요소와 그림이 있는 프로그램이다. CUI는 사용자가 메시징 앱에 입력하는 텍스트다. 오늘날 대부분의 챗봇은 주로 텍스트를 사용하지만, 챗봇은 사용자와 상호작용하기 위해 음성을 사용할 수도 있다. 앞으로 배우겠지만, 챗봇은 일부 GUI 요소를 가질 수 있지만, 여전히 챗봇의 주된 특징은 대화를 쉽게 하기 위해 텍스트를 사용하는 것이다.

일부 소프트웨어 개발자는 이를 보고 오래된 것이 다시 새롭게 등장했다고 말할 것이다. CUI라고 하면 명령줄(command-line)이나 콘솔 응용 프로그램을 떠올리기 때문이다. 그러나 그 둘 사이에는 큰 차이점이 있는데 명령어 기반으로 움직이는 것과는 정반대로 CUI는 대화형이기 때문이다. 챗봇은 사용자가 입력한 일반어 텍스트를 이해하기 위해 종종 자연어 처리(Natural Language Processing, NLP)를 사용한다. 반면에 전형적인 명령줄 응용 프로그램은 사용자가 원하는 바를 이해하기 위해 정확한 명령어 구문을 요구한다. 물론 명령줄 응용 프로그램에서도 NLP를 사용하고 사용자와 대화할 수도 있지만, 그렇다 해도 결국은 명령줄 응용 프로그램 안에 있게 될 챗봇을 만드는 셈이다. 과거 명령줄 응용 프로그램은 일반적으로 NLP를 사용하지 않았고 챗봇의 고유 특성인 대화와도 무관했다. '일반적으로'라고 말한 이유는 과거에도 대화를 통해 사용자와 상호작용하려는 AI 프로젝트들이 있었고 이 장에서 정의한 바에 따르면 이 역시 챗봇으로 간주할 만하기 때문이다.

앞에서는 어떻게 대화라는 특성이 챗봇을 이전 응용 프로그램 유형인 명령줄 및 GUI와 차별화시키는지 설명했다. 그 이유를 이해하려면 사람들이 서로 어떻게 소통하는지 생각하면 된다. 그들은 대화한다. 명령줄 응용 프로그램에 간결한 명령어를 입력하거나 GUI 화면을 터치하는 것은 학습된 행동이다. 대부분은 GUI 인터페이스를 통해 훌륭한 사용자 경험을 만들어 내는 방법을 연구하고 작성한 결과다. 그래도 핵심 이슈는 그대로 남아 있는데, 사람들은 여전히 그 인터페이스를 사용하는 법을 배워야 한다는 것이다. 사람들은 하나의 프로그램 인터페이스를 배워야 할뿐 아니라 자신이 사용하는 다른 모든 프로그램의 인터페이스도 배워야한다. 컴퓨터에 익숙한 사람이라면 벤더들 사이에 공통으로 사용되는 패턴이나 그 외의 관례들을 통해 GUI를 사용하는 법을 알 수 있다. 하지만 기술에 문외한이라면 아무리 사용자 인터페이스가 기술적으로는 직관적이더라도 학습 곡선(learning curve)이 필요하기 마련이다. 이를 해결할 수 있는 대안은 챗봇을 통한 대화이다.

대화는 자연스러운 것이다. 인류가 역사 이전부터 소통을 위해 해오던 일이다. 사람들은 태어난 순간부터 전 생애에 걸쳐 대화를 통해 소통하는 법을 배운다. 사람들은 왜 컴퓨터에 일을 시키려고 할 때 일상적인 대화를 사용할 수 없을까? 이제 이 목표에 거의 다 도달했는데 이는 챗봇의 주 인터페이스가 대화이기 때문이다.

메시징 앱은 무척 인기가 많아서 전 세대가 모두 텍스트를 통해 상호작용하는 데 익숙하다. 사람들이 매일 사용하는 스카이프 메시징, 페이스북 메신저, 슬랙 등 수많은 응용 프로그램들이 있다는 것을 생각해보라. 실제로 수년 간 사람들은 AOL 메신저, IRC, SMS 같은 채팅 응용 프로그램을 사용해왔다. 메시징 플랫폼에서 텍스트를 통해 서비스를 제공하는 챗봇과의 대화 기술이 출현한 것은 컴퓨팅이 수많은 사람의 삶에서 이롭고 당연한 방향으로 진화한 것이다.

챗봇의 이점에는 대화를 포함해서 여러 가지가 있는데 이에 대해서는 다음 절에서 다룬다.

챗봇의 이점

챗봇이 응용 프로그램 구축에 있어 훌륭한 플랫폼인 이유는 이 외에도 더 많이 있다. 거기에는 대화 기능, 배포의 용이성, 기기의 다양성, 플랫폼 독립성 등이 포함된다.

대화

이전 절에서 대화에 대해 자세히 알아봤다. 대화는 자연스러운 것이므로 챗봇은 누구나 사용할 수 있는 인터페이스를 생성하기에 이상적인 플랫폼이다.

> **노트** 메시징 플랫폼은 대화 말고도 몇 가지 GUI를 지원하지만, 최소한의 기능만 지원하며, 챗봇의 대화 기능을 보조하는 수준에 그친다.

배포 용이성

데스크톱 응용 프로그램이나 앱이 가진 한 가지 문제는 배포하려면 추가적인 작업이 필요하다는 점이다. 데스크톱 응용 프로그램의 경우 프로그램을 내려받아 설치해야 한다. 앱이라면 스토어에 방문해서 기기에 설치해야 한다. 웹사이트라면 특정 브라우저에서 동작하지 않을 수도 있다는 문제가 있다. 이러한 기존 기술을 배포할 때 사람은 각자 주관적으로 느끼는 반감이 있기 마련이다.

반면에 챗봇은 사람들이 이미 사용하고 있는 메시징 앱에 존재한다. 배포 절차는 그 메시징 앱 작업 영역에 봇을 불러들이기만 하면 될 정도로 간단하다. 배포나 설치를 위해 복잡한 작업이 필요하지 않다. 사람들이 그저 챗봇에 'Hi'라고 말하기만 하면 챗봇이 커뮤니케이션을 시작한다.

기기 호환성

오늘날 사람들은 대체로 챗봇을 메시징 응용 프로그램에 존재하는 것으로 생각한다. 그러나 앞에서 챗봇에 대해 정의할 때 '주로'라는 용어를 사용했음을 기억하자. 이것은 챗봇이 '반드시' 메시징 앱에 존재해야 한다고 말할 수 없기 때문에 일부러 삽입한 문구다. 더불어 텍스트를 입력해서 챗봇과 상호작용해야 한다는 요건도 없다. 상호작용은 음성으로도 할 수 있다.

마이크로소프트의 코타나(Cortana)나 애플의 시리(Siri)는 음성으로 커뮤니케이션한다. 이 외에 아마존의 알렉사(Alexa)나 구글의 홈(Home) 같은 상업용 장치도 음성으로 커뮤니케이션한다. 심지어 개발자조차 마이크로소프트의 인식 서비스 같은 API를 통해 제공되는 텍스트-음성/음성-텍스트 인터페이스를 통해 변환되는 음성을 사용하는 챗봇을 구축할 수 있다.

챗봇은 메시징 응용 프로그램 외에, 앱과 웹사이트, 데스크톱 응용 프로그램에도 포함될 수 있다. 누구나 챗봇과 상호작용하기 위해 오디오/음성 기능을 가지고 인터넷을 통해 커뮤니케이션하는 하드웨어 기기를 만들 수 있다. 명령줄이나 GUI 응용 프로그램은 화면이 필요하지만, 챗봇은 전통적인 컴퓨팅 장치에만 적용되는 것이 아니므로 더 여러 방면으로 사용된다.

플랫폼 독립성

앱은 대체로 그 앱의 기반 플랫폼이 제시하는 디자인과 기능 규칙을 적용하는 편이다. 예를 들어 마이크로소프트의 유니버설 윈도우 플랫폼(Universal Windows Platform, UWP)이 권장하는 디자인 패턴이 있으며, 구글에는 머티리얼 디자인(material design)이 있으며, 애플도 자신만의 권장 사항이 있다. 자마린(Xamarin) 같은 교차 플랫폼 도구를 사용하여 단일 앱을 만들고자 한다면 이 같은 규약들을 포기하거나 해당 플랫폼의 기대에 맞추기 위해 UI를 약간 손봐야 한다. 더구나 시간이 지나면서 이러한 플랫폼의 버전이 바뀌고 규약과 기능이 변하면서 앱 기반이 조각조각 나뉘고 개발자와 사용자를 혼란스럽게 한다. 서로 다른 플랫폼의 요건을 충족시키는 대신 각 플랫폼에 특화된 기술을 사용하여 별도의 앱을 만드는 방법도 있지만, 그렇게 하면 더 많은 작업이 필요하다. 마이크로소프트 봇 프레임워크를 사용하면 하나의 챗봇으로 모든 플랫폼을 만족시킬 수 있다.

> **노트** 자마린은 플랫폼에 독립적인 앱을 개발하는 데 탁월한 플랫폼이다. 다만, 이 책에서는 앱과 챗봇의 차이점에 초점을 맞춰 기술했다.

챗봇을 만들 때는 한 가지 규약만 지키면 된다. 사용자와 일상의 언어로 대화해야 한다는 것이다. 사용자와의 대화는 챗봇의 목적과 사용자의 욕구에 따라 움직인다. 사용자가 필요한 기능을 사용하기 위해 호출 트리(call tree)나 계층구조를 따라가는 대신 자신이 원하는 바를 바로 챗봇에 요청만 하면 된다. 논리적으로 다양한 유형의 요청을 만족해야 할 경우가 있지만, 다시 한 번 말하면 챗봇은 사용자가 다음에 질문할 내용에 대답하기 위해 계층구조를 따라 올라갈 필요는 없다. 챗봇은 회사/개발자가 타깃으로 삼고 있는 사용자를 위해 어떻게 만드는지에 따라 대화가 자유롭다.

여기까지 챗봇이 갖는 이점 중 일부를 알아보았고 챗봇을 구현하는 과정에서 더 많은 이점을 제공할 수 있다. 하지만 챗봇이 적절한 해결책이 아닌 경우도 있는데, 다음 절에서 이에 대해 더 자세히 알아보도록 한다.

봇을 채택할 것인가, 말 것인가?

한동안 이 업무에 종사했던 대부분의 소프트웨어 개발자는 프로그래밍 언어를 논할 때 자신만의 의견이 있기 마련이다. 어떤 사람은 끊임없이 소소한 의견, 뉘앙스, 이론을 교류하는 것을 즐기는데 그중에 가끔 툭 튀어나오는 탁월한 의견으로부터 한두 가지를 배울 수 있다. 종종 노련한 개발자가 이런 대화에 끼어들어 어떤 프로그래밍 언어, 플랫폼, 도구도 모든 경우에 완벽하지 않으며, 어떤 것이 원하는 작업에 적합한 도구인지 고려하는 것이 중요하다는 점을 사람들에게 일깨워준다. 이러한 관점에서 접근해보면 왜 챗봇이 모든 문제를 해결하는 최선의 방안이 아닐 수 있는지를 설명하는 타당한 이유가 있다. 여기에는 다양한 원인이 있지만, 이 절에서는 프로젝트를 기획하면서 챗봇을 사용할 것인지 질문할 때 그에 대한 의견을 제공하기 위해 몇 가지 원인을 알아보겠다. 여기에는 변경 사항 발생, UI의 적절성, 중요도가 포함된다.

변경 사항 발생

어떤 앱이 이미 사용자들을 만족시키는 서비스를 제공하고 있다고 가정하자. 사용자들은 행복하고 이 앱을 사용할 수 있게 훈련돼 있으며, 마무리할 일만 남았다. 이때 변경 사항이 발생했고 이로 인해 사용자들이 별 이득 없이 불편을 감수해야 하는 상황이라면 그 변경 내역을 챗봇으로 만드는 것이 낫지 않을까? 반면에 사용자가 새로운 도구를 좋아하고 그에 따른 분명한 이점이 있다면 챗봇은 여러 선택지 중 하나가 될 것이다.

또는 챗봇을 구현할 자원(예산이나 충분한 인력)이 부족할 수도 있다. 때로는 앱을 챗봇으로 다시 작성하려는 기술적 욕구가 현재 쓰고 있는 솔루션을 좀 더 오래 유지하고자 하는 비즈니스 제약사항을 넘어설 수 없을 때도 있다. 그러나 예산이 있고 챗봇으로 확실한 개선이 보장된다면 비즈니스 결정도 바뀔 것이다.

UI의 적절성

챗봇 UI는 대화형이다. 10장 '카드 추가하기'에서 챗봇에 사용할 수 있는 몇 가지 GUI 요소에 대해 알아보겠지만, 범위가 한정적이다. 특히 사용자가 이동, 확대/축소 및 기타 조작을 하는 지도를 사용해야 한다고 생각해보자. 챗봇에 말해서 이미지를 다시 렌더링하는 것도 가능하겠지만, 사용자 입장에선 번거로울 수도 있다.

챗봇 적용이 어울리지 않은 또 다른 영역으로는 증강 현실(AR)/가상 현실(VR) 응용 프로그램이다. 당연한 소리로 들리겠지만, 챗봇이 시나리오에 적합한지 여부를 판단하는 과정을 도와주는 몇 가지 항목을 꼽는 것이 중요하다. 이 경우에 챗봇이 프로그램으로 선택되지 않을 수 있지만, AR 프로그램이 챗봇의 특성을 가질 수 있다.

중요도

챗봇을 만들 때 고려할 사항 중 하나는 대화를 설계하는 작업이 어려울 수 있다는 점이다. 무언가를 말하는 데는 매우 다양한 방법이 있고 대화는 매우 다양한 방향으로 전개될 수 있다. 그 범위를 제한함으로써 이 복잡도를 관리할 수 있다. 그러나 119 서비스, 병원 응급실이나 초기 대응인력 조정 같이 대화를 제한해서는 안 되는 현실적인 상황이 있다. 이럴 때 대화는 예측할 수 없는 모든 상황으로, 어떤 방향으로도 전개될 수 있다. 비상사태 역시 챗봇이 사람이 말하는 것을 이해할 수 없다면 재앙에 가까울 것이다. 이러한 상황에서 드러날 수 있는 모든 감정과 예측 불가능성, 복잡도를 고려하면 챗봇이 올바른 해결책이 아닐 수 있다.

현재로서는 챗봇이 올바른 해결책이 아닐 수 있지만, 기술과 도구가 발전함에 따라 미래에는 챗봇이 가능한 수준을 넘어 최적의 솔루션이 될 수도 있다. 챗봇이 적절히 대화를 찾아갈 수 있는 능력이 있다면 실제로 올바른 결정을 방해하는 감정과 기타 인간의 실수들을 배제함으로써 더 안전할 수 있다. 현재 자율 주행 차량을 100% 신뢰할 수 있는가를 두고도 이와 비슷한 논의가 이루어지고 있지만, 미래에는 사람이 운전하는 것보다 훨씬 안전하게 될 가능성이 높다.

1.2 봇 프레임워크 아키텍처

봇 프레임워크로 작업할 때는 각 구성 요소가 서로 어떻게 들어맞는지 아는 것이 중요하다. 예를 들어 메시지가 어떤 경로를 취하는가, 봇은 무엇과 통신하는가, 또는 어떤 서비스가 가능한가 등이 이에 해당한다. 이 책 전반에서 이 구성 요소에 관해 설명하고 개념의 기술적 세부 사항의 이해를 도울 수 있는 모든 내용을 시각적으로 보여준다. 이 절에서는 개괄적인 수준에서 먼저 살펴보고 각 구성 요소를 자세히 알아본다. 각 구성 요소와 각 구성 요소가 제공하는 서비스 사이의 관계를 배우게 될 것이다.

챗봇, 커넥터, 채널 시각화하기

아래 조감도에는 채널, 봇 커넥터(Bot Connector), 챗봇을 포함하여 봇 프레임워크의 주요 구성 요소가 포함돼 있다. 그림 1-1은 봇 프레임워크 구성 요소 간의 통신 흐름을 보여준다.

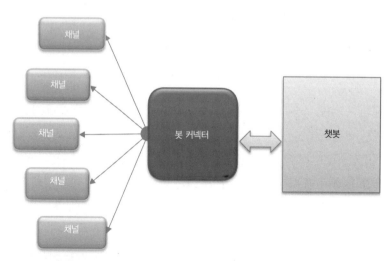

그림 1-1 **채널은 봇 커넥터와 커뮤니케이션하고, 봇 커넥터가 챗봇과 커뮤니케이션한다**

채널은 챗봇과 통신하기 위해 사용되는 스카이프나 페이스북 메신저 같은 앱이다. 그런 다음 봇 커넥터가 챗봇과 메시지를 보내고 받는다. 챗봇의 구성 요소는 개발자가 구축하는 것으로 이 책에서 그 방법을 자세히 알아볼 것이다.

이 구성 요소인 채널, 봇 커넥터, 챗봇 각각은 자신만의 기능과 서비스를 제공하며 이에 대해 다음 절에서 차례로 배울 것이다.

채널 개요

채널은 종종 스카이프, 슬랙, 페이스북 메신저 같은 메시징 앱과 연결된다. 그것도 맞지만 그림 1-2에서 보여주는 것처럼 봇 커넥터와 메시지를 주고받는 프로그램이라면 모두 채널이다.

그림 1-2 마이크로소프트 봇 프레임워크는 서드파티 채널, 이메일, SMS와 웹사이트를 지원한다

봇 프레임워크는 메시징 응용 프로그램 외에 이메일, SMS와 웹사이트도 지원한다. 봇 프레임워크는 웹 페이지에 있는 웹챗 컨트롤을 제공한다. 11장 '채널 구성'은 챗봇으로 작업하기 위해 채널을 설정하는 방법을 보여주며, 12장 '이메일, SMS, 웹 챗봇 생성'에서는 이메일, SMS, 웹챗 컨트롤 설정과 사용하는 방법에 대해 알아본다.

본질적으로 채널은 사용자가 챗봇과 상호작용할 수 있는 장소를 나타낸다. 마이크로소프트는 몇 가지 서드파티 앱을 통합해서 자체 채널을 보유하고 있지만, 챗봇은 사용자에게 제공할 수 있는 채널 유형에 제한받지 않는다. 챗봇을 자신의 응용 프로그램을 통해 노출해야 할 회사가 있다고 가정해보자. 이 작업은 봇 프레임워크가 맞춤 채널 구축을 지원하기 때문에 가능하다. 이에 대해서는 13장 'Direct Line API로 맞춤 채널 코딩하기'에서 더 많이 배울 수 있다.

봇 커넥터 서비스

이전 절에서는 라우팅(routing)이라고 부르는 채널과 챗봇 사이의 통신을 봇 커넥터가 어떻게 가능하게 하는지 보여줬다. 그러나 그림 1-3처럼 봇 커넥터에는 더 많은 역할이 있다.

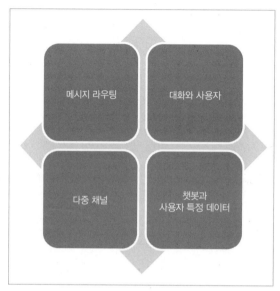

그림 1-3 **봇 커넥터는 다양한 서비스를 제공한다**

봇 커넥터는 라우팅 외에도 챗봇이 저장할 수 있는 맞춤 정보인 상태(state)를 저장한다. 챗봇은 대화, 사용자, 대화에 참여한 사용자를 위한 맞춤 정보를 저장할 수 있다. 이러한 유형의 상태 정보는 각각 최대 32kb까지 저장할 수 있다. 추가로 봇 프레임워크는 봇 커넥터 상태 서비스(state service)의 저장소를 위해 다이얼로그 유형의 콘텐츠를 직렬화할 것이다.

챗봇은 액티비티(activities)라 부르는 메시지를 통해 봇 커넥터와 통신한다. 이 액티비티는 사용자와 챗봇 사이의 텍스트일 수도 있고 대화를 업데이트하는 등의 기타 대화형 이벤트일 수 있다. 이 액티비티는 채널, 대화, 사용자에 대한 다양한 식별자를 가지고 있다. 봇 커넥터가 이러한 액티비티를 라우팅하지만, 그 식별자는 관리하지 않는다는 사실을 알아야 한다. 봇 커넥터가 관리하는 것은 채널과 챗봇 사이의 메시지 통신 형식(wire format)이다. 봇 프레임워크 챗봇은 항상 JSON 문자열 개체로부터 역직렬화(deserialization)된 액티비티 형태로 메시지를 받는다.

봇 커넥터가 가진 기술 특징 중 흥미로운 것은 그 인터페이스가 REST API라는 점이다. 이는 봇 프레임워크 SDK가 C#으로 작성되고 윈도우 애저(Windows Azure)에 있지만, 봇 커넥터는 플랫폼에 중립적이라는 것을 뜻한다. 누구나 Direct Line API를 통해 통신하는 맞춤 채널을 만들 수 있다. 봇 프레임워크 SDK는 C#(.NET 프로그래밍 언어)과 node.js를 지원하지만, 봇 커넥터는 Connector REST API를 제공하기 때문에 모든 종류의 프로그래밍 언어를 지원한다. 또한, State REST API가 있어서 어떤 프로그래밍 언어라도 챗봇 상태를 관리하기 위해 접근할 수 있다.

 봇 프레임워크 SDK는 깃허브의 오픈 소스 프로젝트다(*https://github.com/Microsoft/BotBuilder*). 이 코드를 복제해서 그 동작 방식을 확인하고 마이크로소프트 봇 프레임워크 팀과 교류하라. 우리는 이미 자바와 파이썬 분야에서 관련된 몇 가지 오픈 소스 프로젝트를 보았는데 그 외에도 더 많은 프로젝트가 있다.

챗봇의 특성

챗봇은 작성자가 결정한 용도에 맞게 서비스한다. 현재 상상할 수 있는 거의 모든 영역(예, 엔터테인먼트, 정보 서비스, 소매, 게임, 팀 관리 등)에서 챗봇이 증가하고 있다. 이 책에는 챗봇의 몇 가지 예제를 제공하고 스카이프 봇 디렉터리에서 더 많은 것을 확인할 수 있다. 봇이 무엇을 해야 하는지 머릿속에 그려지면 다음 단계는 챗봇의 설계에 대해 생각하기 시작한다. 다음의 그림 1-4는 챗봇이 도와줄 수 있는 몇 가지 특성을 보여준다.

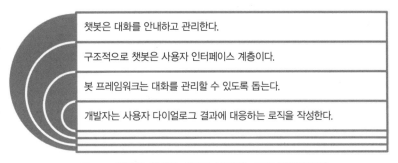

그림 1-4 **챗봇은 설계와 개발을 설명하는 고유 특성이 있다**

사용자가 '안녕'이라고 말할 때부터 대화가 완료될 때까지 챗봇이 대화의 흐름을 책임진다. 물론 사용자가 대화를 주도하고 그 대화는 수많은 방향으로 전개될 수 있는데 대부분의 챗봇은 그런 방식으로 설계되지 않았다. 예를 들어 챗봇이 전화기를 팔기 위한 목적으로 만들어졌는데 사용자가 데스크톱 컴퓨터에 관해 묻는다. 챗봇은 개발자가 그렇게 하도록 프로그래밍하지 않았으면, 데스크톱 컴퓨터에 대해 말할 수 없을 것이다. 대화가 본론에서 벗어나는 일은 보편적이며 챗봇이 알고 있는 경로를 다룰 뿐 아니라 우아하게 다른 경로를 처리하는 작업 흐름을 설계하려면 상당한 고민이 필요함을 뜻한다. 챗봇을 설계할 때 가장 중요하게 고려해야 할 사항이 각양각색의 대화 경로를 매핑하는 것이지만, '우아한'의 정의는 개발자와 응용 프로그램의 본질에 따라 다르다.

대화를 관리하는 고유의 요구사항 외에 챗봇은 다른 컴퓨터 프로그램처럼 설계돼야 한다. 일반적인 용어로 보통 응용 프로그램에는 작업하는 개발자(또는 팀)의 설계 철학에 따라 다양한 계층이 존재한다. 대부분의 응용 프로그램에는 웹사이트의 HTML 페이지, 데스크톱 응용 프로그램을 위한 창, 휴대폰 앱의 터치스크린(touch screen) 같은 사용자 인터페이스 계층이 있다. 이러한 것들은 전형적으로 그래픽 사용자 인터페이스다. 그러나 챗봇은 주로 대화형 사용자 인터페이스다. 아키텍처 관점에서 보면 챗봇은 사용자 인터페이스다. 대화를 관리하는 코드는 사용자 인터페이스(또는 표현 계층)의 일부다. 개발자는 다른 기술의 계층화된 응용 프로그램처럼 사용자 인터페이스가 비즈니스 로직을 수행하기 위해 호출하는 코드를 작성한다. 이 책에는 단순하게 구성하기 위해 계층화된 설계를 사용하지 않은 예제도 있고 챗봇 CUI 처리를 비즈니스 로직과 분리한 예제도 볼 수 있다. 어쨌든 개발자는 자신이 원하는 대로 자유롭게 설계할 수 있고 여기의 개념들은 챗봇을 설계하는 방법을 생각하는 데 도움이 될 것이다.

이 장의 마지막 절은 한발 뒤로 물러나, 챗봇의 본질인 분산 아키텍처를 검토하여 챗봇 설계에 영향을 주는 정보를 제공한다.

챗봇 통신

수많은 응용 프로그램들은 같은 기기에 상주하거나 같은 랜 상에 계층(예: 데이터베이스)을 가지고 있어서 응답한다. 웹사이트도 응용 프로그램 대부분을 포함하는 서버에 텍스트를 전달하기 때문에 잘 동작한다. 챗봇은 분산 아키텍처에 구축됐기 때문에 약간 다르다. 그림 1-5는 채널, 봇 커넥터, 챗봇, 추가 서비스 사이의 통신 경로를 보여준다.

인터넷을 통해 통신하는 분산 응용 프로그램들이 있고 그에 따르는 성능과 확장성에 대한 우려가 있다. 챗봇은 분산 응용 프로그램이다. 그림 1-5의 개체 간 화살표 각각은 구성 요소 간 전달된 메시지이며 더 구체적으로 각 화살표는 인터넷을 통한 통신을 나타낸다. 사용자의 인터넷 연결이 느리면 사용자는 답답해할 것이다. 다시 말해 인터넷 연결 환경이 좋다면 더 나은 경험을 하게 된다.

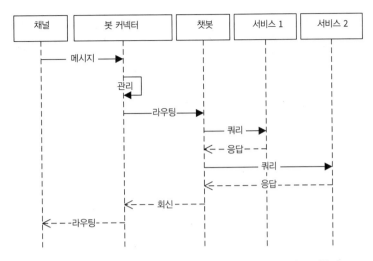

그림 1-5 봇 프레임워크의 각 구성 요소는 인터넷을 통해 통신한다

그림 1-5에서 보면 챗봇이 사용하는 서비스(서비스 1과 서비스 2)에는 개발자가 알아야 하는 흥미로운 기능들도 포함되어 있다. 자연어 처리를 위해 자연어 이해 지능 서비스 같은 외부 서비스를 호출하는 것이 일반적이다. 마이크로소프트 인식 서비스가 제공하는 것처럼 흥미로운 서비스가 여러 가지 있을 수 있다. 그러한 서비스가 필요하다면 반드시 사용하라. 하지만 이러한 서비스들이 본질적으로 챗봇의 성능과 확장성에 영향을 미칠 수 있음을 알아야 한다.

요약

챗봇의 정의에는 다른 유형의 응용 프로그램, 적용 가능한 메시징 플랫폼, 지능 서비스, 대화형 본질을 포함하여 다양한 기능들이 포함되어 있다. 다른 응용 프로그램 유형에 챗봇을 사용하면 배포가 쉽고 다양한 기기에 적용할 수 있으며, 플랫폼에 독립적이라는 것이 이점이다.

봇 프레임워크 아키텍처에는 채널, 봇 커넥터, 챗봇을 위한 구성 요소가 포함되어 있다. 채널은 사용자가 챗봇과 상호작용하는 메시징 앱, 웹사이트, 이메일, SMS 같은 인터페이스다. 봇 커넥터는 라우팅과 상태 관리 서비스를 제공한다. 챗봇은 개발자가 작성하는 사용자와 상호작용하기 위한 로직이 포함된 응용 프로그램이다.

이제 봇 프레임워크의 주요 구성 요소 전부와 챗봇이 어떤 경우에 적합한지 이해하는 데 필요한 핵심 내용을 알게 됐다. 다음 2장 '프로젝트 구성'에서는 간단한 챗봇을 구축하는 방법과 봇 프레임워크 SDK의 기본 서비스를 사용하는 방법을 알아볼 예정이다.

2

프로젝트 구성

마이크로소프트 봇 프레임워크 팀은 챗봇 구축을 위한 초보자용 템플릿(template)을 만들었다. 이 초보자용 템플릿은 챗봇의 기본 설정 항목인 폴더, 파일, 설정, 어셈블리 참조를 제공함으로써 프로젝트 구성을 돕는다. 이 장에서는 봇 프레임워크 프로젝트를 둘러보고 챗봇에 필요한 최소한의 코드를 검토한다.

궁극적으로는 챗봇을 하나 이상의 플랫폼에 게시하는 것을 목표로 하지만, 그 전에 테스트는 반드시 필요한 작업이다. 그렇기 때문에 봇 프레임워크는 봇과 통신하고 그 기능을 테스트하는 데 필요한 에뮬레이터(emulator)를 포함하고 있다. 테스트가 끝나면 챗봇을 게시하고 봇 프레임워크를 사용해서 등록하고 봇 프레임워크 디렉터리 내 설치를 요청할 수 있다.

2.1 챗봇 구축 단계

마이크로소프트 봇 프레임워크를 사용하여 챗봇을 구현하는 것은 비주얼 스튜디오를 사용하여 소프트웨어 응용 프로그램을 구현하는 것과 비슷하다. 새로운 프로젝트를 생성하고, 기본 코드를 자신의 목적에 맞게 고치고, 테스트한 뒤 배포하면 된다. 일부 개발자는 이 단계 중 몇 단계를 자동화하는 독자적인 프로세스를 가지고 있기도 하지만, 결과적으로 그림 2-1의 단계들이 챗봇을 만들고 배포하는 데 있어 반드시 필요하다.

그림 2-1 **마이크로소프트 봇 프레임워크를 사용한 챗봇 구축 단계**

이 단계를 간단히 살펴보면 다음과 같다. 더 자세한 내용은 다음 절부터 다룬다.

1. 마이크로소프트 봇 프레임워크 사이트에서 비주얼 스튜디오 템플릿을 내려받는다.

2. 비주얼 스튜디오에서 봇 프레임워크 프로젝트를 생성한다.

3. 챗봇 코드를 작성한다.

4. 마이크로소프트 봇 프레임워크에서 봇 에뮬레이터를 내려받아 테스트한다.

5. 마이크로소프트 애저와 같은 웹 서버에 배포한다.

6. 채널을 게시한다.

이 단계들이 반드시 따라야 할 절차나 지침은 아니지만, 처음부터 적은 시간을 들여 챗봇을 만들려면 어떻게 해야 하는지 이해하기 위한 학습 도구다. 다음 절부터는 이 단계들을 따라가면서 자신만의 첫 번째 챗봇을 만들어볼 것이다.

> **노트** 이 장에서는 챗봇 생성 단계를 요약하여 간단하게 소개한다. 챗봇의 코딩, 테스트, 배포 과정에 대한 깊이 있는 내용은 이후에 다룰 것이다.

2.2 봇 프레임워크 프로젝트 생성

봇 프레임워크 프로젝트를 시작하기에 앞서 마이크로소프트 봇 프레임워크 프로젝트 템플릿을 내려받으면 모든 작업을 직접 하는 수고를 덜 수 있으므로 좋다. 이 절은 그 방법과 함께 새 프로젝트를 생성하는 법에 관해 설명한다.

프로젝트 템플릿 설치하기

이전에 봇 프레임워크 챗봇을 만들어본 적이 없다면 가장 먼저 마이크로소프트 봇 프레임워크 템플릿을 내려받아야 한다. 그 템플릿에는 시작할 때 필요한 모든 폴더, 파일, 어셈블리 참조가 포함되어 있다. 먼저 브라우저를 열고 그림 2-2처럼 *https://docs.microsoft.com/ko-kr/*

*bot-framework/bot-builder-overview-getstarted*에서 Visual Studio project templates 섹션을 찾아보자.

Bot template for Visual Studio(*http://aka.ms/bf-bc-vstemplate*) 링크를 클릭하면 Bot Application. zip이라는 이름의 템플릿 파일이 다운로드되어 다운로드 폴더에서 확인할 수 있다. 마이크로 소프트 에지(Edge)와 IE 브라우저는 폴더를 열 것인지 물어보며 다른 브라우저에서도 비슷한 기능이 있다.

 웹의 특징상 사이트 페이지가 변할 수 있다. 따라서 이 책을 쓸 당시와 달리 봇 프레임워크 템플릿을 내려받는 시점에서는 다운로드 단계가 정확히 일치하지 않을 수 있다. 다른 페이지로 옮겨갔거나 이 책에서 기술한 단계가 바뀐 사이트와 다른 경우 템플릿을 검색해야 할 수 있다.

Bot Application.zip을 %USERPROFILE%\Documents\Visual Studio 2015\Templates\ ProjectTemplates\Visual C#\ 폴더에 복사한다. 이렇게 하면 템플릿을 효과적으로 설치할 수 있어 비주얼 스튜디오에서 새 프로젝트를 생성할 수 있다. 다음 절에서는 그 방법에 관해 설명 한다.

 Bot Application.zip 템플릿을 설치했을 때 비주얼 스튜디오가 실행 중이라면 비주얼 스튜디오를 재 시작해야 '새 프로젝트 시작하기' 절에서 알아볼 신규 응용 프로그램 목록에서 봇 프레임워크 템플릿 을 볼 수 있다.

새 프로젝트 시작하기

새 봇 프레임워크 프로젝트를 생성하려면 그림 2-2처럼 새 프로젝트 다이얼로그를 보여주는 파일 ➡ 새로 만들기 ➡ 프로젝트 메뉴를 선택한다. Visual C#을 클릭해서 스크롤하고 'Bot Application'을 찾는다.

그림 2-2 봇 프레임워크 프로젝트를 시작하기 위해 Bot Application을 새 템플릿으로 선택한다

새 프로젝트를 생성할 때 대부분의 다른 프로젝트를 만들 때와 매우 비슷하게 프로젝트 이름, 위치, 솔루션 이름을 묻는다. 이 값들은 모두 바꿀 수 있으며, 또는 이 템플릿이 무엇을 만드는지 확인하기 위해 기본값을 그대로 둬도 된다. 확인을 클릭하고 프로젝트를 생성하자. 다음 절에서는 이 템플릿이 생성한 프로젝트에 관해 설명한다.

2.3 기본 코드 검사

봇 프레임워크 템플릿으로 새 프로젝트를 생성하면 ASP.NET MVC Web API 프로젝트가 만들어진다. 이 프로젝트에는 ASP.NET MVC 규약과 적절한 파일 참조로 배치된 폴더를 포함하고 있다. ASP.NET MVC 어셈블리 참조 외에도 이 프로젝트는 봇 프레임워크 어셈블리 참조를 포함한다. 다음 절부터 새 봇 프레임워크 프로젝트의 세부 사항을 다룬다.

어셈블리 참조

봇 프레임워크 템플릿은 새 챗봇을 위해 필요한 모든 것을 포함하고 있다. 이 템플릿은 그림 2-3에서 보는 것처럼 ASP.NET MVC와 Bot Framework 어셈블리를 전부 포함한다.

그림 2-3 NuGet을 통해 Microsoft.Bot.Builder, Microsoft.Bot.Builder.Autofac, Microsoft.Bot.Connector 설치

Microsoft.Bot.Builder 어셈블리는 NuGet을 통해 설치되며 Microsoft.Bot.Connector에 종속된다. Microsoft.Bot.Connector에는 봇 커넥터와 통신하는 형식이 있는 반면에 Microsoft.Bot.Builder(봇 빌더)에는 챗봇 대화를 관리하기 위한 형식들이 있다. 또한, 봇 빌더는 IoC(Inversion of Control, 제어 반전) 컨테이너로 Autofac을 사용할 수 있으며, Microsoft.Bot.Builder.Autofac의 추가 형식들을 가지고 있어 Autofac으로 작업하는 것을 돕는다. 이 책에도 Autofac을 사용하는 몇 가지 예제를 볼 수 있지만, 그 사용법을 자세히 배우고 싶다면 *https://autofac.org/*를 방문하라. 여러분은 그림 2-4처럼 NuGet을 통해 Microsoft.Bot.Builder를 최신으로 유지하기만 하면 된다.

노트 NuGet은 마이크로소프트 패키지 관리자다. 이 도구는 어셈블리 참조를 설치, 업데이트, 삭제하는 작업을 쉽게 만들어준다. 마이크로소프트와 서드파티를 포함하여 라이브러리 개발자는 자신의 라이브러리 종속성을 업데이트하고, 필요한 프로젝트 파일을 설치하고, 프로젝트로 라이브러리 작업을 돕기 위해 설정을 업데이트하는 작업을 자동으로 수행하도록 설정한다.

그림 2-4 NuGet은 봇 프레임워크 어셈블리를 모두 최신으로 유지시킨다

대체로 라이브러리 개발자는 NuGet 어셈블리를 새 프로젝트 템플릿에서 참조하는 어셈블리보다 최신 버전으로 업데이트한다. 이 업데이트에는 새 기능이나 보안 업데이트가 포함될 수 있기 때문에 주기적으로 업데이트 내용을 확인하는 것이 좋다. 이러한 작업은 NuGet을 통해 **참조 폴더**(비주얼 스튜디오 프로젝트의)를 오른쪽 마우스 클릭하고 NuGet 패키지 관리를 선택하여 그림 2-4와 비슷한 대화 창에서 수행할 수 있다.

그림 2-4는 (이 책이 쓰인 당시 기준) Microsoft.Bot.Builder의 현재 버전은 v.3.8.0이며, v.3.12.2.4로 업그레이드할 수 있음을 보여준다. 업그레이드 버전을 설치해서는 안 될 예외적인 환경(예: 기존 코드가 사장된 기능에 의존하는 등)이 아니라면, NuGet을 확인해서 프로젝트를 최신 버전으로 시작해야 한다. Microsoft.Bot.Builder를 선택하고 업데이트를 클릭한 다음 변경 내용 검토 대화상자를 확인하면 된다.

Microsoft.Bot.Builder를 업데이트하는 또 다른 방법으로는 비주얼 스튜디오에서 **도구 ➡ NuGet 패키지 관리자 ➡ 패키지 관리자 콘솔** 메뉴를 선택하고 패키지 관리자 콘솔에서 하는 것이다. 이후에 다음 명령어로 업데이트할 수 있다.

```
>Update-Package Microsoft.Bot.Builder
```

어셈블리를 업데이트했다면 다음으로 나머지 프로젝트 구조를 살펴보자.

폴더와 파일 구조

이 프로젝트는 웹 API를 위한 것이므로, 폴더와 파일 구조는 ASP.NET MVC의 규약을 따른다. 그림 2-5는 MessagesControllers.cs와 다른 웹 관련 파일을 포함하고 있는 Controllers 폴더를 보여준다.

그림 2-5 봇 프레임워크 프로젝트의 폴더 구조는 ASP.NET MVC 규약을 따른다

default.htm 파일은 챗봇의 기본 정보를 담고 있는 초기 웹 페이지다. 이 페이지를 사용할지 여부는 각자가 선택할 몫이지만, 챗봇을 테스트하기에는 유용하다. default.htm을 사용하는 한 가지 방법으로는 챗봇이 구성된 다양한 채널에 대한 링크를 포함하여 12장에서 논의할 웹 챗 컨트롤을 호스팅하는 것이다. Global.asax와 Web.config는 표준 ASP.NET MVC 응용 프로그램과 설정 파일이다. App_Start 폴더는 웹 API 초기화 코드를 포함하고 있다. 이 책에서는 이 코드를 다루지 않으며, 보통은 바꿀 필요도 없을 것이다.

그림 2-5에서 보면 Dialogs 폴더에는 RootDialog.cs 파일이 있다. 지금은 이 파일을 다루지 않는데 여기에는 5장에서 자세히 다룰 IDialog⟨T⟩에서 파생된 타입을 포함하고 있기 때문이다.

노트   ASP.NET은 마이크로소프트 웹 응용 프로그램 개발 프레임워크다. ASP는 Active Server Page의 약어로 .NET 플랫폼에서 동작한다. MVC는 Model View Controller의 약어로 마이크로소프트 ASP. NET 프레임워크에 맞춰 구현된 인터페이스 분리 패턴이다. 이 책에서 ASP.NET MVC를 깊이 있게 알 필요는 없지만, 챗봇을 만드는 데 필요한 기본 사항은 설명할 것이다.

이 프로젝트에서 가장 흥미로운 부분은 MessagesController.cs 파일이다. 특히 이 파일 이름을 눈여겨보기 바란다. 이 컨트롤러 이름 앞부분인 Messages가 마이크로소프트 봇 커넥터가 챗봇을 찾기 위해 사용하는 주소 URL의 일부로 ASP.NET MVC 규약에 맞기 때문이다. 다음 절에서는 MessagesController.cs의 내용을 검토한다.

기본 챗봇

MessagesController.cs 파일은 챗봇의 진입점(entry point)이다. 이 파일은 HTTP POST의 끝점(endpoint)을 가지는 REST(Representational State Transfer) 인터페이스다. 목록 2-1에서 보는 것처럼, 기본적인 경우에 ASP.NET 웹 API가 컨트롤러 클래스 MessagesController 내부에 Post라는 이름의 메서드로 HTTP POST 끝점을 모델링(modeling)한다. 앞서 말했듯이 지금 RootDialog.cs 구현을 살펴보지는 않겠다. MessagesController.cs의 코드를 목록 2-1의 코드로 교체하면 된다.

REST란 무엇인가?

REST는 통신 아키텍처 중 한 형식으로, 로이 필딩(Roy Fielding) 박사가 캘리포니아 대학교 어바인에서 발표한 2000년 박사학위 논문인 〈Architectural Styles and the Design of Network-based Software Architectures〉에서 처음 소개했다(논문은 *http://www.ics.uci.edu/~felding/pubs/dissertation/top.htm*에서 확인할 수 있다). ASP.NET MVC 구현은 개발자가 선택한 설계 방식에 따라 보다 형식적인 구현 기능과 함께 웹 통신과 HTTP 동사(HTTP verbs)를 사용한다. REST는 현대 웹에서 지배적인 통신 수단으로 자리잡았다. 챗봇을 만드는 데 REST에 대한 깊은 이해까지는 필요하지 않으며, 이 책은 챗봇 구축에 필요한 정도로만 REST를 다룰 것이다.

```csharp
using System;
using System.Linq;
using System.Net;
using System.Net.Http;
using System.Threading.Tasks;
using System.Web.Http;
using System.Web.Http.Description;
using Microsoft.Bot.Connector;
using Newtonsoft.Json;

namespace Bot_Application1
{
    [BotAuthentication]
    public class MessagesController : ApiController
    {
        /// <summary>
        /// POST: api/Messages
        /// 사용자로부터 메시지를 받아 응답함
        /// </summary>
        public async Task<HttpResponseMessage> Post([FromBody]Activity activity)
        {
            if (activity.Type == ActivityTypes.Message)
            {
                ConnectorClient connector =
                    new ConnectorClient(new Uri(activity.ServiceUrl));
                // 우리가 반환할 내용을 계산
                int length = (activity.Text ?? string.Empty).Length;
                // 사용자에게 응답 반환
                Activity reply = activity.CreateReply(
                    $"You sent {activity.Text} which was {length} characters");
                await connector.Conversations.ReplyToActivityAsync(reply);
            }
            else
            {
                HandleSystemMessage(activity);
            }
            var response = Request.CreateResponse(HttpStatusCode.OK);
            return response;
        }

        private Activity HandleSystemMessage(Activity message)
        {
            if (message.Type == ActivityTypes.DeleteUserData)
            {
                // 여기에 사용자 삭제를 구현할 것
                // 사용자 삭제를 처리하게 되면, 실제 메시지를 반환할 것
            }
            else if (message.Type == ActivityTypes.ConversationUpdate)
            {
```

```
                        // 멤버 추가/삭제 같은 대화 상태 변경 사항을 처리할 것
                        // 모든 채널에서 사용할 수 없는 정보에 대해 Activity.MembersAdded와
                        // Activity.MembersRemoved와 Activity.Action을 사용할 것
                    }
                    else if (message.Type == ActivityTypes.ContactRelationUpdate)
                    {
                        // 대화 상대 목록에서 추가/삭제를 처리
                        // Activity.From + Activity.Action으로 어떤 일이 일어났는지 보여줌
                    }
                    else if (message.Type == ActivityTypes.Typing)
                    {
                        // 사용자가 입력 중임을 아는 경우 처리
                    }
                    else if (message.Type == ActivityTypes.Ping)
                    {
                    }
                    return null;
            }
        }
}
```

목록 2-1은 Post 메서드를 포함하고, BotAuthentication 특성(attribute)으로 장식된(decorated) MessageController 클래스를 보여준다. BotAuthentication 특성은 마이크로소프트 봇 커넥터만 챗봇과 통신할 수 있도록 안전하게 인증하기 위한 봇 프레임워크 형식이다. 이 특성은 다음의 Web.config appSettings 요소 키에 의존한다.

```
<appSettings>
  <!-- 아래 내용은 본인의 BotId, Microsoft App Id, Microsoft App Password로 업데이트할 것-->
  <add key="BotId" value="YourBotId" />
  <add key="MicrosoftAppId" value="" />
  <add key="MicrosoftAppPassword" value="" />
</appSettings>
```

기본 appSettings 요소의 값은 비어 있고 개발자는 이 빈 값을 봇 등록하면서 얻은 값으로 채운다. 봇 등록 과정은 이 장 뒷부분에서 살펴보도록 하겠다.

Post 메서드는 Activity 매개변수를 받고 다음처럼 Task⟨HttpResponseMessage⟩를 반환한다.

```
public async Task<HttpResponseMessage> Post([FromBody]Activity activity)
{
}
```

Activity는 봇 커넥터와 챗봇 사이의 통신을 나타내는 봇 프레임워크 형식이다. Activity 형식에는 사용자 메시지, 대화 상태 변경 등 다양한 형식이 있다. 4장에서 이러한 액티비티 형식을 더 자세히 알아보겠다. 그 전에 먼저 이 장에서 Message 액티비티 형식을 간단히 살펴보자.

Post는 일반적인 C# 비동기 메서드이므로 반환 형식은 HttpResponseMessage의 페이로드 형식을 갖는 Task〈T〉이다. [FromBody] 매개변수 특성(parameter attribute)은 매개변수가 HTTP 메시지의 본문에서 비롯된다는 것을 의미하며, 이는 HTTP POST에서는 일반적이다.

다음에 보는 것처럼 Post 메서드 로직은 Message 액티비티 형식을 필터링하는 if문을 가지고 적절하게 분기해서 HTTP 메시지로 봇 커넥터에 응답한다.

```
if (activity.Type == ActivityTypes.Message)
{
}
else
{
    HandleSystemMessage(activity);
}
var response = Request.CreateResponse(HttpStatusCode.OK);
return response;
```

Activity 형식이 Message가 아니면, 기본 코드는 그 메시지 형식을 처리하기 위해 도우미 메서드(helper method)인 HandleSystemMessage를 호출한다. 메시지를 처리한 다음 이 코드는 ASP. NET MVC Request.CreateResponse 메서드를 사용해서 HTTP 프로토콜의 상태 코드 200에 해당하는 HttpStatusCode.OK를 반환한다. HandleSystemMessages에서 다양한 Activity 형식을 사용해서 작업하는 방법은 4장에서 더 자세히 설명하겠지만, 이 장에서는 챗봇을 만드는 데 기초가 되는 Message 형식을 자세히 알아보겠다.

챗봇의 주요 부분은 Activity 형식이 Message일 때 시작된다. 이 예제에서는 사용자가 전달한 메시지를 받아서 그 텍스트와 텍스트 길이로 응답한다. 코드는 다음처럼 봇 커넥터와 통신하기 위해 형식을 초기화하고 사용자 메시지를 처리해서 응답 액티비티를 생성하고 봇 커넥터에 응답 액티비티를 전송한다.

```
ConnectorClient connector =
    new ConnectorClient(new Uri(activity.ServiceUrl));
// 우리가 반환할 내용을 계산
int length = (activity.Text ?? string.Empty).Length;
```

```
// 사용자에게 응답 반환
Activity reply = activity.CreateReply(
    $"You sent {activity.Text} which was {length} characters");
await connector.Conversations.ReplyToActivityAsync(reply);
```

ConnectorClient 클래스를 사용하면 봇 커넥터와 통신하는 코드를 만들 수 있다. Activity 매개변수는 사용자가 입력한 메시지를 담은 Text 속성(property)을 갖는다. 이 코드에서는 그 텍스트의 길이를 계산한다.

Activity 형식에는 커넥터에 다시 전송할 새로운 Activity 인스턴스를 생성하기 위한 CreateReply 메서드도 있다. 이 예제에서 CreateReply는 원래 사용자가 입력한 텍스트와 그 텍스트의 길이로 문자열을 만들고 reply에 할당된 Activity 인스턴스를 반환한다.

텍스트를 구성하는 것 말고도, CreateReply 메시지는 매개변수 이름인 activity를 사용해서 원래 Activity의 통신 정보를 가져와 새로운 Activity 인스턴스의 값을 채운다. 특히 원래 Activity는 대화와 사용자에 대한 정보를 가지고 있으며 From과 Recipient 사용자 속성을 바꾸는 것과 같은 작업을 수행한다. 이러한 편의 메서드를 사용하면 직접 새로운 응답 Activity 를 인스턴스화해서 속성값을 채우는 번거로움을 피할 수 있다.

코드에서 ConnectorClient 인스턴스인 커넥터를 사용해서 봇 커넥터에 reply라는 새로운 Activity를 전송한다. 봇 커넥터는 이 Activity를 해석해서 사용자가 통신하고 있는 원래의 채널로 라우팅하는 방법을 안다.

이전 봇 프레임워크 문서에서나 HTTP 트래픽을 보면 통신이 시작된 봇 커넥터를 가리키는 URL을 볼 것이다. 이 URL을 하드 코딩해서는 안 된다. 버전이 바뀌거나 기타 시스템 변경 사항으로 인해 봇 커넥터 URL이 바뀔 수도 있기 때문이다. 목록 2-1에서 ConnectorClient를 인스턴스화할 때 보여준 것처럼 수신한 Activity 매개변수의 ServiceUrl 속성을 활용하는 것이 좋다.

이 절에서는 간단한 설명을 위해 봇 응용 프로그램 템플릿을 활용해서 기본 챗봇을 만들고 그 템플릿을 변경하는 방법을 보여준다. 이제는 사용자 경험을 테스트하고 실제 챗봇이 어떻게 작동하는지 알아보도록 하자.

2.4 에뮬레이터로 초기 테스트하기

봇 프레임워크는 챗봇의 사용자 경험을 테스트할 수 있도록 에뮬레이터를 포함하고 있다. 에뮬레이터에 대한 자세한 내용은 4장에서 더 알아보도록 하고, 이 절에서는 테스트를 위한 기초적인 내용으로 에뮬레이터 설치, 기본 설정, 챗봇과 통신하는 법을 간단히 소개하겠다.

봇 에뮬레이터 설치하기

챗봇을 사용자 테스트하려면 제일 먼저 봇 프레임워크 에뮬레이터를 내려받아야 한다. 그림 2-6처럼 봇 프레임워크 사이트인 *https://docs.microsoft.com/en-us/azure/bot-service/bot-service-debug-emulator?view=azure-bot-service-3.0*에서 찾을 수 있다.

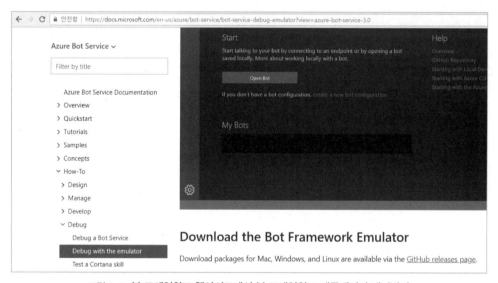

그림 2-6 봇 프레임워크 웹사이트에서 봇 프레임워크 에뮬레이터 내려받기

설치하려면 GitHub releases page를 클릭한다. 실행 파일(윈도우 환경의 경우 exe 파일)을 찾아 내려받아서 파일을 실행하고 대화 창에서 install 버튼을 클릭한다.

웹의 특징상 서비스 중인 사이트의 페이지는 바뀔 수 있다. 따라서 이 책을 쓸 시점과 달리 봇 프레임워크 에뮬레이터를 내려받을 때는 절차가 정확히 일치하지 않을 수 있다. 다른 페이지로 옮겨갔거나 이 책에서 기술한 단계가 변경된 사이트와 다른 경우 에뮬레이터를 검색해야 할 수도 있다.

봇 프레임워크 에뮬레이터는 오픈 소스 프로젝트이며 코드는 리눅스, 맥, 윈도우에서 실행된다. 소스 코드는 그림 2-6의 GitHub releases page 링크를 클릭하면 찾을 수 있다.

봇 프레임워크 에뮬레이터가 설치됐다면, 챗봇을 설정하도록 하자.

챗봇 설정

봇 프레임워크 에뮬레이터 설정 단계는 챗봇 주소를 적절하게 지정하고, 자격 증명 정보를 정확하게 설정하는 것으로 이루어진다. 에뮬레이터에는 많은 기능이 있으며 이에 대해서는 4장에서 더 자세히 알아보겠다. 이 절에서는 기본 사용자 테스트에 필요한 최소한의 작업만 살펴보자.

설치가 완료되면 봇 프레임워크 에뮬레이터가 열린다. 만약 열리지 않는다면 직접 프로그램을 시작해야 한다. 그러면 그림 2-7 같은 창을 보게 된다.

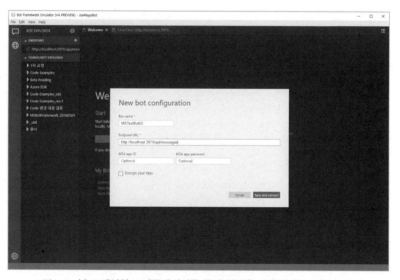

그림 2-7 봇 프레임워크 에뮬레이터를 통해 챗봇을 사용자 테스트할 수 있다

이 화면에서 Open Bot 버튼 아래의 create a new bot configuration 링크를 클릭하여 아래 그림에서 Bot name(여기에서 MSTestBot02), Endpoint URL, MSA app ID, MSA app password

를 설정할 수 있다. Endpoint URL 박스에 Enter a URL for your bot's endpoint라는 개체 틀 텍스트를 볼 수 있는데 여기서는 다음에 설명할 내용을 보여줄 수 있도록 그 박스에 URL을 추가했다.

URL은 챗봇 주소를 지정하는 기본 주소, 포트 번호, 세그먼트로 이루어져 있다. 챗봇은 현재 컴퓨터에서 실행되고, 기본적으로 비주얼 스튜디오에서 IIS Express를 통해 시작되며, 그 주소 는 localhost이다. 포트 번호는 챗봇을 테스트할 포트 번호와 일치해야 한다. 이 기본 주소와 포트 번호가 봇 응용 프로그램 프로젝트 템플릿에서 어떻게 구성되는지 보려면 이전 절에서 살펴본 기본 챗봇을 열어 Properties 폴더를 더블 클릭하고 웹 탭을 클릭하면 그림 2-8과 비슷 한 화면을 볼 수 있다.

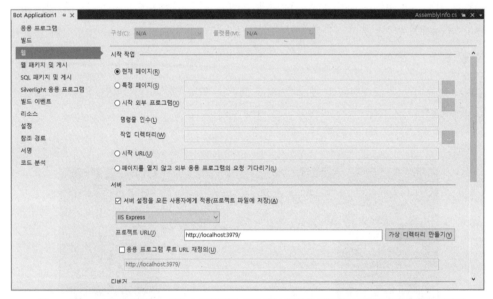

그림 2-8 Properties ➡ 웹 ➡ 서버 ➡ 프로젝트 URL에서 챗봇의 기본 주소와 포트 번호를 보여준다

그림 2-7의 URL은 기본 주소와 포트 번호로 localhost:3978을 가지며 그림 2-8의 프로젝트 URL은 기본 주소와 포트 번호로 localhost:3979를 가진다. 포트 번호가 다르기 때문에 포트 번호 3978을 가진 봇 프레임워크 에뮬레이터는 포트 3979의 챗봇과 통신할 수 없다. 두 포트 번호를 맞추기 위해 챗봇 포트 번호를 바꾸거나 봇 프레임워크 에뮬레이터 포트 번호를 바꿔 야 한다. 이 예제에서는 에뮬레이터 URL 필드를 수정해서 봇 프레임워크 에뮬레이터 포트 번 호를 3979로 바꾼다.

그림 2-8의 URL 필드의 주소 세그먼트는 api/messages이다. 이 세그먼트 이름은 ASP.NET

MVC 웹 API 규약을 기반으로 한다. 기본적으로 api 세그먼트는 항상 포함된다. messages 세그먼트는 챗봇 프로젝트의 MessagesController 명명 규칙에 따라 달라진다. 이 규칙에서는 Controller 접미사를 삭제하고 접두어를 주소로 사용하여 api/messages가 된다. 컨트롤러 이름을 DefaultBotController로 바꾼다고 가정하면 새로운 주소는 api/defaultbot이 될 것이다. 이 책에서는 챗봇 컨트롤러 이름을 기본 MessagesController로 그대로 두겠다.

 한 프로젝트에 챗봇이 여러 개가 있다면 테스트나 데모를 위해 각 챗봇에 별도의 포트 번호를 지정해야 한다. 그래야 잘못된 챗봇과 통신함으로써 야기되는 혼선을 피할 수 있다.

이 절에서 얻게 된 정보와 값을 기반으로 봇 프레임워크 채널 에뮬레이터의 URL을 *http://localhost:3979/api/messages*로 설정해서 프로젝트 URL과 일치시킨다.

다음으로 Microsoft App ID와 Microsoft App Password를 정확하게 설정해야 한다. 그림 2-8 에서는 당연히 두 값이 비어 있다. 이 값들이 비어 있어야 하는 이유는 다음에서 보는 것처럼 Web.config에 아직 이 두 값이 설정되지 않았기 때문이다.

```
<appSettings>
  <!-- 아래 내용은 본인의 BotId, Microsoft App Id, Microsoft App Password로 업데이트할 것-->
  <add key="BotId" value="YourBotId" />
  <add key="MicrosoftAppId" value="" />
  <add key="MicrosoftAppPassword" value="" />
</appSettings>
```

Web.config의 appSettings 부분에 MicrosoftAppId와 MicrosoftAppPassword 키를 담고 있으며, 이에 대응하는 자격 증명인 봇 프레임워크 채널 에뮬레이터(Channel Emulator)의 Microsoft App ID와 Microsoft App Password 필드와 일치해야 한다. 이 appSettings 키는 BotAuthentication 특성을 위해 필요하다. 봇 프레임워크 채널 에뮬레이터는 챗봇과 통신할 때 Microsoft App ID와 Microsoft App Password를 전송한다. BotAuthentication 특성은 봇 프레임워크 채널 에뮬레이터가 전송한 값을 읽어들여서 appSettings 키와 비교한다. 뒤에 나올 '챗봇 게시 및 등록' 절에서 챗봇을 등록하는 과정에서 이 키가 어떻게 생성되는지와 챗봇을 게시할 때 봇 커넥터와 안전하게 통신하기 위해 새로운 값으로 appSettings를 채워야 한다는 점을 알게 될 것이다. 봇 프레임워크 채널 에뮬레이터로 사용자 테스트를 진행하려면 appSettings와 봇 프레임워크 채널 에뮬레이터 둘 다 자격 증명을 공백으로 둬야 한다.

여기까지 설정하고 save and connect 버튼을 클릭해서 bot 파일을 생성했다면, 해당 파일을 열어 챗봇과 통신할 수 있다.

챗봇과 통신하기

챗봇과 봇 프레임워크 채널 에뮬레이터가 서로 통신하려면 둘 다 실행 중이어야 한다. 비주얼 스튜디오에서 챗봇 프로젝트를 열어놓고 F5 버튼을 눌러 실행한다. 그러면 그림 2-9와 같은 테스트 웹 페이지를 보게 될 것이다.

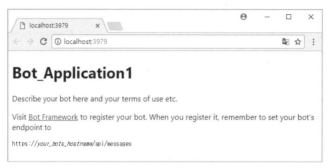

그림 2-9　챗봇과 통신하기 전에 챗봇을 실행해야 한다

이 default.htm 페이지는 HTML로 만들어졌고 챗봇이 실행될 때 홈페이지가 된다. 주소창의 포트 번호가 3979임을 주목하자. 그다음 봇 프레임워크 채널 에뮬레이터를 열면 그림 2-10과 같은 화면을 보게 될 텐데 처음에는 채팅 문자가 보이지 않을 것이다. 아마 그림 2-7에서 보여주듯이 URL을 클릭하고 Connect 버튼을 클릭해야 할 수도 있다.

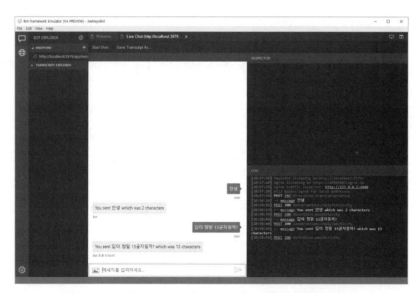

그림 2-10　봇 프레임워크 채널 에뮬레이터에서 챗봇과 채팅할 수 있다

그림 2-10 화면 왼쪽의 채팅 창과 텍스트 입력 박스 두 부분에 대해 알아보자. 대화 내용이 늘어나면 상하로 스크롤 된다. 채팅 창 왼쪽에 등장하는 옅은 색 배경의 문장은 챗봇이 생성한 것이며, 오른쪽 어두운색 배경의 문장은 사용자가 입력한 것이다.

창 아래 쪽 텍스트 박스는 사용자가 챗봇에 보낼 텍스트를 입력하는 곳이다. 이 박스에 텍스트를 입력하고 엔터 키를 치거나 오른쪽 화살표 버튼을 클릭하면 챗봇에 텍스트가 전송된다.

채팅 창에 보이는 두어 개의 메시지를 통해 챗봇이 어떻게 응답하는지 알 수 있다. 이는 목록 2-1에서 본 챗봇 기능과 일치한다. 챗봇은 사용자가 입력한 텍스트와 그 텍스트의 글자 수를 가지고 응답한다.

이제 챗봇을 성공적으로 만들고 테스트했으니 다른 사람들이 사용할 수 있도록 챗봇을 게시하고 등록해보자.

2.5 챗봇 게시 및 등록

다른 사람이 챗봇을 사용하려면 그들이 상호 작용할 수 있는 어딘가에 챗봇이 게시되어야 한다. 또한, 봇 커넥터가 그 챗봇을 찾을 수 있게 봇 프레임워크 웹사이트에 등록도 해야 한다. 다음 절부터는 이 작업들을 설명한다.

챗봇 게시

챗봇을 게시한다는 것은 서버에 배포한다는 것을 말한다. 이 책은 윈도우 애저를 사용하지만, 원하는 호스팅 공급자를 자유롭게 선택할 수 있다. 이를 위해 호스트는 인터넷을 통해 공개적으로 접근 가능해서 봇 커넥터가 호스트를 찾아낼 수 있어야 하며 호스팅 공급자는 ASP.NET MVC를 지원해야 한다.

노트   기술적으로 챗봇은 어떤 기술 스택으로도 생성될 수 있으며, HTTP Post 요청을 허용하는 공개적인 끝점을 가지고 어디에나 호스팅될 수 있다. 봇 커넥터 인터페이스에 부합하는 한 챗봇은 정상적으로 동작한다. 이러한 세부사항이 아니더라도, 봇 프레임워크 SDK를 포함하고 있는 마이크로소프트 .NET과 애저 기술 스택은 매력적인 기술이므로 이 책을 쓰게 된 것을 기쁘게 생각한다.

아직 애저 계정을 가지고 있지 않다면 *https://azure.microsoft.com/*에 방문해서 무료 평가판에 가입하면 된다. 다음 단계대로 애저에 배포하자.

1. 비주얼 스튜디오에서 챗봇 프로젝트를 연다.

2. 해당 프로젝트에서 마우스 오른쪽 버튼을 클릭하고 게시를 선택한다.

3. 그림 2-11의 게시 대화 창에서 Microsoft Azure 앱 서비스 버튼을 클릭한다.

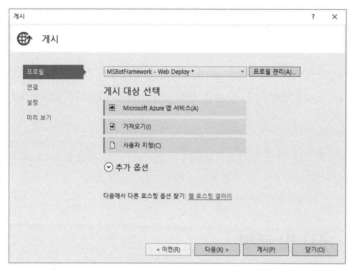

그림 2-11 게시 대화 창에서 챗봇을 애저에 게시하는 절차가 시작된다

4. 그림 2-12의 'App Service' 대화 창이 나오면, 화면 오른쪽에 위치한 새로 만들기 버튼을 클릭한다.

그림 2-12 App Service 대화 창에서 게시할 애저 계정을 선택한다

5. 그림 2-13의 '앱 서비스 만들기' 대화 창이 나오면, 봇에 고유의 앱 이름을 부여한다. 여기에서는 이름으로 MSTestBot02를 사용했고 각자 다른 이름을 사용하면 된다. 이름이 고유하지 않으면 앱 이름 오른쪽에 에러 아이콘이 뜬다.

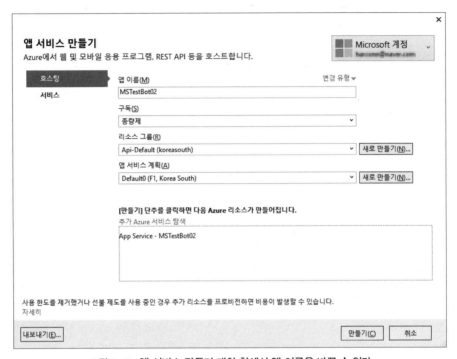

그림 2-13 앱 서비스 만들기 대화 창에서 앱 이름을 바꿀 수 있다

6. 앱 서비스 만들기 대화 창에서 만들기 버튼을 클릭한다.
7. 그림 2-14의 게시 대화 창이 나오면 게시 버튼을 클릭한다.

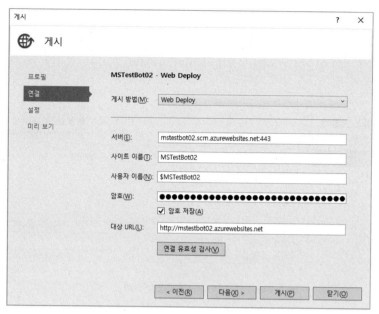

그림 2-14 게시 대화 창에서 실제로 애저에 배포한다

게시 마법사는 챗봇을 배포하고 그림 2-15처럼 윈도우 애저 상의 챗봇을 가리키는 주소의 새 브라우저 창을 연다.

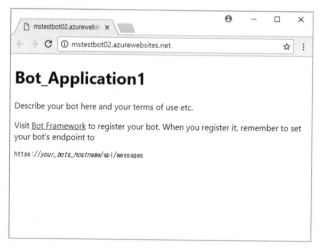

그림 2-15 챗봇을 애저에 게시하면 마법사는 챗봇 주소로 브라우저를 연다

지금으로서는 챗봇을 테스트할 수 없는데 봇 커넥터가 아직 이 챗봇이 존재하는지 모르기 때문이다. 다음 절에서 챗봇을 등록할 때 필요하니 브라우저 창의 주소를 기록해두자.

애저에는 앱 서비스에 자신만의 도메인 명을 할당할 수 있는 유료 계획(service plan)이 있다. 또한, 무료 계획도 있어서 챗봇이 게시된 주소를 챗봇을 위한 웹 페이지 링크(예를 들면 그림 2-15의 경우 *http://mstestbot02.azurewebsites.net*)로 사용할 수 있다.

챗봇 등록

봇 프레임워크 웹사이트에 챗봇을 등록해야 봇 커넥터가 챗봇을 찾을 수 있다. 그 과정에서 챗봇과 봇 커넥터 간의 통신 보안을 위한 자격 증명 정보를 받게 될 것이다.

챗봇을 등록하려면 *https://dev.botframework.com/bots/new*를 방문해서 로그인한 다음 그림 2-16과 비슷한 페이지에서 진행하면 된다.

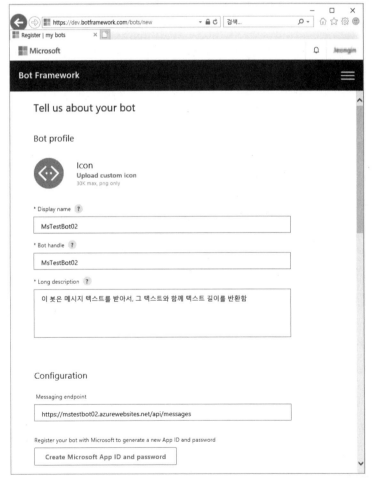

그림 2-16 **등록 페이지에는 챗봇을 설명하는 필드들이 있다**

Bot Profile 페이지에서 양식을 채울 때 필드에 대한 도움말이 필요하다면 필드 이름 옆의 물음표를 클릭하면 된다. 여기에서 관심을 둘 부분은 Messaging endpoint와 Register your bot with Microsoft to generate a new App ID and password 아래에 있는 버튼이다.

Messaging Endpoint는 그림 2-15의 주소창에서 봤던 애저 상의 챗봇 기본 주소에 api/messages가 붙은 주소를 말한다. 그리고 주소 프로토콜을 https로 바꿔야 한다. 이번 장의 앞 절에서 api/messages가 주소의 일부인 이유에 관해 설명했다. 여기서 예제로 든 챗봇의 경우 Messaging Endpoint는 *https://mstestbot02.azurewebsites.net/api/messages*다.

Create Microsoft App ID and password 버튼을 클릭하고 새 App ID와 패스워드를 생성하기 위한 지시를 따르면 된다. 반드시 챗봇 설정에 추가하기 위해 APP ID와 패스워드를 복사해 두어야 한다.

 마이크로소프트가 비밀번호를 복사해둘 것을 권장할 땐 반드시 복사해 두어야 한다. 패스워드를 생성하고 OK를 클릭하면 패스워드를 바꾸거나 읽을 수 없게 만들어 버린다. 패스워드를 복사해두지 않고 잃어버렸다면, 자격 증명을 다시 생성할 수밖에 없다.

모든 필드를 채운 다음 Register 버튼을 클릭하면 챗봇이 등록된다. 하지만 이것으로 끝은 아닌데, 챗봇에 새로운 자격 증명이 필요하기 때문이다. 해당 챗봇 프로젝트를 열고 Web.config를 열어 해당하는 appSettings 키에 다음과 같이 인증 정보를 추가해야 한다.

```
<appSettings>
  <!-- 아래 내용은 본인의 BotId, Microsoft App Id, Microsoft App Password로 업데이트할 것-->
  <add key="BotId" value=" MsTestBot02" />
  <add key="MicrosoftAppId" value="<본인의 App ID>" />
  <add key="MicrosoftAppPassword" value="<본인의 App 패스워드>" />
</appSettings>
```

BotId는 챗봇을 등록할 때 Bot Handle에 입력한 값이어야 하며 MicrosoftAppId와 Microsoft AppPassword 키는 챗봇 등록에 사용했던 자격 증명이어야 한다.

자격 증명을 설정한 다음에는 챗봇을 다시 게시해야 한다. 봇 커넥터가 챗봇과 통신할 수 있는지는 봇 프레임워크 사이트인 *https://dev.botframework.com*을 다시 방문해서 My Bots를 클릭하고 해당 챗봇을 클릭해서 해당 챗봇 페이지에서 Test 탭을 사용해서 검증할 수 있다.

애저에 배포된 챗봇을 테스트하기 전에 ngrok을 먼저 설치해야 한다. *https://ngrok.com/*을 방문하여 ngrok.exe 파일을 다운로드하고 압축을 풀어 원하는 폴더에 복사하면 된다. 필자는 ngrok을 C:\ngrok 폴더에 넣었다. 그림 2-17처럼 왼쪽 아래 설정 버튼을 클릭하고 ngrok의 경로를 입력한 다음, Save를 클릭하면 된다. Bypass ngrok for local addresses를 선택하면 개발 환경에서 주소가 localhost일 때 에뮬레이터가 별도의 네트워크 트래픽을 일으키지 않도록 해준다.

> 팁 ngrok은 터널을 생성하는 소프트웨어로 인터넷 연결 포트가 제한되어 있을 때 유용하다. 봇 에뮬레이터에서 ngrok을 사용하면 배포된 챗봇과 통신할 수 있다. 더 자세한 내용은 *https://ngrok.com*에서 확인할 수 있다.

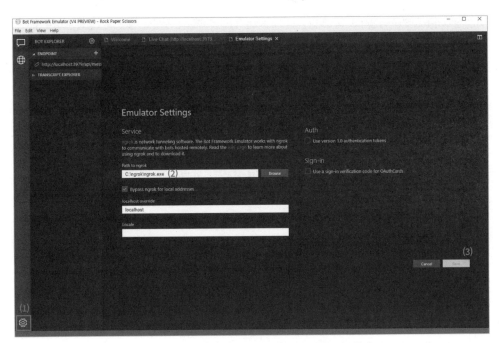

그림 2-17 원격 애저 테스트를 위해 ngrok을 설치한다

애저 상에서 챗봇을 테스트하려면 봇 프레임워크 채널 에뮬레이터를 열면 된다. Bot Url을 애저 챗봇 주소로 대체해야 한다. 애저 챗봇 주소는 기본 주소 앞에는 https 프로토콜을, 뒤에는 api/messages 세그먼트를 추가해야 한다는 점을 기억하자. 자격 증명을 빈칸으로 두는 대신 챗봇을 등록할 때 받아서 Web.config의 appSettings 항목에 입력할 수 있는 자격 증명으로 채운다. 이제 챗봇과 통신할 수 있게 됐다.

주소를 정확하게 입력하지 않으면, HTTP 코드 405로 빨간색 오류 메시지 'Method Not Allowed'를 보게 될 것이다. 잘못 입력한 부분이 있는지 찾는 것 외에도 프로토콜을 https로 제대로 입력했는지, 또 뒤에 api/messages를 붙였는지 함께 확인해야 한다.

일반적으로 코드를 작성하기 전에 새로운 챗봇을 게시하는 것이 좋다. 이렇게 해야 통신이 제대로 되는지, 자격 증명이 올바른지 먼저 검증되기 때문에 코드에서 문제가 될만한 버그를 제거할 수 있다. 또한, 프로세스 초반에 미리 의미 있는 핸들을 예약할 수 있다.

요약

이번 장에서는 챗봇을 생성하고 테스트한 다음 배포하는 방법을 배웠다. 챗봇을 생성하는 방법은 여느 새로운 .NET 응용 프로그램 프로젝트를 생성하는 것과 유사하다. 반드시 봇 프레임워크 웹사이트를 방문해서 최신의 봇 응용 프로그램 템플릿을 확인하자.

본질적으로 챗봇은 ASP.NET MVC Web API 프로젝트로, 거기에서 봇 커넥터는 HTTP POST 요청을 통해 챗봇과 통신한다. 이번 장에서 봇 커넥터가 액티비티를 전송하고 챗봇은 그 액티비티를 받아 메시지 액티비티를 사용자로부터 온 요청으로 처리한다는 것을 배웠다.

챗봇을 테스트하려면 에뮬레이터를 구성해야 한다. 에뮬레이터에서 챗봇 주소는 기본 주소, 포트 번호, 웹 API 세그먼트 규칙에 따라 지정한다. 또한, 자격 증명이 챗봇 프로젝트의 Web.config 파일 내에 있는 정보와 일치시켜야 한다. 에뮬레이터에는 채팅 인터페이스가 있어 챗봇과 메시지를 주고받을 수 있다.

다른 사람들이 챗봇을 이용할 수 있도록 채널을 설정하기 전에 챗봇을 게시하고 등록해야 한다. 이번 장에서는 애저에 게시하는 법을 설명했다. 챗봇을 등록하려면 봇 프레임워크 웹사이트를 방문해야 한다. 주소는 배포된 챗봇 주소의 뒤에 api/messages 세그먼트를 붙여야 한다는 사실을 기억하자. 챗봇을 등록하는 과정에서, 챗봇을 설정할 때 사용할 자격 증명을 얻게 된다. 이 단계들을 거쳐서 봇 커넥터가 챗봇과 통신할 수 있게 된다.

이번 장에서 챗봇을 게시하는 법을 설명했지만, 나중에 다룰 때까지 다른 채널을 설정하지는 않겠다. 지금으로서는 우리에게 필요한 기술들이 더 있으며, 그 시작으로 다음 장부터는 실제 챗봇을 사용해서 봇 프레임워크 통신의 기본 사항을 설명하겠다.

3

대화 구축하기: 기초

챗봇의 핵심은 대화형 사용자 인터페이스(Conversational User Interface, CUI)라는 데 있다. 챗봇의 주 인터페이스는 텍스트라는 점에서 전통적인 그래픽 사용자 인터페이스(Graphical User Interface, GUI)와는 다르다. 이 인터페이스의 요소들은 사용자와 그 사용자와 챗봇이 참여한 대화에 관한 것인만큼 페이지 레이아웃(page layout)과 스타일(style)은 아니다. 이러한 접근 방식은 인터페이스에 대한 개념을 그래픽에서 대화로 옮겼다. 이 장에서는 CUI의 기초를 중점적으로 다룬다.

이번 장에서는 대화의 기초를 다루지만, 사용자와 대화를 추적하는 방법도 설명한다. 봇 상태 서비스(Bot State Service)를 사용하여 대화 상태를 관리하는 법과 사용자 메시지를 읽고 응답하는 방법을 배울 것이다. 또한, 챗봇에 들어오고 나가는 모든 유형의 정보인 액티비티(activities)를 배울 것이다.

3.1 가위, 바위, 보 게임 봇

이번 장에서 데모로 사용할 챗봇은 가위, 바위, 보 게임이다. 이 게임은 두 사람이 하나, 둘, 셋을 세고 셋을 셈과 동시에 주먹(바위)이나 손바닥(보), 두 손가락(가위)의 손 모양 중 하나를 보여주는 상호작용을 기반으로 한다. 바위는 가위를 부수고, 보는 바위를 감싸며, 가위는 보를 자른다. 두 사람이 똑같은 모양을 내면 비긴 것이다. 가위, 바위, 보 챗봇(이후로는 그냥 챗봇이라 부르겠다)은 텍스트를 통해 사용자와 게임을 한다. 목록 3-1부터 3-3까지는 전체 프로그램을 보여준다. 이 책의 부록 소스 코드 중 RockPaperScissors1 프로젝트에 해당한다.

PlayType 열거형

챗봇에는 PlayType 열거형과 Game 클래스, 그리고 게임을 관리하고 사용자에게 응답하는 MessagesController 클래스의 로직이 있다. 목록 3-1에서 PlayType 열거형(enum)을 보여주는 것을 시작으로 목록 3-3까지 각각을 보여준다.

목록 3-1 가위, 바위, 보 게임 — PlayType 열거형

```
namespace RockPaperScissors1.Models
{
    public enum PlayType
    {
        Rock, Paper, Scissors
    }
}
```

PlayType은 사용자나 챗봇이 선택할 수 있는 값을 포함한다. 프로그램은 게임에서 사용자와 챗봇의 행위를 표시하고 누가 이겼는지 정하기 위한 로직에 PlayType을 사용한다.

Game 클래스

목록 3-2의 Game 클래스는 게임 결과 상태와 하나의 게임을 관리하기 위한 메서드를 담고 있다.

목록 3-2 가위, 바위, 보 게임 — Game Class

```
using System;
using System.Collections.Generic;

namespace RockPaperScissors1.Models
{
    public class Game
    {
        readonly Dictionary<PlayType, string> rockPlays =
            new Dictionary<PlayType, string>
            {
                [PlayType.Paper] = "Paper covers rock - You lose!",
                [PlayType.Scissors] = "Rock crushes scissors - You win!"
            };
        readonly Dictionary<PlayType, string> paperPlays =
            new Dictionary<PlayType, string>
            {
                [PlayType.Rock] = "Paper covers rock - You win!",
                [PlayType.Scissors] = "Scissors cuts paper - You lose!"
            };
```

```csharp
readonly Dictionary<PlayType, string> scissorsPlays =
    new Dictionary<PlayType, string>
    {
        [PlayType.Rock] = "Rock crushes scissors - You lose!",
        [PlayType.Paper] = "Scissors cut paper - You win!"
    };

public string Play(string userText)
{
    string message = "";

    PlayType userPlay;
    bool isValidPlay = Enum.TryParse(
        userText, ignoreCase: true, result: out userPlay);

    if (isValidPlay)
    {
        PlayType botPlay = GetBotPlay();
        message = Compare(userPlay, botPlay);
    }
    else
    {
        message = "Type \"Rock\", \"Paper\", or \"Scissors\" to play.";
    }

    return message;
}

public PlayType GetBotPlay()
{
    long seed = DateTime.Now.Ticks;
    var rnd = new Random(unchecked((int) seed) );
    int position = rnd.Next(maxValue: 3);

    return (PlayType) position;
}

public string Compare(PlayType userPlay, PlayType botPlay)
{
    string plays = $"You: {userPlay}, Bot: {botPlay}";
    string result = "";

    if (userPlay == botPlay)
        result = "Tie.";
    else
        switch (userPlay)
        {
            case PlayType.Rock:
                result = rockPlays[botPlay];
                break;
            case PlayType.Paper:
```

```
                        result = paperPlays[botPlay];
                        break;
                    case PlayType.Scissors:
                        result = scissorsPlays[botPlay];
                        break;
                }
            return $"{plays}. {result}";
        }
    }
}
```

Game 클래스에서 Dictionary〈PlayType, string〉 딕셔너리는 각 경기의 규칙을 담고 있다.
Play는 사용자와 챗봇으로부터 PlayType 열거형을 받아서 누가 이겼는지 확인하기 위해 두 값
을 비교한다. GetBotPlay에서 챗봇의 선택을 구현하고 Compare에서는 챗봇의 선택과 사용자
의 선택을 비교해서 승자가 누구인지 알려준다. 다음은 GetBotPlay를 구현한 코드다.

```
public PlayType GetBotPlay()
{
    long seed = DateTime.Now.Ticks;
    var rnd = new Random(unchecked((int) seed) );
    int position = rnd.Next(maxValue: 3);

    return (PlayType) position;
}
```

GetBotPlay는 챗봇이 다음에 무엇을 낼 것인지를 어떻게 결정하는지 보여준다. .NET의
Random 클래스는 PlayType 열거형이 가진 기본값 범위 내에서 의사 난수(pseudo-random
number)를 생성하고 호출자에게 반환하기 위해 그 숫자를 PlayType 열거형으로 변환한다.

Compare 메서드는 Game 클래스 딕셔너리를 사용해서 누가 이겼는지 결정한다.

```
public string Compare(PlayType userPlay, PlayType botPlay)
{
    string plays = $"You: {userPlay}, Bot: {botPlay}";
    string result = "";

    if (userPlay == botPlay)
        result = "Tie.";
    else
        switch (userPlay)
        {
            case PlayType.Rock:
```

```
                    result = rockPlays[botPlay];
                    break;
                case PlayType.Paper:
                    result = paperPlays[botPlay];
                    break;
                case PlayType.Scissors:
                    result = scissorsPlays[botPlay];
                    break;
        }
        return $"{plays}. {result}";
}
```

Compare는 가장 먼저 사용자와 챗봇이 같은 선택을 했는지 확인한다. 만약 그렇다면 게임은 비긴 것이다. 그렇지 않다면 switch 구문을 써서 누가 이겼는지 확인한다. 이 경우 userPlay는 어느 딕셔너리를 사용할지 정하고 botPlay는 그 딕셔너리의 멤버를 나타낸다. 선택된 딕셔너리는 사용자의 선택을 나타내고 그 딕셔너리의 인덱스는 챗봇의 선택을 나타낸다. 결과는 선택된 딕셔너리의 인덱싱된 값이다.

다음의 Play 메서드는 이 모두를 함께 엮어 사용자의 PlayType과 챗봇의 PlayType을 얻은 다음 Compare를 호출해서 누가 이겼는지 알아낸다.

```
public string Play(string userText)
{
    string message = "";

    PlayType userPlay;
    bool isValidPlay = Enum.TryParse(
        userText, ignoreCase: true, result: out userPlay);

    if (isValidPlay)
    {
        PlayType botPlay = GetBotPlay();
        message = Compare(userPlay, botPlay);
    }
    else
    {
        message = "Type \"Rock\", \"Paper\", or \"Scissors\" to play.";
    }

    return message;
}
```

Play 메서드는 TryParse를 사용하는데, 사용자가 PlayType 열거형에 속하지 않는 값을 입력할 수도 있기 때문이다. 사용자 입력값이 유효하면 Play는 앞에서 논의한 바대로 챗봇이 낼 임의의 PlayType을 얻기 위해 GetBotPlay를 호출한다. 그런 다음 Play는 둘의 손 모양을 비교(Compare)하고 결과 메시지를 호출자에게 반환한다.

userText가 PlayList 열거형에 속한 값과 일치하지 않는다는 것은 챗봇이 사용자가 원하는 바를 이해할 수 없다는 것을 뜻한다. 그 경우, else 구문에서 사용자에게 도움말 메시지를 제공함으로써 적절한 손 모양이 무엇인지 안내한다.

> 대화를 설계하는 것은 알고리즘을 설계하는 것과 비슷할 때가 있다. 코드가 정상적인 경로를 따르도록 올바르게 작성됐다면 문제없겠지만, 사용자가 예상과 다른 값을 입력한다면 오류나 예외를 일으키게 될 것이다. 다른 입력값들과 마찬가지로 대화 텍스트는 여러분이 예상할 수 없는 것일 수 있다. PaperRockScissors 프로그램의 경우, 코드는 PlayType 열거형에 일치하는 응답을 기대한다. 또한, 이 코드는 사용자 입력이 예상과 다를 경우를 대비해서 간단한 도움말 메시지로 응답하도록 작성됐다. PaperRockScissors 프로그램은 단순하지만, 이러한 처리 방식을 보여줌으로써 각자 자신만의 챗봇 대화를 설계할 때 고려해봐야 할 내용(예: 오탈자나 축약형을 해석하는 것이 좋을까?)을 강조한다. 이 책에서는 대화 흐름을 관리하는 다양한 기법을 배울 것이다. 대화는 사용자 인터페이스이기 때문에 챗봇 대화를 설계하는 동안 의도하지 않은 입력값의 개념에 주의해야 한다.

MessageController 클래스

이 프로그램은 모든 로직을 Game이라는 하나의 클래스에 위임한다. MessagesController 클래스의 Post 메서드는 목록 3-3에서 보는 것처럼 Game을 사용해 게임을 하고 결과를 사용자에게 반환한다.

목록 3-3 가위, 바위, 보 게임 — MessagesController 클래스

```
using System;
using System.Linq;
using System.Net;
using System.Net.Http;
using System.Threading.Tasks;
using System.Web.Http;
using Microsoft.Bot.Connector;
using RockPaperScissors1.Models;

namespace RockPaperScissors1
{
    [BotAuthentication]
    public class MessagesController : ApiController
    {
        public async Task<HttpResponseMessage> Post([FromBody]Activity activity)
```

```
    {
        if (activity.Type == ActivityTypes.Message)
        {
            var connector = new ConnectorClient(new Uri(activity.ServiceUrl));

            var game = new Game();

            string message = game.Play(activity.Text);

            Activity reply = activity.CreateReply(message);
            await connector.Conversations.ReplyToActivityAsync(reply);
        }

        HttpResponseMessage response = Request.CreateResponse(HttpStatusCode.OK);
        return response;
    }
}
}
```

2장에서 설명했듯이 MessagesController 클래스에는 사용자가 채팅 창에서 메시지를 전송할 때 봇 커넥터가 호출하는 HTTP 끝점에 해당하는 Post 메서드가 있다. ConnectorClient를 인스턴스화한 다음 코드는 Game 인스턴스를 인스턴스화하고, 사용자가 입력한 메시지인 activity.Text를 가지고 Play를 호출하고 Play로부터 반환된 문자열로 사용자에게 응답한다.

실제로 여러분은 Post가 어떤 비즈니스 로직도 포함하지 않고, 단지 사용자 응답을 그것을 처리할 비즈니스 로직에 매개변수로 전달하고 사용자에게 응답하는 컨트롤러 역할만 하기를 원한다. 이렇게 함으로써 응용 프로그램의 다양한 층위 간에 관심 사항들을 분리해서 관리할 수 있다.

RockPaperScissors 응용 프로그램을 실행하고 2장에서처럼 챗봇 끝점을 주소로 하는 에뮬레이터를 실행하면 그림 3-1과 비슷한 경험을 할 수 있다. 에뮬레이터의 포트 번호는 챗봇의 주소창에서 확인할 수 있는 주소의 포트 번호와 일치해야 한다. 여기 그림 3-1의 경우 포트 번호는 3979다. 또한, 챗봇이 위치한 웹 API 끝점을 제대로 식별하려면 api/messages를 뒤에 붙여 줘야 한다.

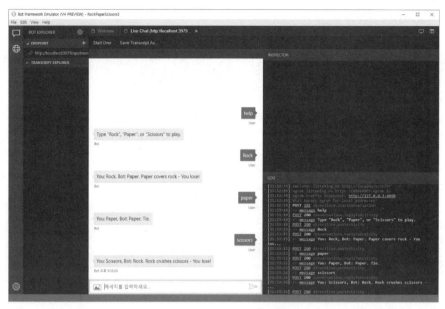

그림 3-1　가위, 바위, 보 게임

그림 3-1은 PlayType 열거형의 요소를 대소문자 구분 없이 입력해도 게임 결과를 알려주지만, 그 외의 상황에서는 도움말 메시지를 낸다는 것을 보여준다. 다음 절에서 대화 참여자와 대화 상태를 관리하는 방법을 더 자세히 알아보겠다.

3.2　대화 상태 관리

봇 프레임워크에서는 사용자와 대화를 모두 추적할 수 있다. 이번 절에서 사용자와 대화 데이터를 읽는 방법을 설명한다. 또한, 사용자와 대화 상태를 저장할 수 있게 해주는 봇 커넥터 서비스도 함께 알아보겠다.

대화의 요소

대화에는 사용자, 챗봇의 식별자와 그 둘 사이의 대화가 포함돼 있다. 다음 절부터 이 요소들에 대해 알아보고 코드를 통해 이 값에 접근하는 법을 보여주도록 하겠다.

대화

대화는 사용자와 챗봇 사이에 주고받은 요청/응답 메시지의 집합이다. 대화는 메시지와 연결된 대화 식별자(conversation identifier)를 가지고 추적할 수 있다. 대화의 첫 번째 메시지는 언제나 사용자가 자신의 채널에 챗봇을 초대하면서 전송한 첫 번째 메시지이다. 그 메시지는 대화 식별자를 가지고 도착한다. 4장에서 챗봇이 대화를 개시하는 방법에 대해 배우겠지만, 챗봇이 자신과 통신하기를 원하는 사용자가 누구인지 알 때만 가능한 일로, 사용자가 이전에 챗봇과 대화한 적이 있어야만 한다.

액티비티 상태

대화의 기본 요소는 Activity다. 봇 커넥터는 Activity 속성을 채워서 챗봇이 그 사용자와 한 번만 상호작용해도 대화 상태를 추정하기 편하게 해준다. 여기에서 대화 상태와 관련한 속성을 보여주는 Activity 클래스 일부를 발췌한 내용을 보자.

```
public partial class Activity
{
    public string Type { get; set; }
    public string Id { get; set; }
    public DateTime? Timestamp { get; set; }
    public DateTimeOffset? LocalTimestamp { get; set; }
    public string ServiceUrl { get; set; }
    public string ChannelId { get; set; }
    public ChannelAccount From { get; set; }
    public ConversationAccount Conversation { get; set; }
    public ChannelAccount Recipient { get; set; }
}
```

목록 3-3에서 본 것처럼, Type 속성은 Activity의 목적을 나타내며 ActivityType.Message로 확인할 수 있다. 이 장의 뒷부분에서는 다른 ActivityType 구성원들도 자세히 살펴보겠다. ServiceUrl은 언제든 변할 수 있는 봇 커넥터의 URL을 기억할 필요가 없게 해주기 때문에 유용하다. Id 속성은 그 특정 Activity의 ID를 기록하거나 디버깅하는 데 유용하다. 앞으로 메시지에 대한 응답을 만들어낼 때 이 속성이 얼마나 중요한지 배우게 될 것이다. Timestamp 는 메시지의 UTC(협정세계시) 시간이지만, LocalTimestamp는 사용자의 지역 시간이다. 이 시간 속성들은 챗봇에 유용한 다른 로직들과 함께 사용자의 시간대를 근사치로 계산하는 데 도움이 된다. ChannelId는 사용자가 어느 채널로 통신하는지 알려준다. 다음 절에서는 From과 Recipient 속성을 설명한다.

사용자와 챗봇 ID

챗봇을 개인화하려면, From 속성으로 사용자를 식별해야 한다. 비슷하게 Recipient 속성은 챗봇을 식별한다. 앞으로는 그룹 대화를 지원하는 등의 시나리오가 있을 수 있지만, 이번 장에서는 챗봇과 사용자 사이의 단일 대화를 가정한다. 이 경우, 챗봇이 Recipient가 된다. From과 Recipient 속성은 다음에서 보여주는 ChannelAccount 형식을 갖는다.

```
public partial class ChannelAccount
{
    public string Id { get; set; }
    public string Name { get; set; }
}
```

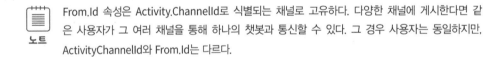 이 절에서 Recipient는 챗봇으로 From은 사용자로 설명한다. 그러나 이 장의 '맞춤 메시지 액티비티 만들기' 절에서는 챗봇이 사용자에게 응답 메시지를 보내야 할 때 어떻게 From이 챗봇이 되고 Recipient가 사용자가 되는지 보게 될 것이다.

사용자가 통신하는 채널은 그 사용자를 고유하게 식별할 수 있는 Id 속성을 할당한다. 그 채널은 사용자를 이름으로 부를 수 있도록 Name 속성도 채운다. 수많은 메시징 클라이언트 프로그램은 사용자가 이름을 바꾸는 것을 허용하므로, Id 속성은 그 채널에서 바뀌지 않더라도 Name 속성은 바뀔 수 있다.

From.Id 속성은 Activity.ChannelId로 식별되는 채널로 고유하다. 다양한 채널에 게시한다면 같은 사용자가 그 여러 채널을 통해 하나의 챗봇과 통신할 수 있다. 그 경우 사용자는 동일하지만, ActivityChannelId와 From.Id는 다르다.

이제 사용자와 챗봇에 관련한 상태 정보를 찾을 수 있게 됐으니 다음 절에서는 Conversation 속성을 알아보겠다.

대화 ID

사용자와 챗봇 사이의 모든 통신은 대화의 범위 내에서 일어난다. 다음에서 알 수 있듯이, Conversation 속성에는 대화의 세부 사항을 보여주는 속성들이 포함돼 있다.

```
public partial class ConversationAccount
{
    public bool? IsGroup { get; set; }
    public string Id { get; set; }
    public string Name { get; set; }
}
```

각 대화에는 고유의 Id와 Name이 있다. IsGroup 속성은 채널이 그룹 대화를 지원하는지 나타낸다. 그룹 대화를 지원하는 채널은 한정되어 있으므로 이 속성이 항상 적용되지는 않는다.

봇 커넥터는 대화의 지속 기간을 정의하지 않는다. 그보다는 언제 대화가 시작해서 언제 끝났는지를 정의한다. 새로운 대화는 사용자가 챗봇과 처음 통신할 때 시작하지만, 그 대화가 언제 끝나고 새로운 대화가 시작되는지 정의하지는 않는다. 채널이 특별히 대화의 시작과 끝에 대한 규칙을 기술하지 않았다면 대화의 지속 기간에 대해 어떤 가정도 해서는 안 된다.

방금 설명한 사용자, 챗봇, 대화를 식별하는 작업을 통해 대화와 관련된 정보와 상태를 추적할 수 있다. 다음 절에서는 봇 프레임워크가 이 추적 작업을 어떻게 돕는지 알아본다.

상태 정보 저장 및 검색

봇 커넥터가 제공하는 또 다른 서비스로는 봇 프레임워크 상태 서비스(Bot Framework State Service)라고 하는 상태 관리 서비스가 있다. 봇 프레임워크에서 상태란 챗봇 운영을 지원하기 위해 저장해야 할 데이터나 정보를 통칭한다. 사용자나 대화, 대화 내 사용자(비공개 – private라고도 함)에 대한 상태 정보를 저장할 수 있다.

봇 커넥터 상태 관리 서비스는 각 사용자, 대화, 비공개 상태 정보당 32kb까지 지원한다. 사용자 상태 정보로 최대 지원 가능한 데이터양이 32kb다. 게다가 이 상태 정보의 크기는 채널별로 정해진다. 예를 들어 채널 A의 사용자 상태 정보로 32kb를 사용할 수 있고, 채널 B의 사용자 상태 정보로 32kb를 가질 수 있으며, 채널 A의 대화 상태 정보로 32kb를 가질 수 있다. 다음 절에서 봇 커넥터 상태 관리 서비스를 사용하는 법을 설명한다.

봇 커넥터 상태 관리 서비스는 모든 사용자와 대화 데이터를 저장하는 일반화된 저장소 용도로 설계된 것은 아니다. 사용자와 대화 데이터를 추적하기 위해 더 많은 공간이 필요하다면 별도의 데이터베이스를 사용하는 것이 좋다.

동일한 프로젝트에 여러 챗봇으로 캐싱하기

솔루션에 한 개 이상의 챗봇 프로젝트가 있을 때가 있다. 비주얼 스튜디오 개발 환경과 IIS 익스프레스는 기본 설정상으로는 브라우저에서 서버로 요청을 보내지 않고 로컬 캐시에 저장된 웹 페이지를 바로 읽기 때문에(aggressive caching) 테스트에 혼선을 줄 수 있다. 한 번 챗봇이 실행되면 서버 캐시에 저장된다. 문제는 두 번째 챗봇을 실행할 때 생긴다. 첫 번째 챗봇이 캐시에 저장됐기 때문에 두 번째 챗봇을 절대 볼 수 없게 된다. 이러한 상황을 해결하기 위해 브라우저 링크를 비활성화하거나 IIS 익스프레스 응용 프로그램을 닫거나 브라우저 캐시를 삭제하는 등의 여러가지 방법을 쓸 수 있다. 하지만 간단하게 해결하는 방법은 그림 3-2처럼 그 프로젝트의 **Properties** 폴더를 더블 클릭하고 **웹** 탭으로 가서 프로젝트 URL 박스의 포트 번호를 바꿈으로써 챗봇 URL의 포트 번호를 바꾸는 것이다.

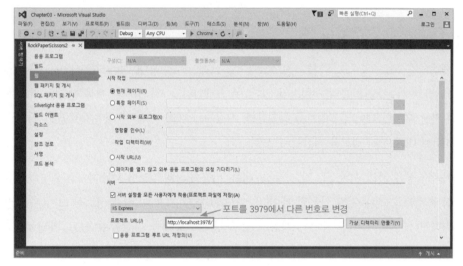

그림 3-2 같은 프로젝트에서 여러 개의 챗봇을 테스트할 때 페이지 캐싱 문제를 피하려면 프로젝트 URL의 포트 번호를 바꾸면 된다

그림 3-2에서 프로젝트 URL의 포트 번호가 기본값인 3979에서 3978로 바뀐 것을 볼 수 있다. 이 방법이 먹히는 이유는 이 문제에 영향을 미치는 웹 페이지 캐싱 전략이 페이지 URL을 기반으로 하고 있기 때문이다. 포트 번호를 바꾸면 URL이 바뀌게 되고, 이로써 브라우저는 적절한 페이지를 표시할 수 있게 된다.

봇 상태 서비스 용량과 조직

앞에서 언급했듯이, 봇 상태 서비스를 사용하면 단일 사용자나 대화, 또는 비공개(한 대화 내의 사용자) 상태 정보를 관리할 수 있다. 사용자와 비공개(private) 상태 정보의 차이점이라면, 단일 사용자의 경우 사용자 상태 정보는 모든 대화에 걸쳐 유지되지만, 비공개 정보는 오직 하나의 대화에서만 유지되고 다른 대화에서는 사용할 수 없는 사용자 데이터라는 점이다.

대화 상태는 오직 하나의 대화에 대한 데이터를 담고 있으며, 그 대화에 참여한 모든 사용자에게 적용된다.

이 서비스 사용법과 관련한 코드는 이 장의 '봇 상태 서비스 사용하기' 절에서 더 자세히 알아보겠지만, 먼저 이 서비스를 사용할 때 필요한 형식들과 그 사이의 관계에 대해 간단히 알아보자. 먼저 여러분에게 필요한 타입으로는 봇 프레임워크의 StateClient의 인스턴스다. 이것은 다음의 IStateClient를 구현한 것이다.

```
public partial interface IStateClient : IDisposable
{
    Uri BaseUri { get; set; }
    JsonSerializerSettings SerializationSettings { get; }
    JsonSerializerSettings DeserializationSettings { get; }
    ServiceClientCredentials Credentials { get; }
    IBotState BotState { get; }
}
```

BaseUri와 Credentials는 봇 상태 서비스와 통신하기 위한 속성으로 각각 주소와 사용자 이름/패스워드에 해당한다. 다행히도 Activity 형식에는 편의 메서드(convenience method)가 있어서 이러한 세부 사항을 설정하지 않아도 된다. 이 편의 메서드에 대해서는 이 장의 '대화에 응답하기' 절에서 배울 것이다. 봇 프레임워크는 데이터 페이로드를 관리하기 위해 유명한 오픈 소스인 Json.NET 패키지를 사용한다. Json.NET 패키지에는 SeriaizationSettings와 DeserializationSettings가 포함돼 있고 이를 설정하는 법을 안내하고 있다. 일반적으로는 이 장에서 보게 될 기본 직렬화를 사용하는 것만으로도 직렬화에 충분하며 여러분이 직접 설정해야 하는 StateClient 직렬화를 사용하지 않아도 될 것이다.

상태 정보를 다룰 땐 언제나 BotState를 사용한다. BotState를 사용할 때 사용자, 대화, 비공개 상태 정보 중 하나를 선택할 수 있다. BotState는 다음의 IBotState를 구현한다.

```
public partial interface IBotState
{
    public static async Task<BotData> GetUserDataAsync(
        this IBotState operations, string channelId, string userId,
        CancellationToken cancellationToken = default(CancellationToken));

    public static async Task<BotData> SetUserDataAsync(
        this IBotState operations, string channelId, string userId, BotData
botData,
```

```
            CancellationToken cancellationToken = default(CancellationToken));

    public static async Task<string[]> DeleteStateForUserAsync(
        this IBotState operations, string channelId, string userId,
        CancellationToken cancellationToken = default(CancellationToken));

    public static async Task<BotData> GetConversationDataAsync(
        this IBotState operations, string channelId, string conversationId,
        CancellationToken cancellationToken = default(CancellationToken));

    public static async Task<BotData> SetConversationDataAsync(
        this IBotState operations, string channelId,
        string conversationId, BotData botData,
        CancellationToken cancellationToken = default(CancellationToken));

    public static async Task<BotData> GetPrivateConversationDataAsync(
        this IBotState operations, string channelId,
        string conversationId, string userId,
        CancellationToken cancellationToken = default(CancellationToken));

    public static async Task<BotData> SetPrivateConversationDataAsync(
        this IBotState operations, string channelId,
        string conversationId, string userId, BotData botData,
        CancellationToken cancellationToken = default(CancellationToken));
}
```

IBotState는 사용자, 대화, 비공개 데이터를 위한 set, get 메서드를 보여준다. DeleteState
ForUserAsync 메서드는 특정 채널에 있는 모든 대화에서 모든 사용자 데이터를 삭제한다. 아
마 IBotState 인터페이스에서 보여준 메서드가 모두 비동기 방식임을 알아챘을 것이다.

이 각 비동기 메서드에 대응하는 동기 방식의 메서드도 있다. 동기 방식의 메서드는 비동기 메
서드와 같은 구현을 사용하기 때문에 어느 쪽을 사용하더라도 기술적으로 문제가 없다. 우리
는 이 두 방식 중 인터넷 원격(out-of-process) 호출이 발생할 수 있음을 보여주는 비동기 방식을
선호하며, 이는 성능과 확장성을 개선하기 위해 설계나 유지보수를 할 때 유용하다.

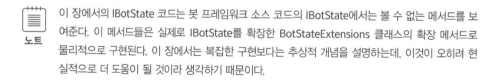 이 장에서의 IBotState 코드는 봇 프레임워크 소스 코드의 IBotState에서는 볼 수 없는 메서드를 보
여준다. 이 메서드들은 실제로 IBotState를 확장한 BotStateExtensions 클래스의 확장 메서드로
물리적으로 구현된다. 이 장에서는 복잡한 구현보다는 추상적 개념을 설명하는데, 이것이 오히려 현
실적으로 더 도움이 될 것이라 생각하기 때문이다.

DeleteStateForUserAsync의 응답 형식은 서버가 응답하는 메시지를 담을 수 있는 string[]
이다. 서버가 응답 메시지를 반환하지 않는다면, 반환값은 null이다. 모든 IBotState 메서드에

대해, 서버가 에러를 반환하면, 그 메서드는 코드가 적합하다고 판단하는 만큼 시험하고 처리할 수 있도록 Request, Response, Body 속성을 갖는 HttpOperationException을 발생시킨다.

DeleteStateForUserAsync 외에 모든 IBotState 메서드는 다음과 같은 BotData를 반환한다.

```
public partial class BotData
{
    public string ETag { get; set; }
    public object Data { get; set; }
}
```

봇 상태 서비스는 낙관적 동시성(optimistic concurrency)을 위해 ETag를 사용한다. 첫 번째 챗봇이 상태 서비스에서 데이터를 읽고 바꾼 다음 다시 기록하는 동안, 두 번째 챗봇이 첫 번째 챗봇 다음으로 같은 데이터를 읽고 첫 번째 챗봇보다 먼저 데이터를 변경해서 기록했다면 첫 번째 챗봇이 변경한 데이터를 기록할 때 HttpOperationException이 발생한다. 이는 첫 번째 챗봇이 유효하지 않은 데이터로 작업했다는 사실을 나타낸다.

기억하겠지만 BotData 인스턴스는 사용자, 대화, 비공개 컨텍스트 중 하나를 위한 상태 정보를 가져오기 위한 메서드 호출에서 비롯되며, Data 속성은 요청 받은 컨텍스트의 데이터를 JSON 형식으로 담고 있다. BotData는 GetProperty, SetProperty, RemoveProperty 메서드도 가지고 있는데 이들은 정확히 그 이름에 어울리는 역할을 한다. 다음 절에서는 챗봇 상태 관리를 위해 방금 설명했던 형식과 메서드를 사용하는 법에 대해 알아보겠다.

봇 상태 서비스 사용하기

이번 절에서 사용할 예제는 목록 3-1에서 3-3까지의 RockPaperScissors 프로그램을 만들고, 봇 프레임워크 상태 서비스를 사용하는 법을 보여준다. 이 경우에 목록 3-3의 Post 메서드를 수정하는 것 외에 상태 정보를 설정하고 읽어 들이는 새로운 클래스를 보게 될 것이다. 이 프로그램은 부록 소스 코드 중 RockPaperScissors2 프로젝트 안에 있다.

이 프로그램의 목표는 봇 상태 서비스를 사용하여 점수를 기록하는 것이다. 점수는 최근 10게임에 대해 사용자와 챗봇이 각각 얼마나 많이 이겼는지, 그리고 둘이 얼마나 많이 비겼는지를 누적해서 보여준다. 목록 3-4는 상태 정보를 관리하는 GameState 클래스를 보여주며, 그다음에 나올 목록 3-5는 점수 요청을 처리하고 점수를 업데이트하는 새로운 Post 메서드를 보여준다.

```csharp
using System;
using System.Collections.Generic;
using System.Linq;
using System.Threading.Tasks;
using Microsoft.Bot.Connector;

namespace RockPaperScissors2.Models
{
    public class GameState
    {
        [Serializable]
        class PlayScore
        {
            public DateTime Date { get; set; } = DateTime.Now;
            public bool UserWin { get; set; }
        }

        public async Task<string> GetScoresAsync(Activity activity)
        {
            using (StateClient stateClient = activity.GetStateClient())
            {
                IBotState chatbotState = stateClient.BotState;
                BotData chatbotData = await chatbotState.GetUserDataAsync(
                    activity.ChannelId, activity.From.Id);

                Queue<PlayScore> scoreQueue =
                    chatbotData.GetProperty<Queue<PlayScore>>(property: "scores");

                if (scoreQueue == null)
                    return "Try typing Rock, Paper, or Scissors to play first.";

                int plays = scoreQueue.Count;
                int userWins = scoreQueue.Where(q => q.UserWin).Count();
                int chatbotWins = scoreQueue.Where(q => !q.UserWin).Count();

                int ties = chatbotData.GetProperty<int>(property: "ties");

                return $"Out of the last {plays} contests, " +
                       $"you scored {userWins} and " +
                       $"Chatbot scored {chatbotWins}. " +
                       $"You've also had {ties} ties since playing.";
            }
        }

        public async Task UpdateScoresAsync(Activity activity, bool userWin)
        {
            using (StateClient stateClient = activity.GetStateClient())
            {
                IBotState chatbotState = stateClient.BotState;
```

```csharp
                BotData chatbotData = await chatbotState.GetUserDataAsync(
                    activity.ChannelId, activity.From.Id);

                Queue<PlayScore> scoreQueue =
                    chatbotData.GetProperty<Queue<PlayScore>>(property: "scores");

                if (scoreQueue == null)
                    scoreQueue = new Queue<PlayScore>();

                if (scoreQueue.Count >= 10)
                    scoreQueue.Dequeue();

                scoreQueue.Enqueue(new PlayScore { UserWin = userWin });

                chatbotData.SetProperty<Queue<PlayScore>>(property: "scores", data:
scoreQueue);
                await chatbotState.SetUserDataAsync(activity.ChannelId, activity.
From.Id, chatbotData);
            }
        }

    public async Task<string> DeleteScoresAsync(Activity activity)
    {
        using (StateClient stateClient = activity.GetStateClient())
        {
            IBotState chatbotState = stateClient.BotState;

            await chatbotState.DeleteStateForUserAsync(activity.ChannelId,
activity.From.Id);

            return "All scores deleted.";
        }
    }

    public async Task AddTieAsync(Activity activity)
    {
        using (StateClient stateClient = activity.GetStateClient())
        {
            IBotState chatbotState = stateClient.BotState;
            BotData chatbotData = await chatbotState.GetUserDataAsync(
                activity.ChannelId, activity.From.Id);

            int ties = chatbotData.GetProperty<int>(property: "ties");

            chatbotData.SetProperty<int>(property: "ties", data: ++ties);

            await chatbotState.SetUserDataAsync(activity.ChannelId, activity.
From.Id, chatbotData);
        }
    }
  }
}
```

GameState 클래스에는 사용자와 챗봇 중 하나가 이긴 게임 결과를 담고 있는 PlayScore 클래스가 중첩돼 있다.

```
[Serializable]
class PlayScore
{
    public DateTime Date { get; set; } = DateTime.Now;
    public bool UserWin { get; set; }
}
```

Date는 게임 한 시점을 추적하고, 부울 형식의 UserWin 속성은 사용자가 해당 게임을 이겼는지 여부를 나타낸다. Serializable 특성이 PlayScore를 장식(decorate)한다는 점에 주목하자. 챗봇은 인터넷을 통해 통신하기 때문에 모든 형식은 전송에 적합한 포맷으로 변환될 수 있도록 직렬화될 수 있어야 한다.

다음에 보여준 GetScoresAsync 메서드는 봇 상태 서비스에서 점수를 읽어 들인다. 여기에서 이전 절에서 다뤘던 형식과 메서드를 사용한다.

```
public async Task<string> GetScoresAsync(Activity activity)
{
    using (StateClient stateClient = activity.GetStateClient())
    {
        IBotState chatbotState = stateClient.BotState;
        BotData chatbotData = await chatbotState.GetUserDataAsync(
            activity.ChannelId, activity.From.Id);

        Queue<PlayScore> scoreQueue =
            chatbotData.GetProperty<Queue<PlayScore>>(property: "scores");

        if (scoreQueue == null)
            return "Try typing Rock, Paper, or Scissors to play first.";

        int plays = scoreQueue.Count;
        int userWins = scoreQueue.Where(q => q.UserWin).Count();
        int chatbotWins = scoreQueue.Where(q => !q.UserWin).Count();

        int ties = chatbotData.GetProperty<int>(property: "ties");

        return $"Out of the last {plays} contests, " +
                $"you scored {userWins} and " +
                $"Chatbot scored {chatbotWins}. " +
                $"You've also had {ties} ties since playing.";
    }
}
```

이전 절에서 배운 내용을 되짚어보면 StateClient는 IStateClient를 구현한 것이다. 위에서 보여준 코드의 using 문은 StateClient 인스턴스를 Activity 인스턴스 매개변수인 activity의 GetStateClient 팩토리 메서드를 사용하여 만드는 법을 보여준다.

chatbotState 변수는 stateClient의 BotState 값을 가진다. 이 코드는 chatbotState에서 사용자나 대화 또는 비공개 컨텍스트 중 하나에 대한 BotData 인스턴스를 가져올 수 있지만, 사용자 컨텍스트를 위해서는 GetUserDataAsync를 호출한다. 또한, 인수가 이 상태가 어느 채널에 연결됐는지 알려주는 activity.ChannelId와 사용자 ID인 activity.From.Id를 가리킨다는 점에 주목하자.

이제 코드는 BotData의 인스턴스인 chatbotData를 가지게 됐다. 여기까지가 데이터를 얻거나 설정하거나 삭제하려면 반드시 준비해야 할 작업이다. 모든 GameState 메서드에서 이와 똑같은 패턴을 보게 될 것이다.

PlayScore의 Queue는 최근 10개의 점수를 관리할 수 있도록 도와준다. 코드에서 scores 속성에 대한 참조를 얻기 위해 chatbotData.GetProperty를 호출한다. 사용자가 최초로 게임할 때는 어떤 데이터도 없기 때문에 BotData의 Data 속성은 null이다. 코드에서 null 여부를 확인할 수도 있지만, Data가 하나 이상의 속성을 가질 수 있고 이 프로그램에서도 하나 이상의 속성을 갖기 때문에, 이 확인 과정에서 Queue가 누락됐는지 여부는 알 수 없다. Queue 컬렉션은 직렬화될 수 있으므로 상태 서비스 속성으로 잘 동작한다.

 이 장에서 든 예제는 최근 10개의 게임만 기록하도록 설계됐다. 모든 사람이 이와 같은 전략을 사용하지는 않겠지만, 이를 통해 자원을 관리하는 한 가지 방법을 보여준다. 스토리지 공간과 대역폭 같은 자원을 효율적으로 관리하기 위해 가위, 바위, 보 프로그램을 의도적으로 최근 10개의 게임만 기록하도록 설계했다는 점을 기억하자.

다음 문장에서는 게임 횟수(plays), 사용자가 이긴 횟수(userWins), 챗봇이 이긴 횟수(chatbotWins)를 수집한다. 이 때 chatbotWins는 사용자가 이기지 않은 경우로 정의한다. 여기서 한 가지 궁금한 점이 있다. 프로그램이 비기는 경우는 어떻게 기록할까? 이것은 chatbotData의 scores 다음으로 두 번째 속성인 tie 속성에 대한 chatbotData.GetProperty 호출에서 처리된다. 그런 다음 사용자에게 메시지를 반환한다. GetScoresAsync를 호출하는 코드를 살펴보기 전에 다른 GameState 메서드를 먼저 보도록 하자.

앞에서는 상태 정보를 읽는 법을 알아보았다. 여기에서 다룰 UpdateScoresAsync는 상태 정보를 쓰는 방법을 보여준다. 본질적으로 이 메서드는 다음에서 보는 것처럼 점수 Queue를 가져와서 새로운 점수로 Queue를 업데이트하고 봇 상태 서비스에 Queue를 다시 쓰는 일을 한다.

```
public async Task UpdateScoresAsync(Activity activity, bool userWin)
{
    using (StateClient stateClient = activity.GetStateClient())
    {
        IBotState chatbotState = stateClient.BotState;
        BotData chatbotData = await chatbotState.GetUserDataAsync(
            activity.ChannelId, activity.From.Id);

        Queue<PlayScore> scoreQueue =
            chatbotData.GetProperty<Queue<PlayScore>>(property: "scores");

        if (scoreQueue == null)
            scoreQueue = new Queue<PlayScore>();

        if (scoreQueue.Count >= 10)
            scoreQueue.Dequeue();

        scoreQueue.Enqueue(new PlayScore { UserWin = userWin });

        chatbotData.SetProperty<Queue<PlayScore>>(property: "scores", data:
scoreQueue);
        await chatbotState.SetUserDataAsync(activity.ChannelId, activity.
From.Id, chatbotData);
    }
}
```

GetScoresAsync 메서드를 검토할 때도 이야기했지만, BotData를 가져오는 코드는 같은 패턴을 따른다. 그와 유사하게 이 코드도 scores 속성을 가져오기 위해 chatbotData.GetProperty를 호출한다. 사용자가 아직 이 게임을 하지 않았거나 데이터를 삭제했다면 PlayScore의 새로운 Queue를 인스턴스화해야 한다. 이 프로그램은 최신 10개의 점수만 관리하기 때문에 가장 오래된 점수를 삭제하기 위해 scoreQueue.Dequeue를 호출한다. 그런 다음 최신의 새로운 점수를 추가하기 위해 scoreQueue.Enqueue를 호출한다.

프로그램은 chatbotData.SetProperty를 사용해서 BotData의 scores 속성에 scoreQueue를 할당한다. 이 때 챗봇에 필요하다면 여러 개의 속성을 설정할 수 있다. chatbotState. SetUserDataAsync를 호출하면, 챗봇이 통신하고 있는 채널의 사용자에 대해 봇 상태 서비스에 속성 변경 내역을 다시 게시한다.

챗봇은 상태를 읽고 쓰는 일 외에 삭제할 수도 있다. 목록 3-4에서 본 다음의 DeleteScoresAsync 메서드는 그 방법을 보여준다.

```csharp
public async Task<string> DeleteScoresAsync(Activity activity)
{
    using (StateClient stateClient = activity.GetStateClient())
    {
        IBotState chatbotState = stateClient.BotState;

        await chatbotState.DeleteStateForUserAsync(activity.ChannelId,
activity.From.Id);

        return "All scores deleted.";
    }
}
```

DeleteScoresAsync 메서드는 chatbotState를 사용해서 IBotState.DeleteStateForUserAsync를 호출하기 때문에 BotData를 필요로 하지 않는다. 이 메서드는 사용자, 대화, 비공개 컨텍스트에서 해당 사용자의 상태 정보를 모두 삭제한다.

 IBotState.DeleteStateForUserAsync 메서드는 사용자의 데이터에서 모든 속성을 삭제한다. 모든 속성이 아니라 하나의 속성만 삭제하는 등의 정교한 작업이 필요하다면, 이 절의 여러 코드 목록에서 확인했던 전형적인 패턴을 사용해서 BotData에 대한 참조를 가져온 다음 chatbotData.RemoveProperty()를 호출하면 된다.

지금까지 본 예제 대부분은 복합 개체(이 경우, PlayScore의 Queue가 여기에 해당한다)를 가지고 작업하는 법을 보여줬다. 한 가지 예외가 있다면, 기본 형식 개체(primitive type object)인 ties 속성을 읽는 GetScoresAsync 메서드다. 다음에서 보여주는 AddTieAsync 메서드는 기본 형식 개체를 기록하는 법을 보여준다.

```csharp
public async Task AddTieAsync(Activity activity)
{
    using (StateClient stateClient = activity.GetStateClient())
    {
        IBotState chatbotState = stateClient.BotState;
        BotData chatbotData = await chatbotState.GetUserDataAsync(
            activity.ChannelId, activity.From.Id);

        int ties = chatbotData.GetProperty<int>(property: "ties");
```

```
            chatbotData.SetProperty<int>(property: "ties", data: ++ties);

            await chatbotState.SetUserDataAsync(activity.ChannelId, activity.
From.Id, chatbotData);
        }
    }
```

BotData를 가져오는 표준 패턴을 사용한 다음, 이 메서드는 ties 속성을 읽기 위해 chatbotData. GetPropery를 호출한다. 그런 다음 이 메서드는 ties 횟수를 증가시키기 위해 ties에 사전 증가 연산자(역주: pre-increment operator, 증가시킬 변수가 포함된 표현식을 평가하기 전에 해당 변수를 먼저 증가시키는 연산자)를 사용해서 chatbotData.SetProperty를 호출한다. UpdateScoresAsync 메서드와 마찬가지로 AddTieAsync 메서드도 새로운 ties 속성값을 봇 상태 서비스에 다시 게시하기 위해 chatbotState.SetUserDataAsync를 호출한다.

이제 봇 상태 서비스를 사용하는 법까지 알았으니 이 모든 방법을 하나로 묶어서 어떻게 사용자가 챗봇과 점수를 사용해서 상호작용하는지 알아보는 일만 남았다. 그림 3-3은 사용자가 새로운 명령어인 score와 delete를 사용해서 게임 하는 법을 보여준다. 한동안 게임을 한 다음 사용자가 score라고 입력하면 점수를 알려주는 메시지를 받는다. 그런 다음 사용자가 delete 를 입력하면 사용자 정보가 삭제되었음을 알려주는 메시지를 받게 된다. 마지막으로 사용자가 다시 score를 입력하면 시스템에는 더 점수가 없기 때문에 먼저 점수를 생성할 수 있도록 사용자가 게임을 해야 한다고 제시한다.

봇 에뮬레이터는 현재 세션의 상태 정보만 저장한다. 봇 에뮬레이터를 종료하고 재시작했다면 상태 정보도 삭제된다. 처음부터 시작하는 것과 같다. 코딩하면서 상태 정보 관리 작업을 테스트할 때 이 문제를 피하려면, 에뮬레이터를 실행 상태로 두고 챗봇 응용 프로그램(브라우저 창)만 닫으면 된다. 그런 다음 챗봇을 다시 실행하면 새로운 브라우저 인스턴스가 시작되고, 같은 상태 정보를 가지고 에뮬레이터를 다시 사용할 수 있다.

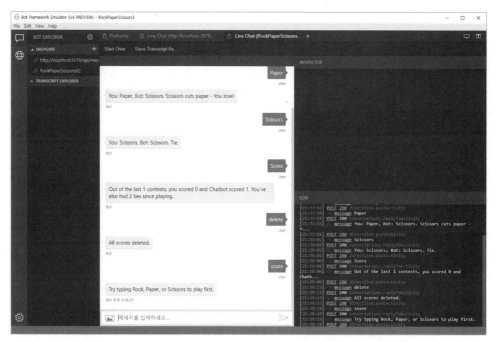

그림 3-3 score 명령어는 점수를 보여주고 delete 명령어는 점수를 삭제한다

이 명령어가 제대로 동작하려면, 챗봇이 사용자 메시지를 읽고 적절한 로직을 실행해야 한다. 목록 3-5에서는 score와 delete 명령어를 만들기 위해 수정한 Post 메서드를 보여준다.

목록 3-5 가위, 바위, 보 게임 — score와 delete 명령어를 구현한 MessagesController 클래스

```
using System;
using System.Net;
using System.Net.Http;
using System.Threading.Tasks;
using System.Web.Http;
using Microsoft.Bot.Connector;
using RockPaperScissors2.Models;

namespace RockPaperScissors2
{
    [BotAuthentication]
    public class MessagesController : ApiController
    {
        public async Task<HttpResponseMessage> Post([FromBody]Activity activity)
        {
            if (activity.Type == ActivityTypes.Message)
            {
                var connector = new ConnectorClient(new Uri(activity.ServiceUrl));
```

```csharp
            string message = await GetMessage(activity);

            Activity reply = activity.CreateReply(message);
            await connector.Conversations.ReplyToActivityAsync(reply);
        }

        HttpResponseMessage response = Request.CreateResponse(HttpStatusCode.OK);
        return response;
    }

    async Task<string> GetMessage(Activity activity)
    {
        var state = new GameState();

        string userText = activity.Text.ToLower();
        string message = string.Empty;

        if (userText.Contains(value: "score"))
        {
            message = await state.GetScoresAsync(activity);
        }
        else if (userText.Contains(value: "delete"))
        {
            message = await state.DeleteScoresAsync(activity);
        }
        else
        {
            var game = new Game();
            message = game.Play(userText);

            bool isValidInput = !message.StartsWith("Type");
            if (isValidInput)
            {
                if (message.Contains(value: "Tie"))
                {
                    await state.AddTieAsync(activity);
                }
                else
                {
                    bool userWin = message.Contains(value: "win");
                    await state.UpdateScoresAsync(activity, userWin);
                }
            }
        }
        return message;
    }
  }
}
```

목록 3-5에서 처음으로 바꾼 부분은 로직을 Post에서 GetMessage 메서드로 옮긴 것이다. GameState 인스턴스인 state는 목록 3-4의 GameState 클래스와 같다. 코드는 제일 먼저 사용자가 score나 delete 명령어를 입력했는지 확인하고, 각각에 대응해서 state.GetScoresAsync나 state.DeleteScoresAsync를 호출한다. 그렇지 않으면 이 프로그램은 목록 3-2와 같은 Game 클래스를 사용해서 사용자 메시지를 게임으로 처리한다.

응답이 Type으로 시작하면 사용자가 챗봇이 인지하지 못하는 무엇인가를 입력했다는 의미이며, 응답 메시지는 'Type \"Rock\", \"Paper\", or \"Scissors\" to play'가 될 것이다. 게임이 비겼다면 코드는 state.AddTieAsync를 호출해서 tie 횟수를 증가시킨다. 비기지 않았다면 사용자가 이겼는지 판단하고 새 점수를 기록하기 위해 state.UpdateScoresAsync를 호출한다.

지금까지 봇 상태 서비스에 대해 알아보았다. 다음 절에서는 Activity 내부 내용을 이해하는 데 도움이 되도록 Activity 형식에 대해 더 자세히 알아보겠다.

3.3 대화에 참여하기

이 장의 앞에서 Activity를 받아 그 의미를 해석하는 방식을 알아보았지만 응답 개체를 만드는 데 필요한 모든 작업을 수행하는 CreateReply 메서드에 해당하는 응답에 대해서는 간략하게 살펴봤다. 이번 절에서는 대화의 반대 측면으로 챗봇이 사용자에게 메시지를 전송하는 경우를 살펴보고자 한다. 여기에서 메시지 Activity를 더 자세히 알아보겠다.

대화에 응답하기

Activity가 챗봇에 Post 메서드의 매개변수로 도착할 때, 봇 커넥터는 이미 세부 사항들을 구성해 둔다. 이와 유사하게 봇 프레임워크는 응답을 위한 Activity를 준비할 때도 편의 메서드를 통해 공통된 상황을 지원한다. Activity의 본질을 더 잘 이해할 수 있도록, 이 절에서는 Activity를 자세히 나눠보고 앞으로 자신만의 응답을 만들어낼 필요가 있을 때를 대비해서 직접 Activity를 만드는 방법을 보여준다.

이전 목록에서는 응답 메시지를 준비하기 위해 다음의 CreateReply 편의 메서드를 사용했다.

```
Activity reply = activity.CreateReply(message);
```

CreateReply 메서드는 사용자 클라이언트 소프트웨어에서 챗봇이 어느 언어로 통신하고 있는 지 알 수 있도록 locale 매개변수도 제공한다. 기본 로케일은 en-US다.

```
Activity reply = activity.CreateReply(message , locale: "en-US");
```

맞춤 메시지 액티비티 만들기

대부분의 작업에서는 시간을 절약하기 위해 CreateReply를 사용할 수 있지만, 자신만의 Activity를 만들어야 할 수도 있다. 목록 3-6은 맞춤 Activity를 만드는 방법을 보여준다. 그 내용은 RockPaperScissor3 프로젝트에서 확인할 수 있다.

목록 3-6 가위, 바위, 보 게임 — BuildMessageActivity 확장 메서드

```
using Microsoft.Bot.Connector;

namespace RockPaperScissors3.Models
{
    public static class ActivityExtensions
    {
        public static Activity BuildMessageActivity(
            this Activity userActivity, string message, string locale = "en-US")
        {
            IMessageActivity replyActivity = new Activity(ActivityTypes.Message)
            {
                From = new ChannelAccount
                {
                    Id = userActivity.Recipient.Id,
                    Name = userActivity.Recipient.Name
                },
                Recipient = new ChannelAccount
                {
                    Id = userActivity.From.Id,
                    Name = userActivity.From.Name
                },
                Conversation = new ConversationAccount
                {
                    Id = userActivity.Conversation.Id,
                    Name = userActivity.Conversation.Name,
                    IsGroup = userActivity.Conversation.IsGroup
                },
                ReplyToId = userActivity.Id,
                Text = message,
                Locale = locale
            };
```

```
            return (Activity)replyActivity;
        }
    }
}
```

목록 3-6의 ActivityExtension 클래스는 Activity 클래스를 위한 BuildMessageActivity 확장 메서드를 가지고 있다. BuildMessageActivity는 매개변수로 message와 선택적 매개변수로 locale을 가지고 있다. userActivity는 이 메시지가 응답하도록 작성 중인 Activity이다.

이 예제는 개체 초기화 구문을 사용해서 새로운 Activity 인스턴스를 생성한다. Activity 클래스에는 다양한 형식의 액티비티를 생성하는 CreateXxx 팩토리 메서드가 있다. 여기에서 'Xxx'는 해당 형식을 뜻하며, 이 경우 Activity.CreateMessageActivity()가 여기에 해당한다. 이는 같은 작업을 하는 또 다른 방식이다.

이 메시지는 원래 메시지에 응답하기 위해 만들어졌기 때문에 From ChannelAccount 값은 챗봇에 해당하는 userActivity.Recipient 값으로 채운다. 이와 비슷하게 Recipient ChannelAccount 값은 원래 메시지를 전송했던 사용자에 해당하는 userActivity.From 값으로부터 가져와 채운다. 이 코드는 챗봇에서 사용자로 전송하는 Activity를 만든다.

여기에서 Conversation은 사용자의 대화와 같은 대화다. Text는 메시지 매개변수이며 Locale은 로케일 매개변수다.

ReplyToID 매개변수가 userActivity.Id로 설정됐음을 주목하라. 이로써 챗봇으로부터 전송된 이 Activity가 해당 사용자의 Activity에 대한 응답임을 봇 커넥터에 알려준다.

 ReplyTold를 설정하는 것을 잊으면 activityID cannot be null이라는 ValidationException이 발생한다. 이는 코드에서 사용자 Activity의 Id 속성 값으로 응답 Activity의 ReplyTold를 설정해야 함을 뜻한다.

맞춤 메시지 액티비티 사용하기

이제 처음부터 맞춤 Activity를 만드는 법을 알았으니, 이 Activity가 어떻게 동작하는지 알 수 있다. 목록 3-7은 BuildMessageActivity를 호출하도록 Post 메서드를 수정했다.

```
using System;
using System.Net;
using System.Net.Http;
using System.Threading.Tasks;
using System.Web.Http;
using Microsoft.Bot.Connector;
using RockPaperScissors3.Models;

namespace RockPaperScissors3
{
    [BotAuthentication]
    public class MessagesController : ApiController
    {
        public async Task<HttpResponseMessage> Post([FromBody]Activity activity)
        {
            if (activity.Type == ActivityTypes.Message)
            {
                var connector = new ConnectorClient(new Uri(activity.ServiceUrl));

                string message = await GetMessage(connector, activity);

                Activity reply = activity.BuildMessageActivity(message);

                await connector.Conversations.ReplyToActivityAsync(reply);
            }

            HttpResponseMessage response = Request.CreateResponse(HttpStatusCode.OK);
            return response;
        }

        async Task<string> GetMessage(ConnectorClient connector, Activity activity)
        {
            var state = new GameState();

            string userText = activity.Text.ToLower();
            string message = "";

            if (userText.Contains(value: "score"))
            {
                message = await state.GetScoresAsync(activity);
            }
            else if (userText.Contains(value: "delete"))
            {
                message = await state.DeleteScoresAsync(activity);
            }
            else
            {
                var game = new Game();
                message = game.Play(userText);
```

```
                bool isValidInput = !message.StartsWith("Type");
                if (isValidInput)
                {
                    if (message.Contains(value: "Tie"))
                    {
                        await state.AddTieAsync(activity);
                    }
                    else
                    {
                        bool userWin = message.Contains(value: "win");
                        await state.UpdateScoresAsync(activity, userWin);
                    }
                }
            }
            return message;
        }
    }
}
```

목록 3-7의 코드는 Post 메서드에서 activity.CreateReply(message)를 호출하던 것을 activity.BuildMessageActivity(message)로 대체했다는 것만 제외하면 목록 3-5와 같다.

요약

이 장에서 가위, 바위, 보 챗봇을 소개했다. 여러 절에서 이 프로그램을 수정하면서 다양한 개념과 대화를 관리하는 여러 방법을 보았다. Conversation, Activity, identity 형식은 대화의 핵심 요소로 이 형식들의 속성과 그 사이의 관계를 살펴보았다. 그리고 봇 상태 서비스를 사용하는 법과 이 서비스가 사용자, 대화, 비공개 상태 정보를 어떻게 지원하는지 배웠다. 여기에서 핵심 형식들과 그 사이의 관계를 설명했으며, 코드를 통해 복잡한 기본 상태 정보를 어떻게 관리하는지 설명했다. 마지막으로 맞춤 메시지 액티비티를 만들어 봄으로써 Activity 형식의 내부 로직에 대해 알아보았다.

이 장에서 배운 것을 기반으로 다음 장에서는 액티비티와 대화에 참여하는 다른 방법들을 알아보겠다. 차이점이라면 봇 에뮬레이터가 챗봇을 디버깅하고 테스트하는 작업을 어떻게 지원하는지 보여준다는 데 있다.

CHAPTER 4

챗봇 세부 조정하기

대부분의 소프트웨어 개발 프로젝트는 공통적으로 설계, 코딩, 배포 작업을 해야 한다. 거기에는 유지보수, 품질, 보안, 사용자 경험 등을 둘러싼 공통 작업이 있고 이들은 대체로 문서화되어 있지 않지만, 프로젝트의 성공을 위해서는 반드시 고려해야 할 사항들이다. 이러한 작업들은 꾸준히 이루어져야 하므로, 프로젝트 초반부터 봇 프레임워크로 이를 수행하는 법을 배우고 그 기술들을 이 책의 나머지 부분을 비롯하여 실무까지 확장하여 활용하는 것이 중요하다. 이 책에서는 이러한 추가 작업을 하나로 모아 세부 조정이라는 일반 카테고리로 분류했다.

이전 장에서 챗봇과 상호작용하기 위해 봇 에뮬레이터를 사용했으나 간단한 소개 정도로 다뤘을 뿐이다. 이 장에서는 봇 에뮬레이터 기능을 상세히 알아보고 사용자부터 챗봇까지 테스트하는 방법을 보여준다. 이 장에서는 3장 '대화 구축하기: 기초'에 이어 Activity와 챗봇과 봇 커넥터 사이의 통신, 봇 에뮬레이터가 어떻게 액티비티 테스트를 지원하는지 자세히 설명한다.

4.1 봇 에뮬레이터 세부 사항 검토

봇 에뮬레이터는 대화 기능 외에도 챗봇 작업을 테스트하고 검증하기 위한 여러 기능을 제공한다. 봇 에뮬레이터는 연결 설정, 대화 표시, 메시지 입력, 메시지 검사기, 로그로 이뤄져 있다. 그림 4-1은 봇 에뮬레이터의 각 부분을 보여준다.

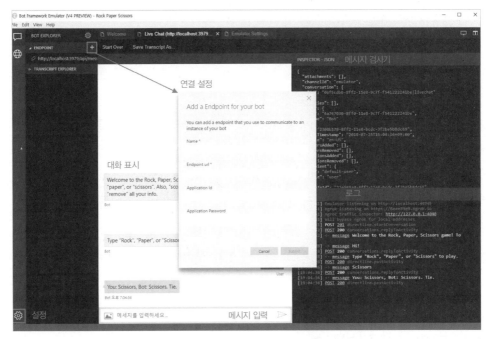

그림 4-1 **봇 에뮬레이터 구성**

왼쪽의 End Point 옆의 ' + ' 버튼을 클릭하면 연결을 설정할 수 있다. 여기에서 Application ID 와 Application Password를 마이크로소프트 봇 프레임워크 페이지 상의 등록 페이지에서 얻 는 방법은 2장에서 설명한 바 있다. 왼쪽 아래의 **설정** 버튼을 클릭하면 Locale 필드에서 테스 트하는 지역에 맞춰 로케일을 설정할 수 있다. 코드에서는 Activity.Locale 필드를 통해 이 값 을 읽을 수 있다.

앞에서 몇 차례 보았듯이, 메시지 입력 필드에 텍스트를 입력하고 Enter 키를 누르거나 오른쪽 의 **화살표** 버튼을 클릭하면 챗봇에 메시지를 전송할 수 있다. 메시지 입력 창 왼쪽의 **그림 아 이콘** 버튼을 클릭하면 파일 대화창이 열리고 거기에 파일을 첨부하여 챗봇에 전송할 수 있다. 이에 대해서는 10장에서 더 자세히 다루겠다.

메시지를 챗봇에 전송하면 여러분이 입력했던 내용을 대화 표시 창의 오른쪽에 보여준다. 그 림 4-1의 대화 표시 창에서 'Tie'로 끝나는 마지막 메시지가 노란 색으로 강조되어 있다는 점에 주목하자. 이것은 메시지 검사기(Inspector) 부분에 표시하기 위해 챗봇에 전송된 메시지를 보 여준다.

메시지 검사기 부분은 봇 에뮬레이터와 챗봇 사이의 메시지를 보여준다. 메시지 검사기는 메시지를 JSON 형식으로 보여준다. 봇 에뮬레이터와 챗봇 사이에 오간 데이터의 정확한 세부 내용을 알고 싶다면 언제나 메시지 검사기의 메시지를 확인하면 된다.

봇 에뮬레이터와 챗봇 사이의 메시지 형식을 보려면 로그(Log) 부분을 확인하면 된다. 여기에서는 시간, HTTP 상태 코드, 간단한 형태의 전송 메시지를 보여준다. 그림 4-1은 현재 대화의 POST와 message를 보여준다. 타이밍은 메시지가 언제 전송되었고 메시지 사이의 시간 간격이 얼마나 되는지 알려주며, 화살표는 메시지의 방향을 보여주는데 화살표가 오른쪽으로 향하고 있다면 챗봇에 전송된 메시지이고 왼쪽으로 향하고 있다면 봇 에뮬레이터에 전송된 메시지다. 각 HTTP 상태 코드에는 하이퍼링크가 있어서 클릭하면 메시지 검사기 부분에 해당 메시지가 표시된다.

봇 에뮬레이터를 통해 액티비티를 테스트할 수도 있는데 이에 대해서는 다음 절에서 배우도록 하자.

4.2 액티비티 처리하기

Activity 클래스는 봇 커넥터가 챗봇에 전송할 수 있는 알림 형식 중 하나다. 지금까지 이 책에서 봤던 Activity는 Message 액티비티 뿐이며 그 외에도 대화와 관련된 이벤트를 챗봇에 알려주는 액티비티는 여러 개가 있다. 다음 절부터는 사용할 수 있는 액티비티들과 그것이 의미하는 바와 함께 이에 대한 코드를 작성하는 방법을 예제로 설명한다.

Activity 클래스

Activity 클래스는 다양한 유형의 액티비티를 모두 표현하는 멤버들을 포함하고 있다. Activity 멤버 중 일부는 챗봇에 전송되는 Activity 유형의 컨텍스트에서만 사용된다. 예를 들어 Activity Type이 Message라면 Text 속성에 사용자 입력을 포함할 것으로 예상할 수 있지만, Typing의 Activity Type은 어떤 속성도 사용하지 않는데 Type이 Activity의 의미에 해당하기 때문이다. 다음은 Activity 클래스 정의를 간략하게 정리한 것으로 Type을 제외한 모든 멤버는 제거했다.

```
public partial class Activity :
    IActivity,
    IConversationUpdateActivity,
    IContactRelationUpdateActivity,
```

```
    IMessageActivity,
    ITypingActivity
    // 추가 액티비티를 위한 인터페이스
{
    public string Type { get; set; }
}
```

 노트 봇 프레임워크 버전 1은 Post 메서드에 단일 매개변수로 Message 클래스 인스턴스를 전달했다. 버전 3에서 봇 프레임워크는 Message 대신 Activity 클래스 인스턴스로 교체했다. Message는 봇 프레임워크가 지원하는 정보 중 한 가지 형식이지만, Activity는 그 이름에 담긴 일반적인 의미가 다른 알림 유형을 포괄한다는 측면에서 당연하다.

보다시피 Activity는 몇 가지 인터페이스를 구현하고 각 인터페이스는 파생 액티비티 형식을 지원하기 위해 멤버를 명시한다. Activity에는 Activity 인스턴스의 목적을 나타내는 Type 속성도 있다. 표 4-1은 보편적으로 사용되는 Activity 형식과 그에 해당하는 인터페이스와 간단한 설명(더 자세한 내용은 다음 절부터 설명하겠다)을 보여준다.

표 4-1 **액티비티 형식**

액티비티 형식	인터페이스	설명
ConversationUpdate	IConversationUpdateActivity	대화에 참여하거나 떠난 사용자
ContactRelationshipUpdate	IContactRelationshipUpdateActivity	챗봇 목록에 여러분의 챗봇을 추가하거나 삭제한 사용자
DeleteUserData	-	사용자는 개인 식별정보를 모두 삭제하고 싶어함
Message	IMessageActivity	챗봇이 통신을 주거나 받음
Ping	-	봇 URL이 접근 가능한지 확인하기 위해 전송됨
Typing	ITypingActivity	챗봇이나 사용자 중 하나가 바쁘다는 것을 나타냄

Activity 인스턴스를 처리할 때 인터페이스에 주의를 기울인다면 관련 Activity 멤버에 접근하기 위해 액티비티를 해당 인터페이스로 전환할 수 있다. 또한 표 4-1에서 DeleteUserData와 Ping 같은 일부 Activity Type에서는 Activity에 일치하는 인터페이스가 없다. 그런 경우는 Activity Type의 목적이 액티비티 인스턴스 상태와 상관없이 작업을 수행하게 하는 것이기 때문에 접근할 만한 Activity 멤버가 없는 경우다. 다음 절에서는 Activity 인스턴스의 형식을 정

의하는 멤버를 포함하고 있는 ActivityType 클래스를 논의한다.

ActivityType 클래스

봇 프레임워크에서 Activity는 각 액티비티 형식에 따른 속성을 가진 ActivityTypes 클래스로
표현되는 목적을 가지고 있다.

```
public static class ActivityTypes
{
    public const string ContactRelationUpdate = "contactRelationUpdate";
    public const string ConversationUpdate = "conversationUpdate";
    public const string DeleteUserData = "deleteUserData";
    public const string Message = "message";
    public const string Ping = "ping";
    public const string Typing = "typing
}
```

> **노트** 봇 프레임워크가 발전할수록 새로운 액티비티 형식들이 도입되는 것을 보게 될 것이다. 일부 멤버는
> 앞으로 추가될 가능성을 반영하기 위해 AcivityTypes에 추가될 수도 있지만, 완전히 구현되기 전에
> 는 문서화되지 않는다.

ActivityTypes는 문자열을 입력하는 일을 피할 수 있도록 돕는 편의 클래스다. 앞에서 본
예제에서 코드가 자신이 처리하는 액티비티가 Message인지 확인하기 위해 다음과 같이
ActivityTypes.Message를 확인했다는 사실을 기억할 것이다.

```
if (activity.Type == ActivityTypes.Message)
{
    // 메시지 처리 부분
}
```

ActivityTypes 멤버의 이름은 자신의 목적을 충분히 잘 나타내고 있지만, 다음 절부터 각 멤버
에 대해 코드 예제와 함께 더 자세히 알아보자.

코드 설계 개요

이 장에서도 3장에 이어 가위, 바위, 보 게임 코드를 다룰 것이다. 4장의 코드는 RockPaper
Scissors4 프로젝트를 포함하고 있다. 이 프로젝트에는 3장에서 보지 못했던 Activity를 처리하

기 위한 새로운 클래스가 있으며, 그 내용은 목록 4-1에서 확인할 수 있다.

목록 4-1 가위, 바위, 보 게임 — SystemMessages 클래스

```
using Microsoft.Bot.Connector;
using System;
using System.Collections.Generic;
using System.Linq;
using System.Net;
using System.Threading.Tasks;
using System.Web;

namespace RockPaperScissors4.Models
{
    public class SystemMessages
    {
        public async Task Handle(ConnectorClient connector, Activity message)
        {
            switch (message.Type)
            {
                case ActivityTypes.ContactRelationUpdate:
                    HandleContactRelation(message);
                    break;
                case ActivityTypes.ConversationUpdate:
                    await HandleConversationUpdateAsync(connector, message);
                    break;
                case ActivityTypes.DeleteUserData:
                    await HandleDeleteUserDataAsync(message);
                    break;
                case ActivityTypes.Ping:
                    HandlePing(message);
                    break;
                case ActivityTypes.Typing:
                    HandleTyping(message);
                    break;
                default:
                    break;
            }
        }

        void HandleContactRelation(IContactRelationUpdateActivity activity)
        {
            if (activity.Action == "add")
            {
                // 사용자가 챗봇을 대화 상대 목록에 추가
            }
            else // activity.Action == "remove"
            {
                // 사용자가 대화 상대 목록에서 챗봇을 삭제
            }
```

```
        }

        async Task HandleConversationUpdateAsync(
            ConnectorClient connector, IConversationUpdateActivity activity)
        {
            const string WelcomeMessage =
                "Welcome to the Rock, Paper, Scissors game! " +
                "To begin, type \"rock\", \"paper\", or \"scissors\". " +
                "Also, \"score\" will show scores and " +
                "delete will \"remove\" all your info.";

            Func<ChannelAccount, bool> isChatbot =
                channelAcct => channelAcct.Id == activity.Recipient.Id;

            if (activity.MembersAdded.Any(isChatbot))
            {
                Activity reply = (activity as Activity).CreateReply(WelcomeMessage);
                await connector.Conversations.ReplyToActivityAsync(reply);
            }

            if (activity.MembersRemoved.Any(isChatbot))
            {
                // 추후 결정
            }
        }

        async Task HandleDeleteUserDataAsync(Activity activity)
        {
            await new GameState().DeleteScoresAsync(activity);
        }

        // 다양한 ping 응답을 테스트하기 위한 랜덤 메서드
        bool IsAuthorized(IActivity activity) => DateTime.Now.Ticks % 3 != 0;
        bool IsForbidden(IActivity activity) => DateTime.Now.Ticks % 7 == 0;

        void HandlePing(IActivity activity)
        {
            if (!IsAuthorized(activity))
                throw new HttpException(
                    httpCode: (int)HttpStatusCode.Unauthorized,
                    message: "Unauthorized");
            if (IsForbidden(activity))
                throw new HttpException(
                    httpCode: (int) HttpStatusCode.Forbidden,
                    message: "Forbidden");
        }

        void HandleTyping(ITypingActivity activity)
        {
            // 사용자가 입력을 시작했지만 아직 메시지가 제출되지 않았음
        }
```

```
    }
}
```

목록 4-1 SystemMessages 클래스의 Handle 메서드는 Activity를 받아서 switch 문에서 일치하는 형식에 기반해서 적절한 메서드에 전달한다. 이 장의 뒷부분에서 Activity를 처리하는 메서드를 설명하겠다. 목록 4-2는 MessagesController의 Post 메서드를 SystemMessages.Handle을 호출하는 방법을 보여줄 수 있게 수정했다.

목록 4-2 가위, 바위, 보 게임 — MessageController.Post 메서드

```
using System;
using System.Net;
using System.Net.Http;
using System.Threading.Tasks;
using System.Web.Http;
using Microsoft.Bot.Connector;
using RockPaperScissors4.Models;
using System.Web;

namespace RockPaperScissors4
{
    [BotAuthentication]
    public class MessagesController : ApiController
    {
        /// <summary>
        /// POST: api/Messages
        /// 사용자로부터 메시지를 받아서 응답
        /// </summary>
        public async Task<HttpResponseMessage> Post([FromBody]Activity activity)
        {
            HttpStatusCode statusCode = HttpStatusCode.OK;

            var connector = new ConnectorClient(new Uri(activity.ServiceUrl));

            if (activity.Type == ActivityTypes.Message)
            {
                // Message Activity 형식을 처리하는 코드
            }
            else
            {
                try
                {
                    await new SystemMessages().Handle(connector, activity);
                }
                catch (HttpException ex)
                {
                    statusCode = (HttpStatusCode) ex.GetHttpCode();
```

```
                }
            }
            HttpResponseMessage response = Request.CreateResponse(statusCode);
            return response;
        }
    }
}
```

목록 4-2의 Post 메서드는 3장에서도 설명했듯이 수신한 Activity가 Message인지를 검사하고 그 Activity를 처리한다. 다른 Activity 유형일 경우 코드는 ConnectorClient 인스턴스와 Activity 를 매개변수로 전달해서 새로운 SystemMessages 인스턴스의 Handle을 호출한다.

try/catch 블록은 Handle 메서드가 HttpException을 발생시키면 statusCode를 설정한다. 예외 가 발생하지 않았다면, ststusCode는 200 OK가 된다. 앞으로 Ping 액티비티를 다룰 때 이 코 드가 어떻게 적용되는지 계속 지켜보도록 하자.

지금까지 본 코드가 가위, 바위, 보 게임의 핵심 변경 내용이다. 다음 절부터는 SystemMessages 메서드가 어떻게 Activity 형식을 처리하는지 설명한다.

봇 에뮬레이터로 액티비티 전송하기

봇 에뮬레이터의 주소 표시 줄에서 세로로 나열된 세 개의 점을 클릭하면 챗봇 테스트를 위한 추 가 옵션을 보여주는 메뉴가 나타난다. 그림 4-2는 이 메뉴를 보여주는데 여기에는 챗봇에 추 가적인 Activity 형식을 전송하는 옵션도 포함돼 있다.

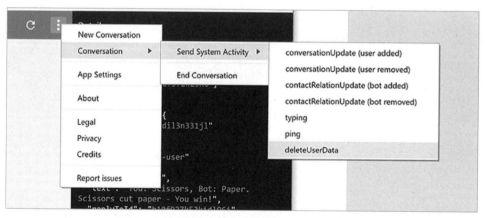

그림 4-2 봇 에뮬레이터의 Send System Activity 메뉴 옵션

Conversation ➡ Send System Activity ➡ <액티비티 형식>을 클릭하면 봇 에뮬레이터는 선택된 Activity 형식을 챗봇에 전송한다. 이 액티비티들은 표 4-1에서 본 유형들과 같고 conversationUpdate와 contactRelationUpdate만 추가(added)/삭제(removed)로 세분했다. 다음 절부터는 목록 4-1의 인터페이스와 처리 메서드 코드를 보며 이 Activity 형식을 전달하는 것에 대한 개념을 꼼꼼히 검토한다.

> **알림** 2018년 07월 현재 봇 에뮬레이터 최신 버전(4.0 이상)에서는 앞의 Conversation 기능이 구현되어 있지 않다. 다만, Message 액티비티 외 어떤 액티비티가 있는지 한 눈에 확인할 수 있으므로 참고로 본 내용을 제공한다. 본 내용을 직접 확인하고 싶다면 출 판사 홈페이지에서 제공하는 3.5 버전의 봇 에뮬레이터를 가지고 확인해보기 바란다.

관계 변경

사용자는 챗봇과 상호작용하기를 원할 때 자신의 채널에 그 챗봇을 추가한다. 마찬가지로 사용자가 더 챗봇과 상호작용하고 싶지 않을 때 자신의 채널에서 그 챗봇을 삭제한다. 이러한 채널 추가/삭제 이벤트가 발생할 때마다 봇 커넥터가 챗봇에 ContactRelationUpdate 형식의 Activity를 전송한다. 다음의 IContactRelationUpdateActivity 인터페이스는 관계 변경과 관련된 속성을 보여준다.

```
public interface IContactRelationUpdateActivity : IActivity
{
    string Action { get; set; }
}
```

Action 속성은 add나 remove의 문자열 값을 취한다. 다음 코드는 IContactRelationUpdateActivity를 처리한다.

```
void HandleContactRelation(IContactRelationUpdateActivity activity)
{
    if (activity.Action == "add")
    {
        // 사용자가 대화 상대 목록에 챗봇을 추가
    }
    else // activity.Action == "remove"
    {
        // 사용자가 대화 상대 목록에서 챗봇을 삭제
    }
}
```

Action의 값은 add나 remove 중 하나라서 로직이 상대적으로 이해하기 쉽다. 이를 사용하는 방법의 하나는 알림을 보내는 챗봇이 알림 목록에 추가하거나 삭제하는 것이다. 또 다른 방법으로는 그 사용자와 연결된 일시적이거나 사용하지 않는 캐싱 데이터를 제거하는 것이다. 또는 사용자가 자신의 대화 상대 목록에서 챗봇을 제거할 때 여러분에게 알림 메일을 보내도록 해서 로그를 검토하고 삭제한 이유를 알아낸 다음 챗봇을 개선하는 기회로 삼을 수도 있다.

그림 4-2에서 보았듯이, 테스트를 위해 메뉴를 열어서 contactRelationUpdate 항목을 선택할 수 있다. 그러면 contactRelationUpdate Activity를 챗봇에 전송한다.

대화 업데이트

사용자가 처음 챗봇과 통신하면 항상 사용자는 대화에 참여한다. 사용자가 대화에 참여할 때 봇 커넥터는 다음의 IConversationUpdateActivity 인터페이스를 구현한, Type이 ConversationUpdate인 Activity를 전송한다.

```
public interface IConversationUpdateActivity : IActivity
{
    IList<ChannelAccount> MembersAdded { get; set; }
    IList<ChannelAccount> MembersRemoved { get; set; }
}
```

노트 봇 프레임워크는 사용자가 대화를 중단하는 경우를 지원한다. 이 경우는 MembersRemoved 속성을 가진 IConversationUpdateActivity를 구현한 Activity로 표현된다. 그러나 봇 프레임워크가 이 일이 언제 일어날지를 정의하지는 않는다. 대화를 중단하는 시나리오가 추후에 정의될 수는 있겠지만, 여러분이 설계할 때는 이 기능의 아직 정의되지 않은 부분을 고려해서는 안 된다.

봇 커넥터가 ConversationUpdate Activity를 전송할 때마다 MemberAdded는 추가된 사용자에 대한 ChannelAccount 정보를 포함한다. 봇 에뮬레이터는 추가된 각 사용자를 위해 별개의 ConversationUpdate Activity를 전송하는데 하나는 사용자, 다른 하나는 챗봇을 위한 것이다. 다음의 처리 코드는 목록 4-1에서 발췌한 것으로 ConversationUpdate Activity를 처리하는 방법을 보여준다.

```
async Task HandleConversationUpdateAsync(
    ConnectorClient connector, IConversationUpdateActivity activity)
{
    const string WelcomeMessage =
```

```
                    "Welcome to the Rock, Paper, Scissors game! " +
                    "To begin, type \"rock\", \"paper\", or \"scissors\". " +
                    "Also, \"score\" will show scores and " +
                    "delete will \"remove\" all your info.";

            Func<ChannelAccount, bool> isChatbot =
            channelAcct => channelAcct.Id == activity.Recipient.Id;

            if (activity.MembersAdded.Any(isChatbot))
            {
                Activity reply = (activity as Activity).CreateReply(WelcomeMessage);
                await connector.Conversations.ReplyToActivityAsync(reply);
            }
            if (activity.MembersRemoved.Any(isChatbot))
            {
                // 추후 결정
            }
    }
```

isChatbot 람다는 추가/삭제된 사용자가 챗봇인지 여부를 확인한다. Recipient가 챗봇이기 때문에, 챗봇 Id를 현재 ChannelAccount의 Id와 비교해서 ChannelAccount도 챗봇이면 true를 반환한다.

코드가 IConversationUpdateActivity를 가지고 작업하기 때문에, 챗봇이 대화에 추가되었을 때 CreateReply를 호출하기 위해 activity를 기본 Activity 형식으로 다시 변환해야 한다. 그런 다음 connector 매개변수를 이용해서 응답을 사용자에게 전송한다. 그림 4-3은 ConversationUpdateActivity를 챗봇에 전송하는 봇 에뮬레이터 상호작용을 보여준다.

 사용자에게 먼저 Hello 메시지를 전송하는 것이 바람직하다. 메시지는 사용자가 챗봇을 사용할 수 있는 방법에 대한 안내와 함께 인사 메시지를 담고 있어야 한다. 이로써 사용자는 챗봇이 살아있다는 것을 알게 되고 사용자가 더 빨리 챗봇에 익숙해질 수 있도록 도와준다. 이것을 가장 완벽하게 처리할 수 있는 곳은 ConversationUpdate Activity를 처리하는 곳이다.

그림 4-3 봇 에뮬레이터가 ConversationUpdate 액티비티를 전송

그림 4-3의 세 부분은 ConversationUpdate 액티비티를 확인하는 법을 보여준다. 오른쪽 아래부터 시작해보면 12:42:12에 POST 메시지가 있었다는 사실을 알 수 있다. 두 개의 Post 메시지가 챗봇으로 전송되고 하나는 봇 에뮬레이터로 전송되며 Activity 구현 내용이 챗봇에 전송됐음을 가리키기 위해 레이블은 IConversationUpdateActivity로 붙인다. 첫 번째 POST는 사용자로 설정된 membersAdded로 ConversationUpdate Activity를 전송한다. 두 번째 POST는 챗봇이 ConversationUpdate Activity를 받고 Hello Message로 응답할 때 발생한다. 세 번째 POST는 또 다른 ConversationUpdateActivity로 이번에는 챗봇을 대화에 추가한다. 세 번째 POST의 POST 링크를 클릭해서 메시지 세부 내역(Details)을 보면 챗봇에 전송된 JSON 형식의 메시지를 담고 있음을 알 수 있다. type은 Activity 형식이 conversationUpdated임을 보여주고, membersAdded는 챗봇이 대화에 추가되었음을 가리킨다.

연결 상세(Connection Details) 부분에서 Connect 버튼을 클릭할 때마다 봇 에뮬레이터는 이 ConversationUpdate Activity들을 챗봇에 전송한다. 이 작업은 그림 4-2에서 보는 것처럼, 메뉴를 열어 테스트를 위해 conversationUpdate를 선택해서 직접 할 수도 있다. 이렇게 하면 챗봇에 ConversationUpdate Activity를 전송한다.

사용자 데이터 삭제하기

사용자는 자신의 데이터를 삭제하도록 요청할 수 있다. 이 요청은 Type이 DeleteUserData인 Activity로 전송된다. 이 Activity 형식은 인터페이스가 없으며, Activity가 명령어로 처리된다.

다음 코드는 목록 4-1에서 일부 발췌한 것으로 DeleteUserData Activity를 처리하는 방법을
보여준다.

```
async Task HandleDeleteUserDataAsync(Activity activity)
{
    await new GameState().DeleteScoresAsync(activity);
}
```

HandleDeleteUserDataAsync 메서드는 3장에서 설명한 GameState 클래스를 재사용해서 Delete
ScoresAsync를 호출한다. 이렇게 함으로써 봇 상태 서비스에 있는 사용자 데이터를 삭제한다.

 많은 정부에서 사용자가 요청하면 사용자 정보를 삭제할 것을 법으로 규정하고 있다. 이 책은 사용자
데이터를 삭제하는 다양한 기술적 방식 중 일부만 보여줄 뿐, 법률 상담을 제공하지는 않는다. 더 자
세히 알고 싶다면, 법률 서비스를 받아보는 것이 좋다.

Ping 보내기

채널은 챗봇 URL에 접속할 수 있는지 테스트해야 할 수도 있다. 그런 경우 챗봇은 Type이
Ping인 Activity를 받는다. 다음 코드는 목록 4-1 중 Ping Activity를 처리하는 방법을
보여준다.

```
// 다양한 ping 응답을 테스트하기 위한 랜덤 메서드
bool IsAuthorized(IActivity activity) => DateTime.Now.Ticks % 3 != 0;
bool IsForbidden(IActivity activity) => DateTime.Now.Ticks % 7 == 0;

void HandlePing(IActivity activity)
{
    if (!IsAuthorized(activity))
        throw new HttpException(
            httpCode: (int)HttpStatusCode.Unauthorized,
            message: "Unauthorized");
    if (IsForbidden(activity))
        throw new HttpException(
            httpCode: (int) HttpStatusCode.Forbidden,
            message: "Forbidden");
}
```

Ping Activity를 받았을 때 다음의 세 가지 방식으로 응답할 수 있는데, 여기에서 숫자는

HTTP 상태 코드이고 텍스트는 그 코드의 의미를 간단하게 설명한 것이다.

- 200 OK

- 401 Unauthorized

- 403 Forbidden

목록 4-2에서 Post 메서드는 기본으로 statusCode를 OK로 설정한다. HttpException이 발생했다는 것은 Ping을 처리할 때 'OK'가 아닌 다른 결과가 나왔다는 것을 의미한다. 위의 IsAuthorized와 IsForbidden 메서드는 Unauthorized와 Forbidden 응답을 만들어 내기 위해 의사 난수(pseudo-randomly)로 발생시킨 데모 코드다. 일반적인 응용 프로그램이라면 Activity 인스턴스를 검사하고 사용자가 권한이 있는지 또는 이 챗봇을 사용하도록 허가받았는지 결정하는 방식으로 이 메서드를 구현한다. 그 의미가 통한다면 말이다. 현재로는 마이크로소프트나 다른 채널에 관련 핑 응답 프로토콜에 대한 어떤 지침도 없으니 그냥 '200 OK' 응답만 반환해도 된다.

Typing 표시

때에 따라서는 사용자가 입력 중일 때 사용자에게 메시지를 전송하지 않는 것이 나을 때도 있다. 예를 들어 사용자가 아직 정보를 다 제공하지 않았고, 다음 메시지가 Type이 Typing인 Activity라면? 아마 더 자세한 내용을 담고 있을 다음 메시지를 받기 위해 조금 기다리는 것이 나을 것이다. 또 다른 시나리오로는 챗봇이 예의 바르게 사용자가 입력 중일 때는 메시지 보내는 것을 피하고 싶을 수 있다. 다음은 봇 커넥터가 전송한 ITypingActivity 인터페이스다.

```
public interface ITypingActivity : IActivity
{
}
```

ITypingActivity에는 속성이 없기 때문에 이것을 단순히 Activities From 속성으로 표시되는 사용자가 메시지 전송을 준비 중이라는 알림으로 처리해야 한다. 다음은 목록 4-1에서 발췌한 TypingActivity를 위한 핸들러다.

```
void HandleTyping(ITypingActivity activity)
{
```

```
            // 사용자가 입력을 시작했지만 아직 메시지가 제출되지 않았음
    }
```

데모 코드에서는 TypingActivity로 어떤 작업도 하지 않는다. 이전 단락에서는 사용자에게 다음 응답을 보낼지를 결정하기 위해 이 메서드를 사용할 수 있다고 짐작했지만, 실상은 그렇게 단순하지 않다. 애저 서버에서 Web API REST 서비스를 확장한 시나리오를 생각해보자. 사용자가 여러 메시지를 통해 챗봇과 빠르게 대화 중이기 때문에, 첫 번째 사용자 Message Activity가 챗봇의 인스턴스로 도착하고 Typing 인스턴스가 챗봇의 두 번째 인스턴스에 도착한다. 이는 Typing 액티비티에 반응하고 싶다면 실행 중인 챗봇 인스턴스 사이도 조율해야 함을 의미한다. 얼마나 쉬울까? 분산 클라우드 컴퓨팅에서는 성능, 확장성, 구현까지 걸리는 시간에 영향을 줄 만한 설계 요소들을 고려해야 하므로 천차만별이다.

Typing Activity를 더 적절하게 사용하는 법이라면 사용자로부터 Activity를 받아 처리하는 것이 아니라 Typing Activity를 사용자에게 전송하는 데 있을 것이다. 다음 절에서 Typing Activity 응답을 전송하는 것과 기타 통신 시나리오에 대해 다룬다.

4.3 고급 대화 메시지

3장에서 사용자의 Message Activity에 대한 응답을 구성하는 법에 대해 자세히 살펴봤다. 거기에서의 응답은 텍스트 형태였지만, 이 절에서는 사용자와 통신하는 다른 시나리오로 사용자에게 Typing Activity를 전송하고 사용자에게 알림이나 경고를 전송하는 방법을 다룰 것이다.

Typing Activity 전송하기

때에 따라 챗봇은 일반적인 경우보다 더 많은 시간이 걸리는 행동을 해야 할 때도 있다. 이때 사용자가 궁금해하며 기다리게 하는 것보다 챗봇이 응답을 준비하느라 바쁘다는 것을 사용자에게 알려주는 것이 예의일 것이다. 사용자에게 텍스트 메시지로 알려줄 수도 있지만, 사용자에게 Typing Activity를 보내는 것이 일반적이다. 목록 4-3은 새로운 Typing Activity를 만드는 법을 보여준다.

목록 4-3 가위, 바위, 보 게임 — BuildTypingActivity 메서드

```
using Microsoft.Bot.Connector;
```

```
namespace RockPaperScissors4.Models
{
    public static class ActivityExtensions
    {
        public static Activity BuildTypingActivity(this Activity userActivity)
        {
            ITypingActivity replyActivity = Activity.CreateTypingActivity();

            replyActivity.ReplyToId = userActivity.Id;
            replyActivity.From = new ChannelAccount
            {
                Id = userActivity.Recipient.Id,
                Name = userActivity.Recipient.Name
            };
            replyActivity.Recipient = new ChannelAccount
            {
                Id = userActivity.From.Id,
                Name = userActivity.From.Name
            };
            replyActivity.Conversation = new ConversationAccount
            {
                Id = userActivity.Conversation.Id,
                Name = userActivity.Conversation.Name,
                IsGroup = userActivity.Conversation.IsGroup
            };

            return (Activity) replyActivity;
        }
    }
}
```

각 Activity 형식에는 그 Activity 형식의 새로운 인스턴스를 만들기 위한 팩토리 메서드가 있으며, Create로 시작하는 이름을 가지고 있다. BuildTypingActivity는 이 점을 이용해서 해당 Activity 클래스의 팩토리 메서드인 CreateTypingActivity를 호출한다. ITypingActivity를 구현한 결과 인스턴스의 ReplyToId, From, Recipient, Conversation을 채워야 한다.

ReplyToId는 응답 Activity 인스턴스의 Id다. From과 Recipient는 각각 userActivity 속성의 Recipient와 From으로 채워진다는 점을 주목하자. 다시 말하면 Activity는 이제 챗봇에서 (From) 사용자에게(Recipient) 전송된다. 또한 Conversation 값도 채워야 하는데 그렇게 해야 봇 커넥터에서 이 Activity가 어느 대화에 속한 것인지 알 수 있다.

이 예제에서 반환 형식은 Activity로 캐스트된다.

이 예제에서는 호출자의 편의를 위해 ItypingActivity로 반환하지 않고, 반환 형식은 Activity

로 캐스트된다. 이는 목록 4-4의 GetScoresAsync 메서드에서 확인할 수 있다.

목록 4-4 가위, 바위, 보 게임 — GetScoresAsync 메서드

```csharp
using System;
using System.Collections.Generic;
using System.Linq;
using System.Threading.Tasks;
using Microsoft.Bot.Connector;

namespace RockPaperScissors4.Models
{
    public class GameState
    {
        [Serializable]
        class PlayScore
        {
            public DateTime Date { get; set; } = DateTime.Now;
            public bool UserWin { get; set; }
        }

        public async Task<string> GetScoresAsync(ConnectorClient connector, Activity
activity)
        {
            Activity typingActivity = activity.BuildTypingActivity();
            await connector.Conversations.ReplyToActivityAsync(typingActivity);
            await Task.Delay(millisecondsDelay: 10000);

            using (StateClient stateClient = activity.GetStateClient())
            {
                IBotState chatbotState = stateClient.BotState;
                BotData chatbotData = await chatbotState.GetUserDataAsync(
                    activity.ChannelId, activity.From.Id);

                Queue<PlayScore> scoreQueue =
                    chatbotData.GetProperty<Queue<PlayScore>>(property: "scores");

                if (scoreQueue == null)
                    return "Try typing Rock, Paper, or Scissors to play first.";

                int plays = scoreQueue.Count;
                int userWins = scoreQueue.Where(q => q.UserWin).Count();
                int chatbotWins = scoreQueue.Where(q => !q.UserWin).Count();

                int ties = chatbotData.GetProperty<int>(property: "ties");

                return $"Out of the last {plays} contests, " +
                        $"you scored {userWins} and " +
                        $"Chatbot scored {chatbotWins}. " +
                        $"You've also had {ties} ties since playing.";
```

```
                }
            }
        }
    }
```

3장의 GetScoresAsync 메서드를 읽어보면 메서드의 첫 세 줄이 바뀌었음을 알 수 있다. 여러분의 편의를 위해 아래에 그 부분만 다시 쓴다.

```
Activity typingActivity = activity.BuildTypingActivity();
await connector.Conversations.ReplyToActivityAsync(typingActivity);
await Task.Delay(millisecondsDelay: 10000);
```

이 메서드는 activity 매개변수의 BuildTypingActivity 확장 메서드를 호출한다. 코드는 MessageController의 Post 메서드가 인스턴스화했던 ConnectorClient 인스턴스인 connector를 전달한다. ReplyToActivityAsync는 사용자에게 이전 응답과 똑같은 응답을 전송한다. GetScoreAsync의 처리 속도가 봇 에뮬레이터에서 TypingActivity를 보기에는 너무 빠르므로 Typing 메시지를 볼 기회를 주기 위해, Task.Delay에서 시간이 오래 걸리는 프로세스를 시뮬레이션한다. Task.Delay가 완료된 후에 GetScoresAsync 메서드의 나머지 부분은 평상시와 같게 실행된다. 그림 4-4는 봇 에뮬레이터가 Typing Activity를 어떻게 표시하는지 보여준다.

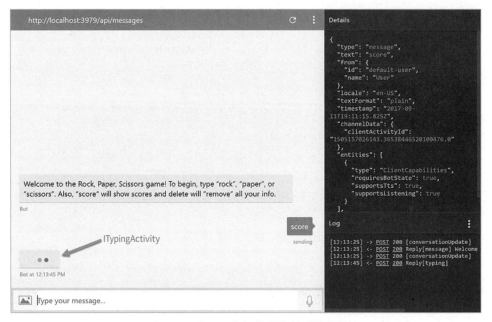

그림 4-4 Typing Activity를 받은 봇 에뮬레이터

그림 4-4의 Typing Activity는 말 줄임표 애니메이션으로 표시된다. ITypingActivity 레이블이 가리키는 곳을 보면 된다. 에뮬레이터에서 애니메이션은 몇 초간 계속되다가 사라진다. 애니메이션이 나타나서 지속되는 기간은 챗봇이 등장한 채널에 따라 다르다.

독립 메시지 전송하기

챗봇은 대부분 사용자가 자신에게 말을 걸기를 수동적으로 기다린 다음 그에 대해 응답만 한다. 다음 절부터는 챗봇이 스스로 사용자에게 먼저 메시지를 전송하기 원하는 경우에 대한 두 가지 시나리오를 설명하겠다.

이 절의 데모를 위해 새로운 Console 응용 프로그램을 만들었으며, 목록 4-5에서 확인할 수 있다. 이 응용 프로그램을 직접 만든다면 Microsoft.Bot.Builder NuGet 패키지에 대한 참조를 추가해야 한다는 점을 기억하라. 또한, System.Configuration 어셈블리 참조도 필요하다. 이 데모의 프로젝트명은 RockPaperScissorsNotifier1이다.

목록 4-5 챗봇이 먼저 사용자에게 말 걸기 — Program.cs

```
using Microsoft.Bot.Connector;
using Newtonsoft.Json;
using System;
using System.Configuration;
using System.IO;

namespace RockPaperScissorsNotifier1
{
    class Program
    {
        public static string MicrosoftAppId { get; set; }
            = ConfigurationManager.AppSettings["MicrosoftAppId"];
        public static string MicrosoftAppPassword { get; set; }
            = ConfigurationManager.AppSettings["MicrosoftAppPassword"];

        static void Main()
        {
            ConversationReference convRef = GetConversationReference();

            var serviceUrl = new Uri(convRef.ServiceUrl);

            var connector = new ConnectorClient(serviceUrl, MicrosoftAppId,
MicrosoftAppPassword);

            Console.Write(value: "Choose 1 for existing conversation or 2 for new
conversation: ");
            ConsoleKeyInfo response = Console.ReadKey();
```

```
            if (response.KeyChar == '1')
                SendToExistingConversation(convRef, connector.Conversations);
            else
                StartNewConversation(convRef, connector.Conversations);
        }

        static void SendToExistingConversation(ConversationReference convRef,
IConversations conversations)
        {
            var existingConversationMessage = convRef.GetPostToUserMessage();
            existingConversationMessage.Text =
                $"Hi, I've completed that long-running job and emailed it to you.";

            conversations.SendToConversation(existingConversationMessage);
        }

        static void StartNewConversation(ConversationReference convRef,
IConversations conversations)
        {
            ConversationResourceResponse convResponse =
                conversations.CreateDirectConversation(convRef.Bot, convRef.User);

            var notificationMessage = convRef.GetPostToUserMessage();
            notificationMessage.Text =
                $"Hi, I haven't heard from you in a while. Want to play?";
            notificationMessage.Conversation = new ConversationAccount(id:
convResponse.Id);

            conversations.SendToConversation(notificationMessage);
        }

        static ConversationReference GetConversationReference()
        {
            string convRefJson = File.ReadAllText(path: @"..\..\ConversationReference.
json");

            ConversationReference convRef = JsonConvert.DeserializeObject<Conversatio
nReference>(convRefJson);

            return convRef;
        }
    }
}
```

이 프로그램을 실행하려면 현재 대화, 사용자, 챗봇에 대한 데이터가 필요하다. 이 정보를 공유하기 위해 일반적으로는 챗봇이 저장하고 이 프로그램이 읽을 수 있는 일종의 데이터베이스를 사용할 것이다. 그러나 이 프로그램은 현재 대화에서 JSON 메시지를 복사해서 데이터 저장소를 시뮬레이션 한다. 다음은 이를 실행하는 단계를 정리한 것이다.

1. RockPaperScissors4 챗봇을 실행한다.

2. 봇 에뮬레이터를 실행하고 **챗봇 URL**을 선택한 다음 Connect를 클릭한다.

3. 최소 한 회 이상 가위 바위 보 게임을 한다. 예를 들어 scissors를 입력한다.

4. 이로써 ConversationReference.json 파일이 만들어진다. 이 파일은 윈도우 파일 탐색기의 RockPaperScissors4 프로젝트 기본 폴더에서 확인할 수 있다. 이 파일에 대해서는 나중에 다시 설명하겠다. 이 파일을 열어서 그 내용을 복사한다.

5. RockPaperScissorsNotifier1 프로젝트의 ConversationReference.json 파일을 열어서 그 파일의 전체 내용을 RockPaperScissors4 프로젝트에서 복사한 JSON으로 교체한다 (주의사항: 처음과 끝을 중괄호로 열고 닫았는지 확인해야 한다. 의도치 않게 불필요한 텍스트를 복사하지 않는지 확인하라).

6. ConversationReference.json 파일을 저장한다.

7. RockPaperScissorsNotifier1 프로젝트를 마우스의 오른쪽 버튼으로 클릭한 다음 디버그 ➡ 새 인스턴스 시작을 선택한다.

8. 1과 2 중 하나를 선택해야 한다. 1을 선택하면 프로그램이 닫힐 것이다.

9. 봇 에뮬레이터를 열고 그림 4-5처럼 화면에 새로운 메시지가 있는지 확인하라.

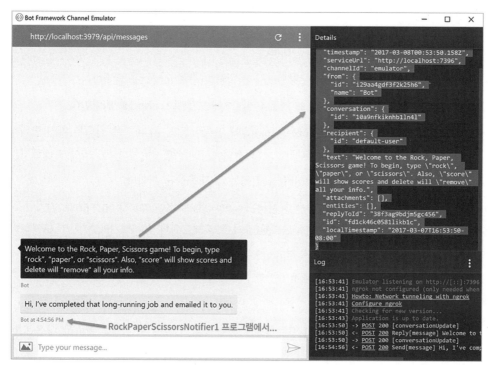

그림 4-5 메시지를 대화에 전송하기

그림 4-5는 봇 에뮬레이터가 앞에서 설명한 단계들을 처리한 후의 모습을 보여준다. Hello 메시지를 클릭하면 메시지 상세(Details) 부분에서 JSON을 보여준다. 프로젝트를 실행할 때 1을 선택하면 Hello 메시지 아래에 새로운 메시지가 나타난다.

앞서 4단계에서 게임을 한 차례 함으로써 생성된 ConversationReference.json 파일을 논의했다. 다음 코드에서 보듯이 MessageController가 사용자 Message 액티비티를 처리할 때 이 파일을 생성했다. 여기에서 대화를 저장하고 다시 가져오는 것을 돕기 위해 봇 빌더(Bot Builder) 형식인 ConversationReference를 사용한다.

```
if (activity.Type == ActivityTypes.Message)
{
    string message = await GetMessage(connector, activity);
    Activity reply = activity.BuildMessageActivity(message);
    await connector.Conversations.ReplyToActivityAsync(reply);

    SaveActivity(activity);
}
```

처음 몇 줄에서 사용자 메시지를 처리하고 응답한다. 여기에서 가장 흥미로운 것은 다음에서 보는 것처럼 ConversationReference.json 파일을 생성하는 SaveActivity를 호출한다는 점이다.

```
        void SaveActivity(Activity activity)
        {
            ConversationReference convRef = activity.ToConversationReference();
            string convRefJson = JsonConvert.SerializeObject(convRef);
            string path = HttpContext.Current.Server.MapPath(@"..\
ConversationReference.json");
            File.WriteAllText(path, convRefJson);
        }
```

SaveActivity는 activity.ToConversationReference 메서드를 사용해서 ConversationReference 인스턴스인 convRef를 생성한다. 그런 다음 코드는 convRef를 문자열로 직렬화해서 그 문자열을 앞서 4단계에서 설명했던 ConversationReference.json 파일에 저장한다. 다음은 그 파일의 내용이 어떻게 생겼는지 보여준다.

```
{
  "user": {
    "id": "default-user",
    "name": "User"
  },
  "bot": {
    "id": "jn125aajg2ljbg4gc",
    "name": "Bot"
  },
  "conversation": {
    "id": "35hn6jf29di2"
  },
  "channelId": "emulator",
  "serviceUrl": "http://localhost:31750"
}
```

이것은 JSON 형식의 파일로 그 안에는 Activity 클래스를 JSON으로 표현하면 볼 수 있는 것과 같은 다양한 필드를 담고 있다. 지금까지 파일이 어떻게 생성되는지 알아봤다.

RockPaperScissorsNotifier1을 실행하고 새로운 대화를 시작하기 위해 먼저 옵션 #2를 선택해도 동작할 것이다. 하지만 그렇게 하면 이전 대화는 모두 삭제되고 프로그램을 실행한다. 그 후에 기존 대화를 유지하기 위해 옵션 #1을 선택해도 제대로 동작하지 않는데 그 에뮬레이터 상태가 예전 대화를 반영하지 않기 때문이다. 이를 해결하려면 1단계로 다시 돌아가서 대화를 시작하고, 파일을 복사한 다음 인스턴스를 다시 시작해야 한다. 이것은 인위적으로 만든 데모 환경이긴 하나 액티비티와의 대화 특성을 더 잘 이해할 기회도 된다.

다음으로 RockPaperScissorsNotifier1 프로그램이 어떻게 ConversationReference를 사용하지 살펴보자. 목록 4-5에서 발췌한 다음 GetConversationReference는 그 방법을 보여준다.

```
static ConversationReference GetConversationReference()
{
    string convRefJson = File.ReadAllText(path: @"..\..\ConversationReference.
json");
    ConversationReference convRef = JsonConvert.DeserializeObject<Conversatio
nReference>(convRefJson);

    return convRef;
}
```

GetConversationReference의 첫 줄에서 파일의 텍스트 전체를 읽어온다. 그런 다음 그 문자열을 ConversationReference 즉, convRef로 역직렬화한다. 목록 4-5에서 봤던 다음의 Main 메서드는 프로그램이 GetConversationReference의 결과를 가지고 어떤 일을 하는지 보여준다.

```
public static string MicrosoftAppId { get; set; }
    = ConfigurationManager.AppSettings["MicrosoftAppId"];
public static string MicrosoftAppPassword { get; set; }
    = ConfigurationManager.AppSettings["MicrosoftAppPassword"];

static void Main()
{
    ConversationReference convRef = GetConversationReference();

    var serviceUrl = new Uri(convRef.ServiceUrl);

    var connector = new ConnectorClient(serviceUrl, MicrosoftAppId,
MicrosoftAppPassword);

    Console.Write(value: "Choose 1 for existing conversation or 2 for new
conversation: ");
    ConsoleKeyInfo response = Console.ReadKey();

    if (response.KeyChar == '1')
        SendToExistingConversation(convRef, connector.Conversations);
    else
        StartNewConversation(convRef, connector.Conversations);
```

```
        }
```

이전 예제와 마찬가지로 봇 커넥터와 통신하려면 ConnectorClient 인스턴스가 필요하다. 이번에는 ConnectorClient 생성자 오버로드에는 챗봇의 Web.config처럼 ∗.config 파일의 appSettings에서 읽어 들인 MicrosoftAppId와 MicrosoftAppPassword가 포함돼 있다. ConnectorClient 생성자는 첫 번째 매개변수로 앞에서 논의했던 GetConversationReference를 호출할 때 받은 ServiceUrl도 사용한다.

프로그램은 convRef와 connector를 사용해서 사용자에게 무엇을 하고 싶어 하는지 묻고 그것을 그다음에 이어질 메서드들에 인수로 전달한다. 다음 절부터 기존 대화와 새로운 대화에 메시지를 전송할 때 이 매개변수들을 사용하는 법을 설명한다.

대화 이어가기

일반적으로 사용자가 메시지를 보내고 챗봇이 응답하는 대화에는 지속해서 주고받는 상호작용이 있으며, 이는 사용자가 통신을 그만두거나 여러분이 해당 세션의 종료를 알리는 프로토콜을 설정할 때까지 반복된다. 그렇지만 때로는 일부 처리할 일이 있거나 이벤트를 기다려야 해서 대화를 나중에 계속 이어가고자 할 때도 있다. 이러한 상황이라면 챗봇은 나중에 원래 대화에 이어 계속해서 메시지를 전송한다. 목록 4-5에서 발췌한 다음의 SendToExistingConversation 메서드는 기존 대화에 참여하고 싶을 때 메시지를 보내는 방법을 보여준다.

```
        static void SendToExistingConversation(ConversationReference convRef,
    IConversations conversations)
        {
            var existingConversationMessage = convRef.GetPostToUserMessage();
            existingConversationMessage.Text =
                $"Hi, I've completed that long-running job and emailed it to you.";

            conversations.SendToConversation(existingConversationMessage);
        }
```

SendToExistingConversation은 이름에서 알 수 있듯이 기존 대화에 메시지를 전송한다. 이 메서드는 ConversationReference를 existingConversationMessage 액티비티로 변환하기 위해 convRef를 사용해서 GetPostToUserMessage를 호출한다. Text는 사용자가 오래 걸리는 작업

을 요청했고 그 작업이 방금 완료됐다는 가정 하의 시나리오를 보여준다.

챗봇에서 사용자에게 Message Activity를 전송하기 위해 connector.Conversations로부터 conversations 매개변수를 사용하라. 그림 4-5는 SendToConversation을 호출한 다음 봇 에뮬레이터가 어떤 모습일지를 보여준다. 다음 절은 이와 매우 유사하지만, 기존 대화에 메시지를 보내는 대신 챗봇이 새로운 대화를 시작하는 방법을 설명한다는 점에서 의미체계가 다르다.

새로운 대화 시작하기

대화를 다루는 또 다른 시나리오는 챗봇이 새로운 대화를 시작하고 싶은 경우다. 이러한 일은 챗봇의 목적이 어떤 일이 발생했을 때 사용자에게 알리기 위한 경우에 생긴다. 예를 들면, 일정 관리 챗봇이 미팅에 참여하는 사용자에게 알리고, 사용자는 약속 장소까지 가는 택시를 부르기 원하고, 의제를 묻거나 일정을 변경하고 싶은 경우가 이에 해당한다. 다른 시나리오로는 챗봇이 뉴스 속보나 오늘의 명언 같은 이벤트를 사용자에게 알리는 경우이다. 목록 4-5의 다음 코드는 StartNewConversation과 그 사용자와 새로운 대화를 만드는 방법을 보여준다.

```
    static void StartNewConversation(ConversationReference convRef,
IConversations conversations)
    {
        ConversationResourceResponse convResponse =
            conversations.CreateDirectConversation(convRef.Bot, convRef.User);

        var notificationMessage = convRef.GetPostToUserMessage();
        notificationMessage.Text =
            $"Hi, I haven't heard from you in a while. Want to play?";
        notificationMessage.Conversation = new ConversationAccount(id: convResponse.Id);

        conversations.SendToConversation(notificationMessage);
    }
```

첫눈에 새로운 Activity인 notifcationMessage가 이전 절과 똑같이 만들어졌다는 것을 알수 있다. 한 가지 다른 점이라면 일정 시간 동안 사용자가 활동하지 않은 다음 보낸다는 내용을 알리는 Text이다. 또 다른 차이점은 이 Message Activity가 새로운 대화에 전송된다는 사실이다.

메서드 최상단에 conversations 매개변수의 CreateDirectConversation을 호출하면 반환값으로 ConversationResourceResponse를 받는다. convResponse는 notifcationMessage의

Conversation에 전달된 새로운 ConversationAccount 인스턴스를 위한 Id를 제공한다. 새로운 대화를 시작하면 봇 에뮬레이터에서 기존 대화는 삭제되고 이 메시지만 보여준다. 하지만 실제 행동은 챗봇이 통신하는 채널에 따라 다르다.

노트

메시지를 전송하는 또 다른 방법으로 그룹 시나리오에서 여러 수신자를 지정하는 것이다. 필자가 이 책을 쓰는 시점에 그룹을 지원하는 채널은 이메일과 스카이프가 유일하다. 향후에는 다른 채널도 그룹을 지원하는지 확인할 수 있다.

요약

이 장에서는 테스트, Activity 관리, 고급 대화 기술 등의 주제를 모두 복합적으로 다뤘다. 봇 에뮬레이터는 메시지 상세, 로그, 액티비티 시뮬레이션을 포함해서 테스트를 위한 기능을 많이 제공하기 때문에 봇 에뮬레이터에 익숙해졌을 것이다.

Activity를 다룬 절에서는 Messages 외 다른 Activity를 자세히 알아봤다. 사용자가 대화 상대 목록에 챗봇을 추가할 때, 사용자가 먼저 통신할 때를 처리하는 방법과 사용자가 입력 중일 때를 감지하는 방법을 배웠다. 다른 Activity로는 채널이 챗봇과 통신할 수 있는 상태인지를 알고자 할 때를 대비한 Ping과 챗봇에 사용자가 입력 중이라는 사실을 알려주는 Typing이 있다.

마지막으로 사용자가 메시지 보내기를 수동적으로 기다렸다가 응답하는 대신 먼저 메시지를 전송하는 다양한 방법을 배웠다. 여기에는 사용자에게 Typing 메시지를 전송하는 방법, 기존 대화에 메시지를 전송하는 방법, 사용자와 새로운 알림/경고 형식의 대화를 시작하는 방법이 포함돼 있다.

PART

II

봇 빌더

파트1에서 배웠듯이 챗봇에는 새로운 유형의 앱을 보여주는 플랫폼을 넘어서는 가능성이 잠재되어 있다. 사용자와의 대화에 참여할 수 있는 소프트웨어를 구축하려면 해야 할 일이 많다. 이는 여러 차례 주고받는 상호작용을 코딩하고 관리할 수 있는 명령형 인터페이스를 넘어선다. 이것이 봇 빌더(Bot Builder)가 탁월한 부분이다. 봇 빌더는 대화 자체의 기법보다 다양한 유형의 대화를 관리하기 위한 도구를 제공하고 챗봇의 고유 목적에 집중할 수 있도록 시간을 절약해준다.

이 파트는 5개 장으로 구성되어 있으며 대화 관리를 돕기 위한 봇 빌더의 다양한 측면을 자세히 설명한다. 5장 '다이얼로그 만들기'는 대화를 관리하는 방법을 보여주는 기본 형식인 IDialog<T>를 설명한다. 6장 'FormFlow 사용하기'는 폼플로우(FormFlow)라는 다른 형식의 다이얼로그를 소개하면서 간단하게 Q&A 챗봇을 만들어볼 것이다. 폼플로우는 매우 정교하기 때문에 7장 'FormFlow 맞춤 변경하기'에서는 6장에 이어 폼플로우를 맞춤 변경하는 방법을 보여준다. 8장 'LUIS로 자연어 처리 사용하기'에서는 챗봇이 사람의 문장을 이해하도록 만드는 방법을 배울 것이다. 9장 '고급 대화 관리하기'에서는 다이얼로그 스택이 동작하는 방식과 훨씬 더 동적인 대화를 위해 체이닝(chaning)을 사용하는 법과 봇 빌더 라이브러리가 가진 기능과 유연성을 보여주는 몇 가지 고급 주제를 다룬다.

이 파트를 읽고 나면 대화 상자가 어떻게 동작하고 어떤 일들이 가능한지 이해하게 될 것이다. 이와 함께 여러분은 대화를 구축하고 관리하는 유용한 도구들을 갖게 될 것이다.

CHAPTER 5

다이얼로그 만들기

앞에서는 가위, 바위, 보라는 게임 챗봇을 만들었다. 이것은 대체로 한 단어로 된 명령어에 응답한다는 점에서 간단한 챗봇이었다. 상호작용이란 크게 보면 요청과 응답의 한 쌍으로 볼 수 있다. 앞에서 살펴본 간단한 챗봇이라면 무난하게 동작하겠지만, 때에 따라서는 사용자가 챗봇과 더 깊은 대화를 필요로 할 때가 있다. 예를 들어 양식을 채우거나, 도움을 얻거나, 제품이나 서비스를 주문하는 일은 종종 정보를 공유하기 위한 일련의 상호작용으로 이어질 수 있다. 대화를 관리하기 위한 정교한 도구들을 모아둔 것이 봇 빌더(Bot Builder) 다이얼로그다.

이 장에서는 대화를 위해 다이얼로그를 사용하는 방법을 보여준다. 다이얼로그 클래스의 핵심 부분과 각 부분이 존재하는 이유를 배울 것이다. 대화를 관리하는 방법을 배울 것이며, 또한 사용자에게 메시지를 보여주고 그들의 응답을 받는 편의 메서드를 배울 것이다.

5.1 와인봇 소개

이 장에서는 게임 주제에서 벗어나 주문이나 판매 인터페이스를 지원하는 유형의 챗봇으로 넘어간다. 그 예제로 와인봇(WineBot)이라는 챗봇을 볼 것이다. 와인봇은 사용자가 관심 있는 와인을 검색할 수 있게 해주는 것을 목적으로 한다. 챗봇이 검색을 수행하려면 사용자가 원하는 바를 알아내기 위해 몇 가지 질문을 해야 한다. 와인봇은 봇 빌더 다이얼로그를 사용해서 대화를 관리하는 방법을 보여주는 예제다.

그림 5-1은 와인봇의 전형적 세션의 시작을 보여준다. 초반 환영 메시지가 나온 다음, 사용자가 대화를 시작하고 일련의 질문에 대답하면 그 질문들에 대한 사용자의 응답을 기초로 해서 기준에 맞는 와인 목록을 결과로 보여준다.

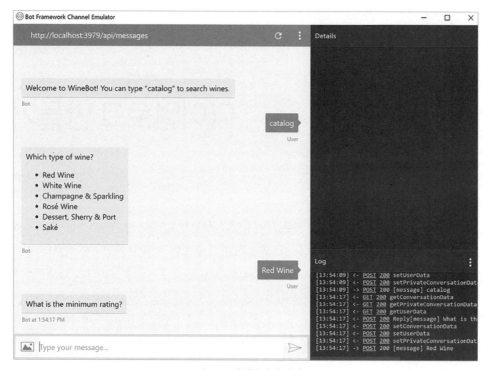

그림 5-1 와인봇과의 채팅

그림 5-1에서 본 메뉴 옵션과 검색 결과는 Wine.com API로부터 온다. 이 API를 이용하면 카탈로그를 가져오고 와인을 검색하는 등 많은 일을 할 수 있다. 와인봇은 다음 절에 논의할 Wine.com API의 일부를 사용한다.

5.2 Wine.com API 사용하기

알림 이 책이 출간된 후, Wine.com API는 사장되어 더 이상 사용할 수 없다. 이 책의 예제 코드는 챗봇을 여전히 실행할 수 있도록 WineApi 클래스를 대체할 코드를 포함한다. 이 코드에는 테스트 데이터를 포함하고 있다. 그렇기는 해도 이 절에서 설명하는 내용은 외부 API에 챗봇을 연결하는 방법을 알려주기 때문에 도움이 될 것이다.

이 챗봇의 동작 방식을 살펴보기 전에 와인봇이 데이터를 어떻게 얻는지 살펴보자. Wine.com API는 REST 인터페이스를 사용하고, 와인봇은 HTTP GET 요청을 통해 이 API와 통신한다. 목록 5-1부터 목록 5-4까지는 이 통신 관련 모든 일을 처리하는 Status, WineCategories, WineProducts, WineApi 클래스를 보여준다.

 이 프로그램을 실행하려면 Wine.com에서 발급받은 API 키가 필요하다. *https://api.wine.com/*에서 Wine.com API 문서를 찾을 수 있다.

목록 5-1 와인봇 — Status 클래스

```
namespace WineBot
{
    public class Status
    {
        public object[] Messages { get; set; }
        public int ReturnCode { get; set; }
    }
}
```

목록 5-2 와인봇 — WineCategories 클래스

```
using System;

namespace WineBot
{
    public class WineCategories
    {
        public Status Status { get; set; }
        public Category[] Categories { get; set; }
    }

    public class Category
    {
        public string Description { get; set; }
        public int Id { get; set; }
        public string Name { get; set; }
        public Refinement[] Refinements { get; set; }
    }

    [Serializable]
    public class Refinement
    {
        public string Description { get; set; }
        public int Id { get; set; }
```

```
        public string Name { get; set; }
        public string Url { get; set; }
    }
}
```

목록 5-3 와인봇 — WineProducts 클래스

```
namespace WineBot
{
    public class WineProducts
    {
        public Status Status { get; set; }
        public Products Products { get; set; }
    }

    public class Products
    {
        public List[] List { get; set; }
        public int Offset { get; set; }
        public int Total { get; set; }
        public string Url { get; set; }
    }

    public class List
    {
        public int Id { get; set; }
        public string Name { get; set; }
        public string Url { get; set; }
        public Appellation Appellation { get; set; }
        public Label[] Labels { get; set; }
        public string Type { get; set; }
        public Varietal Varietal { get; set; }
        public Vineyard Vineyard { get; set; }
        public string Vintage { get; set; }
        public Community Community { get; set; }
        public string Description { get; set; }
        public Geolocation1 GeoLocation { get; set; }
        public float PriceMax { get; set; }
        public float PriceMin { get; set; }
        public float PriceRetail { get; set; }
        public Productattribute[] ProductAttributes { get; set; }
        public Ratings Ratings { get; set; }
        public object Retail { get; set; }
        public Vintages Vintages { get; set; }
    }

    public class Appellation
    {
        public int Id { get; set; }
```

```csharp
        public string Name { get; set; }
        public string Url { get; set; }
        public Region Region { get; set; }
}

public class Region
{
        public int Id { get; set; }
        public string Name { get; set; }
        public string Url { get; set; }
        public object Area { get; set; }
}

public class Varietal
{
        public int Id { get; set; }
        public string Name { get; set; }
        public string Url { get; set; }
        public Winetype WineType { get; set; }
}

public class Winetype
{
        public int Id { get; set; }
        public string Name { get; set; }
        public string Url { get; set; }
}

public class Vineyard
{
        public int Id { get; set; }
        public string Name { get; set; }
        public string Url { get; set; }
        public string ImageUrl { get; set; }
        public Geolocation GeoLocation { get; set; }
}

public class Geolocation
{
        public int Latitude { get; set; }
        public int Longitude { get; set; }
        public string Url { get; set; }
}

public class Community
{
        public Reviews Reviews { get; set; }
        public string Url { get; set; }
}

public class Reviews
```

```
    {
        public int HighestScore { get; set; }
        public object[] List { get; set; }
        public string Url { get; set; }
    }

    public class Geolocation1
    {
        public int Latitude { get; set; }
        public int Longitude { get; set; }
        public string Url { get; set; }
    }

    public class Ratings
    {
        public int HighestScore { get; set; }
        public object[] List { get; set; }
    }

    public class Vintages
    {
        public object[] List { get; set; }
    }

    public class Label
    {
        public string Id { get; set; }
        public string Name { get; set; }
        public string Url { get; set; }
    }

    public class Productattribute
    {
        public int Id { get; set; }
        public string Name { get; set; }
        public string Url { get; set; }
        public string ImageUrl { get; set; }
    }
}
```

목록 5-4 와인봇 — WineApi 클래스

```
using System;
using System.Configuration;
using System.Linq;
using System.Net.Http;
using System.Threading.Tasks;
using Newtonsoft.Json;
```

```
namespace WineBot
{
    public class WineApi
    {
        const string BaseUrl = "http://services.wine.com/api/beta2/service.svc/json/";

        static HttpClient http;

        public WineApi()
        {
            http = new HttpClient();
        }

        string ApiKey => ConfigurationManager.AppSettings["WineApiKey"];

        public async Task<Refinement[]> GetWineCategoriesAsync()
        {
            const int WineTypeID = 4;
            string url = BaseUrl + "categorymap?filter=categories(490+4)&apikey="
+ ApiKey;

            string result = await http.GetStringAsync(url);

            var wineCategories = JsonConvert.DeserializeObject<WineCategories>(result);

            var categories =
                (from cat in wineCategories.Categories
                 where cat.Id == WineTypeID
                 from attr in cat.Refinements
                 where attr.Id != WineTypeID
                 select attr)
                .ToArray();

            return categories;
        }

        public async Task<List[]> SearchAsync(int wineCategory, long rating,
bool inStock, string searchTerms)
        {
            string url =
                $"{BaseUrl}catalog" +
                $"?filter=categories({wineCategory})" +
                $"+rating({rating}|100)" +
                $"&inStock={inStock.ToString().ToLower()}" +
                $"&apikey={ApiKey}";

            if (searchTerms != "none")
                url += $"&search={Uri.EscapeUriString(searchTerms)}";

            string result = await http.GetStringAsync(url);
```

```
            var wineProducts = JsonConvert.DeserializeObject<WineProducts>(result);
            return wineProducts?.Products?.List ?? new List[0];
        }

        public async Task<byte[]> GetUserImageAsync(string url)
        {
            var responseMessage = await http.GetAsync(url);
            return await responseMessage.Content.ReadAsByteArrayAsync();
        }
    }
}
```

Wine.com API를 사용하려면, 다음과 같이 ApiKey가 Web.config 파일로부터 읽어들인 키가
필요하다. 키는 *https://api.wine.com*을 방문해서 얻을 수 있다.

```
<appSettings>
  <add key="WineApiKey" value="YourWineDotComApiKey"/>

  <!-- 여기는 BotId, Microsoft App Id, Microsoft App Password로 업데이트할 것 -->
  <add key="BotId" value="YourBotId" />
  <add key="MicrosoftAppId" value=" " />
  <add key="MicrosoftAppPassword" value=" " />
</appSettings>
```

여기에서는 데모 코드를 간단하게 만들기 위해 Web.config 파일에 키를 추가했지만, 권장할 만한 방
식은 아니다. *https://docs.microsoft.com/en-us/aspnet/*에서 더 안전하게 코딩하는 기법을 검토해야 한
다.

Wine.com API는 JSON 개체 응답을 반환하며, 목록 5-1에서 목록 5-3까지의 C# 클래스들은
이 개체들을 표현한 것이다. 와인봇은 뉴튼소프트(Newtonsoft)의 Json.NET을 사용해서 JSON
개체를 C# 클래스로 역직렬화한다. Microsoft.Bot.Builder NuGet 패키지에는 봇 응용 프로그
램 템플릿에 포함된 Json.NET에 대한 종속성이 있다. JsonConvert.DeserializeObject를 봤다
면 그것은 전부 Json.NET이 JSON을 C# 클래스로 변환하는 것이다.

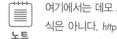

목록 5-4의 WineApi 클래스는 정적인 HttpClient 인스턴스인 http를 포함하고 있다는
점을 알아챘을 것이다. 처음 볼 때는 HttpClient가 IDisposable을 구현하고 있고 우리 머릿속
에는 using 문을 사용해서 IDisposable 개체를 감싸는(wrapping) 구문이 각인되어 있기 때문에
이것이 이상해 보일 것이다. HttpClient의 경우, using 문 안에 감싸면 성능과 확장성에 문제가 생길
수 있다. using 문 안에 HttpClient를 감싸면 안 되는 이유를 더 자세히 알고 싶다면 *https://*
github.com/mspnp/performance-optimization/blob/master/ImproperInstantiation/docs/

WineApi 클래스는 Wine.com API와의 통신을 모두 처리한다. 이 클래스는 .NET Http Client 라이브러리를 사용해서 HTTP GET 요청을 생성한다. GetWineCategoriesAsync 는 적절한 URL 세그먼트와 매개변수를 BaseUrl에 추가하고 GET 요청을 수행한 다음, 결과를 역직렬화해서 WineCategories의 인스턴스로 만든다. 목록 5-2에서 보여주듯이 WineCategories는 Category 배열을 포함하고 각 Category는 Refinement 배열을 포함한 다. 와인봇은 WineTypeID로 표현되는 와인 카테고리에만 관심을 둔다. 와인 카테고리 내 부의 Refinement 배열은 와인봇이 사용자에게 보여줄 다양한 종류의 와인을 포함한다. GetWineCategoriesAsync는 SelectMany LINQ 쿼리를 통해 그 Refinement를 읽고 이를 호출 자에게 반환한다.

사용자가 모든 질문에 대답하면, 챗봇은 wineCategory, rating, inStock, searchTerms 매 개변수로 표현되는 기준에 부합하는 와인 목록을 얻기 위해 SearchAsync를 호출한다. GetWineCategoriesAsync와 마찬가지로 SearchAsync는 URL을 구성하고, GET 요청을 수 행하고, 이 경우에는 목록 5-3에서 정의한 WineProducts 인스턴스로 결과를 역직렬화한다. SearchAsync는 찾아낸 와인을 포함하는 List 배열을 반환해서 챗봇이 그 와인들을 사용자에 게 표시할 수 있게 해준다.

GetUserImageAsync는 Wine.com API와 상호작용하지 않지만, 일부 유틸리티 작업을 수 행하기 위해 HttpClient를 사용한다. 사용자가 챗봇에 이미지나 문서를 업로드할 때, 이 HttpClient는 Attachment를 포함한다. 이에 대해서는 다음에 나올 '다이얼로그 프롬프트 옵 션' 절에서 다루겠다. Attachment는 파일이 존재하는 URL을 포함한다. GetUserImageAsync 는 HTTP GET 요청을 수행해서 URL에 위치한 이미지를 얻고, 호출자에게 그 이미지의 바이 트 배열을 반환하는 것을 목적으로 한다.

5.3 다이얼로그 구현하기

dialog는 대화를 이끌어가는 메서드와 함께 상태를 포함한 클래스다. 챗봇은 제어권을 다이 얼로그로 넘기고 다이얼로그는 전체 대화를 관리한다. 이 절에서는 사용자로부터 정보를 수 집한 다음 사용자가 답으로 제공한 기준에 부합하는 와인을 검색하는 다이얼로그 클래스인

WineSearchDialog를 검토하겠다. 목록 5-5는 WineSearchDialog를 보여준다.

목록 5-5 와인봇 — WineSearchDialog 클래스

```csharp
using System;
using System.Collections.Generic;
using System.IO;
using System.Linq;
using System.Threading.Tasks;
using Microsoft.Bot.Builder.Dialogs;
using Microsoft.Bot.Connector;
using System.Web.Hosting;

namespace WineBot
{
    [Serializable]
    class WineSearchDialog : IDialog<object>
    {
        public Refinement[] WineCategories { get; set; }
        public string WineType { get; set; }
        public long Rating { get; set; }
        public bool InStock { get; set; }
        public string SearchTerms { get; private set; }

        public async Task StartAsync(IDialogContext context)
        {
            context.Wait(MessageReceivedAsync);
        }

        async Task MessageReceivedAsync(
            IDialogContext context, IAwaitable<IMessageActivity> result)
        {
            var activity = await result;

            if (activity.Text.Contains("catalog"))
            {
                WineCategories = await new WineApi().GetWineCategoriesAsync();
                var categoryNames = WineCategories.Select(c => c.Name).ToList();

                PromptDialog.Choice(
                    context: context,
                    resume: WineTypeReceivedAsync,
                    options: categoryNames,
                    prompt: "Which type of wine?",
                    retry: "Please select a valid wine type: ",
                    attempts: 4,
                    promptStyle: PromptStyle.AutoText);
            }
            else
            {
```

```
            await context.PostAsync(
                "Currently, the only thing I can do is search the catalog. " +
                "Type \"catalog\" if you would like to do that");
        }
    }

    async Task WineTypeReceivedAsync(
        IDialogContext context, IAwaitable<string> result)
    {
        WineType = await result;

        PromptDialog.Number(
            context: context,
            resume: RatingReceivedAsync,
            prompt: "What is the minimum rating?",
            retry: "Please enter a number between 1 and 100.",
            attempts: 4);
    }

    async Task RatingReceivedAsync(
        IDialogContext context, IAwaitable<long> result)
    {
        Rating = await result;

        PromptDialog.Confirm(
            context: context,
            resume: InStockReceivedAsync,
            prompt: "Show only wines in stock?",
            retry: "Please reply with either Yes or No.");
    }

    async Task InStockReceivedAsync(
        IDialogContext context, IAwaitable<bool> result)
    {
        InStock = await result;

        PromptDialog.Text(
            context: context,
            resume: SearchTermsReceivedAsync,
            prompt: "Which search terms (type \"none\" if you don't want to add
search terms)?");
    }

    async Task SearchTermsReceivedAsync(
        IDialogContext context, IAwaitable<string> result)
    {
        SearchTerms = (await result)?.Trim().ToLower() ?? "none";

        PromptDialog.Confirm(
            context: context,
```

```
            resume: UploadConfirmedReceivedAsync,
            prompt: "Would you like to upload your favorite wine image?",
            retry: "Please reply with either Yes or No.");
    }

    async Task UploadConfirmedReceivedAsync(
        IDialogContext context, IAwaitable<bool> result)
    {
        bool shouldUpload = await result;

        if (shouldUpload)
            PromptDialog.Attachment(
                context: context,
                resume: AttachmentReceivedAsync,
                prompt: "Please upload your image.");
        else
            await DoSearchAsync(context);
    }

    async Task AttachmentReceivedAsync(
        IDialogContext context, IAwaitable<IEnumerable<Attachment>> result)
    {
        Attachment attachment = (await result).First();

        byte[] imageBytes =
            await new WineApi().GetUserImageAsync(attachment.ContentUrl);

        string hostPath = HostingEnvironment.MapPath(@"~/");
        string imagePath = Path.Combine(hostPath, "images");
        if (!Directory.Exists(imagePath))
            Directory.CreateDirectory(imagePath);

        string fileName = context.Activity.From.Name;
        string extension = Path.GetExtension(attachment.Name);
        string filePath = Path.Combine(imagePath, $"{fileName}{extension}");

        File.WriteAllBytes(filePath, imageBytes);

        await DoSearchAsync(context);
    }

    async Task DoSearchAsync(IDialogContext context)
    {
        await context.PostAsync(
            $"You selected Wine Type: {WineType}, " +
            $"Rating: {Rating}, " +
            $"In Stock: {InStock}, and " +
            $"Search Terms: {SearchTerms}");

        int wineTypeID =
            (from cat in WineCategories
```

```
                  where cat.Name == WineType
                  select cat.Id)
                .FirstOrDefault();

         List[] wines =
             await new WineApi().SearchAsync(
                 wineTypeID, Rating, InStock, SearchTerms);

         string message;

         if (wines.Any())
             message = "Here are the top matching wines: " +
                         string.Join(", ", wines.Select(w => w.Name));
         else
             message = "Sorry, No wines found matching your criteria.";

         await context.PostAsync(message);

         context.Wait(MessageReceivedAsync);
      }
   }
}
```

목록 5-5에서 보여주듯이 WineSearchDialog에는 몇 가지 멤버들이 있다. 다음 절부터 각 멤버에 대해 자세히 살펴보고 각 멤버가 의미하는 바를 설명하겠다.

다이얼로그 클래스 생성하기

다이얼로그 클래스는 직렬화가 가능하고, 상태를 가지고 있으며, IDialog⟨T⟩를 구현한다. 이 책에서는 우리가 논의하는 다이얼로그의 형식이 무엇인지 명확하게 하고자 이러한 유형의 다이얼로그를 IDialog⟨T⟩라고 부르겠다. 목록 5-5에서 발췌한 다음 코드는 WineSearchDialog가 이 특성들을 어떻게 구현하는지 보여준다.

```
[Serializable]
class WineSearchDialog : IDialog<object>
{
    public Refinement[] WineCategories { get; set; }
    public string WineType { get; set; }
    public long Rating { get; set; }
    public bool InStock { get; set; }
    public string SearchTerms { get; private set; }
}
```

다이얼로그는 직렬화되어야 하므로 Serializable 특성이 WineSearchDialog를 장식한다. 그 밖에도 .NET 개발자들이 맞춤형 직렬화를 수행하는 방법으로 ISerializable 인터페이스를 구현하고 직렬화 생성자를 정의할 수도 있다. 직렬화는 봇 프레임워크에 특화된 기능이 아니므로 .NET 프레임워크 문서에서 더 자세한 정보를 확인하면 된다.

다이얼로그가 직렬화될 수 있어야 한다는 요건은 봇 프레임워크가 다이얼로그 상태를 인터넷을 통해 봇 상태 서비스로 전송한다는 사실을 강조하기 때문에 흥미롭다. 이로써 다이얼로그는 맞춤형 데이터 상태를 기록할 뿐 아니라, 다이얼로그가 관리하고 있는 사용자가 대화 중 어디에 있는지에 대한 정보와 대화 상태도 기록할 수 있다.

데이터 상태에서 WineSearchDialog에 몇 가지 공개 속성이 있다는 것을 알 수 있다. 봇 빌더는 이 속성들을 봇 상태 서비스에 유지한다. WineSearchDialog는 원래 상태를 저장하지 않는 웹 API이며, 이러한 속성들을 이용해 다이얼로그가 사용자로부터 다음 메시지를 받을 때 상태를 다시 채운다는 점을 기억하자.

나중에 WineCategories가 선택된 와인 종류의 카테고리 ID를 읽는 데 어떻게 도움이 되는지 알게 될 것이므로, 코드는 WineCategories를 채우고, 나중에 이것을 다시 사용해서 카테고리에 연결된 ID를 찾는다. WineType, Rating, InStock, SearchTerms는 모두 사용자의 답변을 포함하고 있으며, 조건에 부합하는 와인을 검색할 때 기준이 되는 인수다.

WineSearchDialog는 다음에서 보여주는 봇 프레임워크 형식인 IDialog⟨object⟩를 구현한다.

```
public interface IDialog<out TResult>
{
    Task StartAsync(IDialogContext context);
}
```

IDialog는 out TResult 형식 매개변수(type parameter)를 가지는데, 이는 자신이 반환하는 개체 형식을 가리킨다. 반환값은 일부 고급 시나리오에서 사용되며 9장 '고급 대화 관리하기'에서 자세히 설명하겠다. 거기에서 코드는 이 다이얼로그를 호출하고 그 작업 결과를 TResult 형식으로 받을 수 있다. WineSearchDialog의 경우, 와인봇은 반환값을 요구하지 않기 때문에, 구현된 IDialog 형식은 개체(object)다.

이 절에서는 직렬화, 상태, IDialog 구현을 자세히 설명했다. IDialog에는 StartAsync 멤버도 있는데, 이에 대해서는 다음 절에서 배울 것이다.

다이얼로그 초기화 및 작업 흐름

IDialog를 구현한 WineSearchDialog에는 StartAsync 메서드가 있다. StartAsync는 다이얼로 그를 시작할 때 봇 빌더가 제일 먼저 호출하는 메서드이므로 다이얼로그의 진입점(entry point) 으로 보면 된다. 다음은 StartAsync 메서드다.

```
public async Task StartAsync(IDialogContext context)
{
    context.Wait(MessageReceivedAsync);
}
```

StartAsync는 비동기식이며, 값을 반환하지 않고 IDialogContext 매개변수를 갖는다. context. Wait를 호출하면 StartAsync 메서드를 일시 중단하고, 다이얼로그에서 호출할 다음 메서드로 MessageReceivedAsync를 설정한다.

context.Wait 호출은 봇 프레임워크가 다음에 호출할 메서드를 알려주기 때문에 중요하다. 모 든 시나리오에서 IMessageActivity를 다이얼로그에 전달하는 것은 아니다. 이는 StartAsync에 더 많은 로직을 담을 수 있다는 뜻이다. WineSearchDialog처럼 다른 경우에 다이얼로그는 항 상 IMessageActivity를 받고, context.Wait를 호출해서 그 입력을 처리하기 위한 로직이 포함 된 MessageReceivedAsync 메서드를 다음 호출할 메서드로 설정하는 것이 중요하다. 앞으로 나올 '다이얼로그 대화 흐름' 절에서 MessageReceivedAsync가 다이얼로그 입력을 어떻게 처 리하는지 볼 것이다. 9장 '고급 대화 관리하기'에서는 다이얼로그 스택을 더 자세히 알아보고 봇 프레임워크가 다이얼로그를 통해 제어 흐름을 관리하는 방식의 내부 행위를 이해하기 쉽게 설명해준다.

다음 절에서는 StartAsync의 매개변수 형식인 IDialogContext를 자세히 알아보자.

IDialogContext 검토

IDialogContext 매개변수는 다음에서 보는 바와 같이 여러 대화 단계에서 필요한 멤버와의 인 터페이스를 구현하므로 중요하다.

```
public interface IDialogContext : IDialogStack, IBotContext
{
}
```

IDialogContext는 자신만의 고유 멤버를 가지고 있지 않지만, 자신만의 멤버를 가지고 있는 다른 인터페이스인 IDialogStack과 IBotContext에서 파생한다. 그림 5-2는 IDialogContext와 이것이 유래된 인터페이스 사이의 관계를 보여준다.

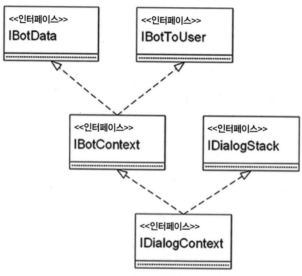

그림 5-2 IDialogContext 인터페이스 계층 구조

다음은 IDialogStack이다.

```
public interface IDialogStack
{
    void Wait<R>(ResumeAfter<R> resume);
}
```

IDialogStack에는 다이얼로그 스택을 관리하기 위한 멤버들이 많이 있다. 여기에 그 멤버들을 모두 보여주지 않지만, 9장 '고급 대화 관리하기'에서 더 자세히 설명하겠다. 여기에서는 StartAsync가 context.Wait를 호출하기 때문에 Wait 메서드만 논의하겠다. 이 메서드는 다이얼로그 대화를 잠시 멈추고 재개할 메서드로 MessageReceivedAsync를 설정한다.

```
public interface IBotContext : IBotData, IBotToUser
{
    CancellationToken CancellationToken { get; }
    IActivity Activity { get; }
}
```

IBotContext와 이것이 유래된 인터페이스는 봇 빌더의 일부다. 여기에는 비동기식 취소를 지원하기 위한 CancellationToken과 현재 IActivity에 대한 참조가 포함되어 있다. 이전 장에서 Activity로 작업했는데, 그것은 MessagesController의 Post 메서드에 전달된 매개변수와 같은 Activity다.

IBotData에는 봇 상태 서비스에 접근하기 위한 편의 멤버가 있으며 9장 '고급 대화 관리하기'에서 더 자세히 설명하겠다. IBotToUser는 다음에서 보는 바와 같이 사용자에게 챗봇 통신을 지원하는 멤버를 가지고 있다.

```
public interface IBotToUser
{
    Task PostAsync(IMessageActivity message, CancellationToken cancellationToken =
    default(CancellationToken));
    IMessageActivity MakeMessage();
}
```

IBotToUser는 PostAsync를 사용해서 사용자에게 메시지를 게시할 수 있게 해주는데 다음 절에서 이것을 사용하는 예제를 볼 것이다. MakeMessage는 IMessageActivity를 구현하는 새로운 Activity를 만들기 위한 편의 메서드다.

다이얼로그 대화 흐름

다이얼로그는 사용자로부터 다음 IMessageActivity가 도착하면 호출할 다음 메서드에 현재 대화 상태를 설정함으로써 대화를 앞으로 진행시킨다. 그림 5-3의 상태 머신 다이어그램(state machine diagram)은 이 과정이 어떻게 이루어지는지 보여준다.

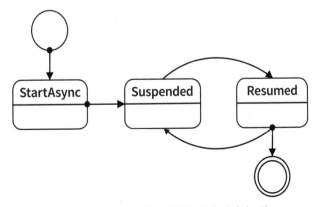

그림 5-3 대화 흐름을 보여주는 상태 다이어그램

그림 5-3에서 보듯이 다이얼로그가 시작하면 봇 빌더는 StartAsync를 호출하고, StartAsync 는 IDialogContext 인스턴스인 context의 Wait를 호출해서 일시 중단한다. 그 시점에 다이 얼로그는 Suspended(일시 중단) 상태가 된다. 새로운 IMessageActivity가 도착하면 봇 빌더 는 다이얼로그 상태를 Resumed(재개)로 옮기고 다음 메서드인 MessageReceivedAsync를 실 행한다. 단, StartAsync가 처리할 Activity와 함께 호출되면, Wait 걸린 메서드(이 예제에서는 MessageReceivedAsync)를 바로 재개한다. 대화의 일부인 각 다이얼로그 메서드는 자신이 다음 에 재개될 메서드로 남거나, 다른 메서드를 다음에 재개될 메서드로 설정한다.

다음 목록은 와인봇을 만들 때 대화 상태를 관리하는 방식을 보여준다. 순서는 목록 5-5의 각 메서드가 실행될 때 대화가 어떻게 흐르는지 설명한다. 앞으로 나올 '다이얼로그 프롬프트 옵션' 절에서 PromptDialog를 설명하겠지만, 여기서 먼저 간단히 설명하자면 PromptDialog 메서드는 다음에 재개할 메서드를 설정하는 매개변수를 가지고 있다.

1. 봇 빌더가 StartAsync를 호출하면, 이 메서드는 context.Wait를 호출하면서 다음 메서 드로 MessageReceivedAsync를 설정하고 일시 중단한다.

2. 메시지가 도착하면 MessageReceivedAsync를 재개한다. 메시지가 catalog가 아니면, 코 드는 사용자에게 메시지를 전송하고 다음 메서드를 바꾸지 않고 MessageReceivedAsync 를 재개할 다음 메서드로 둔 채로 일시 중단한다. 메시지가 catalog라면 PromptDialog. Choice를 호출해서 다음에 재개할 메서드로 WineTypeReceivedAsync를 설정한 다음 일 시 중단한다.

3. 메시지가 도착하면 WineTypeReceivedAsync를 재개한다. WineTypeReceivedAsync는 PromptDialog.Number를 호출해서 재개할 다음 메서드로 RatingReceivedAsync를 설 정한 다음 일시 중단한다.

4. 메시지가 도착해서 RatingReceivedAsync를 재개하면, 이 메서드는 PromptDialog. Confirm을 호출해서 InStockReceivedAsync를 다음에 재개할 메서드로 설정하고 일 시 중단한다.

5. 메시지가 도착해서 InStockReceivedAsync를 재개하면, 이 메서드는 PromptDialog. Text를 호출해서 다음에 재개할 메서드로 SearchTermsReceivedAsync를 설정하고 일 시 중단한다.

6. 메시지가 도착해서 SearchTermsReceivedAsync를 재개하면 이 메서드는 Prompt Dialog.Confirm을 호출해서 다음에 재개할 메서드로 UploadConfirmedReceived

Async를 설정하고 일시 중단한다.

7. 메시지가 도착해서 UploadConfirmedReceivedAsync를 재개하고 사용자가 이미지 업로드를 원하지 않는다면 바로 DoSearchAsync로 간다. 사용자가 이미지를 업로드하기 원하면 PromptDialog.Attachment를 호출해서 다음에 재개할 메서드로 AttachmentReceivedAsync를 설정하고 일시 중단한다.

8. 사용자가 이미지를 업로드하기 원한다면 메시지가 도착할 때 Attachment Received Async가 재개하고 DoSearchAsync를 호출한다.

9. UploadConfirmedReceivedAsync나 AttachmentReceivedAsync는 DoSearchAsync를 호출한다. DoSearchAsync가 작업을 끝내면 context.Wait를 호출해서 다음에 재개할 메서드로 MessageReceivedAsync를 호출하고 일시 중단한다. 이것이 처음부터 대화가 다시 시작될 때까지의 과정이다.

이 모든 과정의 요점은 상태 머신을 통해 다이얼로그가 어떻게 동작하는지 알면 챗봇 대화 흐름을 어떻게 설계하고 구현해야 할지 이해할 수 있다는 것이다. 여기에서 StartAsync를 봤는데 이 메서드는 Wait를 호출해서 일시 중단하고, 다음 메시지를 받으면 다이얼로그가 재개되고 MessageReceivedAsync 메서드를 호출한다는 것을 알았다. 다음은 목록 5-5에서 가져온 MessageReceivedAsync 메서드다.

```
async Task MessageReceivedAsync(
    IDialogContext context, IAwaitable<IMessageActivity> result)
{
    var activity = await result;

    if (activity.Text.Contains("catalog"))
    {
        WineCategories = await new WineApi().GetWineCategoriesAsync();
        var categoryNames = WineCategories.Select(c => c.Name).ToList();

        PromptDialog.Choice(
            context: context,
            resume: WineTypeReceivedAsync,
            options: categoryNames,
            prompt: "Which type of wine?",
            retry: "Please select a valid wine type: ",
            attempts: 4,
            promptStyle: PromptStyle.AutoText);
    }
    else
    {
```

```
            await context.PostAsync(
                "Currently, the only thing I can do is search the catalog. " +
                "Type \"catalog\" if you would like to do that");
        }
    }
```

이전 절에서 논의한 것처럼 대화에 참여한 모든 다이얼로그 메서드는 IDialogContext 매개변수를 가지고 있다. 게다가 IAwaitable 매개변수는 사용자가 전송했던 메시지를 포함하고 있다. IAwaitable은 봇 빌더 형식으로 메서드에 전송된 매개변수의 형식을 지정하는 형식 매개변수를 갖는다. 결과(result)를 기다리는 MessageReceivedAsync의 첫 줄에 주목하자. IAwaitable 형식은 비동기식 await를 사용할 수 있는 형식(async awaitable type)으로 이를 기다리는 동안 값을 읽기 위해 봇 상태 서비스를 호출한다.

사용자가 예를 들어 catalog 메시지를 전송하면 MessageReceivedAsync는 대화를 시작해서 사용자에게 정보를 요청하고 결국 와인을 검색한다. 이 메서드는 이전 절에서 논의했듯이 GetWineCategoriesAsync를 호출하고 사용자가 선택할 수 있게 와인 종류 목록을 생성한다.

사용자가 catalog 말고 다른 것을 입력하면 챗봇은 대화를 시작하는 방법에 대한 명확한 지시 사항을 담은 메서드로 응답한다. 이전 절에서 논의했듯이 PostToUser는 사용자에게 전송하는 IBotToUser 인터페이스에 있는 메서드다.

PromptDialog.Choice는 사용자와 상호작용하고 사용자가 응답할 때 재개될 메서드를 설정하기 위한 수많은 프롬프트 메서드 중 하나로 자세한 내용은 다음 절에서 알아보겠다.

다이얼로그 프롬프트 옵션

PromptDialog 클래스는 사용자와 질의 응답 대화를 지원하는 몇 가지 편의 메서드를 제공한다. 목록 5-5는 실제 PromptDialog가 어떻게 사용되는지 보여주며 Prompt Dialog.Choice는 이전 절에서 간단히 알아봤다. 이 절에서는 PromptDialog 메서드를 모두 살펴보자. 그 전에 먼저 PromptDialog 메서드의 공통 매개변수 몇 가지를 정리해둔 표 5-1을 살펴보자.

표 5-1 공통 PromptDialog 메서드 매개변수

매개변수 이름	설명
context	메서드에 전달된 IDialogContext. 이전 절에서 논의함
resume	다음 IMessageActivity가 도착할 때 재개할 메서드를 지정하는 ResumeAfter<T> 대리자
prompt	사용자에게 보여줄 텍스트(문자열). 일반적으로 옵션이 있는 경우, 그 옵션을 보여주기 전 사용자에게 보여주는 질문이 여기에 해당함
retry	사용자가 유효하지 않은 옵션을 입력했을 때 보여주는 텍스트(문자열). 기본값은 프롬프트 메시지
attempts	retry 프롬프트를 보여줄 횟수. 봇 빌더는 retry 메시지를 attempts의 수만큼 발생할 때까지 보여준다. 기본값은 3이다.

챗봇이 사용자와 상호작용하는 방식을 생각해보면 prompt, retry, attempts 매개변수는 바로 이해될 것이다. 제대로만 사용한다면 이 매개변수들로 사용자의 반감을 줄일 수 있다. 일례로 사용자가 prompt 메시지가 실제로 요구하는 바를 제대로 이해하지 못했다는 가정에 따라 retry 메시지를 prompt와 다르게 정의하는 것을 들 수 있다. 또 다른 옵션으로 기본값이 3인 attempts를 생각해볼 수 있다. 어떤 경우에는 사용자에게 더 많은 기회를 주어야 할 수도 있지만, 과도하게 많은 기회를 주는 것 또한 사용자들을 떠나게 하는 원인이 될 수 있다. 반면에 여러분이 yes나 no를 요구하는 Confirm 응답이 필요하고 yes가 아닌 응답을 모두 no로 간주한다면, 재시도 없이(retry 횟수는 0) 사용자 응답을 읽겠다는 것을 뜻한다.

시도의 기회를 모두 소진했다면 봇 빌더는 resume 매개변수에 의해 지정된 메서드를 재개한다. 봇 빌더는 목록 5-5의 결과인 IAwaitable 매개변수를 기다리다가 TooManyAttemptsException을 발생시킨다. 이 상황을 처리하기 위해 await result를 try/catch 블록에 감싸면 된다. 사용자가 무엇을 입력했는지는 사용자로부터 받은 IMessageActivity에 해당하는 context.Activity를 조사해보면 알 수 있다.

몇몇 PromptDialog 메서드는 표 5-1에서 설명했던 매개변수를 모두 취하는 생성자를 갖는 promptOptions 매개변수를 갖는다. 따라서 그러한 PromptDialog 메서드 자체에 매개변수를 코딩하는 대신, 그 매개변수를 사용해서 PromptOptions 인스턴스를 인스턴스화해서 매개변수로 전달할 수 있다.

```
public class PromptOptions<T>
{
```

```
        public readonly string Prompt;
        public readonly string Retry;
        public readonly IReadOnlyList<T> Options;
        public readonly IReadOnlyList<string> Descriptions;
        public readonly string TooManyAttempts;
        public readonly PromptStyler PromptStyler;
        public int Attempts { get; set; }
        public string DefaultRetry { get; set; }
        protected string DefaultTooManyAttempts { get; }

        public PromptOptions(
            string prompt, string retry = null, string tooManyAttempts = null,
            IReadOnlyList<T> options = null, int attempts = 3,
            PromptStyler promptStyler = null, IReadOnlyList<string> descriptions =
null);
}
```

일반적인 경우에 PromptDialog 매개변수를 사용하면 잘 동작하지만, PromptOptions에는 PromptDialog 메서드 오버로드에서는 찾을 수 없는 tooManyAttempts라는 매개변수가 있다. 이 매개변수를 사용해서 사용자가 지정된 시도 횟수를 넘었음을 알리는 메시지를 지정할 수 있다. PromptOptions는 생성자 매개변수들과 같은 의미의 공개 속성들도 가지고 있다.

다음 절부터 와인봇의 대화 흐름을 따라가 보고 목록 5-5의 PromptDialog 사용법을 자세히 살펴보겠다.

Choice

StartAsync가 MessageReceivedAsync로 설정된 ResumeAfter〈IMessageActivity〉 대리자 매개변수를 가지고 context.Wait를 호출할 때, 대화가 시작된다. MessageReceivedAsync는 사용자가 catalog를 전송한 경우(PromptDialog.Choice 메서드)를 처리한다. 여기에서 목표는 여러 옵션 중 하나로 사용자가 찾고자 하는 와인 종류를 알아내는 것이다. 아래 코드는 그 방법을 보여준다.

```
async Task MessageReceivedAsync(
    IDialogContext context, IAwaitable<IMessageActivity> result)
{
    var activity = await result;

    if (activity.Text.Contains("catalog"))
    {
        WineCategories = await new WineApi().GetWineCategoriesAsync();
        var categoryNames = WineCategories.Select(c => c.Name).ToList();
```

```
            PromptDialog.Choice(
                context: context,
                resume: WineTypeReceivedAsync,
                options: categoryNames,
                prompt: "Which type of wine?",
                retry: "Please select a valid wine type: ",
                attempts: 4,
                promptStyle: PromptStyle.AutoText);
        }
        else
        {
            await context.PostAsync(
                "Currently, the only thing I can do is search the catalog. " +
                "Type \"catalog\" if you would like to do that");
        }
    }
```

PromptDialog.Choice에는 이전 절에서 논의했던 공통 매개변수가 모두 포함돼 있다. 여기에는 선택 목록의 각 항목을 어떻게 보여줄 것인지 지정하는 PromptStyle 열거형의 promptStyle 매개변수가 있다. 표 5-2는 각 PromptStyle 열거형 멤버가 의미하는 바를 설명한다.

표 5-2 PromptStyle 열거형 멤버

열거형 멤버	설명
Auto	채널 능력에 따라 스타일을 선택한다. 채널이 선호하는 방식에 따라 달라진다. 봇 에뮬레이터에서는 불릿 목록으로 보여준다.
Keyboard	영웅 카드에 매핑되는 키보드 카드로 표시한다. 10장 '카드 첨부하기'에서 배우게 된다.
AutoText	선택 항목의 수에 따라, 옵션을 한 줄에 또는 줄을 나눠 텍스트로 보여준다.
Inline	한 줄에 텍스트로 모든 옵션을 보여준다. AutoText와 달리 선택 항목 수에 영향을 받지 않는다.
PerLine	모든 옵션을 텍스트로 보여준다. 각 옵션을 별도의 줄로 표기한다. AutoText와 달리, 선택 항목의 수와 무관하다.
None	어떤 선택 항목도 보여주지 않는다. prompt/retry 매개변수 텍스트에 옵션을 추가하는 것이 더 합리적이라고 느낄 때 유용하다(예: 두세 가지를 선택했을 경우).

목록 5-5의 메서드는 TReceivedAsync 형태에 맞춰 이름이 지어졌다. 여기에서 T는 결과로 사용자로부터 받은 대답의 이름이다. StartAsync 이후에 챗봇은 다음 메시지를 기다린 다음 MessageReceivedAsync로 이동한다. MessageReceivedAsync가 와인 종류를 묻는 메시지를 띄우면, resume 매개변수로 WineTypeReceivedAsync를 지정한다. 여기에서 Number 프롬프트를 수행하는데 이에 대해서는 다음 절에서 논의한다.

Number

사용자가 자신이 원하는 와인 종류를 대답했다면 다음 단계로 최소 등급(정수)을 묻는다. PromptDialog에는 이를 위한 Number 메서드가 있다. 이 메서드는 다음과 같다.

```
async Task WineTypeReceivedAsync(
    IDialogContext context, IAwaitable<string> result)
{
    WineType = await result;

    PromptDialog.Number(
        context: context,
        resume: RatingReceivedAsync,
        prompt: "What is the minimum rating?",
        retry: "Please enter a number between 1 and 100.",
        attempts: 4);
}
```

WineTypeReceivedAsync의 첫 문장에서 WineType 속성에 문자열(string) 값을 할당하면서 result 매개변수를 기다리는 점에 주목하자. result 매개변수는 봇 빌더 IAwaitable⟨T⟩로, 이것을 사용해서 이전 다이얼로그의 결과를 비동기식으로 요청할 수 있다. MessageReceivedAsync의 PromptDialog.Choice의 결과가 사용자로부터 받는 문자열(string) 형식이므로, IAwaitable⟨T⟩의 형식 매개변수 T도 문자열(string) 형식이어야 한다. IAwaitable⟨object⟩도 사용할 수 있지만, 그러려면 코드에서 object를 string으로 변환해야 한다. IAwaitable⟨string⟩은 봇 빌더가 이 작업을 대신하도록 해준다.

WineType은 WineSearchDialog의 속성이다. 기억하겠지만 WineSearchDialog는 모든 다이얼로그가 그렇듯이 직렬화될 수 있어야 한다. 즉 거기에 포함된 모든 속성 역시 직렬화될 수 있어야 함을 뜻한다. 뿐만 아니라 봇 빌더가 WineSearchDialog를 직렬화할 때, 인스턴스 상태(속성과 필드)도 함께 직렬화한다. WineSearchDialog에 새로운 사용자 메시지가 도착하면 봇 빌더는 WineSearchDialog를 그 상태 모두 포함해서 역직렬화한다. 이는 WineTypeReceivedAsync가 WineType에 대해 하는 것처럼 사용자 입력을 받았을 때 그 입력을 속성에 할당함으로써, 그 상태를 유지해서 다이얼로그 인스턴스 내부에서 후속 작업을 수행할 수 있도록 해준다는 이점이 있다. 나중에 '검색 수행' 절에서 더 알아보겠다.

PromptDialog.Number는 형식 매개변수로 double이나 long을 가진 ResumeAfter 대리자를 받는다. 이 예제에서 우리는 정수가 필요하므로 재개할 대리자 메서드인 RatingReceivedAsync

는 IAwaitable⟨long⟩ 매개변수를 가진다. 이에 대해서는 다음 절에서 알아보겠다.

Confirm

'Yes'나 'No'로 된 답이 지원되는 또 다른 보편적인 질문 유형이다. 이 경우에는 다음과 같은 PromptDialog.Confirm을 사용한다.

```
async Task RatingReceivedAsync(
    IDialogContext context, IAwaitable<long> result)
{
    Rating = await result;

    PromptDialog.Confirm(
        context: context,
        resume: InStockReceivedAsync,
        prompt: "Show only wines in stock?",
        retry: "Please reply with either Yes or No.");
}
```

PromptDialog.Confirm은 bool 값을 받으며 이 때 'Yes'는 true, 'No'는 false를 의미한다. 이에 대해 다음 절에서 설명한다.

Text

어떤 대답은 텍스트를 요구한다. 어쨌든 우리가 다루는 것은 챗봇이니 말이다. 현재 상황에서 와인봇은 사용자로부터 몇 가지 검색어를 수집해서 검색할 때 이 검색어들로 필터링할 수 있어야 한다. 따라서 사용자가 'cabernet'을 입력했다면, 검색 결과는 다른 기준에도 부합하는 'Cabernet Sauvignon'을 반환할 가능성이 높다. 다음 코드는 PromptDialog.Text가 작동하는 방식을 보여준다.

```
async Task InStockReceivedAsync(
    IDialogContext context, IAwaitable<bool> result)
{
    InStock = await result;

    PromptDialog.Text(
        context: context,
        resume: SearchTermsReceivedAsync,
        prompt: "Which search terms (type \"none\" if you don't want to add
search terms)?");
}
```

PromptDialog.Text는 문자열 형식의 대답을 기대하며, 그것이 이 메서드의 resume 매개변수인 SearchTermsReceivedAsync가 처리할 대상이 된다.

```
async Task SearchTermsReceivedAsync(
    IDialogContext context, IAwaitable<string> result)
{
    SearchTerms = (await result)?.Trim().ToLower() ?? "none";

    PromptDialog.Confirm(
        context: context,
        resume: UploadConfirmedReceivedAsync,
        prompt: "Would you like to upload your favorite wine image?",
        retry: "Please reply with either Yes or No.");
}
```

PromptDialog는 사용자가 어떤 검색어도 가지고 있지 않다면 none을 입력할 것을 요청했다. 여기에서 SearchTermsReceivedAsync가 result를 처리하는 방법, 즉 어떻게 잘라내고, 소문자로 일괄 변경하고, 입력값에 유효한 용어가 포함되지 않은 경우 none으로 설정하는지 볼 수 있다.

 사용자는 챗봇과 통신하면서 때로는 여러분이 전혀 예상하지 못했던 내용을 말한다. SearchTerms ReceivedAsync가 사용자 입력을 특별하게 처리하는 방식이 있다는 점에 주목하자. 사용자가 어떤 값을 입력하더라도 처리할 수 있도록 방어적으로 코딩해야 한다.

SearchTermsRecievedAsync는 사용자에게 자신이 좋아하는 와인 이미지를 업로드할 것인지 묻고 resume 매개변수를 UploadConfirmedReceived로 설정한다. 이에 대해 다음 절에서 다룬다.

Attachment

대화 중에 와인봇은 사용자에게 자신이 좋아하는 와인 이미지를 업로드할 것인지 묻는다. 이 경우에는 이미지이지만 사용자는 다른 형식의 파일을 업로드할 수도 있다. 예를 들어 챗봇이 자신이 처리해야 할 데이터가 들어있는 JSON, 엑셀, CSV 같은 형식의 파일을 취한다면 어떨까? 여기에서는 와인봇이 첨부 파일을 묻는 법을 보여준다.

```
async Task UploadConfirmedReceivedAsync(
    IDialogContext context, IAwaitable<bool> result)
{
```

```
        bool shouldUpload = await result;

        if (shouldUpload)
            PromptDialog.Attachment(
                context: context,
                resume: AttachmentReceivedAsync,
                prompt: "Please upload your image.");
        else
            await DoSearchAsync(context);
    }
```

사용자의 업로드 의사를 확인했다면 와인봇은 사용자가 첨부 파일을 전송할 것을 알려줄 수 있게 PromptDialog.Attachment를 호출한다. 그렇지 않다면 와인봇은 검색을 수행한다.

4장에서 설명했듯이 봇 에뮬레이터는 텍스트 입력 박스 왼쪽에 파일 첨부 버튼을 가지고 있으며, 그 버튼을 클릭하면 사용자는 업로드할 이미지(또는 기타 다른 파일)를 선택할 수 있다. 사용자가 업로드했다면, 봇 빌더는 PromptDialog.Attachment의 resume 매개변수로 지정된 AttachmentReceivedAsync 메서드를 호출한다.

```
async Task AttachmentReceivedAsync(
    IDialogContext context, IAwaitable<IEnumerable<Attachment>> result)
{
    Attachment attachment = (await result).First();

    byte[] imageBytes =
        await new WineApi().GetUserImageAsync(attachment.ContentUrl);

    string hostPath = HostingEnvironment.MapPath(@"~/");
    string imagePath = Path.Combine(hostPath, "images");
    if (!Directory.Exists(imagePath))
        Directory.CreateDirectory(imagePath);

    string fileName = context.Activity.From.Name;
    string extension = Path.GetExtension(attachment.Name);
    string filePath = Path.Combine(imagePath, $"{fileName}{extension}");

    File.WriteAllBytes(filePath, imageBytes);

    await DoSearchAsync(context);
}
```

PromptDialog.Attachment의 resume 매개변수는 IEnumerable〈Attachment〉 형식 매개

변수를 가지는 ResumeAfter 대리자를 취한다. 여기에서는 첨부 파일 하나만 다루므로 AttachmentReceivedAsync는 첫 번째 항목을 취한다. Attachment에는 다음에서 보는 바와 같이 여러 개의 속성이 있다.

```
public class Attachment
{
    public Attachment();
    public Attachment(
        string contentType = null, string contentUrl = null, object content = null,
        string name = null, string thumbnailUrl = null);
    public string ContentType { get; set; }
    public string ContentUrl { get; set; }
    public object Content { get; set; }
    public string Name { get; set; }
    public string ThumbnailUrl { get; set; }
}
```

Attachment에는 그것이 사용되는 상황에 따라 채워지는 다양한 속성이 있다. 10장 '카드 첨부하기'에서 Attachment를 더 자세히 배울 것이다. 지금 다루는 시나리오에서 Attachment에는 파일이 있는 위치를 지정하는 ContentUrl이 있다.

목록 5-4를 검토할 때 논의했듯이 WineApi에는 URL을 받아서 파일 데이터를 담고 있는 byte[]를 반환하는 GetUserImageAsync 메서드가 있고 이 byte[]는 AttachmentReceivedAsync가 사용한다. 그런 다음 코드는 현재 웹 API 인스턴스 아래에 위치한 파일 경로를 구성하고, 파일 확장자와 함께 사용자를 따라 파일명을 만든다. 그런 다음 파일을 그 위치에 저장한다. 이 프로그램은 그 파일을 가지고 중요한 작업을 하지는 않지만, 그 파일을 여러분이 정한 폴더나 데이터베이스에 저장하거나 여러분이 만든 챗봇에서 합리적이라고 여길만한 방식으로 처리하는 것을 그려볼 수 있다.

파일까지 처리하면 와인봇은 검색에 필요한 모든 정보를 확보했다. 다음 절에서 검색을 수행하는 법에 대해 살펴보겠다.

검색하기

지금까지 와인봇은 사용자로부터 받은 대답을 저장하기 위해 WineSearchDialog 속성들을 채우는 일 외에 별도의 작업을 하지 않았다. 이전 절에서 설명했듯이 모든 다이얼로그와 마찬가지로 WineSearchDialog도 직렬화될 수 있어서 그럴 필요는 없지만, 봇 빌더는 봇 상태 서비스에 다이얼로그 상태를 저장할 수 있다. 이는 그 속성들이 채워져 있어서 우리가 필요로 할 때,

즉 다음의 DoSearchAsync 메서드에서와 같이, 사용할 준비가 되어 있다는 것을 뜻한다.

```
async Task DoSearchAsync(IDialogContext context)
{
    await context.PostAsync(
        $"You selected Wine Type: {WineType}, " +
        $"Rating: {Rating}, " +
        $"In Stock: {InStock}, and " +
        $"Search Terms: {SearchTerms}");

    int wineTypeID =
        (from cat in WineCategories
         where cat.Name == WineType
         select cat.Id)
        .FirstOrDefault();

    List[] wines =
        await new WineApi().SearchAsync(
            wineTypeID, Rating, InStock, SearchTerms);

    string message;

    if (wines.Any())
        message = "Here are the top matching wines: " +
                    string.Join(", ", wines.Select(w => w.Name));
    else
        message = "Sorry, No wines found matching your criteria.";

    await context.PostAsync(message);

    context.Wait(MessageReceivedAsync);
}
```

DoSearchAsyc에서 첫 번째로 하는 일은 사용자가 선택한 내용을 알려주는 메시지를 사용자에게 전송하는 것이다. 이렇게 함으로써 PromptDialog.Confirm에서 이것이 사용자가 원하는 것이 맞는지 다시 한번 확인하는 기회가 될 것이다. PromptDialog.Confirm의 구현 내용은 이미 이전 절에서 PromptDialog 옵션을 모두 살펴봤으므로 다시 다루지 않겠다.

MessageReceivedAsync는 와인 선택지를 WineCategories에 저장했다. 이렇게 하면 텍스트 형식의 WineType 설명을 취하고, 그 WineType과 일치하는 ID로 쿼리할 수 있게 되므로 유용하다. 코드에서는 목록 5-4의 WineApi 클래스에서 SearchAsync 메서드를 호출해서 사용자에게 와인 목록을 보여준다.

마지막으로 context.Wait를 호출하면 다이얼로그 상태를 다음에 재개할 메서드로 Message
ReceivedAsync로 설정한다. 이렇게 하면 대화는 처음부터 다시 시작되지만, 사용자는 여전히 같
은 대화에 참여하고 있게 된다. 여기에서 중요한 사실은 이 코드가 StartAsync의 context.Wait
를 호출하진 않는다는 것이다. StartAsync는 완전히 새로운 대화를 시작할 때만 호출되기 때
문이다. StartAsync가 context.Wait를 호출한 다음, 봇 빌더는 다이얼로그 상태를 직렬화하는
데 여기에는 사용자로부터 다음 메시지가 도착했을 때 어디에서 다이얼로그를 재개할 것인지
도 포함된다. 봇 빌더는 봇 상태 서비스에 직렬화된 상태를 전송하고 봇 상태 서비스는 그 다
이얼로그를 위한 비공개 상태를 사용한다. 3장에서 배운 내용처럼 비공개 상태는 하나의 대화
에 참여하고 있는 사용자에 대한 내용이다. 따라서 같은 사용자가 대화를 이어간다면 봇 빌
더는 역직렬화해서 그 다이얼로그가 어디에서 중단됐든 그곳을 다음으로 재개할 메서드로 설
정할 수 있다. StartAsync는 재개할 메서드로 동작하지 않는데, MessageReceivedAsync와 달
리 이 메서드는 메시지 결과를 처리하기 위한 IAwaitable⟨T⟩를 가지고 있지 않기 때문이다.
StartAsync는 새로운 대화의 진입점일 뿐이다. 이것이 MessageReceivedAsync가 재개할 첫 번
째 메서드인 이유다.

이것으로써 다이얼로그의 동작 방식에 대한 설명을 마쳤다. 다음 절은 이 다이얼로그를 챗봇
에서 사용하는 방법을 보여준다.

5.4 다이얼로그 호출하기

다이얼로그를 사용하는 마지막 단계는 챗봇에 어느 다이얼로그를 사용할지 알려주는 것이다.
와인봇은 목록 5-6의 MessagesController에서 이 작업을 한다.

목록 5-6 와인봇 — MessagesController 클래스

```
using System;
using System.Linq;
using System.Net;
using System.Net.Http;
using System.Threading.Tasks;
using System.Web.Http;
using Microsoft.Bot.Builder.Dialogs;
using Microsoft.Bot.Connector;

namespace WineBot
{
    [BotAuthentication]
```

```
public class MessagesController : ApiController
{
    public async Task<HttpResponseMessage> Post([FromBody]Activity activity)
    {
        if (activity.Type == ActivityTypes.Message)
            await Conversation.SendAsync(activity, () => new WineSearchDialog());
        else
            await HandleSystemMessageAsync(activity);

        var response = Request.CreateResponse(HttpStatusCode.OK);
        return response;
    }

    async Task HandleSystemMessageAsync(Activity message)
    {
        if (message.Type == ActivityTypes.ConversationUpdate)
        {
            const string WelcomeMessage =
                "Welcome to WineBot! You can type \"catalog\" to search wines.";

            Func<ChannelAccount, bool> isChatbot =
                channelAcct => channelAcct.Id == message.Recipient.Id;

            if (message.MembersAdded?.Any(isChatbot) ?? false)
            {
                Activity reply = message.CreateReply(WelcomeMessage);

                var connector = new ConnectorClient(new Uri(message.ServiceUrl));
                await connector.Conversations.ReplyToActivityAsync(reply);
            }
        }
    }
}
```

수신한 액티비티가 ActivityType.Message라면 와인봇은 Conversation.SendAsync를 호출한다. SendAsync에 전달한 두 번째 매개변수는 WineSearchDialog의 새 인스턴스를 포함한 람다식이다. 이것은 본질적으로 그 메시지의 모든 처리를 WineSearchDialog에 넘긴다. 이 장에서 보았듯이, WineSearchDialog는 모든 데이터 상태와 대화 상태를 관리해서 어떤 데이터를 가졌는지, 그리고 대화 내 어디에 있는지를 기록한다.

참고로 4장에서 논의했던 ActivityType.ConversationUpdate를 처리하는 HandleSystem MessageAsync 메서드를 생각해보자. 사용자가 처음 챗봇과 연결되면 'Hello'나 'Welcome' 메시지를 전송해서 챗봇과 상호작용하는 방법을 알려주는 것이 예의다. 좀 더 재치있게 대하고 싶다면 사용자 ID를 저장한 다음 후속 연결과 비교해 메시지를 달리 전송하는 것도 좋다. 예를 들어 'welcome back User1' 같이 말이다. 이것이 이 책에서 계속 보게 될 사용자를 대하는 바람직한 방식이다.

요약

이 장에서는 다이얼로그를 구성하는 것에 대해 알아봤다. 이후로는 이 다이얼로그를 IDialog<T>라 부르겠다. 여기서는 와인봇을 예제로 사용했는데, 와인봇은 사용자가 질문에 답하도록 하여 그 답에 부합하는 와인을 검색한 결과를 제공하는 챗봇이다. 데이터 원천으로는 Wine.com API를 사용했다.

IDialog<T>를 지정하는 방법과 IDialog<T>가 직렬화와 봇 상태 서비스와의 상호작용을 통해 데이터 상태를 관리하는 방법을 배웠다. 이 장은 IDialog<T>의 진입점과 다이얼로그가 대화 상태를 관리하는 방법을 다뤘다.

'다이얼로그 구현하기' 절에서는 IDialogContext 계층 구조와 기능을 포함해서 IDialog<T> 메서드에 전달되는 매개변수들을 설명했다. 여러분은 몇 가지 PromptDialog 메서드들을 사용해서, 사용자에게 옵션 목록, yes/no, 텍스트, 숫자로 대답할 수 있는 질문을 할 수 있다. 또한, 여러분은 사용자가 첨부한 파일을 받을 수도 있다.

마지막으로 IDialog<T>를 사용하기가 얼마나 쉬운지 살펴봤다. MessagesController에게 사용자로부터 메시지를 받으면 언제나 제어권을 IDialog<T>로 넘기도록 지시하면 된다.

CHAPTER 6

FormFlow 사용하기

5장에서 기본 다이얼로그 IDialog⟨T⟩로 대화를 관리하는 법을 배웠다. 이어서 이 장에서는 다른 유형의 다이얼로그인 FormFlow를 소개하겠다. IDialog⟨T⟩ 다이얼로그를 사용할 때는 대화의 흐름을 메서드 체인을 통해 지정한다. 메서드 체인에서는 각 메서드가 대화의 마지막에 이를 때까지 선행 메서드로부터 답을 받고 또 다른 질문을 한다. FormFlow 다이얼로그는 순차적 로직이라기보다 선언적이라는 점에서 이와 다르다. 근본적으로 대화를 어떻게 수행해야 하는지보다 대화가 어때야 하는지를 지정한다.

FormFlow 다이얼로그의 선언적 특징을 지원하기 위해 이 장에서는 FormFlow 클래스를 만드는 방법에 대해 기초적인 내용부터 알아보겠다. 다음으로 특성(attribute)을 적용해서 챗봇-사용자 인터페이스를 제어하는 법을 배울 것이다. 이 특성 중 일부는 챗봇이 질문하는 방식에 영향을 주며, 또 다른 특성들은 옵션의 레이아웃을 정의한다. 그 외에도 맞춤 변경을 손쉽게 해줄 특성들도 있다. FormFlow에는 일부 특성의 출력을 안내하는데 도움이 될 만한 패턴 언어도 있는데, 이에 대해서는 일부 특성의 출력 안내를 도울 수 있게 나중에 배우게 될 것이다.

6.1 기본 기능

이 장은 5장 '다이얼로그 만들기'에서 소개했던 와인봇 챗봇 개념을 이어가겠다. FormFlow는 IDialog⟨T⟩의 기본 텍스트와는 다르게 챗봇의 모양과 사용자 인터페이스를 다듬는 기본 기능들을 몇 가지 갖고 있다. 이 절은 FormFlow 챗봇에 대한 사용자 경험을 안내한다. 여기서 우선 알아야 할 것 중 하나는 그림 6-1에서 보는 것 같이 메뉴가 버튼을 포함한 카드로 보인다는 것이다.

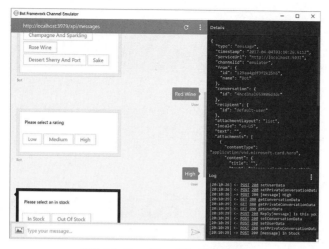

그림 6-1 FormFlow 메뉴 옵션: 버튼

그림 6-1은 메뉴 옵션의 일부를 보여준다. 이 경우 옵션은 봇 에뮬레이터에서 FormFlow의 기본 행위인 버튼 목록으로 나타난다. 버튼을 클릭하면 그 버튼과 연결된 텍스트가 챗봇에 전송된다. 파란색 응답이 여기에 해당한다.

 버튼은 사용자가 직접 입력하는 대신 빠르게 옵션을 클릭하기만 하면 되기 때문에 사용자 인터페이스로 훌륭하다. 버튼과 텍스트 중 어느 것을 쓸지는 본인의 판단에 따르며, 자신이 만든 챗봇에 가장 적합하다고 생각되는 방식을 쓰면 된다. 이 선택을 하는 방법은 이 장의 뒷부분에서 배울 것이다.

버튼을 클릭하는 대신, 그림 6-2에서 보는 바처럼 사용자가 직접 입력해도 된다.

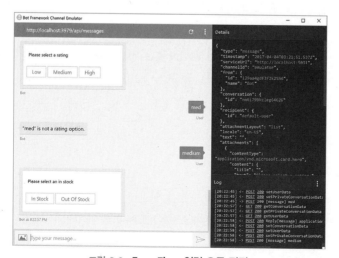

그림 6-2 FormFlow 입력 오류 정정

그림 6-2에서 사용자가 입력한 med가 오류 메시지인 'med is not a rating option.'이라고 설명하는 메시지를 결과로 내는지 보자. 이 장 후반부에서 메시지를 맞춤 변경하는 법을 배울 것이다. FormFlow는 사용자가 대소문자 구분 없이 입력해도 여전히 동작할 것이다. 예를 들어 FormFlow는 소문자 medium을 Medium 메뉴 옵션으로 인지한다.

> **노트** FormFlow로 개발하면 사용자가 부정확한 입력을 했을 때 사용자에게 응답하기 위한 코드를 작성하지 않아도 된다. FormFlow 상호작용 대부분은 즉시 사용 가능하며 자동으로 이루어진다.

또 다른 애매한 경우는 그림 6-3처럼 사용자가 하나나 두 개의 옵션과 일치하는 하나의 단어를 입력하는 경우다.

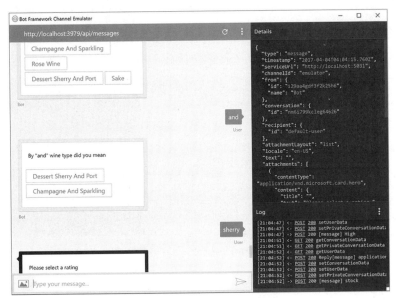

그림 6-3 **옵션의 일부만 입력**

그림 6-3에서 보면 'Champaign And Sparkling'과 'Desert Sherry And Port'에 모두 And가 포함돼 있다. and를 입력하면 FormFlow는 그에 일치하는 두 개의 메뉴 항목 중 하나를 선택하라고 응답한다. FormFlow는 단어 and가 두 개의 메뉴 옵션과 일치한다는 것 외에는 그 단어가 무엇을 의미하는지 모른다.

또한, 메뉴 아이템에서 한 단어 전체가 일치하는 하나의 고유 단어를 입력하면 일치하는 결과를 낸다. 이것이 'Dessert Sherry And Port' 옵션과 일치하는 sherry를 입력하는 경우가 이에 해당된다. 그림 6-2에서 메뉴 이름 일부를 입력했을 때 제대로 동작하지 않는 이유는 med가한 단어 전체가 아니기 때문이다. 하지만 sherry는 한 단어 전체에 해당한다. 이 장의 후반부에서는 메뉴 항목 검색을 위한 대답의 일부가 될 수 있는 용어를 지정하는 법을 배울 것이다.

메뉴 옵션 외에도 사용자는 그림 6-4처럼 FormFlow가 동작하는 동안 어떤 경우에도 도움을 요청할 수 있다.

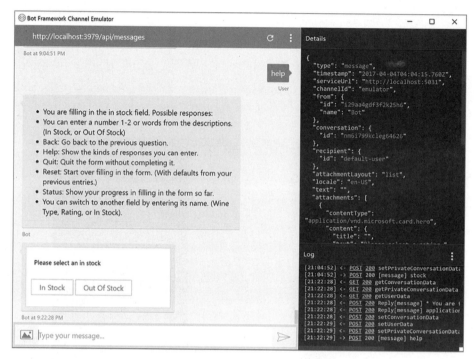

그림 6-4 FormFlow 챗봇으로부터 도움 받기

그림 6-4를 보면 help를 입력했을 때 메뉴 옵션을 제공한다는 것을 알 수 있다. Back, Reset이나 옵션 이름을 입력하는 것과 같이 많은 옵션은 내비게이션을 지원한다. 사용자는 go to wine이나 탐색할 또 다른 필드 이름을 입력할 수도 있다. 사용자가 양식을 다 채웠으면, FormFlow는 그림 6-5와 같이 사용자가 선택한 내용을 요약해서 보여준다.

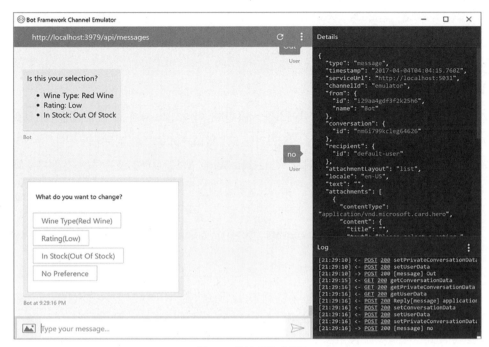

그림 6-5　양식 채우기 완료

사용자는 요약 내용에 대한 응답으로 yes나 no를 입력하면 된다. 그림 6-5에서 보는 것처럼, no를 입력하면 FormFlow는 어떤 항목을 바꿔야 할지 물어보고 사용자를 해당 항목으로 데려가 새로 다시 선택할 수 있도록 해준다. No Preference를 입력하거나 클릭하면 사용자는 다시 요약 내용으로 돌아가서 결국 'yes'라 말하고 와인봇은 와인을 검색한다.

이것이 사용자 경험이다. 이제 이 사용자 경험을 작동하게 만드는 코드를 살펴보자.

6.2 기본 FormFlow 챗봇

FormFlow는 다른 유형의 다이얼로그이므로 몇 가지 측면에서 다른 점이 있다. 인터페이스로부터 파생되지 않은 평범한 오래된 클래스를 가지고 있다든가 열거형의 속성을 가지고 있다든가 FormFlow을 시작하는 방식을 그 예로 들 수 있다. 이 절에서는 기본 와인봇 코드를 쭉 살펴봄으로써 IDialog⟨T⟩와 FormFlow 코드의 차이점을 알아보겠다.

알림   5장 Wine.com API 사용하기 절에서 미리 안내했듯이 현재 이 API는 사장되었다는 점을 감안하고
        본문을 읽기 바란다.

Wine API 인터페이스

이 장에서는 5장과 같은 WineApi 클래스를 사용한다. 따라서 그 내용을 다시 설명하지 않겠
다. WineApi가 하는 일을 간단하게 알아보려면 5장 WineApi 코드를 검토하면 된다. 본질적
으로 그 코드는 와인을 검색하기 위해 Wine.com Wine API를 REST 호출하는 것을 추상화
한 것이다.

노트   코드를 실행하려면 각자 Wine.com API 키를 가지고 있어야 한다. API 키는 *https://api.wine.com/*에서
        무료로 얻을 수 있다.

WineForm: FormFlow 양식

가장 기초적인 수준에서 보면 FormFlow 양식은 속성을 포함하고 있는 C# 클래스다. 각 속성
은 열거형이다. 이 장에서는 WineForm이라는 양식을 만드는데, 이 양식에도 양식을 구성하
는 메서드가 있다. 속성은 사용자가 선택한 상태를 담고 있다. 목록 6-1부터 목록 6-4까지에
서는 열거형 속성과 WineForm을 보여준다. 이 코드는 이 책의 부록 코드에서 WineBot2 프
로젝트에서 찾아볼 수 있다. 후반부에서는 WineForm 사용법을 볼 것이다.

목록 6-1 와인봇 — WineType 열거형

```
namespace WineBot2
{
    public enum WineType
    {
        None = 0,
        RedWine = 124,
        WhiteWine = 125,
        ChampagneAndSparkling = 123,
        RoseWine = 126,
        DessertSherryAndPort = 128,
        Sake = 134
    }
}
```

목록 6-1에는 WineType 열거형이 포함돼 있으며, 이 열거형의 각 멤버는 명시적인 값을 가지

고 있다. 이 값들은 Wine API의 카테고리 번호에 해당한다. 클래스 상태가 열거형을 담고 있는 반면 검색 로직은 해당 카테고리를 가져오기 위해 열거형을 int로 캐스트할 수 있다.

목록 6-2 와인봇 — RatingType 열거형

```
namespace WineBot2
{
    public enum RatingType
    {
        None = 0,
        Low = 25,
        Medium = 50,
        High = 75
    }
}
```

목록 6-2는 RatingType을 3개의 값 Low, Medium, High로 나누었다. Wine API는 등급을 1에서 100으로 나누지만, 필자는 와인봇을 그보다 더 적은 등급으로 동작하도록 설계했다. WineType처럼 코드는 검색 입력을 위해 이 값을 int로 캐스트할 수 있다.

목록 6-3 와인봇 — StockingType 열거형

```
namespace WineBot2
{
    public enum StockingType
    {
        None = 0,
        InStock,
        OutOfStock
    }
}
```

목록 6-3의 StockingType은 와인이 재고에 있는지에 대한 부울 조건을 처리한다. 열거형 값은 사용자에게 선택권을 주기 위해 존재한다.

None은 모든 열거형에 존재하는 공통 멤버이며 문서화를 위해 0으로 명시적 설정한다. FormFlow는 값 0을 가진 None이 당연히 있으리라 기대한다. None은 선택사항이고 이를 생략하기로 했으나 여러분이 바꿀 수 없는 라이브러리의 열거형을 사용하는 경우, FormFlow를 사용하려면 양식의 속성 형식으로 null을 허용해야 한다. 목록 6-4의 DoSearch 메서드는 이 값을 사용해서 검색된 와인이 재고에 있는지를 기반으로 검색 결과를 필터링한다.

```
using System;
using System.Linq;
using System.Threading.Tasks;
using Microsoft.Bot.Builder.Dialogs;
using Microsoft.Bot.Builder.FormFlow;

namespace WineBot2
{
    [Serializable]
    public class WineForm
    {
        public WineType WineType { get; set; }
        public RatingType Rating { get; set; }
        public StockingType InStock { get; set; }

        public IForm<WineForm> BuildForm()
        {
            return new FormBuilder<WineForm>()
                .Message(
                    "I have a few questions on your wine search. " +
                    "You can type \"help\" at any time for more info.")
                .OnCompletion(DoSearch)
                .Build();
        }

        async Task DoSearch(IDialogContext context, WineForm wineInfo)
        {
            List[] wines =
                await new WineApi().SearchAsync(
                    (int)WineType,
                    (int)Rating,
                    InStock == StockingType.InStock,
                    ");

            string message;

            if (wines.Any())
                message = "Here are the top matching wines: " +
                            string.Join(", ", wines.Select(w => w.Name));
            else
                message = "Sorry, No wines found matching your criteria.";

            await context.PostAsync(message);
        }
    }
}
```

FormFlow는 메뉴를 구성하기 위해 열거형 값을 읽는다. 각 열거형 멤버의 단어들 사이에는 자동으로 공백을 추가한다. 예를 들면, RedWine은 두 단어로 'Red Wine'이 된다. FormFlow 는 대문자를 기준으로 단어를 나눈다. FormFlow는 또한 밑줄 표시 기호를 기반으로 단어를 나누기 때문에 Red_Wine도 'Red Wine'이 된다. 하지만 표준 C# 명명 규칙은 이 책에서 보는 것과 같은 파스칼 표기법(PascalCase)을 선호한다.

C#에는 몇 가지 명명 규칙이 있고 여기에서 식별자는 파스칼 표기법(PascalCase)과 카멜 표기법 (camelCase) 중 하나를 사용한다. 파스칼 표기법은 클래스, 속성, 메서드, 기타 클래스 멤버 같은 식별 자에 사용된다. 이름에서도 알 수 있듯이 파스칼 표기법(PascalCase)은 식별자의 각 단어는 첫 단어 를 포함해서 모두 대문자로 시작한다. 카멜 표기법(camelCase)은 비공개 필드, 매개변수, 변수에 사용 된다. 카멜 표기법에서는 식별자의 첫 단어는 소문자로 시작하고, 후속 단어들은 대문자로 시작한다. 이 책에서 사용하는 식별자 명명 규칙은 이 두 가지뿐이다.

목록 6-4의 WineForm은 직렬화가 가능하다(Serializable). 봇 프레임워크가 사용자 액티비티 간 상태를 봇 상태 서비스에 유지할 수 있도록 FormFlow 형식들은 IDialog〈T〉처럼 직렬화될 수 있어야 한다. WineType, Rating, InStock 속성은 사용자가 선택한 내용을 담고 있다. 이 속성의 형식은 목록 6-1부터 목록 6-3까지의 열거형이다.

양식 상태는 속성이 아닌 필드일 수도 있다. 이는 각자 선택하기 나름이다.

본질적으로 FormFlow는 이 속성들을 리플렉션(reflection)을 통해 읽고, 속성 이름과 형식을 기반으로 질문과 메뉴를 동적으로 생성한다. 클래스 내에서 속성의 순서는 FormFlow가 사용자에게 질문을 보여주는 순서를 결정한다. 이렇게 만드는 로직은 BuildForm 메서드 내에 있다. 편의상 코드를 아래에 다시 발췌했다.

```
public IForm<WineForm> BuildForm()
{
    return new FormBuilder<WineForm>()
        .Message(
            "I have a few questions on your wine search. " +
            "You can type \"help\" at any time for more info.")
        .OnCompletion(DoSearch)
        .Build();
}
```

BuildForm은 양식을 구성하기 위한 플루언트 인터페이스(fluent interface)를 제공하는 FormBuilder 클래스를 사용한다. 여기에서는 FormBuilder를 인스턴스화하고 Build를 호출하면 된다. Build는 양식을 다이얼로그로 준비해서 IForm⟨WineForm⟩을 반환하기 위한 내부 작업을 모두 수행한다. 나중에 와인봇이 사용자 입력을 처리하기 위해 이 IForm⟨WineForm⟩을 다이얼로그에 감싸는 방법을 살펴볼 것이다.

FormBuilder는 양식이 질문하는 방법을 맞춤 변경하기 위한 몇 가지 메서드를 가지고 있으며 7장 'FormFlow 맞춤 변경하기'에서 각 메서드의 사용법을 살펴볼 것이다. 와인봇은 Message 와 OnCompletion 메서드를 사용해서 최소한이지만 작동하는 챗봇을 만든다. Message는 WineForm과의 상호작용 초기에 첫 질문을 하기 전 사용자에게 보여주기 위한 텍스트를 정의한다. 이 텍스트는 와인봇이 ConversationUpdate Activity에서 보여주는 Welcome 메시지에 덧붙여 보여준다.

Message에 지정된 텍스트가 표시된 다음 와인봇은 WineForm 속성에 해당하는 모든 질문을 한다. 와인봇이 모든 질문을 하고 사용자가 자신이 선택한 내용이 맞는지 확인한 다음 FormBuilder는 형식이 다음의 OnCompletionAsyncDelegate 대리자인 OnCompletion이 참조하는 메서드를 실행한다.

```
public delegate Task OnCompletionAsyncDelegate<T>(IDialogContext context, T state);
```

OnCompletionAsyncDelegate에 따라, 참조된 메서드는 IDialogContext 참조를 받는다. 5장 '다이얼로그 만들기'에서 논의했듯이, IDialogContext는 챗봇이 사용자 입력에 응답할 때 일반적으로 필요로 하는 몇 가지 편의 메서드로의 접근을 제공한다. 현재 구현에서 상태의 T 는 WineForm이 될 것인데 이것이 FormBuilder의 인스턴스화 된 형식이기 때문이다. 다음은 OnCompletion이 참조하는 OnCompletionAsyncDelegate 형식 매개변수로 지정된 DoSearch 메서드다.

```
async Task DoSearch(IDialogContext context, WineForm wineInfo)
{
    List[] wines =
        await new WineApi().SearchAsync(
            (int)WineType,
            (int)Rating,
            InStock == StockingType.InStock,
            ");
```

```
        string message;

        if (wines.Any())
            message = "Here are the top matching wines: " +
                        string.Join(", ", wines.Select(w => w.Name));
        else
            message = "Sorry, No wines found matching your criteria.";

        await context.PostAsync(message);
    }
```

와인봇은 5장에서도 사용했던 WineApi 클래스를 동일하게 사용한다. SearchAsync 인수들을 살펴보자. WineType과 Rating 모두 캐스트 연산자를 사용해서 자신의 열거형 값을 int로 변환해서 Wine API가 인식하는 값을 전달한다. inStock 인수는 bool이므로 비교 연산자를 적용할 수 있다. 이 버전의 와인봇을 간단하게 유지하기 위해 searchTerms는 비워뒀지만, 이 장 후반부에 텍스트 입력 값을 얻는 방법의 예제를 보게 될 것이다.

DoSearch는 자신이 포함하는 형식(containing type)에서 매개변수들을 직접 읽는데 이 매개변수들을 같은 인스턴스에서 사용할 수 있기 때문이다. 하지만 DoSearch가 정적(static)이거나 다른 클래스에 존재한다면 wineInfo 매개변수가 속성에 대한 접근을 제공할 것이다. 이것은 캡슐화를 통해 얻는 이점을 선호한다면 필드보다 속성을 선호하는 좋은 논거가 될 수 있다.

 또한 형식을 List로 지정함으로써 사용자가 하나의 옵션에서 여러 항목을 선택하도록 허용할 수 있다. 예를 들어 List<WineType> WineTypes { get; set; }은 사용자가 여러 와인 종류를 선택하도록 허용한다. 이 경우, 여러분은 목록 6-4의 DoSearch 메서드에서 WineTypes의 각 값을 읽고 wineType의 여러 값을 수용하는 WineApi의 SearchAsync 오버로드를 생성할 수 있다.

마지막으로 IDialogContext는 DoSearch가 PostAsync를 통해 사용자와 결과를 가지고 통신하도록 함으로써 편의성을 제공한다.

DoSearch가 결과를 반환하고 나면 WineForm은 처음부터 다시 시작할 준비가 된다. 그때까지 FormFlow는 4장 '챗봇 세부 조정하기'에서 논의했듯이 봇 상태 서비스에 상태가 지속되는 한 대화 상태를 유지한다. 이것은 사용자가 통신을 중단하고 한참 후에 돌아와도 FormFlow는 대화가 중단된 곳에서 다시 대화를 재개할 것이라는 뜻이다. 그러니까 사용자는 상태를 요청하거나, 남은 질문에 대답함으로써 대화를 재개하거나 단순히 대화를 초기화하는 것 중 하나를 선택할 수 있다.

여기까지가 FormFlow 양식이 동작하는 기본 방식이다. 다음으로 와인봇에서 WineForm을
주 다이얼로그로 사용하는 방법을 배울 것이다.

WineForm을 Dialog로 사용하기

앞에서 봤듯이, 목록 6-4에서 BuildForm은 IForm⟨WineForm⟩을 반환한다. WineForm을
위해 다음으로 할 작업은 사용자 입력 액티비티를 처리하기 위해 그 IForm⟨WineForm⟩을 다
이얼로그에 감싸는(wrap) 것이다. 이 절에서는 와인봇을 위한 MessagesController를 소개하고
WineForm을 다이얼로그로 사용하는 법을 보여준다. 목록 6-5를 보자.

목록 6-5 와인봇 — MessagesController 클래스

```
using System;
using System.Linq;
using System.Net;
using System.Net.Http;
using System.Threading.Tasks;
using System.Web.Http;
using Microsoft.Bot.Builder.Dialogs;
using Microsoft.Bot.Builder.FormFlow;
using Microsoft.Bot.Connector;

namespace WineBot2
{
    [BotAuthentication]
    public class MessagesController : ApiController
    {
        public async Task<HttpResponseMessage> Post([FromBody]Activity activity)
        {
            if (activity.Type == ActivityTypes.Message)
            {
                try
                {
                    await Conversation.SendAsync(activity, BuildWineDialog);
                }
                catch (FormCanceledException ex)
                {
                    HandleCanceledForm(activity, ex);
                }
            }
            else
            {
                await HandleSystemMessageAsync(activity);
            }

            return Request.CreateResponse(HttpStatusCode.OK);
```

```
        }

        IDialog<WineForm> BuildWineDialog()
        {
            return FormDialog.FromForm(
            new WineForm().BuildForm));
        }

        async Task HandleSystemMessageAsync(Activity message)
        {
            if (message.Type == ActivityTypes.ConversationUpdate)
            {
                const string WelcomeMessage =
                    "Welcome to WineBot! " +
                    "Through a series of questions, WineBot can do a " +
                    "search and return wines that match your answers. " +
                    "You can type \"start\" to get started.";

                Func<ChannelAccount, bool> isChatbot =
                    channelAcct => channelAcct.Id == message.Recipient.Id;

                if (message.MembersAdded?.Any(isChatbot) ?? false)
                {
                    Activity reply = message.CreateReply(WelcomeMessage);

                    var connector = new ConnectorClient(new Uri(message.ServiceUrl));
                    await connector.Conversations.ReplyToActivityAsync(reply);
                }
            }
        }

        void HandleCanceledForm(Activity activity, FormCanceledException ex)
        {
            string responseMessage =
                $"Your conversation ended on {ex.Last}. " +
                "The following properties have values: " +
                string.Join(", ", ex.Completed);

            var connector = new ConnectorClient(new Uri(activity.ServiceUrl));
            var response = activity.CreateReply(responseMessage);
            connector.Conversations.ReplyToActivity(response);
        }
    }
}
```

액티비티 형식이 ActivityTypes.Message라면 목록 6-5의 MessagesController.Post 메서드는 SendAsync를 호출한다. 이전 장의 예제와 마찬가지로 SendAsync의 첫 번째 매개변수는 Post 메서드에 전달된 액티비티고 두 번째 매개변수는 IDialog〈T〉이다. 이번 차이점은 이전 예제는 IDialog⟨object⟩를 생성했지만, 이번에는 목록 6-4에서 보여준 것과 똑같은 WineForm인 IDialog⟨WineForm⟩을 가지고 작업한다는 점이다.

노트 IDialog<T>로부터 직접 파생했든 FormFlow 같은 IDialog<T> 파생 형식에 감싸든, 모든 다이얼로 그는 궁극적으로 IDialog<T>이다. '다이얼로그'라는 용어는 매우 일반적이기 때문에, 이 책에서는 FormFlow와 6장 '다이얼로그 만들기'의 메서드 기반의 다이얼로그와 차별화하기 위해 IDialog<T> 를 사용한다.

BuildWineDialog 메서드는 SendAsync가 사용하는 IDialog⟨WineForm⟩을 반환한다. BuildWineDialog 내부에는 이중으로 중첩된 메서드 호출이 있고 결과로 IDialog⟨WineForm⟩을 반환한다.

```
return FormDialog.FromForm(
    new WineForm().BuildForm));
```

FormDialog는 IDialog⟨T⟩에서 파생한 IFormDialog⟨T⟩를 구현한다. 5장에서 배웠듯이, IDialog⟨T⟩에는 다이얼로그 진입점인 StartAsync 멤버가 있다. 따라서 FormDialog가 다이얼 로그 대화를 관리하기 위한 모든 로직을 관리하고 있다. FromForm은 BuildFormDelegate 인 수 형식을 취한다.

```
public delegate IForm<T> BuildFormDelegate<T>() where T : class;
```

이것이 BuildForm이 BuildFormDelegate처럼 IForm⟨T⟩를 반환하는 이유다. 따라서 FromForm에 BuildForm 참조를 전달할 수 있다. 내부적으로 FromForm은 BuildForm 참조 를 전달해서 새로운 FormDialog를 인스턴스화하고, 대화 상태를 구성하고 관리하기 위한 다 른 작업과 함께 BuildForm을 호출한다. 이 전 과정을 한바퀴 다 돌고 나면, BuildWineDialog 가 SendAsync가 필요로 하는 Idialog⟨WineForm⟩을 반환하게 된다.

노트 목록 6-5는 4장 '챗봇 세부 조정하기'에서 자세히 설명했던 ActivityTypes.ConversationUpdate 액 티비티를 처리한다. 사실 이 책에서는 보편적으로 이 액티비티를 가지고 실습한다. 메시지는 대화를 시작하기 위해 start를 입력할 것을 추천한다. 실제로 사용자는 아무거나 입력할 수 있고 이 특수한 코드는 다이얼로그로 FormFlow 양식을 실행할 것이다. 이전 장에서는 이러한 상황을 처리하는 다 른 방식으로 명령어를 가로채고 처리하는 방법을 보았다. 이 경우에 와인봇은 도움을 주기 위해 사용 자에 특화된 안내를 제공한다.

마지막으로 사용자가 FormFlow에 보낼 수 있는 명령어로는, 양식을 다 채우지 않고 그만두고 싶을 때 사용하는 Quit이 있다. 사용자가 quit을 입력하면, FormFlow는 FormCanceledException을 발생시킨다. 표 6-1은 FormCanceledException 멤버들을 보여준다.

표 6-1 FormCanceledException 멤버

멤버	설명
Completed	사용자가 이미 대답을 제공한 단계들(steps)의 이름
Last	현재 사용자가 있는 단계(step)
LastForm	사용자가 사용하고 있던 FormFlow 양식의 참조

표 6-1은 단계들(Steps) 용어를 사용해서 사용자가 Quit 명령어를 전송할 때 양식의 상태를 참조한다. WineForm에서 이 단계들은 사용자 대답을 가지고 있는 속성에 해당한다. 목록 6-5에서 발췌한 다음 HandleCanceledForm 메서드는 FormCanceledException을 처리하는 하나의 방법을 보여준다.

```
void HandleCanceledForm(Activity activity, FormCanceledException ex)
{
    string responseMessage =
        $"Your conversation ended on {ex.Last}. " +
        "The following properties have values: " +
        string.Join(", ", ex.Completed);

    var connector = new ConnectorClient(new Uri(activity.ServiceUrl));
    var response = activity.CreateReply(responseMessage);
    connector.Conversations.ReplyToActivity(response);
}
```

responseMessage 문자열을 구성할 때 HandleCanceledForm은 ex.Last와 ex.Completed 속성에 접근한다. ex.Last 속성은 사용자가 양식 내에서 어디에 있는지를 알려준다. ex.Completed는 사용자가 그만둔(Quit) 시점에 이미 대답을 제공한 속성 이름의 목록을 포함하고 있다. FormCanceledException을 처리할 때 해당 양식(WineForm 같은) 인스턴스를 참조해서 ex.LastForm 속성을 통해 속성값에 접근할 수도 있다.

이제 FormFlow에서 알아야 할 기초 사항들은 모두 다루었으니, 계속해서 사용자 경험을 개선하기 위해 양식에 사용할 수 있는 특성과 다른 기능들을 더 알아보자.

6.3 FormFlow 대화 개선하기

FormFlow에서 양식 클래스와 그 멤버를 특성을 사용해서 장식할 수 있다. 표 6-2에서 간단히 설명한 이 특성들은 챗봇 사용자 경험을 개선하기 위해 모양과 텍스트 배치를 관리한다. 예제로는 부록 코드의 WineBot3를 사용하는데, 코드 대부분은 WineBot2와 같으므로 이 절에서는 개선된 부분에 대해서만 논의하겠다.

표 6-2 **FormFlow 특성**

특성	설명	적용 대상
Describe	FormFlow의 기본 설명을 재정의함	열거형, 필드, 속성
Numeric	최솟값과 최댓값을 지정함	필드, 속성
Optional	필수 값이 아님을 가리킴	필드, 속성
Pattern	값 검증을 위해 정규식을 사용함	필드, 속성
Prompt	기본 질문을 재정의함	필드, 속성
Template	사용자에게 보여주는 방식을 위해 텍스트와 패턴을 정의함	클래스, 구조체, 필드, 속성
Terms	선택 사항에 일치할 만한 다른 용어를 허용함	필드, 속성

다음 절부터는 표 6-2에 나열한 각 속성을 설명한다.

 이 절의 코드는 부록 코드의 WineBot3를 사용한다. WineBot2의 포트 번호 3979가 이미 캐싱 되어 있을 것이므로 충돌을 피하고자 이 프로젝트는 3978 포트를 사용한다.

Describe 특성

각 필드, 속성, 열거형 값은 기본 설명을 가지고 있다. FormFlow는 도움말 텍스트, 메뉴 항목, 질문에서 사용할 식별자의 단어 사이를 구분하기 위해 대문자나 밑줄 표시를 사용한다. 속성의 예로 봇 에뮬레이터 질문에서는 'Wine Type'으로 보이는 WineType을 들 수 있다. 열거형 멤버의 예로는 메뉴 항목에서는 'Dessert Sherry And Port'로 보이는 WineTypes. DessertSherryAndPort를 들 수 있다.

종종 기본 설명만으로는 부족하거나 사용자에게 다른 방식으로 설명을 보여주고 싶을 때가 있다. 이때는 Description 특성을 사용하면 된다. 다음 예제에서는 WineForm의 기본 WineType 속성을 변경한다.

```
[Describe(Description="Type of Wine")]
public WineType WineType { get; set; }
```

이제 사용자는 'Wine Type' 대신 'Type of Wine'을 보게 된다. 또한, 다음 WineType 열거형 예제에서 보듯이 열거형 멤버를 바꿀 수도 있다.

```
public enum WineType
{
    None = 0,
    RedWine = 124,
    WhiteWine = 125,
    ChampagneAndSparkling = 123,
    RoseWine = 126,
    [Describe("Dessert, Sherry, and Port")]
    DessertSherryAndPort = 128,
    Sake = 134
}
```

Describe 특성은 DessertSherryAndPort 멤버에 구두점, 소문자 and를 추가해서 장식한다. 사용자가 챗봇과 통신하면 그림 6-6처럼 Describe 특성에 지정된 텍스트를 보게 될 것이다.

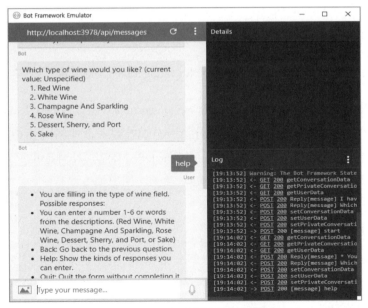

그림 6-6 Describe 특성의 결과를 보여줌

그림 6-6에서 필자는 WineForm.WineType 속성을 위한 메뉴에서 **help**를 입력했다. 도움말 텍스트와 메뉴 제목에서 모두 'type of wine'을 볼 수 있다. 또한 Describe 특성으로 장식된 WineType 멤버에서도 바뀐 것을 확인할 수 있다.

> **노트** Describe에는 메뉴에 그래픽 요소를 더하기 위해 사용되는 Title, Subtitle, Image, Message 속성도 있다. 이에 대해서는 10장 '카드 추가하기'에서 다룬다.

Numeric 특성

WineBot3는 Rating을 3가지 선택사항을 갖는 열거형으로 정의해서 기본 FormFlow 동작과 통합하기 쉽게 만들었다. 하지만 이렇게 하면 사용자에게 충분한 유연성을 제공하지 못하는데 Wine API는 1에서 100 사이의 값을 취하기 때문이다. 여기에서 Numeric 특성의 도움을 받을 수 있다. 다음과 같이 Rating 속성을 리팩터링할 수 있다.

```
[Numeric(1, 100)]
public int Rating { get; set; }
```

Numeric 특성에는 Min, Max 두 개의 매개변수가 있다. 여기에서는 Min은 1, Max는 100이라는 것을 알 수 있다. 이렇게 하면 에뮬레이터의 버튼 메뉴를 다음 같은 텍스트 문자열로 바꿔서 사용자가 숫자를 입력할 수 있게 만들어준다.

Please enter a number between 1 and 100 for rating (current choice: 0).

이제 사용자는 실제 숫자를 입력할 수 있게 되었고 FormFlow는 그 숫자가 1보다 크거나 같은지, 100보다 작거나 같은지 검증한다. 또한, 위에서 보면 현재 값이 0임을 눈여겨보자. 이는 Rating 속성이 아직 설정되지 않았으며 0이 정수형(int)의 기본값이기 때문이다. 이 문제를 피하기 위해 속성을 기본값으로 초기화할 수 있다.

Optional 특성

FormFlow는 일반적으로 모든 필드/속성을 필수 항목으로 해서 검증을 수행한다. 하지만 사용자가 값을 반드시 입력하지 않아도 되는 경우가 있기 마련이다. 다음에 보여주는 InStock이 그 경우에 해당한다.

```
[Optional]
public StockingType InStock { get; set; }
```

여기에서 Optional 특성은 사용자가 값을 입력하지 않고 넘어가는 것을 허용한다. 이렇게 하면 FormFlow는 추가적으로 No Preference 옵션을 보여준다. No Preference를 선택하면 0이나 (속성 형식이 null 값이 허용된다면) null 값을 가진 열거형 옵션을 반환한다.

Pattern 특성

사용자에게 Pattern 특성을 사용해서 텍스트를 입력하도록 할 수도 있다. Pattern 특성은 하나의 필수 매개변수만 받으며 이 매개변수는 정규식 문자열이어야 한다. 다음 속성은 Pattern 특성을 어떻게 사용하는지 보여준다.

```
[Pattern(@".+@.+\..+")]
public string EmailAddress { get; set; }
```

EmailAddress 속성은 적절한 형식을 갖춘 이메일 주소를 받아야 한다. 이 예제에서 사용한 정규식이 매우 복잡하지는 않지만, 문자열 매개변수를 Pattern 특성에 추가하는 방법을 잘 보여준다. 때로는 완전히 자유로운 형식의 문자열 필드를 원할 수 있다. 그 경우에는 다음과 같이 처리할 수 있다.

```
[Pattern(".*")]
public string SearchTerms { get; set; }
```

SearchTerms 예에서 보면 입력 값은 어떤 제약도 받지 않아야 하며, 정규식은 사용자가 원하는 대로 어떤 것도 입력할 수 있음을 반영한다.

Prompt 특성

때로 기본 질문이 현재 항목을 잘 설명하지 못할 때가 있다. 이때 추가 정보를 제공하거나 챗봇의 성격을 보여주는 무엇인가를 사용하고 싶을 것이다. Prompt 특성은 질문 텍스트를 바꿈으로써 이 작업을 돕는다. 다음 예제를 보자.

```
[Numeric(1, 100)]
[Prompt(
    "Please enter a minimum rating (from 1 to 100).",
    "What rating, 1 to 100, would you like to search for?",
    "Minimum {&} (selected {&WineType}: {WineType}, current rating: {:000})")]
public int Rating { get; set; }
```

Rating을 위한 Prompt 특성에는 두 개의 인수가 있는데 이것은 같은 질문을 하는 다른 방식을 보여준다. 이렇게 하면 챗봇이 대화를 다양하게 전개할 수 있어서 사용자의 흥미를 끌수 있을 것이다. Prompt에는 하나 혹은 더 많은 여러 개의 문자열을 추가할 수 있다. 위의 Rating 예제에서는 두 개의 문자열을 사용했다.

Terms 특성

FormFlow의 기본 기능은 매우 유연하며, 여러 옵션을 가지고 있다. 하지만 사용자가 직접 입력할 경우에는 모든 것을 정확하게 입력해야 하고 그렇지 않으면 에러 메시지를 받게 된다. 때로는 사용자가 대답 일부만 입력하거나 약어 또는 흔히 할 수 있는 오타를 입력하더라도 항목이 선택되도록 만들어야 할 경우가 있다. 여기에서 보여주는 Terms 특성은 사용자가 대답할 때 유연성을 제공하는 방법을 보여준다.

```
public enum WineType
    {
        None = 0,
        RedWine = 124,
        WhiteWine = 125,

        [Terms("[S|s|C|c]hamp.*", MaxPhrase=2)]
        ChampagneAndSparkling = 123,

        RoseWine = 126,

        [Terms(
            "desert", "shery", "prt",
            "dessert", "sherry", "port",
            "Dessert, Sherry, and Port")]
        [Describe("Dessert, Sherry, and Port")]
        DessertSherryAndPort = 128,

        Sake = 134
    }
```

이 예제에서 보면 WineType 열거형 멤버 중 ChampagneAndSparkling과 DessertSherryAndPort가 Terms 특성으로 장식되어 있다. DesertSherryAndPort의 Terms 특성은 7개의 다양한 용어 목록을 가지며 사용자 입력 값이 이 중 하나와 일치하면 통과한다. 보다시피 Describe 특성에 일치하는 맞춤법이 완전한 용어 외에도 사용자가 정확한 단어를 몰라서 확인하고 싶은 경우에 대비해 몇 개는 오타가 있음을 알 수 있다.

ChampagneAndSparkling을 위한 Terms 특성에는 두 개의 매개변수가 있다. 첫 번째는 사용자가 champagne에서 오타를 내기 쉬울 것이라는 가정에 따라 쓴 정규식이다. 두 번째 매개변수인 MaxPhrase는 FormFlow가 값과 일치하는 여러 문구를 생성하는 자동 생성 기능을 지원한다. 이 예제에서 MaxPhrase 값은 2이며 이는 사용자가 입력한 내용과 일치할 가능성이 높은 두 개의 후보를 보게 된다는 것을 의미한다.

정규식과 MaxPhrase 모두 해당 옵션이 선택될 가능성을 높인다. 그렇지만 다른 옵션에도 어떤 것들이 있는지를 고려하여 이것을 조정하는 것이 좋다. 사용자 입력이 여러 항목과 일치한다면 FormFlow는 일치할 가능성이 있는 항목을 보여주고 사용자가 정말 원하는 것이 무엇인지 묻는다. 예를 들어, 필자는 RedWine, WhiteWine, RoseWine에 Terms 특성을 사용해 MaxPhrase를 지정하지 않는데 사용자가 wine을 입력하면 FormFlow는 목록의 반이나 되는 와인 중 무엇을 원하는지 묻게 되기 때문이다. 이보다 훨씬 긴 목록에 훨씬 더 많은 항목이 일치하는 경우를 상상해보자. 아마 이렇게 너무 많은 항목이 일치하면 사용자가 곤란할 수 있다. 따라서 옵션을 적절히 테스트하고 제한하면 사용자 경험을 개선할 수 있다.

대체 용어, 정규식, 자동 생성을 결합하면 챗봇이 사용자가 원하는 바를 인지하는 능력에 유연성이 높아진다.

 버튼이 더 효율적일 때 사용자가 텍스트로 입력하게 하는 것은 너무 야단스러워 보일 수 있다. 그러나 봇 프레임워크의 훌륭한 기능 중 하나가 챗봇을 한 번 작성해서 여러 플랫폼에 배포할 기회를 제공한다는 점을 기억하자. 거기에는 버튼을 제공하지 않아 텍스트만 제공하는 SMS, 이메일 같은 채널들이 있다. 또 사용자 전 세대가 메시징 응용 프로그램으로 통신하며 자랐기 때문에, 그들에게 문자는 메시징 응용 프로그램의 대화적 특성을 이해하는 다른 고급 사용자와 마찬가지로, 제2의 천성과도 같다는 점을 고려해야 한다. 버튼을 사용할 수 있는 채널에서는 버튼이 기본 인터페이스겠지만, 문자를 통해 가장 쾌적한 사용자 경험을 제공하는 것이 좋다. 장기적으로 보면 음성 인터페이스가 출현했을 때 이 점이 더 분명해졌다.

아직 다뤄야 할 특성 중 남은 것은 Template다. Prompt와 Template은 모두 패턴 언어를 사용하는 능력을 포함한 복잡한 옵션이다. 다음 절에서 이를 배울 것이다.

6.4 고급 템플릿과 패턴

FormFlow는 메시지가 사용될 수 있는 곳을 목표로 하고 메시지를 맞춤 변경할 수 있도록 패턴 언어를 사용함으로써, 기본 메시징 인터페이스를 재정의하는 것을 지원하는 고급 템플릿 시스템을 가지고 있다. 이 절에서는 FormFlow 패턴 언어와 Prompt와 Template 특성이 이 패턴 언어를 어떻게 사용하는지 배울 것이다. 또한, Template 특성의 고급 기능과 챗봇 사용자 경험을 개선하는 다양한 옵션도 배울 것이다.

> 📝 **노트** 패턴을 논의할 때, 필자는 C# 필드나 속성을 모두 필드(field)라는 용어로 부를 것이다. 이 둘 다 FormFlow 특성과 그에 관련된 패턴에 대해 같게 작동하기 때문이다.

패턴 언어

FormFlow 패턴 언어는 대체 옵션이나 질문 배치 같은 항목을 지정하는 문자열에 대한 서식 항목들의 집합이다. 패턴은 두 가지 카테고리로 나뉘는데 하나는 필드 질문 표시이고 다른 하나는 템플릿 사용 자리 표시자다. 템플릿 사용 자리 표시자는 나중에 설명하기로 하고 이 절에서는 필드 질문 표시 패턴을 알아보자.

WineType 속성에 대한 다음의 Prompt 특성은 패턴 언어가 어떻게 사용될 수 있는지 보여주며 WineType의 현재 필드의 설명과 값으로 시작한다.

```
[Describe(Description="Type of Wine")]
[Prompt("Which {&} would you like? (current value: {})")]
public WineType WineType { get; set; }
```

위의 Prompt 특성에 사용된 패턴 문자열에서 {&}는 속성 설명을 위한 자리 표시자로 거기에는 Describe 특성에 지정된 대로 'type of wine'이 들어간다. Describe 특성에 대한 Description 속성은 대문자이지만 FormFlow는 그 description이 문장 중간에 들어가 있으면 소문자로 바꾼다. Describe 특성이 없다면 FormFlow는 기본값인 'wine type'을 자리 표시자에 대체했을 것이다. {}는 현재 필드의 값을 위한 자리 표시자다. 이제 질문은 기본 설정 내용이었던 'Please select a type of wine.' 대신 'Which type of wine would you like?'(current value:

Unspecifed)'로 표시된다. 처음에는 현재 값이 지정되지 않았지만, 사용자가 Red Wine을 고른 다음 WineType을 입력해서 다시 확인해보면 새로운 메시지로 'Which type of wine would you like?(current value: Red Wine)'가 표시된다. 다시 말하지만, 열거형 멤버의 Describe 특성은 FormFlow가 기본 생성한 설명을 재정의한다.

현재 필드 외에도 다른 필드의 설명과 값을 표시하는 패턴들이 있다. 다음의 Rating 필드에 대한 패턴은 설명/값 패턴을 모두 결합한 것이다.

```
[Numeric(1, 100)]
[Prompt(
    "Please enter a minimum rating (from 1 to 100).",
    "What rating, 1 to 100, would you like to search for?",
    "Minimum {&} (selected {&WineType}: {WineType}, current rating: {:000})")]
public int Rating { get; set; }
```

이 예제에서 세 번째 프롬프트 문자열은 "Minimum {&} (selected {&WineType}: {WineType}, current rating: {:000})"이다. 앞서 말했듯이, {&}는 현재 필드의 설명이지만, {&WineType}은 WineType 필드의 설명에 해당한다. 값 표시와 관련해서는 {WineType}은 WineType 필드의 값이고 {:000}는 현재 필드인 Rating의 값이다. 이전 예제에서 WineType에 대해 현재 필드 값은 빈 중괄호 {}다. 하지만 rating 필드의 값 패턴의 콘텐츠는 서식 지정자 :000으로 서식이 3자리 숫자이고 왼쪽에 0을 덧붙인다는 것을 의미한다. 또한, 패턴에 콜론 접두사가 있는데 이 것은 반드시 표기해야 한다. 요약하면, & 기호가 있으면 필드 설명을 위한 자리 표시자고, & 기호가 없으면 필드 값의 자리 표시자다.

이전 설명에서 필드 설명/값 패턴은 기본 FormFlow 질문을 대체한다. 하지만 메뉴를 대체하지는 않는다. 기본적으로 FormFlow는 어떤 옵션도 보여주지 않고 질문을 한다. 사용자는 help를 입력해서 옵션을 확인할 수 있지만, 사용자 경험으로는 최선이 아닐 수 있다. 다음 예제는 필드 멤버를 다시 질문에 추가하는 방법과 이 옵션들의 모양을 바꾸는 법을 보여준다.

```
[Describe(Description="Type of Wine")]
[Prompt("Which {&} would you like? (current value: {}) {||}")]
public WineType WineType { get; set; }
```

이 예제는 위의 WineType Prompt와 문자열 뒤에 {||}를 덧붙인 것 외에는 거의 비슷하다. {||}

는 UI가 메뉴 옵션을 표시해야 한다는 것을 뜻한다.

 메뉴 패턴 {||}는 봇 에뮬레이터와 대부분의 메시징 채널에서 버튼을 보여주지만, 항상 그런 것은 아니다. 봇 프레임워크는 다중 플랫폼이고 버튼을 보여줄 것인지는 채널 플랫폼에 따라 다르다는 점을 기억하자. 더구나 SMS 같은 일부 채널은 버튼을 보여줄 수 없으므로 사용자는 대신 텍스트 메뉴를 보게 된다.

이제 남은 패턴은 템플릿에 적용하기 위해 설계된 것들이다. 그것에 대해서는 다음에 배우겠다.

기본 템플릿

FormFlow는 질문, 도움말, 상태 등을 다루는 확장된 표준 메시징을 가지고 있다. 앞부분에서 배웠듯이 Prompt 특성은 메시징 인터페이스를 맞춤 변경하기 위해 설계됐지만, 이것은 필드에 초점을 맞춘 것이다. FormFlow 메시징을 더 맞춤 변경하게 해주는 또 다른 특성으로 Template이 있다. Prompt 같은 Template 특성은 필드뿐 아니라 클래스와 구조체도 장식할 수 있다. 다음은 Template 특성이 클래스를 어떻게 장식할 수 있는지에 대한 예를 보여준다.

```
[Serializable]
[Template(TemplateUsage.String, "What {&} would you like to enter?")]
public class WineForm
{
}
```

이 예제에서 Template 특성은 두 개의 매개변수로 TemplateUsage 열거형과 패턴 문자열을 가지고 있다. TemplateUsage.String은 이 특성이 이 클래스에서 형식이 문자열(string)인 모든 필드에 적용된다는 것을 뜻한다. 패턴 문자열은 문자열(string) 필드를 위한 기본 FormFlow 질문을 대체한다. SearchTerms와 EmailAddress 모두 형식이 문자열이기 때문에 이 템플릿은 이 두 필드에 대한 질문 텍스트를 모두 변경한다. 마지막으로 문자열이 아닌 다른 형식을 갖는 필드들의 경우, TemplateUsage.String으로는 Template 특성에 의해 영향받지 않는다. 다음 절부터 템플릿 용도(TemplateUsage)와 다른 가능한 옵션을 더 자세히 설명한다.

템플릿 용도

목록 6-6의 TemplateUsage 열거형은 봇 프레임워크에 맞춤 변경을 위해 사용할 수 있는 확장된 메시지 집합이 있다는 것을 보여준다. 얼핏 보면, 이 목록은 엄두를 못 낼 정도로 길어 보인다. 하지만 무엇이 가능한지 완전히 이해할 수 있도록 멤버를 나누고 분류하는 공통 패턴이 있다.

우선 Bool, DateTime, Double 등처럼 .NET 형식과 연결된 몇 가지 멤버들이 있다. 이 멤버들은 형식과 연결된 질문을 맞춤 변경할 수 있도록 돕는다. 이전 예제에서 TemplateUsage. String이 문자열 형식의 모든 필드를 변경했던 것과 같다. 게다가 형식을 위한 각 멤버는 접미사로 Help를 붙인 BoolHelp, DateTimeHelp, DoubleHelp 등과 같이 ⟨type⟩Help 형태의 대응 멤버를 가지고 있다. 각 ⟨type⟩Help 멤버는 형식이 ⟨type⟩인 질문에 대한 FormFlow Help 메시지(사용자가 help를 입력했을 때)를 변경한다.

그 밖의 다른 멤버들은 Help와 StatusFormat 같은 FormFlow 내비게이션과 명령어를 변경한다.

목록 6-6 봇 프레임워크 TemplateUsage 열거형

```
/// <summary>
/// 전체 표준 템플릿
/// </summary>
/// <remarks>
/// 이 템플릿들을 이해하려면 FormConfiguration.Templates에 정의된 기본 템플릿을 확인하는 것이 좋다.
/// </remarks>
public enum TemplateUsage
{
    /// <summary> none 옵션을 나타내는 열거형 상수 </summary>
    None,

    /// <summary>
    /// 부울(bool) 형 데이터를 묻는 방식
    /// </summary>
    Bool,

    /// <summary>
    /// 부울형 데이터를 입력할 때 무엇을 입력할 수 있는지 보여줌
    /// </summary>
    /// <remarks>
    /// 이 템플릿 내에서 {0}은 선택한 값이 있다면 현재 선택한 값을 의미하며, {1}은 해당 메뉴가 선택 사항일 경우
선호하는 것이 없음
    /// </remarks>
    BoolHelp,

    /// <summary>
    /// 모호한 선택 값을 명확하게 함
    /// </summary>
    /// <remarks>이 템플릿은 {0}을 사용해서 모호한 용어를 잡아낼 수 있음</remarks>
    Clarify,
```

```
/// <summary>
/// 기본 확인
/// </summary>
Confirmation,

/// <summary>
/// 현재 선택 사항을 보여줌
/// </summary>
/// <remarks>
/// 이것이 현재 선택 사항을 옵션으로 나타내는 방식임
/// 이것을 바꾼다면 FormConfiguration.CurrentChoice도 함께 바꿔야
/// 사람들이 여러분이 보여주는 것과 일치하는 내용을 입력할 수 있음
/// </remarks>
CurrentChoice,

/// <summary>
/// DateTime형 데이터를 묻는 방식
/// </summary>
/// <remarks>
/// 이 템플릿 내에서 {0}은 선택한 값이 있다면 현재 선택한 값을 의미하며, {1}은 해당 메뉴가 선택 사항일 경우
선호하는 것이 없음을 의미함
/// </remarks>
DateTime,

/// <summary>
/// DateTime형 데이터를 입력할 때 무엇을 입력할 수 있는지 보여줌
/// </summary>
DateTimeHelp,

/// <summary>
/// double형 데이터를 묻는 방식
/// </summary>
/// <remarks>
/// 이 템플릿 내에서 NumericAttribute를 사용해 숫자 제한을 지정하면
/// {0}이 가능한 최솟값이고 {1}이 가능한 최댓값임
/// </remarks>
Double,

/// <summary>
/// double형 데이터를 입력할 때 무엇을 입력할 수 있는지 보여줌
/// </summary>
/// <remarks>
/// 이 템플릿 내에서 {0}은 선택한 값이 있다면 현재 선택한 값을 의미하며, {1}은 해당 메뉴가 선택 사항일 경우
선호하는 것이 없음을 의미함
/// 최댓값과 최솟값이 지정되어 있다면 {2}는 최솟값, {3}은 최댓값을 뜻함
///</remarks>
DoubleHelp,

/// <summary>
/// 번호가 매겨진 열거형에서 단일 값을 선택할 때, 무엇을 입력할 수 있는지 보여줌
/// </summary>
```

```
/// <remarks>
/// 이 템플릿 내에서 {0}은 선택할 수 있는 최솟값, {1}은 선택할 수 있는 최댓값,
/// {2}는 선택할 수 있는 모든 단어에 대한 설명임
/// </remarks>
EnumOneNumberHelp,

/// <summary>
/// 번호가 매겨진 열거형에서 여러 값을 선택할 때, 무엇을 입력할 수 있는지 보여줌
/// </summary>
/// <remarks>
/// 이 템플릿 내에서 {0}은 선택할 수 있는 최솟값, {1}은 선택할 수 있는 최댓값,
/// {2}는 선택할 수 있는 모든 단어에 대한 설명임
/// </remarks>
EnumManyNumberHelp,

/// <summary>
/// 열거형에서 하나의 값을 선택할 때 무엇을 입력할 수 있는지 보여줌
/// </summary>
/// <remarks>
/// 이 템플릿 내에서 {2}는 선택할 수 있는 값의 목록을 의미함
/// </remarks>
EnumOneWordHelp,

/// <summary>
/// 열거형에서 여러 값을 선택할 때 무엇을 입력할 수 있는지 보여줌
/// </summary>
/// <remarks>
/// 이 템플릿 내에서 {2}는 선택할 수 있는 값의 목록을 의미함
/// </remarks>
EnumManyWordHelp,

/// <summary>
/// 열거형에서 하나의 값을 묻는 방법
/// </summary>
EnumSelectOne,

/// <summary>
/// 열거형에서 여러 값을 묻는 방법
/// </summary>
EnumSelectMany,

/// <summary>
/// 사용자 입력 후 피드백을 보여주는 방법
/// </summary>
/// <remarks>
/// 이 템플릿 내에서 일치하지 않는 입력은 {0}을 통해 보여줄 수 있지만,
/// 모든 것이 일치할 경우를 고려해 조건부 자리 표시자로 지정하기 위해 \ref 패턴의 {?}로 감싸야 함
/// </remarks>
Feedback,

/// <summary>
```

```
        /// help를 요청할 때 보여줄 내용
        /// </summary>
        /// <remarks>
        /// 이 템플릿은 전반적인 도움말을 관리한다. {0}은 인식기 전용 도움말이며, {1}은 명령어 도움말이다.
        /// </remarks>
        Help,

        /// <summary>
        /// 모호한 내용을 명확하게 하는 과정에서 도움말을 요청할 때 보여줄 내용
        /// </summary>
        /// <remarks>
        /// 이 템플릿은 전반적인 도움말을 관리한다. {0}은 인식기 전용 도움말이며, {1}은 명령어 도움말이다.
        /// </remarks>
        HelpClarify,

        /// <summary>
        /// 선택 사항을 확인하는 과정에서 도움말을 요청할 때 보여줄 내용
        /// </summary>
        /// <remarks>
        /// 이 템플릿은 전반적인 도움말을 관리한다. {0}은 인식기 전용 도움말이며, {1}은 명령어 도움말이다.
        /// </remarks>
        HelpConfirm,

        /// <summary>
        /// 내비게이션 중 도움말을 요청할 때 보여줄 내용
        /// </summary>
        /// <remarks>
        /// 이 템플릿은 전반적인 도움말을 관리한다. {0}은 인식기 전용 도움말이며, {1}은 명령어 도움말이다.
        /// </remarks>
        HelpNavigation,

        /// <summary>
        /// 정수형 데이터를 묻는 방법
        /// </summary>
        /// <remarks>
        /// 이 템플릿 내에서 NumericAttribute를 사용해 숫자 제한이 지정되어 있다면
        /// {0}은 가능한 최솟값이며 {1}은 가능한 최댓값임
        /// </remarks>
        Integer,

        /// <summary>
        /// 정수형 데이터를 입력할 때 무엇을 입력할 수 있는지 보여줌
        /// </summary>
        /// <remarks>
        /// 이 템플릿 내에서 {0}은 선택한 값이 있다면 현재 선택한 값을 의미하며, {1}은 해당 메뉴가 선택 사항일 경우
선호하는 것이 없음을 의미한다.
        /// 최댓값과 최솟값이 지정되어 있다면 {2}는 최솟값, {3}은 최댓값을 뜻함
        /// </remarks>
        IntegerHelp,

        /// <summary>
```

```
/// 내비게이션을 묻는 방법
/// </summary>
Navigation,

/// <summary>
/// 내비게이션 명령어를 위한 도움말 패턴
/// </summary>
/// <remarks>
/// 이 템플릿 내에서 {0}은 내비게이션 가능한 필드 이름 목록을 가지고 있음
/// </remarks>
NavigationCommandHelp,

/// <summary>
/// 내비게이션을 선택할 때 한 줄에 대한 내비게이션 포맷 지정
/// </summary>
NavigationFormat,

/// <summary>
/// 내비게이션하는 동안 입력할 수 있는 것들을 보여줌
/// </summary>
/// <remarks>
/// 이 템플릿 내에서 숫자로 선택할 수 있으며, {0}은 선택할 수 있는 최솟값, {1}은 선택할 수 있는 최댓값이다.
/// </remarks>
NavigationHelp,

/// <summary>
/// 선택적 필드의 경우, 선호하는 것이 없음을 보여주는 방법
/// </summary>
NoPreference,

/// <summary>
/// 입력 값을 이해할 수 없을 때 응답하는 방법
/// </summary>
/// <remarks>
/// 입력 값을 찾을 수 없을 때 이 템플릿을 사용하고 사용자가 입력한 내용을 보여주기 위해 {0}을 가져옴
/// </remarks>
NotUnderstood,

/// <summary>
/// 상태 항목 하나에 대한 서식 지정
/// </summary>
StatusFormat,

/// <summary>
/// 문자열 데이터를 묻는 방법
/// </summary>
String,

/// <summary>
/// 문자열 데이터를 입력할 때 도움말을 청하는 경우 보여줄 내용
/// </summary>
```

```
        /// <remarks>
        /// 이 템플릿 내에서 {0}은 선택한 값이 있다면 현재 선택한 값을 의미하며, {1}은 해당 메뉴가 선택 사항일 경우
선호하는 것이 없음을 의미한다.
        /// </remarks>
        StringHelp,

        /// <summary>
        /// 아직 값이 지정되지 않았음을 나타내는 방법
        /// </summary>
        Unspecified
};
```

TemplateUsage의 또 다른 예는 챗봇이 사용자가 무엇을 원하는지 이해하지 못할 경우를 처리하는 데 있다. 다음 템플릿은 TemplateUsage.NotUnderstood를 사용하는 방법을 보여준다.

```
[Template(TemplateUsage.NotUnderstood,
    "Sorry, I didn't get that.",
    "Please try again.",
    "My apologies, I didn't understand '{0}'.",
    "Excuse me, I didn't quite get that.",
    "Sorry, but I'm a chatbot and don't know what '{0}' means.")]
```

이 Template 특성에는 몇 가지 패턴 문자열이 있다. 사용자가 챗봇과 상호작용하는데 지속해서 똑같은 메시지를 받는다고 상상해보자. 몇 차례 이런 일이 반복되면 사용자는 불만이 쌓이게 되고 챗봇을 사용하지 않게 되지만, 메시지에 변화를 준다면 사용자는 자신이 어딘가에 막혀 있다는 느낌 없이 메시지에 집중할 수 있다.

이 중 두 개의 문자열에 {0} 지정자가 있다. 이것은 사용자가 입력한 값을 가지고 있다. 예를 들어 사용자가 WineType 필드의 응답을 입력하는데 rse를 입력했다면 아마 오타 난 rse를 강조한 'My apologies, "I didn't understand 'rse'."'란 메시지를 받게 될 것이다. 어떤 값이 가능한지 알려면 목록 6-6의 NotUnderstood 멤버에 대한 TemplateUsage 열거형을 확인하면 된다.

```
        /// <summary>
        /// 입력값을 이해할 수 없을 때 응답하는 방법
        /// </summary>
        /// <remarks>
        /// 입력값을 찾을 수 없을 때 이 템플릿을 사용하고 사용자가 입력한 내용을 보여주기 위해
{0}을 가져옴
        /// </remarks>
        NotUnderstood,
```

주석에서도 설명했듯이 {0}은 사용자가 입력한 내용이 들어갈 자리 표시자다. 게다가 비주얼 스튜디오 IDE IntelliSense에서 TemplateUsage 다음에 점을 찍으면 이 메시지가 나타날 것이다.

 TemplateUsage 멤버에 일치하는 기본 메시지를 확인하려면 오픈소스 BotBuilder 프로젝트 코드 (*https://github.com/Microsoft/BotBuilder/*)를 방문하라. 그런 다음 FormConfiguration.Templates를 찾아서 TemplateUsage와 리소스 이름 매핑을 찾는다. 그리고 리소스 이름을 BotBuilder 소스 코드의 Resource 폴더의 *.resx 파일에 매핑하면 된다.

이제 TemplateUsage와 자리 표시자를 배웠으니 다음은 도움말 메시지를 변경하는 방법을 보여주는 유용한 패턴을 알아본다.

```
[Pattern(".*")]
[Template(
    TemplateUsage.StringHelp,
    "Additional words to filter search {?{0}}")]
public string SearchTerms { get; set; }
```

Template 특성 문자열 뒤에 {?{0}}이 붙어 있다. 물음표로 시작하는 것은 조건부 자리 표시자라는 의미이다. StringHelp를 위한 TemplateUsage의 {0} 자리 표시자는 현재 선택에 대한 것이다. 사용자가 이 질문을 처음 받았다면 현재 선택이 없으니 조건부 자리 표시자는 현재 선택한 내용을 보여주지 않을 것이다. 하지만 사용자가 SearchTerms 값을 지정한 적이 있다면 이 자리 표시자는 현재 선택된 항목을 보여줄 것이다. 이것은 〈type〉Help TemplateUsage 멤버이기 때문에 사용자가 SearchTerms 질문을 받고 help를 입력했을 때 이 메시지를 보게 된다.

또한, 이전 예제는 Template 특성을 전체 클래스가 아닌 단일 필드에 적용하는 법을 보여준다.

템플릿 옵션

패턴과 TemplateUsage 말고도 FormFlow는 메시지를 더 정교하게 바꿀 수 있는 옵션들을 제공한다. 목록 6-7은 TemplateBaseAttribute 클래스를 통해 사용할 수 있는 옵션들을 보여준다. Prompt와 Template 특성 모두 TemplateBaseAttribute로부터 파생되어 이 옵션들을 상속 받는다.

목록 6-7 봇 프레임워크 TemplateBaseAttribute 클래스

```
/// <summary>
/// \ref 패턴을 사용하는 모든 특성들이 사용할 수 있는 추상 기본 클래스
/// </summary>
public abstract class TemplateBaseAttribute : FormFlowAttribute
{
    /// <summary>
    /// \ref 패턴 문자열에서 선택 항목 메뉴 {||}를 처리할 때, 기본값이 존재한다면 기본 값에 대한 선택을 제공함
    /// </summary>
    public BoolDefault AllowDefault { get; set; }


    /// <summary>
    /// \ref 패턴 문자열의 {||} 참조에서 선택 사항을 보여줄 때 표기법 관리
    /// </summary>
    public CaseNormalization ChoiceCase { get; set; }


    /// <summary>
    /// \ref 패턴 문자열의 {||} 선택 사항을 보여줄 때 각 선택 항목을 나타내기 위해 사용되는 서식 문자열
    /// </summary>
    /// <remarks>
    /// ChoiceFormat에는 두 개의 인수가 전달되는데, {0}은 선택한 번호이며 {1}은 필드명임
    /// </remarks>
    public string ChoiceFormat { get; set; }


    /// <summary>
    /// \ref 패턴 문자열에서 {||}를 사용해서 선택 목록을 인라인으로 구성할 때, 마지막 선택 사항 앞에 사용될
문자열
    /// </summary>
    public string ChoiceLastSeparator { get; set; }


    /// <summary>
    /// \ref 패턴 문자열에서 {||}를 위한 선택 목록을 인라인으로 구성할 때
    /// 선택 항목에 괄호를 넣을지 아닐지 여부를 관리
    /// </summary>
    public BoolDefault ChoiceParens { get; set; }


    /// <summary>
    /// \ref 패턴 문자열에서 {||}를 사용해서 목록을 인라인으로 구성할 때
    /// 마지막 항목을 제외하고 모든 선택 사항 사이에 사용될 문자열
    /// </summary>
    public string ChoiceSeparator { get; set; }


    /// <summary>
    /// \ref 패턴 문자열에서 처리될 때 {||} 선택 사항들을 표시하는 방법
    /// </summary>
    public ChoiceStyleOptions ChoiceStyle { get; set; }


    /// <summary>
    /// 사용자가 입력할 때마다 받게 될 피드백의 종류를 관리
    /// </summary>
```

```
        public FeedbackOptions Feedback { get; set; }

        /// <summary>
        /// \ref 패턴 문자열에서 {&amp;} 필드명 참조를 보여줄 때 표기법 관리
        /// </summary>
        public CaseNormalization FieldCase { get; set; }

        /// <summary>
        /// \ref 패턴 문자열에서 {||}를 사용해서 목록을 구성할 때, 목록의 마지막 값 앞에 사용될 문자열
        /// </summary>
        public string LastSeparator { get; set; }

        /// <summary>
        /// \ref 패턴 문자열에서 {||}를 사용해서 목록을 구성할 때, 마지막 값을 제외한 모든 값 사이에 사용될 문자열
        /// </summary>
        public string Separator { get; set; }

        /// <summary>
        /// \ref 패턴 문자열에서 {}값 참조를 보여줄 때 표기법 관리
        /// </summary>
        public CaseNormalization ValueCase { get; set; }
}
```

각 옵션은 Prompt나 Template 특성의 명명된 매개변수(named parameter)다. 다음은 WineType 옵션 서식을 변경한 예다.

```
[Describe(Description="Type of Wine")]
[Prompt(
    "Which {&} would you like? (current value: {}) {||}",
    ChoiceStyle = ChoiceStyleOptions.PerLine)]
public WineType WineType { get; set; }
```

ChoiceStyleOptions 열거형은 메뉴 옵션 서식을 설정하기 위한 여러 멤버를 가지고 있다. 이 예제에서 ChoiceStyleOptions.PerLine을 사용하면 출력 형식은 각 항목에 번호를 매기고 각 항목을 새로운 줄에 작성하는 텍스트 형식이 될 것이다. 그림 6-7에서 이 출력 형식을 보여준다.

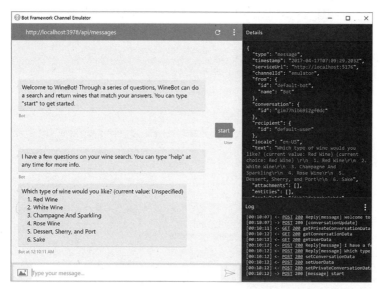

그림 6-7 별도의 줄에 텍스트 옵션을 보여주는 ChoiceStyleOptions.PerLine Prompt 특성 옵션

목록 6-8에는 이 절에서 보여준 특성과 패턴을 모두 포함시켜 WineForm을 전부 수정했다.

목록 6-8 특성과 패턴을 포함한 WineForm 클래스

```
using Microsoft.Bot.Builder.Dialogs;
using Microsoft.Bot.Builder.FormFlow;
using System;
using System.Linq;
using System.Threading.Tasks;

namespace WineBot3
{
    [Serializable]
    [Template(TemplateUsage.String, "What {&} would you like to enter?")]
    [Template(TemplateUsage.NotUnderstood,
        "Sorry, I didn't get that.",
        "Please try again.",
        "My apologies, I didn't understand '{0}'.",
        "Excuse me, I didn't quite get that.",
        "Sorry, but I'm a chatbot and don't know what '{0}' means.")]
    public class WineForm
    {
        [Describe(Description="Type of Wine")]
        [Prompt(
            "Which {&} would you like? (current value: {}) {||}",
            ChoiceStyle = ChoiceStyleOptions.PerLine)]
        public WineType WineType { get; set; }

        [Numeric(1, 100)]
```

```csharp
[Prompt(
    "Please enter a minimum rating (from 1 to 100).",
    "What rating, 1 to 100, would you like to search for?",
    "Minimum {&} (selected {&WineType}: {WineType}, current rating: {:000})")]
public int Rating { get; set; }

[Optional]
public StockingType InStock { get; set; }

[Pattern(".*")]
[Template(
    TemplateUsage.StringHelp,
    "Additional words to filter search {?{0}}")]
public string SearchTerms { get; set; }

[Pattern(@".+@.+\..+")]
public string EmailAddress { get; set; }

public IForm<WineForm> BuildForm()
{
    return new FormBuilder<WineForm>()
        .Message(
            "I have a few questions on your wine search. " +
            "You can type \"help\" at any time for more info.")
        .OnCompletion(DoSearch)
        .Build();
}

async Task DoSearch(IDialogContext context, WineForm wineInfo)
{
    List[] wines =
        await new WineApi().SearchAsync(
            (int)wineInfo.WineType,
            wineInfo.Rating,
            wineInfo.InStock == StockingType.InStock,
            wineInfo.SearchTerms);

    string message;

    if (wines.Any())
        message = "Here are the top matching wines: " +
                  string.Join(", ", wines.Select(w => w.Name));
    else
        message = "Sorry, No wines found matching your criteria.";

    await context.PostAsync(message);
}
}
}
```

목록 6-8에 FormFlow 변경에 대한 정보가 많이 포함되어 있지만, 그에 반해 특성과 패턴을 사용해서 챗봇을 위한 사용자 경험을 맞춤 변경하는 일은 얼마나 쉬운지 보여준다.

FormFlow와 IDialog<T> 중 무엇을 선택할까?

이 시점에 FormFlow와 IDialog<T> 중 하나를 선택하는 방법이 궁금할 것이다. 여기서는 본인이 하려는 일에 어느 쪽이 최선의 도구일지 결정하는 데 도움을 주고자 각각의 성격을 알아본다.

방금 봤듯이, FormFlow를 사용하면 Q&A 챗봇을 만들기 매우 쉽다. 시작하기도 매우 쉽고 특성을 사용해서 변경하는 것도 상대적으로 쉽다. 이는 코딩할 내용은 적은 데 비해 매우 강력한 기능이다. FormFlow는 챗봇이 사용자로부터 정보를 수집할 필요가 있는 상황에서 탁월하다. 이 장은 와인 검색에 필요한 필터를 수집하는 법을 보여준다. 다른 예로는 사용자가 음식 또는 다른 서비스를 주문하거나, 설문 조사를 하거나, 채용 지원서 양식을 마무리해야 할 때를 들 수 있다.

IDialog<T>는 좀 더 양식이 자유로운 상호작용에 적합하다. 여기에는 사용자가 챗봇과 어떻게 상호작용하는지에 대해 따로 정해진 순서가 없다. 이번에는 한 가지를 물었다가 다음에는 다른 주제로 옮겨갈 수도 있다. 콜백 내부에 로직을 넣어 대화를 통해 사용자가 가고자 하는 논리 경로를 취할 수 있다. 가게 카탈로그를 탐색하거나, 게임을 하거나, 벤더들에 그들이 제공하는 서비스 유형과 서비스 시간에 관해 묻는 것도 한 예가 될 수 있다.

둘 중 하나를 선택할 때 언제나 결정적인 규칙이 있는 것은 아니며, 이들 사이에서 어디로 갈지 모를 회색 영역을 발견하게 될 것이다. 예를 들어 와인봇에서는 그다지 큰 어려움 없이 두 방식 중 어떤 방식도 채택할 수 있다. 그러나 특정 다이얼로그 유형을 사용하지 않는 극단적인 경우도 살펴보도록 하자. IDialog<T>가 제대로 동작하지 않는 경우의 한 예로 설문 조사를 들 수 있다. 각 질문에 대한 별도의 메서드가 있는 다이얼로그를 작성한다고 가정하자. 챗봇은 질문하고, 사용자는 응답하고, 챗봇은 결과를 얻어 속성에 저장한 후 다음의 질문으로 넘어간다. 이렇게 되면 같은 일을 수행하는 반복적인 코드를 무수히 만들어내고 필요 이상으로 많은 시간이 걸리며 버그가 발생할 가능성이 커지게 된다. 이 예에서는 FormFlow를 사용하는 것이 더 낫다.

7장 'FormFlow 맞춤 변경하기'에서 사용자에게 특정 질문을 하고 싶지 않을 경우 옵션을 지정하는 방법과 입력 값을 검증하는 법, 입력 값을 동적으로 표시하는 법을 배울 것이다. FormFlow가 잘할 수 있는 시나리오에서는 유용하다. 장난감 가게 챗봇을 작성한다고 가정하자. 다이얼로그는 사용자가 관심 있는 장난감 종류가 무엇인지 묻고 목록을 보여주고 장바구니에 선택한 장난감을 넣고 사용자를 체크아웃 메뉴로 안내한다. 사용자가 장바구니를 바꾸거나 다른 장난감을 선택하면, 챗봇은 표준 FormFlow 내비게이션을 사용할 수 있다. 이 대화 경로를 모두 바꾸는 로직을 작성할 수도 있지만, 조만간 거추장스러워질 수 있다. 옵션 수가 적고 사용자가 하나만 구입해서 순서대로 앞으로 나아갈 것으로 예상되는 것처럼 무언가를 구매하는 과정이 매우 간단하지 않은 한, FormFlow로 이 과정을 수행하도록 만들기 위해 들여야 할 작업량은 그만한 가치가 없다. 이러한 예제에서는 IDialog<T>를 쓰는 것이 더 낫다.

챗봇이 수행하도록 설계된 작업을 검토해서 그 작업에 어울리는 최적의 도구를 사용하는 것이 좋다.

요약

FormFlow는 Q&A 시나리오를 처리하는 챗봇을 빨리 만들 수 있는 쉬운 방법을 제공한다. 이 장에서는 FormFlow 사용자 경험을 보여주는 것을 시작으로 FormFlow가 수많은 기본 기능들을 제공하는 방식을 보여준다.

FormFlow 양식은 필드와 속성을 갖는 클래스로 상대적으로 생성하기 간단하다. 사용자 액티비티를 처리하려면, Post 메서드를 구성하는 FormBuilder 코드를 추가해야 한다. 이렇게 하면, 챗봇에 대화를 FormFlow 클래스로 넘겨주라고 말할 수 있다.

아마도 여러분은 사용자 경험을 맞춤 변경해야 할 경우를 마주할 수도 있다. FormFlow는 선언적 방식으로 이러한 작업을 할 수 있도록 해주는 몇 가지 특성을 제공한다. Describe 특성이 필드명을 바꾸고, Numeric 특성이 정수, 부동 소수점 숫자의 한계선을 지정하고, Optional 특성은 사용자가 필드를 건너뛰도록 해주고 Pattern 특성은 필드에 들어오는 값을 정규식에 부합하도록 제한한다는 것을 배웠다. 더 나아가서는 Prompt 와 Template 특성을 통해서 더 다양하게 변경할 수 있다. 또한, 이 장에서 사용자 경험을 개선하기 위해 패턴과 추가적인 옵션을 적용하는 방법도 배웠다.

이 장은 FormFlow를 이용해서 강력한 사용자 경험을 만드는 법에 대한 기초적인 내용을 담았다. 다음 장에서는 FormFlow의 고급 기능을 사용해서 사용자 경험을 구성해볼 예정이다.

CHAPTER

7

FormFlow 맞춤 변경하기

FormFlow는 대화를 구성하는 간단한 방식을 제공한다. 6장 'FormFlow 사용하기'에서 FormFlow 동작 방식의 기초 사항을 설명했다. FormFlow가 제공하는 표준 기능들이 실용적인 측면에선 모두 훌륭하지만, 추가적인 맞춤 변경이 필요할 때가 있다. 이 장에선 기초 사항을 넘어 몇 가지 맞춤 변경 옵션을 설명한다.

여러분에게 필요할 맞춤 변경 사항 중 하나는 정적 열거형에 의존하는 대신 동적 메뉴를 구성하는 것이다. 이 장에서는 하나의 필드에 대한 메뉴를 동적으로 구성하기 위해 양식 구성 절차를 수정하는 법을 배울 것이다. 또한, 그 필드에 맞춤 변경한 검증 방식을 추가하는 법도 배우게 될 것이다. 마지막으로 더 나은 사용자 경험을 제공하기 위한 유용한 기법으로 미리 채워진 필드를 제공하는 것을 다루겠다.

이 장은 6장의 WineForm 개념을 일부 변경해서 사용한다. 이 장에서는 맞춤 변경을 중점적으로 다룬다(와인봇의 동작 방식에 대해 더 궁금한 사항이 있다면 6장을 참고하라). 이 장에서 처음으로 해볼 맞춤 변경에서는 FormFlow 플루언트 인터페이스(fluent interface)를 사용한다.

7.1 FormFlow 플루언트 인터페이스 이해하기

플루언트 인터페이스는 하나의 클래스 멤버의 반환값이 다른 메서드를 호출하는 데 사용되는 인스턴스인 인터페이스를 말한다. 시각적으로 이 인터페이스는 클래스를 인스턴스화하는 것으로 시작한다. 점 연산자(dot operator)로 클래스를 인스턴스화한 다음 계속해서 점 메서드(dot method) 패턴을 이어가다가 마지막으로 여러분이 작업하고자 하는 형식을 반환하는 메서드에서 끝난다. WineForm 코드를 보여준 6장의 목록은 다음에서 보여주는 코드처럼 FormFlow 플루언트 인터페이스를 사용했다.

```
public IForm<WineForm> BuildForm()
{
    return new FormBuilder<WineForm>()
        .Message(
            "I have a few questions on your wine search. " +
            "You can type \"help\" at any time for more info.")
        .OnCompletion(DoSearch)
        .Build();
}
```

이것은 6장 목록 6-4에서 가져온 BuildForm 메서드다. 하지만 여기에서 다루는 내용을 이해하기 위해 다시 돌아가서 그 코드를 살펴볼 필요는 없다. 요약하면 앞의 코드 예제의 FormBuilder〈T〉 형식에는 Message, OnCompletion, Build 메서드가 있다는 것이다. FormBuilder〈T〉는 IFormBuilder〈T〉를 구현하고 Message, OnCompletion, Build는 IFormBuilder〈T〉 인스턴스를 반환해서 플루언트 인터페이스를 갖춘 FormFlow 양식을 구성하는 것을 지원한다. 다음은 IFormBuilder〈T〉 정의 중 일부로 이들 멤버 외에도 더 많은 멤버들을 보여준다.

```
public interface IFormBuilder<T>
    where T : class
{
    IForm<T> Build(
        Assembly resourceAssembly = null,
        string resourceName = null);

    FormConfiguration Configuration { get; }

    IFormBuilder<T> Message(
        string message,
        ActiveDelegate<T> condition = null,
        IEnumerable<string> dependencies = null);

    IFormBuilder<T> Field(IField<T> field);

    IFormBuilder<T> AddRemainingFields(
        IEnumerable<string> exclude = null);

    IFormBuilder<T> Confirm(
        string prompt = null,
```

```
            ActiveDelegate<T> condition = null,
            IEnumerable<string> dependencies = null);

        IFormBuilder<T> OnCompletion(
            OnCompletionAsyncDelegate<T> callback);

        bool HasField(string name);
    }
```

IFormBuilder⟨T⟩의 메서드는 IForm⟨T⟩를 반환하는 Build와 bool을 반환하는 HasField를 제외하고 모두 IFormBuilder⟨T⟩를 반환한다. 여기에서는 보여주지 않았지만, 일부 메서드는 여러 오버로드를 가진다. 다음 절부터 오버로드에 대해 논의할 예정이며, IFormBuilder⟨T⟩의 각 멤버가 어떻게 동작하는지 설명하겠다.

7.2 Configuration 속성

6장에서 설명했듯이 FormFlow에는 명령어, 응답, 템플릿의 세 영역에서 사용하는 기본 설정 값들이 있다. 이 기본값들로 요구사항을 만족시킬 수 없다면 목록 7-1에서 보여주는 것처럼 Configuration 속성을 통해 이들을 바꿀 수 있다.

목록 7-1 **FormFlow Configuration 변경하기**

```
using Microsoft.Bot.Builder.Dialogs;
using Microsoft.Bot.Builder.FormFlow;
using System;
using System.Linq;
using System.Threading.Tasks;
using Microsoft.Bot.Builder.Resource;
using WineBotLib;

namespace WineBotConfiguration
{
    [Serializable]
    public class WineForm
    {
        public WineType WineType { get; set; }
        public RatingType Rating { get; set; }
        public StockingType InStock { get; set; }

        public IForm<WineForm> BuildForm()
        {
            var builder = new FormBuilder<WineForm>();
            ConfigureFormBuilder(builder);
```

```
            return builder
                .Message(
                    "I have a few questions on your wine search. " +
                    "You can type \"help\" at any time for more info.")
                .OnCompletion(DoSearch)
                .Build();
        }

        void ConfigureFormBuilder(FormBuilder<WineForm> builder)
        {
            FormConfiguration buildConfig = builder.Configuration;

            buildConfig.Yes = "Yes;y;sure;ok;yep;1;good".SplitList();

            TemplateAttribute tmplAttr = buildConfig.Template(TemplateUsage.
EnumSelectOne);
            tmplAttr.Patterns = new[] {"What {&} would you like? {||}"};

            buildConfig.Commands[FormCommand.Quit].Help =
                "Quit: Quit the form without completing it. " +
                "Warning - this will clear your previous choices!";
        }

        async Task DoSearch(IDialogContext context, WineForm wineInfo)
        {
            List[] wines =
                await new WineApi().SearchAsync(
                    (int)WineType,
                    (int)Rating,
                    InStock == StockingType.InStock,
                    "");

            string message;

            if (wines.Any())
                message = "Here are the top matching wines: " +
                            string.Join(", ", wines.Select(w => w.Name));
            else
                message = "Sorry, No wines found matching your criteria.";

            await context.PostAsync(message);
        }
    }
}
```

목록 7-1의 BuildForm 메서드는 새로운 FormBuilder〈WineForm〉() 인스턴스의 메서드를
계속 호출하지 않는다는 점에서 이전 예제와 약간 다르다. 여기에서는 새로운 인스턴스를
builder에 할당한 뒤에 builder를 ConfigureFormBuilder 메서드에 인수로 전달한다.

IFormBuilder<T> 메서드는 기본 설정을 사용해 작업해본 다음 특성을 사용해 기본값을 재정의하는 것을 고려한다. 이것 때문에 모든 메서드는 호출하기 전에 먼저 기본값 변경을 위한 설정 작업을 해야 한다는 것을 기억하도록 하자.

ConfigureFormBuilder 내부에서 코드는 FormConfiguration 인스턴스에 Configuration 속성에 대한 참조를 할당한다. 다음 절부터 FormFlow Configuration을 변경하기 위해 취할 수 있는 세 가지 유형의 설정 작업을 보여준다.

응답 설정

IFormBuilder⟨WineForm⟩ 인스턴스인 builder를 받은 다음 목록 7-1의 ConfigureFormBuilder 메서드가 Configuration의 세 영역을 어떻게 맞춤 변경하는지 보여준다. 첫 번째 예제는 FormConfiguration 응답을 바꾸는 법을 보여준다.

```
buildConfig.Yes = "Yes;y;sure;ok;yep;1;good".SplitList();
```

이것은 특정 응답인 Yes 속성을 설정한 것이다. 이 속성은 FormFlow가 대답을 예상하고 그 대답 중 하나로 'Yes'가 올 수 있는 상황이라면 어디에서나 응답으로 사용될 string[]이다. SplitList 메서드는 봇 빌더 확장 메서드로 세미콜론을 기본 구분 기호로 사용하는 배열을 생성한다. 구분 기호는 오버로드를 사용해서 바꿀 수 있다. 다음의 FormConfiguration의 요약 버전은 여러분이 바꿀 수 있는 응답 속성들을 보여준다.

```
public class FormConfiguration
{
    /// <summary>
    /// 사용자 응답을 선택적 필드를 지정하지 않는 것으로 해석하기 위한 문자열 열거형
    /// </summary>
    /// <remarks>
    /// 첫 번째 문자열은 선택적 필드에 대해 선호하는 항목이 없음을 설명하는 데 사용됨
    /// </remarks>
    public string[] NoPreference = Resources.MatchNoPreference.SplitList();

    /// <summary>
    /// 사용자 응답을 현재 값을 묻는 것으로 해석하기 위한 문자열 열거형
    /// </summary>
    /// <remarks>
    /// 첫 번째 값은 현재 값을 유지하는 옵션을 설명하는 데 사용됨
    /// </remarks>
    public string[] CurrentChoice = Resources.MatchCurrentChoice.SplitList();
```

```
/// <summary>
/// 부울형 필드나 확인에 대한 'yes' 응답에 사용되는 값의 열거형
/// </summary>
public string[] Yes = Resources.MatchYes.SplitList();

/// <summary>
/// 부울형 필드나 확인에 대한 'no' 응답에 사용되는 값의 열거형
/// </summary>
public string[] No = Resources.MatchNo.SplitList();

/// <summary>
/// "navigation" 필드를 명명하기 위한 문자열
/// </summary>
public string Navigation = Resources.Navigation;

/// <summary>
/// "Confirmation" 필드를 명명하기 위한 문자열
/// </summary>
public string Confirmation = Resources.Confirmation;
};
```

각 속성에서 FormFlow가 문자열 설정을 위해 봇 빌더의 리소스 파일을 사용하는 것을 볼 수 있다. 이와 비슷하게 공통 질문에 대해 나올 수 있는 응답을 지역화하기 위해 자신만의 .NET 리소스 파일을 정의할 수 있다.

템플릿 설정

맞춤 변경할 수 있는 또 다른 항목으로는 템플릿이 있다. 6장에서 배운 것을 기억해보면 Template 특성을 사용하면 FormFlow가 출력하는 모든 것에 대해 기본 프롬프트를 재정의할 수 있다. 목록 7-1에서 발췌한 다음 코드에서 보듯이 Configuration을 통해 이 기본 설정들을 바꿀 수 있다.

```
TemplateAttribute tmplAttr = buildConfig.Template(TemplateUsage.EnumSelectOne);
tmplAttr.Patterns = new[] {"What {&} would you like? {||}"};
```

FormConfiguration에는 Template이라는 이름의 메서드가 있고 이 메서드는 6장에서 Template 특성을 다룰 때 논의했던 TemplateUsage와 같은 TemplateUsage 인수를 받는다. 이 메서드는 TemplateAttribute 인스턴스를 반환하며, 이 인스턴스를 사용해 특정 템플릿의 기본 설정을 바꿀 수 있다. 이 예제는 사용자에게 보여줄 프롬프트를 선택하기 위해 사용되는 Patterns

를 위한 기본 string[]을 대체한다. 다음 Templates 필드는 가능한 FormConfiguration 기본 설정을 보여준다.

```
public class FormConfiguration
{
    public List<TemplateAttribute> Templates = new List<TemplateAttribute>
    {
        new TemplateAttribute(TemplateUsage.Bool, Resources.TemplateBool),
        // {0}은 현재 선택 값, {1}은 선호하는 것이 없음을 뜻함
        new TemplateAttribute(TemplateUsage.BoolHelp, Resources.
TemplateBoolHelp),

        // {0} is term being clarified
        new TemplateAttribute(TemplateUsage.Clarify, Resources.TemplateClarify),

        new TemplateAttribute(TemplateUsage.Confirmation, Resources.
TemplateConfirmation),

        new TemplateAttribute(TemplateUsage.CurrentChoice, Resources.
TemplateCurrentChoice),

        new TemplateAttribute(TemplateUsage.DateTime, Resources.
TemplateDateTime),
        // {0}은 현재 선택 값, {1}은 선호하는 것이 없음을 뜻함
        new TemplateAttribute(TemplateUsage.DateTimeHelp,
                "Please enter a date or time expression like 'Monday' or 'July
3rd'{?,{0}}{?, {1}}."),
        new TemplateAttribute(TemplateUsage.DateTimeHelp, Resources.
TemplateDateTimeHelp),

        // {0}은 최솟값, {1}은 최댓값
        new TemplateAttribute(TemplateUsage.Double, Resources.TemplateDouble)
        { ChoiceFormat = Resources.TemplateDoubleChoiceFormat },
        // {0}은 현재 선택 값, {1}은 선호하는 것이 없음을 뜻함
        // {2}는 최솟값, {3}은 최댓값
        new TemplateAttribute(TemplateUsage.DoubleHelp, Resources.
TemplateDoubleHelp),

        // {0}은 최솟값, {1}은 최댓값, {2}는 열거된 설명
        new TemplateAttribute(TemplateUsage.EnumManyNumberHelp, Resources.
TemplateEnumManyNumberHelp),
        new TemplateAttribute(TemplateUsage.EnumOneNumberHelp, Resources.
TemplateEnumOneNumberHelp),

        // {2}는 사람들이 입력할 수 있는 단어
        new TemplateAttribute(TemplateUsage.EnumManyWordHelp, Resources.
TemplateEnumManyWordHelp),
        new TemplateAttribute(TemplateUsage.EnumOneWordHelp, Resources.
TemplateEnumOneWordHelp),
```

```
                new TemplateAttribute(TemplateUsage.EnumSelectOne, Resources.
TemplateEnumSelectOne),
                new TemplateAttribute(TemplateUsage.EnumSelectMany, Resources.
TemplateEnumSelectMany),

                // {0}은 이해할 수 없는 용어
                new TemplateAttribute(TemplateUsage.Feedback, Resources.
TemplateFeedback),

                // {0}은 인식기 전용 도움말, {1}은 명령어 도움말
                new TemplateAttribute(TemplateUsage.Help, Resources.TemplateHelp),
                new TemplateAttribute(TemplateUsage.HelpClarify, Resources.
TemplateHelpClarify),
                new TemplateAttribute(TemplateUsage.HelpConfirm, Resources.
TemplateHelpConfirm),
                new TemplateAttribute(TemplateUsage.HelpNavigation, Resources.
TemplateHelpNavigation),

                // 최솟값과 최댓값이 있는 경우, {0}은 최솟값, {1}은 최댓값
                new TemplateAttribute(TemplateUsage.Integer, Resources.TemplateInteger)
                { ChoiceFormat = Resources.TemplateIntegerChoiceFormat },
                // {0}은 현재 선택 값, {1}은 선호하는 것이 없음을 뜻함
                // {2}는 최솟값, {3}은 최댓값
                new TemplateAttribute(TemplateUsage.IntegerHelp, Resources.
TemplateIntegerHelp),

                new TemplateAttribute(TemplateUsage.Navigation, Resources.
TemplateNavigation)
                { FieldCase = CaseNormalization.None },
                // {0}은 필드명의 목록
                new TemplateAttribute(TemplateUsage.NavigationCommandHelp, Resources.
TemplateNavigationCommandHelp),
                new TemplateAttribute(TemplateUsage.NavigationFormat, Resources.
TemplateNavigationFormat)
                {FieldCase = CaseNormalization.None },
                // {0}은 최솟값, {1}은 최댓값
                new TemplateAttribute(TemplateUsage.NavigationHelp, Resources.
TemplateNavigationHelp),

                new TemplateAttribute(TemplateUsage.NoPreference, Resources.
TemplateNoPreference),

                // {0}은 이해할 수 없는 용어
                new TemplateAttribute(TemplateUsage.NotUnderstood, Resources.
TemplateNotUnderstood),

                new TemplateAttribute(TemplateUsage.StatusFormat, Resources.
TemplateStatusFormat)
                {FieldCase = CaseNormalization.None },

                new TemplateAttribute(TemplateUsage.String, Resources.TemplateString)
                { ChoiceFormat = Resources.TemplateStringChoiceFormat },
```

```
            // {0}은 현재 선택 값, {1}은 선호하는 것이 없음을 뜻함
            new TemplateAttribute(TemplateUsage.StringHelp, Resources.
TemplateStringHelp),

            new TemplateAttribute(TemplateUsage.Unspecified, Resources.
TemplateUnspecified)
        };
    }
```

각 TemplateAttribute 생성자는 TemplateUsage와 string[] 형식의 인수를 받는다. 응답 속성과 마찬가지로 패턴 인수에 지역화가 가능한 리소스를 할당할 수 있다.

TemplateAttribute와 비슷하게 FormConfiguration에는 다음에서 보는 것과 같이 기본 프롬 프트를 설정하기 위해 대체할 수 있는 PromptAttribute가 있다.

```
public class FormConfiguration
{
    public PromptAttribute DefaultPrompt = new PromptAttribute("")
    {
        AllowDefault = BoolDefault.True,
        ChoiceCase = CaseNormalization.None,
        ChoiceFormat = Resources.DefaultChoiceFormat,
        ChoiceLastSeparator = Resources.DefaultChoiceLastSeparator,
        ChoiceParens = BoolDefault.True,
        ChoiceSeparator = Resources.DefaultChoiceSeparator,
        ChoiceStyle = ChoiceStyleOptions.Auto,
        FieldCase = CaseNormalization.Lower,
        Feedback = FeedbackOptions.Auto,
        LastSeparator = Resources.DefaultLastSeparator,
        Separator = Resources.DefaultSeparator,
        ValueCase = CaseNormalization.InitialUpper
    };
}
```

PromptAttribute는 자신의 추상 기본 클래스인 TemplateBaseAttribute로부터 이 속성들을 모 두 상속받는다. 또한, TemplateBaseAttribute에서 파생된 TemplateAttribute 인스턴스를 통해 이 속성들을 설정할 수도 있다.

명령어 설정

마지막으로 설정(Configuration)할 대상은 명령어다. 명령어는 개발자가 생성하는 WineForm

같은 양식 클래스라기보다는 FormFlow 자체와 통신하는 방법이라 할 수 있다. 6장에서 논의 했듯이 이 명령어에는 Back, Status, Help 등이 포함돼 있다. 다음 코드는 Help 명령어를 변경 하는 법을 보여준다.

```
buildConfig.Commands[FormCommand.Quit].Help =
    "Quit: Quit the form without completing it. " +
    "Warning - this will clear your previous choices!";
```

이 코드는 Quit 명령어에 대한 Help 메시지를 설정한다. 이 메시지는 6장에서 본 것처럼 사용 자가 Help를 입력했을 때 표시된다. 도움말 메시지는 Quit 옵션에 대한 것이고 이 코드는 그 때 보여줄 메시지를 설정한다.

commands 속성은 Dictionary⟨FormCommand, CommandDescription⟩이다. 여기에서 FormCommand는 FormFlow가 지원하는 특정 명령어 집합을 포함한 열거형이고, Command Description은 다음과 같다.

```
public class CommandDescription
{
    /// <summary>
    /// 명령어 설명
    /// </summary>
    public string Description;

    /// <summary>
    /// 명령어를 찾기 위한 정규식
    /// </summary>
    public string[] Terms;

    /// <summary>
    /// 명령어에 대한 도움말 문자열
    /// </summary>
    public string Help;

    /// <summary>
    /// 기본 명령어의 설명을 구성
    /// </summary>
    /// <param name="description">명령어의 설명</param>
    /// <param name="terms">명령어를 검색하기 위한 용어</param>
    /// <param name="help">명령어 수행 내역을 알려주는 도움말</param>
    public CommandDescription(string description, string[] terms, string help)
    {
        Description = description;
```

```
            Terms = terms;
            Help = help;
        }
    }
```

보다시피 CommandDescription에는 바로 설정할 수 있는 Description, Terms, Help 필드가 있다. 또는, 새로운 CommandDescription 인스턴스로 해당 명령어에 대한 전체 딕셔너리 값을 교체할 수 있다. 여기에서 사용 가능한 필드만 기존 명령어의 모양을 바꿀 수 있다는 점에 유의하자. 이 방식으로는 임의로 명령어를 추가할 수 없지만, 다음에서 보여주는 FormCommand 열거형의 멤버는 모두 맞춤 변경할 수 있다.

```
public enum FormCommand
{
    /// <summary>
    /// 이전 단계로 돌아감
    /// </summary>
    Backup,

    /// <summary>
    /// 현재 필드에 응답하는 방법에 대한 도움말을 요청
    /// </summary>
    Help,

    /// <summary>
    /// 현재 양식을 채우는 일을 그만두고 부모 다이얼로그에 오류를 반환
    /// </summary>
    Quit,

    /// <summary>
    /// 양식 다이얼로그의 상태를 초기화
    /// </summary>
    Reset,

    /// <summary>
    /// 현재 양식 상태에 대해 사용자에게 피드백을 제공
    /// </summary>
    Status
};
```

 ConfigureFormBuilder 메서드를 보면 맞춤 설정 로직을 분리하고 명확하게 하려고 코드를 정리한다는 장점 외에도, 이 로직을 다른 메서드나 클래스로 옮겨서 챗봇의 여러 양식을 위한 공통 코드로 재사용하여 기본값을 설정하는 것이 좋다는 것을 알 수 있다.

선택적으로 양식을 설정했다면 이제 메서드를 호출할 수 있다. 다음 절에서는 message와 다른 메서드를 위한 공통 매개변수를 살펴봄으로써 이 작업에 친숙해질 수 있을 것이다.

7.3 Message 메서드와 공통 매개변수

Message 메서드는 사용자에게 질문과 관련 없는 모든 종류의 정보를 전송하는 것을 지원한다. 이 메서드에는 다양한 매개변수 목록을 받는 오버로드들이 있으며, 이러한 오버로드를 통해 메시지 텍스트를 특정 방식으로 구성하거나 Message 메서드가 텍스트를 표시할지를 결정하는 조건을 제어할 수 있다. 목록 7-2는 부록 코드의 WineFormParams에서 발췌한 것으로 다양한 Message 오버로드들을 보여준다.

목록 7-2 **Message 메서드 사용하기**

```
using Microsoft.Bot.Builder.Dialogs;
using Microsoft.Bot.Builder.FormFlow;
using System;
using System.Linq;
using System.Threading.Tasks;
using WineBotLib;

namespace WineBotParams
{
    [Serializable]
    public class WineForm
    {
        public WineType WineType { get; set; }
        [Optional]
        public RatingType Rating { get; set; }
        public StockingType InStock { get; set; }

        public IForm<WineForm> BuildForm()
        {
            ActiveDelegate<WineForm> shouldShowSpecial =
                wineForm => DateTime.Now.DayOfWeek == DayOfWeek.Friday;

            var prompt = new PromptAttribute
            {
                Patterns =
                    new[]
                    {
                        "Hi, I have a few questions to ask.",
                        "How are you today? I just have a few questions.",
                        "Thanks for visiting - please answer a few questions."
                    }
```

```
            };

            int numberOfBackOrderDays = 15;

            MessageDelegate<WineForm> generateMessage =
                async wineForm =>
                    await Task.FromResult(
                        new PromptAttribute(
                            $"Note: Delivery back order is {numberOfBackOrderDays}
days."));

            return new FormBuilder<WineForm>()
                .Message(prompt)
                .Message(
                    "You can type \"help\" at any time for more info.")
                .Message(
                    "It's your lucky day - 10% discounts on Friday!",
                    shouldShowSpecial)
                .Message(
                    $"Today you get an additional %5 off.",
                    wineForm => wineForm.Rating == RatingType.Low,
                    new[] { nameof(Rating) })
                .Message(
                    generateMessage,
                    wineForm => wineForm.InStock == StockingType.OutOfStock)
                .OnCompletion(DoSearch)
                .Build();
        }

        async Task DoSearch(IDialogContext context, WineForm wineInfo)
        {
            List[] wines =
                await new WineApi().SearchAsync(
                    (int)WineType,
                    (int)Rating,
                    InStock == StockingType.InStock,
                    "");

            string message;

            if (wines.Any())
                message = "Here are the top matching wines: " +
                            string.Join(", ", wines.Select(w => w.Name));
            else
                message = "Sorry, No wines found matching your criteria.";

            await context.PostAsync(message);
        }
    }
}
```

목록 7-2에서 보듯이 BuildForm 메서드가 새로운 FormBuilder〈WineForm〉을 인스턴스화하고 몇 가지 Message 오버로드를 호출한다. 두 번째 Message 오버로드는 FormFlow가 시작하고 어떤 질문도 하기 전에 최초 사용자 메시지로 등장하는 문자열을 표시한다. 다음 절부터 그 밖의 오버로드와 그것에 연결된 매개변수를 살펴보겠다.

condition 매개변수

condition 매개변수는 Message를 표시할 것인지 여부를 결정한다. 이 매개변수는 다음의 ActiveDelegate 서명을 따른다.

```
public delegate bool ActiveDelegate<T>(T state);
```

ActiveDelegate를 사용하면 상태 형식은 FormFlow 양식(이 예제에서는 WineForm에 해당)이다. 개발자는 이 대리자 인스턴스를 위해 부울 형식의 결과를 반환하는 로직을 작성한다. 반환값이 true면 메시지를 표시하고, false면 표시하지 않는다. 목록 7-2에서 발췌한 다음 코드는 이 동작 방식을 보여준다.

```
ActiveDelegate<WineForm> shouldShowSpecial =
    wineForm => DateTime.Now.DayOfWeek == DayOfWeek.Friday;

return new FormBuilder<WineForm>()
    .Message(
        "It's your lucky day - 10% discounts on Friday!",
        shouldShowSpecial)
    .Build();
```

이 코드에서 ActiveDelegate〈WineForm〉 인스턴스인 shouldShowSpecial에 람다를 할당하는 것을 볼 수 있다. 여기에서는 금요일이면 챗봇이 10% 할인을 제공한다는 아이디어를 적용했다. 그 외의 다른 요일에는 메시지가 표시되지 않는다.

dependencies 매개변수

어떤 질문은 선택 사항이어서 사용자가 값을 제공하기로 했을 경우에만 메시지를 표시하는 방법이 필요하다. 다음에서 보듯이 WineForm의 Rating 속성이 이에 해당한다.

```
        [Optional]
        public RatingType Rating { get; set; }

        public IForm<WineForm> BuildForm()
        {
            return new FormBuilder<WineForm>()
                .Message(
                    $"Today you get an additional %5 off.",
                    wineForm => wineForm.Rating == RatingType.Low,
                    new[] { nameof(Rating) })
                .OnCompletion(DoSearch)
                .Build();
        }
```

이 코드는 목록 7-2에서 발췌한 것으로 Rating을 Optional 특성으로 장식한다. BuildForm
에서의 Message 예제는 세 개의 매개변수 즉, 메시지 text, condition(이전 절에서 설명함),
dependency 필드를 받는다. 특히 사용자가 Rating 속성을 채우지 않기로 했다면 이 메시지는
표시되지 않을 것이다. 사용자가 값을 제공했고 선택한 등급이 Low라는 조건을 만족하면 메
시지가 표시된다. 이 예제에서는 조건을 ActivieDelegate⟨WineForm⟩ 대리자 참조 대신 람다
로 정의한다. 여기에서는 등급이 낮아서 출고가 더딘 재고를 떨기 위해 사용자가 낮은 등급의
와인을 사도록 혜택을 제공하고 싶은 경우를 제시했다.

 WineForm은 자신의 상태를 나타내기 위해 속성을 구현하지만 이를 필드로 부르자(C# 언어 구문 지침
에 부합하지 않지만). 하지만 여기에서는 속성과 필드를 모두 FormFlow 필드로 부른다. FormFlow는
봇 빌더의 다중 언어 라이브러리이기 때문에 특정 언어가 규정한 것을 따르기보다는 자신만의 명명
법을 가지고 있다. 혼란을 줄이기 위해 C# 필드를 사용할 수도 있지만 속성을 사용하자. 그러나 전문
용어 관점에서 이 장 뒷부분에서 Field 메서드를 다루고, FormFlow 관점에서 field라는 용어를 사
용하는 것이 주는 이점을 설명하겠다.

종속성(dependencies)은 여러 필드에 종속성이 있을 수 있음을 뜻하는 string[]이다. Optional
특성이 없는 필수 필드에 종속성이 있다면 그 메시지가 나타나는 것을 막는다.

종속성 및 조건 기준(condition criteria)과 일치한다고 가정하고, 대화 중 메시지가 나타나는 시
점은 양식을 최종 확인한 다음이다. 사용자가 확인할 때까지 그 값이 설정됐는지 확인할 방법
이 없기 때문에 당연하다. 최종 확인이 끝나기 전까지 사용자는 언제라도 메뉴를 탐색하고 그
필드를 No Preference로 바꿀 수 있다.

Prompt 매개변수

Message 메서드에는 PromptAttribute 형식의 prompt 매개변수를 받는 오버로드가 있다. 이것은 6장에서 설명했던 Prompt 특성과 같다. 다음은 목록 7-2에서 발췌한 것으로 prompt 매개변수를 정의하는 방법을 보여준다.

```
public IForm<WineForm> BuildForm()
{
    var prompt = new PromptAttribute
    {
        Patterns =
            new[]
            {
                "Hi, I have a few questions to ask.",
                "How are you today? I just have a few questions.",
                "Thanks for visiting - please answer a few questions."
            }
    };

    return new FormBuilder<WineForm>()
        .Message(prompt)
        .OnCompletion(DoSearch)
        .Build();
}
```

PromptAttribute Patterns 속성에는 여러 메시지를 포함한 배열이 있다. 이것은 메시지에 변화를 줘서 사용자가 챗봇과 여러 차례 상호작용하는 동안 다양성을 느끼게 해주는 쉬운 방법이다.

generateMessage 매개변수

또다른 Message 오버로드는 generateMessage 인수를 받는다. 메시지를 구성하기 위해 동적인 로직이 필요한 경우에 유용하다. 목록 7-2에서 발췌한 다음 코드는 generateMessage를 사용하는 법을 보여준다.

```
public IForm<WineForm> BuildForm()
{
    int numberOfBackOrderDays = 15;

    MessageDelegate<WineForm> generateMessage =
        async wineForm =>
```

```
                await Task.FromResult(
                    new PromptAttribute(
                        $"Note: Delivery back order is {numberOfBackOrderDays}
days."));

            return new FormBuilder<WineForm>()
                .Message(
                    generateMessage,
                    wineForm => wineForm.InStock == StockingType.OutOfStock)
                .OnCompletion(DoSearch)
                .Build();
        }
```

generateMessage 매개변수 형식은 비동기식 작업을 허용하는 Task 형식을 반환하는 Message Delegate⟨WineForm⟩이다. 이 예제에서는 하드 코딩했지만, 현재 주문이 며칠이나 밀렸는지를 얻기 위해 비동기식으로 데이터베이스를 호출하는 것이 좋으므로 유용하다. OutOfStock의 조건과 결합하면, 이 메시지는 사용자가 재고가 없는 제품을 얼마나 오래 기다려야 할지 알려주므로 유용하다.

Message의 모든 매개변수는 다음에 설명할 Confirm 메서드 오버로드에서 사용할 수 있다.

7.4 Confirm 메서드

Confirm 메서드는 사용자가 문장을 확인할 수 있게 호출한다. yes와 같이 긍정적인 응답은 사용자가 양식을 계속 진행하도록 하고, no처럼 부정적인 응답은 사용자가 양식을 더 진행하는 것을 막는다. 부록 코드의 WineBotConfirm 프로젝트에서 발췌한 목록 7-3은 Confirm 메서드를 사용하는 법을 보여준다.

목록 7-3 Confirm 메서드 사용하기

```
using Microsoft.Bot.Builder.Dialogs;
using Microsoft.Bot.Builder.FormFlow;
using System;
using System.Linq;
using System.Threading.Tasks;
using WineBotLib;

namespace WineBotConfirm
{
    [Serializable]
    public class WineForm
    {
```

```csharp
public WineType WineType { get; set; }
[Optional]
public RatingType Rating { get; set; }
public StockingType InStock { get; set; }

public IForm<WineForm> BuildForm()
{
    ActiveDelegate<WineForm> shouldShowContest =
        wineForm => DateTime.Now.DayOfWeek == DayOfWeek.Friday;

    var prompt = new PromptAttribute
    {
        Patterns =
            new[]
            {
                "Hi, May I ask a few questions?",
                "How are you today? Can I ask a few questions?",
                "Thanks for visiting - would you answer a few questions?"
            }
    };

    int numberOfBackOrderDays = 15;

    MessageDelegate<WineForm> generateMessage =
        async wineForm =>
            await Task.FromResult(
                new PromptAttribute(
                    $"Delivery back order is {numberOfBackOrderDays} days.
Are you sure?"));

    return new FormBuilder<WineForm>()
        .Confirm(prompt)
        .Confirm(
            "You can type \"help\" at any time for more info. Would you like
to proceed?")
        .Confirm(
            "Would you like to enter a contest for free bottle of Wine?",
            shouldShowContest)
        .Confirm(
            $"Low rated wines are limited in stock - are you sure?",
            wineForm => wineForm.Rating == RatingType.Low,
            new[] { nameof(Rating) })
        .Confirm(
            generateMessage,
            wineForm => wineForm.InStock == StockingType.OutOfStock)
        .OnCompletion(DoSearch)
        .Build();
}

async Task DoSearch(IDialogContext context, WineForm wineInfo)
{
```

```
            List[] wines =
                await new WineApi().SearchAsync(
                    (int)WineType,
                    (int)Rating,
                    InStock == StockingType.InStock,
                    "");

            string message;

            if (wines.Any())
                message = "Here are the top matching wines: " +
                          string.Join(", ", wines.Select(w => w.Name));
            else
                message = "Sorry, No wines found matching your criteria.";

            await context.PostAsync(message);
        }
    }
}
```

목록 7-3의 BuildForm 메서드는 Confirm 메서드와 다른 텍스트를 사용하는 것을 제외하고는 목록 7-2의 BuildForm 메서드와 유사하다. 각 Confirm 메서드 오버로드의 매개변수는 이전 절의 Message에서 사용했던 매개변수와 같다. 자세한 설명은 거기에서 확인할 수 있다.

 Confirm과 Message 메서드의 차이점이라면 Message는 사용자가 확인할 필요 없이 항상 앞으로 진행하지만, Confirm은 사용자가 질문에 대해 긍정적으로 최종 확인할 때까지는 앞으로 전개할 수 없다는 것이다.

7.5 필드로 작업하기

지금까지 공개 속성을 FormFlow 필드로 사용하는 예제를 봤다. 기본적으로 FormFlow는 이 필드들을 클래스에 등장하는 순서대로 읽기 위해 리플렉션(reflection)을 사용한다. 6장에서는 이 필드들을 맞춤 변경하기 위해 특성을 사용해서 장식하는 법을 보여줬지만, 한계가 있었다. 이 절에서는 동적 정의와 검증으로 필드를 완전히 제어하는 방법을 배우겠다. 다음 절부터 부록 소스 코드의 WineBotFields 프로젝트에서 가져온 목록 7-4를 자세히 살펴보겠다. 여기에서 필드로 작업하는 다양한 방식을 보여준다.

목록 7-4 **필드로 작업하는 WineForm**

```
using Microsoft.Bot.Builder.Dialogs;
```

```
using Microsoft.Bot.Builder.FormFlow;
using Microsoft.Bot.Builder.FormFlow.Advanced;
using System;
using System.Linq;
using System.Threading.Tasks;
using WineBotLib;

namespace WineBotFields
{
    [Serializable]
    public class WineForm
    {
        public string WineType { get; set; }
        public int Rating { get; set; }
        public StockingType InStock { get; set; }
        public int Vintage { get; set; }
        public string SearchTerms { get; set; }

        public Refinement[] WineCategories { get; set; }

        public IForm<WineForm> BuildForm()
        {
            var form = new FormBuilder<WineForm>()
                .Message("Welcome to WineBot!")
                .Field(nameof(InStock), wineForm => DateTime.Now.DayOfWeek ==
DayOfWeek.Wednesday)
                .Field(new FieldReflector<WineForm>(nameof(WineType))
                    .SetType(null)
                    .SetFieldDescription("Type of Wine")
                    .SetDefine(async (wineForm, field) =>
                    {
                        foreach (var category in WineCategories)
                            field
                                .AddDescription(category.Name, category.Name)
                                .AddTerms(category.Name, Language.
GenerateTerms(category.Name, 6));

                        return await Task.FromResult(true);
                    }))
                .Field(
                    name: nameof(Rating),
                    prompt: new PromptAttribute("What is your preferred {&} (1 to
100)?"),
                    active: wineForm => true,
                    validate: async (wineForm, response) =>
                    {
                        var result = new ValidateResult { IsValid = true, Value =
response };

                        result.IsValid =
                            int.TryParse(response.ToString(), out int rating) &&
```

```csharp
                    rating > 0 && rating <= 100;

                if (!result.IsValid)
                {
                    result.Feedback = $"'{response}' isn't a valid option!";
                    result.Choices =
                        new List<Choice>
                        {
                            new Choice
                            {
                                Description = new DescribeAttribute("25"),
                                Value = 25,
                                Terms = new TermsAttribute("25")
                            },
                             new Choice
                            {
                                Description = new DescribeAttribute("50"),
                                Value = 50,
                                Terms = new TermsAttribute("50")
                            },
                            new Choice
                            {
                                Description = new DescribeAttribute("75"),
                                Value = 75,
                                Terms = new TermsAttribute("75")
                            }
                        };
                }

                return await Task.FromResult(result);
            })
        .AddRemainingFields(new[] { nameof(Vintage) });

    if (!form.HasField(nameof(Vintage)))
        form.Field(nameof(Vintage));

    form.OnCompletion(DoSearch);

    return form.Build();
}

async Task DoSearch(IDialogContext context, WineForm wineInfo)
{
    int wineType =
        (from refinement in WineCategories
         where refinement.Name == wineInfo.WineType
         select refinement.Id)
        .SingleOrDefault();

    List[] wines =
        await new WineApi().SearchAsync(
```

```
                wineType,
                wineInfo.Rating,
                wineInfo.InStock == StockingType.InStock,
                wineInfo.SearchTerms);

        string message;

        if (wines.Any())
            message = "Here are the top matching wines: " +
                      string.Join(", ", wines.Select(w => w.Name));
        else
            message = "Sorry, No wines found matching your criteria.";

        await context.PostAsync(message);

        context.EndConversation(EndOfConversationCodes.CompletedSuccessfully);
    }
  }
}
```

Field 메서드에는 가장 간단한 형태로 목록 7-4에서 발췌한 다음 코드처럼 필드명만 요구하는 오버로드가 있다.

```
        var form = new FormBuilder<WineForm>()
            .Message("Welcome to WineBot!")
            .Field(nameof(InStock), wineForm => DateTime.Now.DayOfWeek ==
DayOfWeek.Wednesday)
```

이 Field는 InStock 필드를 정의한다. 더불어 이것은 이전의 Message 메서드 절에서 설명 했던 것처럼 ActiveDelegate 인스턴스인 선택적인 매개변수 active를 사용한다. 기본적으로 FormFlow는 속성을 클래스 내에 선언된 순서를 기반으로 순서를 정하기 때문에 Field 메서드 는 필드의 순서를 기본 순서에서 바꾸는 하나의 방식이 될 수 있다. 이 예제에서 기본 순서대 로 하자면 클래스에 첫 번째로 등장하는 WineType 필드 질문을 먼저 해야 하지만, Field 메서 드를 사용해서 그 대신 InStock 필드 질문을 먼저 한다.

Field 메서드를 처음 사용할 때 기본 FormFlow 행위를 재정의하며, 이때 각 필드에 대해 Field 메서드를 명시적으로 사용해야 한다. 다음 절부터 필드를 동적으로 추가하고, 제외 하고 남은 필드를 채우는 방법을 배울 것이다.

동적 필드 정의

Field 메서드에는 여러 가지 오버로드가 있는데 그중 하나는 동적으로 필드를 정의하는 것이다. 이 오버로드를 사용해 필드의 형식, 멤버, 기본값, 기타 필드 정의를 위한 맞춤 변경을 포함한 모든 것을 지정할 수 있다. 목록 7-4에서 가져온 다음 코드는 필드를 동적으로 정의하는 방법을 보여준다.

```
var form = new FormBuilder<WineForm>()
    .Message("Welcome to WineBot!")
    .Field(new FieldReflector<WineForm>(nameof(WineType))
        .SetType(null)
        .SetFieldDescription("Type of Wine")
        .SetDefine(async (wineForm, field) =>
        {
            foreach (var category in WineCategories)
                field
                    .AddDescription(category.Name, category.Name)
                    .AddTerms(category.Name, Language.
GenerateTerms(category.Name, 6));
            return await Task.FromResult(true);
        }));
```

Field 메서드 오버로드는 Field〈T〉 형식의 매개변수를 받는다. FieldReflector〈WineForm〉 인스턴스는 새로운 Field〈WineForm〉 인스턴스를 구성하는 것을 돕는다. FormBuilder〈T〉처럼 FieldReflector〈T〉는 각 메서드가 Field〈T〉를 반환하는 플루언트 인터페이스의 진입점이다. 나아가 Field〈T〉에는 위 예제에서 본 SetType, SetFieldDescription, SetDefine과 그보다 더 많은 메서드가 있다.

Field〈T〉 멤버를 이해하려면, 6장과 이 장에서 필드와 그 특성에 대해 배운 모든 것을 고려해야 한다. 각 Field〈T〉 멤버는 지금까지 배웠던 모든 것을 지원한다.

SetType은 값을 열거형처럼 처리해야 해서 null로 설정한 경우를 제외하고는 필드 형식을 가리킨다. 이전 예제는 SetType에 null을 전달함으로써 FormFlow에 WineType 필드를 열거형으로 처리하라고 말한다. WineForm에서 WineType 속성 형식은 사용자가 응답한 값을 담기 위해 사용된 문자열(string)이다. 이 속성 형식이 열거형이어야 할 필요는 없지만, FormFlow는 질문과 함께 버튼을 보여줌으로써 사용자에게 열거형 같은 경험을 제공한다.

SetFieldDescription은 필드에 Description 특성을 사용하는 것과 비슷하다. 기본 이름 Wine Type을 구성하는 대신, FormFlow는 매개변수에 의해 지정된 대로 Type of Wine을 사용할 것이다.

SetDefine은 사용자가 선택할 수 있도록 허용된 값을 추가해서 질문의 내용을 정의한다. 이 특정 오버로드를 사용하는 온전한 목적은 가능한 대답을 하드코딩 되어 있는 열거형 값에 의존하기보다 동적으로 정의하는 데에 있다. SetDefine은 다음의 비동기식 DefineAsyncDelegate⟨T⟩를 취한다.

```
public delegate Task<bool> DefineAsyncDelegate<T>(T state, Field<T> field)
    where T : class;
```

이 예제의 경우, 형식 T는 WineForm이고 두 개의 매개변수 wineForm과 field의 형식은 각각 WineForm과 Field⟨WineForm⟩이다.

WineCategories는 Refinement[]이다. 이것은 WineApi에 대한 리포지토리 호출을 통해 반환된 직렬화 가능한 형식이며, 이 장 후반부에서 WineCategories를 채우는 법을 볼 것이다. 매개변수로 value와 description을 사용해서 AddDescription을 호출하면 가능한 대답들을 추가할 수 있다. AddTerms는 Terms 특성을 사용하는 것과 유사하며 여기에서 첫 번째 매개변수는 value이고 두 번째 매개변수는 string[]이다.

 지금까지 Description을 포함한 식별자를 갖는 두 가지 메서드를 봤다. 하나는 FormFlow 속성이나 필드를 장식하는 Description 특성과 같게 동작하는 SetFieldDescription이다. AddDescription은 필드 자체가 아니라 필드가 가질 수 있는 값의 이름을 표시하기 때문에 다르다.

예제에서는 직접 용어를 지정하기보다 봇 빌더 Language.GenerateTerms 메서드를 사용해서 이 값을 찾을 수 있는 여섯 개의 정규식을 자동으로 만든다. 표 7-1은 Language.GenerateTerms가 각 카테고리에 대해 무엇을 반환하는지 보여준다.

표 7-1 Language.GenerateTerms 예제

구문	생성된 용어
Red Wine	reds?, wines?, reds wines?
White Wine	whites?, wines?, whites? wines?
Champagne & Sparkling	champagnes?, sparklings?, champagnes? & sparklings?
Rosé Wine	rosés?, wines?, rosés? wines?
Dessert, Sherry & Port	dessert,s?, sherrys?, ports?, dessert,s? sherrys?, sherrys? & ports?, dessert,s? sherrys? & ports?
Saké	sakés?

Language.GenerateTerms에 전달하는 두 번째 매개변수가 6으로 설정됐는데 이것은 6개 이하의 용어를 생성할 수 있다는 것을 뜻한다. 생성된 용어는 사용자 입력이 일치하는지 검증할 때 FormFlow가 인지하는 정규식이다. 표 7-1은 Dessert, Sherry & Port같이 더 긴 문구를 최대 6개의 정규식까지 생성함을 보여준다. 더 짧은 문구는 6개의 정규식을 생성하기에는 단어 수가 충분하지 않다. DefineAsyncDelegate⟨T⟩ 인스턴스가 그 필드를 정의했다면 true를 반환한다.

필드 검증

Field⟨T⟩에는 사용자 입력 검증을 수행하기 위해 사용할 수 있는 SetValidation 메서드가 있다. 그러나 Field 메서드에 validation 매개변수를 취하는 오버로드가 있으므로 여러 메서드를 호출해서 FieldReflector⟨T⟩의 모든 형식을 갖출 필요는 없다. 목록 7-4에서 발췌한 다음 코드를 보자.

```
var form = new FormBuilder<WineForm>()
    .Message("Welcome to WineBot!")
    .Field(
        name: nameof(Rating),
        prompt: new PromptAttribute("What is your preferred {&} (1 to
100)?"),

        active: wineForm => true,
        validate: async (wineForm, response) =>
        {
            var result = new ValidateResult { IsValid = true, Value =
response };

            result.IsValid =
                int.TryParse(response.ToString(), out int rating) &&
                rating > 0 && rating <= 100;

            if (!result.IsValid)
            {
            result.Feedback = $"'{response}' isn't a valid option!";
            result.Choices =
                new List<Choice>
                {
                    new Choice
                    {
                        Description = new DescribeAttribute("25"),
                        Value = 25,
                        Terms = new TermsAttribute("25")
                    },
                    new Choice
```

```
                            {
                                Description = new DescribeAttribute("50"),
                                Value = 50,
                                Terms = new TermsAttribute("50")
                            },
                            new Choice
                            {
                                Description = new DescribeAttribute("75"),
                                Value = 75,
                                Terms = new TermsAttribute("75")
                            }
                        };
                    }
                    return await Task.FromResult(result);
                });
```

이 Field 오버로드에는 name, prompt, active, validate 매개변수가 있다. name은 결과를 저
장하기 위한 필드 이름이고, prompt는 필드의 Prompt 특성과 유사하며, active는 FormFlow
가 해당 필드에 대해 질문을 할 지를 결정하기 위해 이전 예제에 사용된 ActiveDelegate다.
validate 매개변수는 여기에서 보여준 ValidateAsyncDelegate다.

```
public delegate Task<ValidateResult> ValidateAsyncDelegate<T>(T state, object value);
```

Field 예제에서 ValidateAsyncDelegate의 첫 번째 매개변수는 현재 WineForm 인스턴스에 대
한 참조이고, 두 번째는 그 질문에 대한 사용자 응답(response)이다. 검증 로직은 IsValid를 true
로, Value를 사용자 응답으로 초기화해서 ValidateResult를 인스턴스화한다. 어떤 검증을 사
용할 것인지는 그 필드에 어떤 값이 오는 것이 타당한지에 따라 다르다. 이 경우에 검증은 사
용자 응답이 1부터 100 사이의 정수인지 확인하는 것이다. 코드는 ValidateResult 인스턴스인
result를 반환한다.

사용자 입력이 유효하지 않다면 코드는 result.Feedback 속성을 채워서 사용자에게 무엇
이 잘못된 것인지 자세한 정보를 제공한다. result.Choices 속성은 사용자가 클릭할 수 있는 버
튼 목록을 표시한다. Choice 클래스에는 Description, Value, Terms 속성이 있다. 사용자는
Description을 읽을 수 있고 Value는 사용자가 버튼을 클릭할 때 챗봇에 다시 전송되는 입력
이며, Terms는 해당 선택 사항과 일치할 수 있는 항목들의 목록이다(Terms를 채우는 방법은 앞
에서 Language.GenerateTerms를 설명한 내용을 참고하라). result.Choices를 채울 때, 표시된 선택만
유효하고 사용자는 그 외 다른 텍스트를 입력할 수 없다. 사용자에게 에러 상세 내용을 알려

주는 또 다른 방법으로는 여기에서 보여주는 FeedbackCard 속성을 사용하는 것이다.

```
result.FeedbackCard =
        new FormPrompt
        {
            Prompt = $"'{response}' isn't a valid option!",
            Buttons =
                new List<DescribeAttribute>
                {
                    new DescribeAttribute("25"),
                    new DescribeAttribute("50"),
                    new DescribeAttribute("75")
                }
        };
```

이것은 우리가 단일의 FormPrompt 인스턴스를 사용하고 결과가 카드로 나온다는 점을 제외하면 Feedback이나 Choice 속성과 거의 같다. FormPrompt에는 Prompt와 Buttons 속성이 있는데, 여기에서 Prompt는 사용자에게 무엇이 잘못됐는지 설명하는 텍스트이고 Buttons 속성은 각 옵션에 대한 DescribeAttribute를 사용해서 각 옵션을 버튼으로 보여준다. Choice 속성과 달리 FeedbackCard를 사용하면 사용자는 버튼에 지정되지 않았더라도 어떤 값이든 입력할 수 있다. 이 방식은 버튼이 사용자가 입력할 수 있는 유일한 값이 아닐 때 더 바람직하다.

AddRemainingFields 메서드

앞서 언급했듯이 FormBuilder⟨T⟩의 단일 Field 메서드를 호출하면 FormFlow 기본 행위를 재정의해서 각 필드에 대한 질문을 자동으로 하게 된다. 그렇게 되면 FormFlow는 명시적으로 정의된 필드에 대한 질문만 하게 될 것이다. 문제는 명시적으로 모든 필드를 정의하는 것이 번거로울 수 있다는 점이다. 이를 위해 FormBuilder⟨T⟩에는 AddRemainingFields 메서드가 있다. 이 메서드는 정확히 그 이름대로 명시적으로 정의되지 않은 나머지 모든 필드를 추가한다. 목록 7-4에서 발췌한 다음 코드는 AddRemainingFields를 사용하는 법을 보여준다.

```
var form = new FormBuilder<WineForm>()
    .Message("Welcome to WineBot!")
    .Field(nameof(InStock), wineForm => DateTime.Now.DayOfWeek ==
DayOfWeek.Wednesday)
    .AddRemainingFields(new[] { nameof(Vintage) });
```

이전 예제에서 InStock이 유일하게 정의된 필드라면, 그 필드가 FormFlow가 사용자에게 묻는 유일한 질문이 될 것이다. AddRemainingFields 메서드에는 제외할 필드 이름을 담은 string[] 을 제외하고 양식에 있는 나머지 모든 필드가 포함되어 있다. 이 예제에서는 Vintage를 제외한 모든 필드를 추가한다. AddRemainingFields에는 어떤 필드도 제외하고 싶지 않은 경우를 대비하여 매개변수가 없는 오버로드가 있다.

HasField 메서드

FormBuilder⟨T⟩는 HasField 메서드를 제공해서 해당 필드가 FormBuilder⟨T⟩에서 지정됐는지를 판단하기 위한 쿼리를 허용한다. 다음은 목록 7-4에서 발췌한 코드로 HasField를 사용하는 한 가지 방식을 보여준다.

```
if (!form.HasField(nameof(Vintage)))
    form.Field(nameof(Vintage));
```

이 코드는 FormBuilder⟨T⟩가 Vintage 필드를 정의했는지 확인한다. 정의하지 않았다면 코드는 Vintage 필드를 추가한다.

 HasField 예제는 플루언트 인터페이스를 사용할 때의 장점을 보여준다. 여러분은 FormBuilder<T> 에 요소를 추가하거나 삭제할지를 동적으로 결정하기 위해 별도의 로직을 사용할 수 있다. 이는 Field<T>에도 같게 적용된다.

7.6 OnCompletion 메서드

FormFlow가 질문을 완료했을 때 여러분은 결과를 가지고 데이터베이스에 저장하거나, 대답을 제공하거나, 검색을 수행하는 등의 작업을 하고자 할 것이다. 목록 7-4에서 발췌한 다음 코드는 OnCompletion을 사용해서 그 결과를 처리하는 방법을 보여준다.

```
var form = new FormBuilder<WineForm>()
    .Message("Welcome to WineBot!")
    .Field(nameof(InStock), wineForm => DateTime.Now.DayOfWeek ==
DayOfWeek.Wednesday)
    .AddRemainingFields(new[] { nameof(Vintage) })
    .OnCompletion(DoSearch);
```

OnCompletion은 양식 결과를 처리하기 위해 DoSearch 메서드를 지정한다. DoSearch 메서드는 다음처럼 OnCompletionAsyncDelegate 서명을 구현한다.

```
public delegate Task OnCompletionAsyncDelegate<T>(IDialogContext context, T state);
```

OnCompletion이 참조하는 OnCompletionAsyncDelegate의 형식 T는 WineForm이고 매개변수 형식은 IDialogContext와 WineForm이다. 이 IDialogContext는 IDialog⟨T⟩ 구현 메서드 매개변수를 다룬 5장 '다이얼로그 구성하기'에서 자세히 설명했던 것과 같은 형식이다. 다음은 DoSearch 메서드로 이 매개변수들을 사용해 결과를 처리하는 하나의 방식을 보여준다.

```
async Task DoSearch(IDialogContext context, WineForm wineInfo)
{
    int wineType =
        (from refinement in WineCategories
         where refinement.Name == wineInfo.WineType
         select refinement.Id)
        .SingleOrDefault();

    List[] wines =
        await new WineApi().SearchAsync(
            wineType,
            wineInfo.Rating,
            wineInfo.InStock == StockingType.InStock,
            wineInfo.SearchTerms);

    string message;

    if (wines.Any())
        message = "Here are the top matching wines: " +
                    string.Join(", ", wines.Select(w => w.Name));
    else
        message = "Sorry, No wines found matching your criteria.";

    await context.PostAsync(message);

    context.EndConversation(EndOfConversationCodes.CompletedSuccessfully);
}
```

wineInfo 매개변수는 FormFlow 질문에 대한 사용자 응답을 포함한 WineForm 인스턴스다. DoSearch는 먼저 LINQ 쿼리를 통해 WineCategories 컬렉션에서 카테고리 번호를 얻는다. WineCategories는 카테고리 이름과 id를 모두 포함한 WineApi의 Refinement[]이며 WineApi

는 검색을 위해 카테고리 id가 필요하다.

WineApi.SearchAsync를 호출할 때 카테고리 id, wineType, 그리고 이 호출이 wineInfo에서 필요로 하는 나머지 값들을 전달한다. 반환값은 검색 결과로 나온 와인의 세부 사항을 포함하는 WineApi의 형식인 List다. 이 메서드는 검색에서 와인을 반환했는지를 기반으로 사용자에게 보낼 메시지를 생성한다.

IDialogContext 인스턴스인 context의 PostAsync 메서드는 이전에 여러 차례 사용했던 것과 같은 것이다. 이 메서드는 사용자에게 검색 결과와 함께 메시지를 전송한다.

마지막으로 이 메서드는 context.EndConversation을 호출함으로써 봇 커넥터에게 이 양식을 가지고 작업이 완료되었음을 알려준다. EndConversation에 전달된 매개변수는 이 양식이 대화를 종료한 사유를 알려주는 code라는 이름의 문자열이다. 이 예제는 다음의 EndOfConversationCodes 클래스의 EndOfConversationCodes.CompletedSuccessfully를 사용해서 성공적으로 대화를 종료했음을 알린다.

```
public class EndOfConversationCodes
{
    /// <summary>
    /// 알 수 없는 이유로 대화가 종료됨
    /// </summary>
    public const string Unknown = "unknown";

    /// <summary>
    /// 대화가 성공적으로 완료됨
    /// </summary>
    public const string CompletedSuccessfully = "completedSuccessfully";

    /// <summary>
    /// 사용자가 대화를 취소함
    /// </summary>
    public const string UserCancelled = "userCancelled";

    /// <summary>
    /// 봇에 보낸 요청이 시간이 초과되어 대화가 종료됨
    /// </summary>
    public const string BotTimedOut = "botTimedOut";

    /// <summary>
    /// 봇이 유효하지 않은 메시지를 전송해서 대화가 종료됨
    /// </summary>
    public const string BotIssuedInvalidMessage = "botIssuedInvalidMessage";
```

```
/// <summary>
/// 채널이 내부 오류를 일으켜 대화가 종료됨
/// </summary>
public const string ChannelFailed = "channelFailed";

}
```

7.7 Build 메서드

양식의 각 부분을 지정한 후에 다음처럼 Build 메서드를 호출하라.

```
                return form.Build();
```

이 예제에서 form은 FormBuilder⟨WineForm⟩ 인스턴스다. Build 메서드는 FormBuilder
⟨WineForm⟩ 메서드를 사용해서 그 메서드를 어떻게 정의했는지에 기반해서 양식을 준비하기
위한 내부 작업을 모두 수행하고, BuildForm 메서드로부터 반환하기 위해 IForm⟨WineForm⟩
에 그 결과를 감싼다.

지금까지 FormFlow 양식을 구성하는 방법을 살펴봤다. 이제 WineCategories 같은 속성들이
어떻게 채워지는지와 FormFlow 양식을 봇 빌더에서 쓸 수 있도록 IDialog⟨T⟩에 감싸는 새로
운 방식을 알아보자.

7.8 FormFlow 초기화하기

이전 예제에서 FormFlow 양식을 IDialog⟨T⟩에 감싸기 위해 정적 메서드인 FormDialog.
FromForm을 사용했다. 그러나 이것은 목록 7-4의 최근 양식에는 통하지 않는데, 이 예제에
서는 미리 값이 채워진 필드가 필요하기 때문이다. 따라서 이 절은 양식 필드에 기본값을 제
공하는 반면 IDialog⟨T⟩를 얻기 위한 또 다른 방법을 보여준다. 목록 7-5는 이를 수행하는 챗
봇 코드를 보여준다.

목록 7-5 FormFlow 양식 초기화

```
using System.Net;
using System.Net.Http;
using System.Threading.Tasks;
using System.Web.Http;
using Microsoft.Bot.Builder.Dialogs;
```

```
using Microsoft.Bot.Connector;
using Microsoft.Bot.Builder.FormFlow;
using System;
using WineBotLib;

namespace WineBotFields
{
    [BotAuthentication]
    public class MessagesController : ApiController
    {
        public async Task<HttpResponseMessage> Post([FromBody]Activity activity)
        {
            if (activity.Type == ActivityTypes.Message)
                try
                {
                    IDialog<WineForm> wineDialog = await BuildWineDialogAsync();
                    await Conversation.SendAsync(activity, () => wineDialog);
                }
                catch (FormCanceledException<WineForm> fcEx)
                {
                    Activity reply = activity.CreateReply(fcEx.Message);
                    var connector = new ConnectorClient(new Uri(activity.
ServiceUrl));

                    connector.Conversations.ReplyToActivity(reply);
                }

            return Request.CreateResponse(HttpStatusCode.OK);
        }

        Refinement[] wineCategories;

        async Task<IDialog<WineForm>> BuildWineDialogAsync()
        {
            if (wineCategories == null)
                wineCategories = await new WineApi().GetWineCategoriesAsync();

            var wineForm = new WineForm
            {
                WineCategories =
                    wineCategories,
                InStock = StockingType.InStock,
                Rating = 75,
                Vintage = 2010
            };

            return new FormDialog<WineForm>(
                wineForm,
                wineForm.BuildForm,
                FormOptions.PromptFieldsWithValues);
        }
    }
}
```

목록 7-5에서 Post 메서드는 봇 빌더의 Conversation.SendAsync에 대해 IDialog〈WineForm〉을 얻기 위해 BuildWineDialogAsync를 호출한다. 이전 예제에서 FormDialog.FromForm을 호출하는 것은 단순하지만, 이 예제에서의 요구사항은 다르다. 근본적으로 우리는 WineApi에서 WineForm으로 와인 카테고리 목록을 전송하고 싶다.

코드는 WineApi의 GetWineCategoriesAsync에 호출함으로써 Refinement[]인 wineCategories를 채운다. 이것은 5장부터 사용했던 것과 같은 WineApi 코드다. 자세한 동작 방식은 5장에서 설명했다.

코드는 WineForm을 인스턴스화하지만, 이것은 FormFlow가 사용할 WineForm 인스턴스가 아니다. 대신 이 인스턴스화의 목적은 필드를 초기화하는 것이다. 코드는 또한 WineForm 필드로 포함되지 않은 WineCategories도 채우지만, 그 카테고리를 양식에 전달하는 방법이기도 하다.

> 사용자가 와인봇을 방문하는 중간에도 사용자가 선택한 내용을 저장하고 다음 방문 시 그 내용을 가져오는 방식으로 선택 사항을 유지하고 있다고 상상해보라. 그렇다면 이 예제처럼 그 저장된 값을 이용해서 WineForm 인스턴스를 채울 수 있다. 이로써 사용자가 매번 양식을 채우느라 허비하는 시간을 절약할 수 있다.

마지막으로 코드는 state, buildForm, options를 매개변수로 갖는 새로운 FormDialog〈WineForm〉을 인스턴스화한다. state 매개변수는 WineForm 인스턴스인 wineForm이다. FormDialog는 FormFlow 양식 내의 필드를, state 매개변수로 전달된 wine Form 인스턴스에서 일치하는 값으로 채워서 사용자를 위한 새로운 기본값을 설정한다. buildForm 매개변수는 WineForm의 BuildForm 메서드를 참조한다. 필드에 이미 값이 있을 때 FormFlow는 기본적으로 값이 있는 필드는 무시하고 값이 없는 필드만 표시한다. FormOptions.PromptFieldsWithValues를 사용하면 FormFlow가 이렇게 필드에 채워져 있는 값에 따라 판단하는 기본 동작 방식을 따르지 않고, 각 필드 각각에 대해 반드시 질문하도록 강제한다. 다음은 FormOptions 열거형이다.

```
[Flags]
public enum FormOptions
{
    /// <summary>
    /// 옵션이 없음
    /// </summary>
    None,
```

```
        /// <summary>
        /// 다이얼로그가 시작할 때 프롬프트
        /// </summary>
        PromptInStart,

        /// <summary>
        /// 양식을 처리할 때 초기 상태 값을 이미 갖고 있는 필드에 대한 프롬프트
        /// </summary>
        PromptFieldsWithValues
    };
```

FormOptions 매개변수인 options의 기본 값은 None이다. 또한 Flags 특성이 있어 Prompt
InStart와 PromptFieldsWithValues를 결합할 수 있게 해준다.

보다시피 FormFlow 양식은 클래스를 FormFlow 형식 내부에 감싸서 초기화되며 그 결과로
IDialog〈T〉를 구현한 개체가 반환된다. 특히 부분 또는 전체 정보를 가지고 있어서 대화의 다
음 부분을 FormFlow 양식에 넘기고자 할 때 유용한 인수를 전달하는 방법을 살펴봤다. 9장
'고급 대화 관리하기'에서는 이 정보를 전달하는 방법과 다이얼로그 사이를 이동하는 방법을
배우게 된다.

요약

이 장에서는 FormFlow를 맞춤 변경하는 고급 기술 몇 가지를 알아봤다. FormBuilder<T> 플루언트 인터페이
스를 간단히 살펴보는 것으로 시작해서, 계속해서 사용할 수 있는 메서드들을 배웠다.

양식에 메시지와 최종 확인을 추가하는 방법과 더불어 그들의 행위를 바꿀 수 있는 공통 매개변수도 배웠다.

또한, 이 장에서는 몇 가지 예제들을 통해 필드를 정의하는 방법, 순서를 바꾸는 방법, 동적으로 필드를 정의하
는 방법, 검증 로직을 변경하는 방법을 살펴봤다. 거기에서 양식의 나머지 부분을 자동으로 채우는 방법과 필드
가 정의됐는지를 확인하는 방법도 알아봤다.

양식을 다 채웠다면 그 결과를 처리하는 방법에 대해서도 살펴보았다.

마지막으로 이 장에서는 사용자가 양식을 시작하기 전 기본값을 설정하는 방법과 함께 필드에 값이 있는지와
상관없이 사용자가 양식을 채워야 하는지 결정하는 방법을 보여줬다.

이제 FormFlow 양식을 동적으로 생성하고 변경하는 몇 가지 도구들을 갖추게 되었다. 다음 장에서는 봇 프레
임워크 다이얼로그를 계속해서 알아볼 텐데, 거기서는 사용자가 자연어를 사용해서 챗봇과 상호작용할 수 있도
록 LuisDialog를 이용할 것이다.

CHAPTER **8**

LUIS로 자연어 처리 사용하기

챗봇 세계에서는 버튼, 카드, 빠른 명령을 사용할 수많은 기회가 있지만, 챗봇의 핵심은 대화형 인터페이스에 있다. 마이크로소프트 봇 프레임워크를 사용하면 텍스트 대화를 사실상 표준으로 삼는 여러 채널을 대상으로 할 수 있다. 실제로 이메일과 SMS 같은 일부 채널은 주로 텍스트이고, 이것을 그래픽으로 만들려는 시도는 신기술이 적용된 오래되고 편안한 도구처럼 보일 것이다. 수많은 응용 프로그램이 이 대화의 세계에 자연스럽게 어울릴 수 있으며 종종 우수한 솔루션을 제공할 수 있다는 사실을 알게 될 것이다.

대화형 인터페이스의 장점을 알아보기 위해 이 장에서는 인공지능(Artificial Intelligence, AI)의 한 분야인 자연어 처리(Natural Language Processing, NLP)를 설명한다. AI처럼 복잡한 컴퓨터 과학 주제를 언급하기만으로도 어렵게 들릴지 모르지만 실제로 그렇지 않다. 마이크로소프트에서 이 모든 작업을 해주는 NLP 서비스를 제공하기 때문이다. 이 서비스를 LUIS(Language Understanding Intelligence Service)라고 한다. LUIS API는 여러분이 사용할 수 있는 AI 서비스 도구 모임인 마이크로소프트 인식 서비스(Microsoft's Cognitive Services)의 일부다. 인식 서비스는 14장 '인식 서비스 통합하기'에서 더 자세히 설명하겠다. LUIS는 일반 언어 텍스트를 챗봇이 인식하고 실행할 수 있는 개체로 번역하는 NLP API다.

이 장에서 LUIS 동작 방식의 중요한 개념을 배울 것이다. 그런 다음 챗봇을 위해 명령어를 인식할 모델을 훈련시키는 그래픽 및 텍스트 도구를 사용하기 위해 LUIS 사이트를 방문하는 방법을 배울 것이다. 모델을 사용해서 사용자로부터 명령어를 받아 그 명령어를 실행하도록 챗봇에 코드를 추가하는 방법을 배울 것이다. 여기에서 LUIS로 챗봇을 깨우고 빠르게 실행하기가 얼마나 쉬운지 보게 될 것이고 다음으로 모델을 개선하는 방법을 배우게 될 것이다.

8.1 핵심 LUIS 개념

LUIS는 사용자 텍스트를 컴퓨터 프로그램이 이해할 수 있는 것으로 번역하는 것을 목표로 한다. 그림 8-1에서 보여주는 것처럼 챗봇은 사용자에서 LUIS로 메시지를 보내고 LUIS는 챗봇이 이해할 수 있는 것으로 번역하면 챗봇은 사용자에게 보낼 응답을 만들어내기 위해 LUIS 결과를 처리한다.

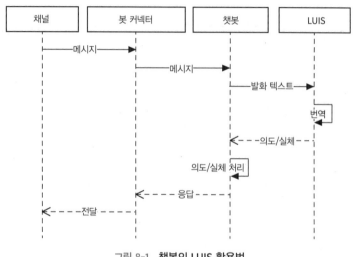

그림 8-1 **챗봇의 LUIS 활용법**

그림 8-1에서 채널은 사용자가 챗봇과 통신하기 위해 상호작용하는 클라이언트 응용 프로그램에 해당한다. 봇 프레임워크에서 지원하는 채널 목록이 계속 늘어나고 있기 때문에 사용자가 챗봇과 통신하기 위해 즐겨 사용하는 클라이언트 응용 프로그램을 찾는 일이 더 쉬워질 것이다.

일반적으로 채널이 사용자의 일반 언어 텍스트로 된 메시지를 봇 커넥터에 전송하면, 봇 커넥터는 그 메시지를 챗봇에 전달한다. 이 시점에 챗봇은 사용자 텍스트를 적합하다고 판단하는 대로 처리할 수 있다. 더 구체적으로 이 장에서는 그림 8-1의 마지막 구성 요소인 LUIS를 배울 것이다. LUIS는 발화(utterance) 텍스트를 의도(intent)와 실체(entity)로 번역한다. 챗봇은 봇 커넥터에서 받은 메시지로부터 발화 텍스트를 추출한다.

LUIS가 반환한 이 의도와 실체는 JSON 텍스트 형태로 도착한다. 봇 프레임워크는 그 JSON을 개체로 번역해서 자신이 할 일을 수행하고, 챗봇이 의사 결정할 수 있도록 매개변수의 데이터를 제공한다. 의도는 사용자가 이루고자 하는 목표에 연결된다. 실체는 챗봇이 의도의 매개변수로 필요로 하는 발화 텍스트 내부의 사실에 연결된다. 이 장 후반부에서는 어떻게 의도가 메서드에 연결되고 실체가 매개변수로부터 그 메서드로 추출되는지 볼 것이다. 챗봇은 이러한 의도와 실체를 기반으로 로직을 처리해서 어떤 행동을 취할지 그리고 사용자에게 어떤 응답을 보낼지 결정한다.

다음 절에서는 발화를 의도와 실체로 번역하는 LUIS 모델을 훈련시키는 방법을 설명한다.

8.2 LUIS와 훈련 모델 구성하기

NLP가 존재한다는 것만으로 챗봇이 사용자가 말하는 모든 것을 이해할 수 있다는 뜻은 아니다. 오히려 개발자는 챗봇이 담당하는 분야에 속한 매우 구체적인 작업을 이해하기 위해 NLP 모델을 훈련시켜야 한다. 이 장의 예제에서 챗봇의 분야는 와인 검색이다. 이것은 특정 분야를 목표로 하면 일찍 성공을 경험하기 쉬울뿐 아니라 개발자가 모델을 훈련시키기 위해 쏟아야 할 작업량을 제한한다는 점에서도 좋은 예라 할 수 있다. 이러한 이유로 와인봇은 대화를 그 분야로 한정해서 LUIS를 가지고 NLP 모델을 훈련하는 절차를 더 쉽게 만들었다.

이 절은 LUIS 모델을 구성하고, 훈련시키고, 배포하는 방법을 설명한다. 먼저 LUIS 웹 사이트를 방문해서 새 모델을 만드는 것부터 하자.

모델 생성하기

LUIS로 작업하려면 모델이 필요하다. LUIS는 모델을 훈련시키는 의도, 실체, 발화로 구성돼 있다. 먼저 *https://www.luis.ai*를 방문하고, 로그인한 다음 **My apps** 탭으로 가라. 새로운 앱을 생성하기 위해 **버튼**을 클릭하면 그림 8-2와 유사한 화면을 보게 될 것이다.

> LUIS는 앱(app)이라는 용어를 사용한다. 여기서는 모델(model)이라는 용어를 사용하는 것을 보게 될 것이다. 이 글의 목적에 비추어 보면 이 둘은 같은 의미를 갖는다. 필자는 모델이라는 용어를 즐겨 쓰는데 기본 구현물, 즉 기계학습 모델을 기반으로 하기 때문이다.

다음 페이지 그림 8-2에서 챗봇에 의미 있는 이름을 추가하면 여러분 계정에서 확인할 수 있는 LUIS 모델 목록에 등장할 것이다. Culture는 기본으로 English지만 목록 중 하나로 변경할 수 있다. 이 culture의 목록은 지속적으로 늘어나고 있다. 선택 사항인 Description에 이 모델이 무엇을 위한 것인지에 대한 설명을 기재할 수 있다. **Done**을 클릭하면 다음 페이지 그림 8-3에서 보는 것처럼 새로운 모델을 위한 페이지를 확인할 수 있다.

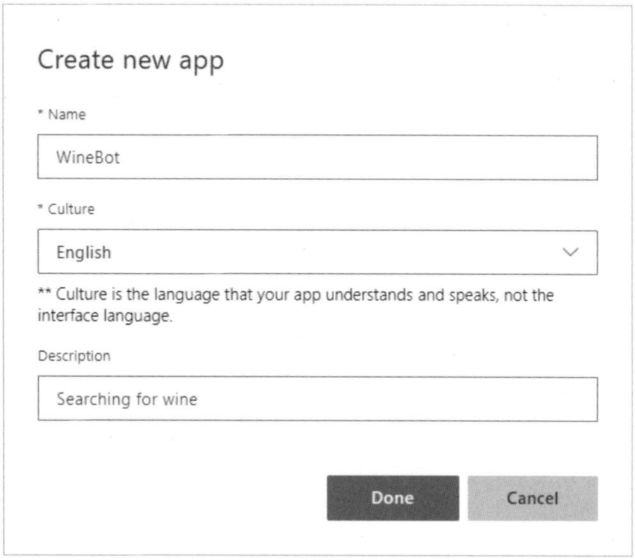

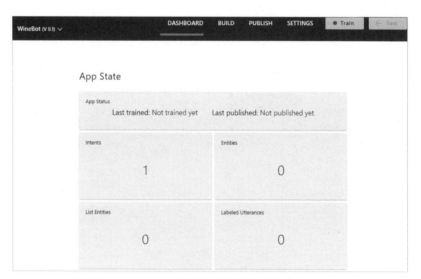

그림 8-2   새로운 LUIS 모델 생성하기

그림 8-3   새로운 LUIS 모델 페이지

그림 8-3은 페이지 오른쪽 상단 메뉴에 있는 DASHBOARD 화면을 보여준다. 그 메뉴에는 Intents(의도)와 Entities(실체)가 있다.

이미 알고 있겠지만, 웹 페이지는 시간이 지나면서 변한다. LUIS 사이트도 마찬가지다. 특정 시점에 해당 페이지의 정확한 구성을 보기보다는 작업을 수행하기 위해 무엇을 찾아야 할지 감을 가지는 것이 더 중요하다. LUIS는 지속해서 진화하고 있으며 여러분이 알아 두고 싶을 만큼 새롭고 흥미로운 기능들을 추가해 나가고 있다. 그러나 이 장에서는 이 책의 목적에 맞게 LUIS 모델의 핵심 기능인 의도와 실체를 집중해서 알아보고 이 모델을 사용하는 코드를 작성하는 방법을 배우게 될 것이다.

의도 구성하기

그 이름이 의미하는 바대로, 의도는 사용자 의도를 말한다. 다른 말로 하면 의도는 사용자의 목표 또는 사용자가 달성하고 싶은 작업이다. 의도는 의도 이름과 그 의도가 인식되도록 만들기 위해 사용자가 일반적으로 묻거나 말하는 발화의 집합으로 구성돼 있다. 이번 예제에서 우리가 원하는 것은 와인 검색의 목표를 나타내는 의도이다.

의도를 추가하려면 BUILD ➡ Intents 메뉴를 클릭하면 된다. 그림 8-4는 의도를 생성하는 단계들을 보여준다.

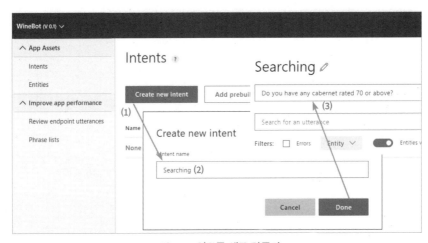

그림 8-4 의도를 새로 만들기

그림 8-4의 Intents 페이지에는 의도의 목록과 의도를 새로 만들기 위한 버튼(Create new intent)이 있다. 거기에는 None이라는 의도도 있는데, 이것은 LUIS가 사용자의 발화를 어느 의도에 매핑해야 할지 모를 경우 그 발화를 할당하기 위해 기본으로 제공되는 의도다.

Create new intent를 클릭하면 팝업으로 Create new Intent 창이 뜨고 거기에 의도 이름(intent name)을 입력한다. 그림 8-4의 2단계에서는 의도 이름으로 Searching을 입력했는데, 그 목적이 와인을 검색하는 것이기 때문이다.

의도 이름을 입력한 다음 Done을 클릭하면 그 의도에 매핑할 발화를 추가할 수 있는 페이지로 이동한다. 그림 8-4의 3단계인 Searching 페이지에서는 그 의도에 해당할 만한 발화로 'Do you have any cabernet rated 70 or above?'를 보여준다. 이 페이지에서 이 의도에 부합하는 내용으로 사용자가 말할 법한 것들을 입력한다. 예를 들어, 'Please search for champagne rated fifty.'나 'What white wines do you have rated 80 or above?' 같은 것처럼 말이다.

이 시점까지는 발화를 추가하는 작업을 시작할 준비가 안 되어 있다. 사용자가 검색을 원한다는 것을 아는 것 외에, 검색 요청과 관련된 사실(즉 실체, entities)을 알아야 한다. 다음 절에서 이에 관해 설명하겠다.

실체 지정하기

사용자의 의도만 안다고 해서 사용자가 묻는 바를 이해하기에 반드시 충분하다고 볼 수 없다. 그림 8-4에서 본 발화 'Do you have any cabernet rated 70 or above?'로부터 사용자가 검색하고 싶다는 것은 알 수 있지만, 실제로 우리가 알아야 할 내용은 와인의 종류는 'cabernet'이고 등급은 '70'이라는 것이다. 또 우리는 이 값들을 해석할 코드를 직접 작성하고 싶지 않다. 이것이 실체의 역할이다.

간단한 실체

새로운 실체를 추가하려면 BUILD ➡ Entities 메뉴를 클릭하면 된다. 그림 8-5는 실체를 생성하는 방법을 보여준다.

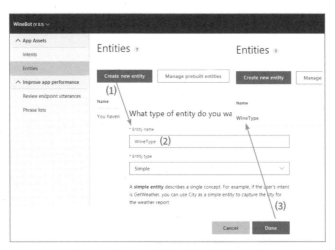

그림 8-5 **실체를 새로 만들기**

그림 8-5에서 보듯이, Create new entity를 클릭해서 열리는 팝업창에서 실체를 생성할 수 있다.

실체 이름(Entity name)을 입력하라. 그림 8-5에서는 WineType을 입력했다. LUIS에는 여러 유형의 실체가 있지만, 기본으로 Simple을 사용하는데 이것만으로도 챗봇이 동작할 수 있는 값을 추출하기에 충분하다.

> **노트** LUIS 실체 유형은 베타 버전에 몇 가지 항목이 포함되어 있으며 계속 진화하고 있는 기능이다. 이것들은 이 책을 쓰는 시점과 여러분이 이 책을 읽는 시점 사이에 바뀔 수 있다. 다행히도, Simple 실체 유형의 동작 방식과 코드에서 값을 추출하는 방법을 이해했다면 다른 실체 유형을 검토하고 사용해 보는 일도 쉬울 것이다.

Done을 클릭하면 실체 추가하는 팝업창이 닫히고 목록에서 추가한 실체를 확인할 수 있다.

미리 구성된 실체

맞춤 실체 외에도, LUIS에는 미리 구성된 실체(prebuilt entities)가 있다. 미리 구성된 실체는 실체를 입력하는 다양한 방법을 인식할 수 있다는 점에서 더 정교하다. 이 예제에서 사용한 미리 구성된 실체는 '70' 같은 숫자를 인식할 뿐 아니라 'seventy'처럼 철자로 입력된 값까지 인식할 수 있는 number이다. 이것을 쓰면 실체가 의미하는 바를 인식하려고 별도의 코드를 작성하는 시간을 대부분 절약할 수 있다. 먼저 Entities 페이지에서 Manage prebuilt entities 버튼을 클릭하면 그림 8-6 같은 Add or remove prebuilt entities 팝업창이 뜬다.

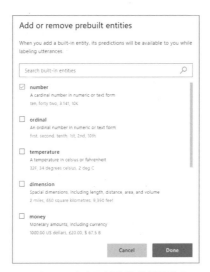

그림 8-6 미리 구성된 실체 생성하기

그림 8-6에서 보면 number, ordinal, temperature, dimension, money 등의 다양한 실체가 있다. 미리 구성된 실체를 사용하는 이점을 감 잡을 수 있을 것이다. 미리 구성된 실체를 사용하면 각 분야에서 다양한 형태의 텍스트를 인식할 수 있다. 그림 8-6처럼 number를 선택하고 Done 버튼을 클릭하면 팝업창이 닫히고 목록에 새로운 number 실체가 추가됐음을 확인할 수 있다.

지금까지 의도와 실체를 생성했으니 이들을 함께 묶어서 모델을 훈련시키면 된다. 이는 다음 절에서 설명하겠다.

훈련 및 배포

LUIS 모델은 머신러닝에 기반을 두므로 데이터를 제공해서 훈련시켜야 한다. LUIS의 경우 데이터는 사용자가 묻거나 말할 법한 발화의 목록이다. 이러한 발화 목록을 사용자가 달성하고자 하는 바를 뜻하는 의도별로 분류한다. 각 발화에는 아무 실체가 없거나 여러 개의 실체가 있을 수 있다. 이는 여러분의 코드가 사용자 요청을 만족시켜야 한다는 사실을 나타낸다. 이 절은 발화를 의도에 추가하고 실체를 지정함으로써 모델을 훈련시키는 방법을 설명한다.

발화를 추가하기

모델을 훈련시키려면 Intents 메뉴를 클릭하고 훈련시킬 의도(이 예제의 경우, Searching)를 클릭한 다음 여러분이 Utterances 항목을 확인한다. 그림 8-7에서 보듯이 맨 위의 텍스트 박스에 발화를 입력하고 Enter를 누른다.

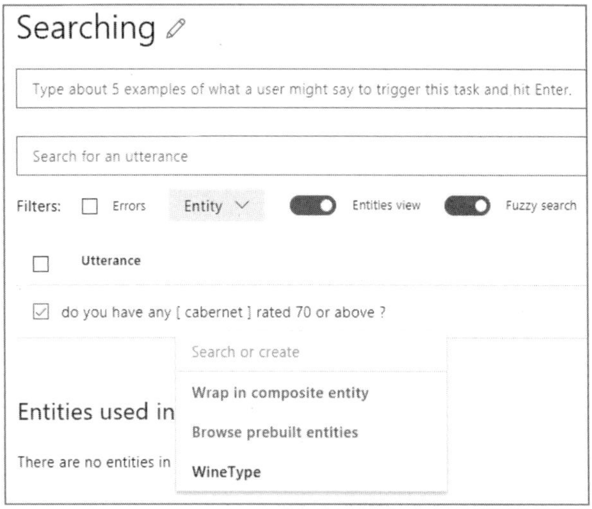

그림 8-7 발화 추가하기

그림 8-7의 예처럼 여러분은 Do you have any cabernet rated 70 or above?를 입력해야 한다. LUIS는 이 문장을 모두 소문자로 변환하고 문장 끝의 구두점 앞에 공백을 삽입해서 정규화한다. 이것이 문법적으로 적합하지는 않지만, 훈련에 있어 문제 되지는 않는다. 실제로 훈련을 잘 시키려면 꼭 문법적으로 정확하지 않더라도 다양한 예를 제공하는 것이 나은데, 사용자가 항상 완벽한 문법을 구사하는 것은 아니기 때문이다. 더 많은 예를 제공할수록 더 나은 모델이 만들어진다.

때로는 의도만으로도 충분해서 실체가 필요 없을 때도 있다. 예를 들어 OpeningHours라는 의도는 사람들이 '운영 시간이 어떻게 되는지?'를 묻는 것으로 유일한 대답은 '8시부터 5시까지 엽니다.'이다. 이 경우에는 의도가 이미 명확하므로 실체가 필요 없다.

Searching 의도의 경우, 우리는 WineType과 Rating을 알아야 한다. 그 때문에 앞선 예제에서 이 값들에 대한 실체를 만들었던 것이다. 그림 8-7은 단어 cabernet을 클릭하면 관련된 컨텍스트 메뉴가 뜬다는 것을 보여준다. WineType을 클릭하면 그 단어를 실체로 지정한다.

사람들은 챗봇에 여러분이 미처 예상하지 못했던 것들을 말하기 때문에 발화 한 개로는 부족하다. 인식할 가능성을 높이려면 그림 8-8에서 보는 바와 같이 다양한 발화들을 추가해야 한다.

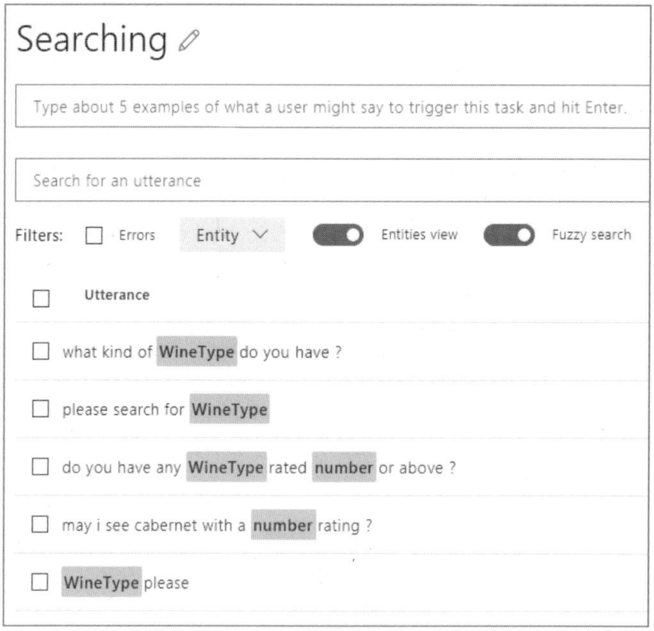

그림 8-8 **실체를 포함한 발화**

그림 8-8은 사용자의 의도가 와인을 검색하는 것일 때 말할법한 내용 몇 가지를 예로 보여준다. 여기에서 WineType 실체를 할당하면 목록에서 파란 배경으로 강조해서 표시되고 Rating은 number가 똑같이 강조되어 표시된다는 것을 알 수 있다. Rating이라는 이름의 실체는 없다. 단지 number 개체가 챗봇에서 Rating으로 사용된다는 것을 뜻한다.

아마도 이 예제의 number처럼 미리 구성된 실체는 발화를 정의할 때 컨텍스트 목록에 보이지 않는다는 것을 눈치챘을 것이다. 이는 현재 LUIS 인터페이스에서는 자동으로 미리 구성된 실체를 인식하고 자리 표시자(여기에서는 number)로 대체하기 때문이다. 여기까지 왔다면 모델을 테스트하고 훈련을 마칠 준비가 됐다.

모델 훈련 및 테스트

앞서 본대로 LUIS 모델은 의도, 실체, 발화로 구성된다. LUIS는 모델을 생성하기 위해 머신러닝을 사용하며 이는 모델을 훈련시켜야 한다는 것을 의미한다. 오른쪽 위의 Train 버튼과 Test 버튼을 이용해서 모델을 훈련시키고 테스트할 수 있다. 이 때 Test 버튼을 클릭하면 그림 8-9처럼 사이드바 형태로 테스트 화면이 보인다.

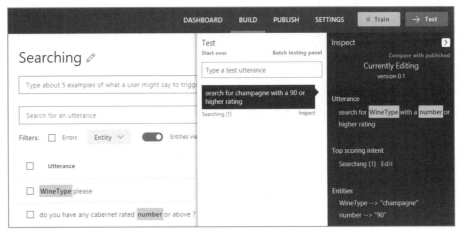

그림 8-9 **모델 훈련 및 테스트**

모델을 훈련시키려면 그림 8-9의 Train 버튼을 클릭하면 된다. 모델을 훈련시킬 때까지 마지막 훈련시킨 모델(또는 새로 생성한 모델) 이후의 변경 사항은 응용 프로그램에서 적용되지 않는다.

여기에서 모델 테스트도 할 수 있다. 그림 8-9의 텍스트 박스에서 제안하는 것처럼 테스트할 발화를 입력하고(Type a test utterance) 엔터 키를 누르자. inspect 메뉴 항목을 클릭하면, search for champagne with a 90 or higher rating이 어떻게 입력되는지 볼 수 있다. LUIS UI는 발화를 정규화하고 실체 자리 표시자를 추가한 다음 결과를 점수로 매긴다.

그림 8-9에서 입력한 테스트 발화는 그림 8-8에서 예로 입력했던 발화 목록 중 어떤 것과도 일치하지 않는다. 이 점은 훈련된 모델이 같은 내용을 말하는 매우 다양한 방식을 인식하기에 충분할 정도로 일반화한다는 것을 보여주므로 중요하다. 초기에 많은 노력을 쏟지 않아도 소수의 발화만으로도 그 의도를 지원하기 위한 코드를 구성하기에 충분한 수준의 모델을 얻을 수 있다.

맨 오른쪽 사이드바 중간쯤 보이는 점수에서 발화가 Searching 의도에 일치함을 괄호 안에 확률 점수와 함께 보여준다.

모델 게시

LUIS 모델을 사용하기 전에 게시부터 해야 한다. PUBLISH 메뉴 항목을 클릭하고 Publish 버튼을 클릭하면 된다. 결과 목록에서 다음과 같은 형태의 Endpoint url을 보게 될 것이다.

https://westus.api.cognitive.microsoft.com/luis/v2.0/apps/<model-id>?subscriptionkey=<subscription-key>&verbose=true&timezoneOffset=0&q=

⟨model-id⟩와 ⟨subscription-key⟩의 내용을 복사해 두자. 챗봇에 이 모델과 통신하는 방법을 알려줄 때 이 내용이 필요하다. 이에 대해서는 다음 절에서 살펴보겠다.

8.3 챗봇에서 LUIS 사용하기

이제 LUIS 모델도 생겼으니, 이 모델을 사용하도록 코드를 작성해보자. 이 절에서는 사용자 텍스트를 처리하고 LUIS와 통신하는 방법을 아는 LuisDialog⟨T⟩를 만드는 법을 배우겠다. 그런 다음 의도에 매핑되는 메서드를 생성하는 법을 살펴보겠다. 의도를 처리하는 메서드 내부에는 사용자가 이루고자 하는 것의 더 자세한 사항을 추출해서 실체를 읽어들이는 코드를 작성하게 될 것이다. 그러면 이 장의 예제 코드 WineBotLuis를 살펴보는 것부터 시작하자.

WineBotLuis 소개

WineBotLuis는 5장에서 시작해서 그 후 각 장에서 이어서 봤던 WineBot 프로그램을 수정한 것이다. 이 프로그램은 Wine.com API와 통신하기 위해 5장에서 만들었던 WineApi 라이브러리를 사용한다. 이 프로그램이 작동하려면 Wine.com에서 API 키를 발급받아야 한다는 것을 기억하자. (역주: 5장에서 이미 설명했듯이, Wine API는 사장되어 이 책에서는 우회하여 데이터를 제공하고 있으니 현재는 해당 사항이 없다) 목록 8-1은 부록 소스 코드의 WineBotLuis 프로젝트의 일부인 WineBotDialog 클래스를 보여준다.

목록 8-1 LuisDialog<T> — 자연어 입력을 처리하기 위한 파생 형식

```
using System;
using System.Threading.Tasks;
using Microsoft.Bot.Builder.Dialogs;
using Microsoft.Bot.Builder.Luis.Models;
using Microsoft.Bot.Builder.Luis;
using WineBotLib;
using System.Collections.Generic;
using System.Text.RegularExpressions;
using System.Linq;
using Microsoft.Bot.Connector;

namespace WineBotLuis.Dialogs
{
    [LuisModel(
        modelID: "<model-id>",
        subscriptionKey: "<subscription-key>")]
    [Serializable]
    public class WineBotDialog : LuisDialog<object>
    {
        [LuisIntent("")]
        public async Task NoneIntent(IDialogContext context, LuisResult result)
        {
            string message = @"
Sorry, I didn'st get that.
Here are a couple examples that I can recognize:
'What type of red wine do you have with a rating of 70?' or
'Please search for champaigne.'";

            await context.PostAsync(message);
            context.Wait(MessageReceived);
        }

        [LuisIntent("Searching")]
        public async Task SearchingIntent(IDialogContext context,
IAwaitable<IMessageActivity> activity, LuisResult result)
        {
            if (!result.Entities.Any())
                await NoneIntent(context, result);

            (int wineCategory, int rating) = ExtractEntities(result);

            var wines = await new WineApi().SearchAsync(
                wineCategory, rating, inStock: true, searchTerms: string.Empty);
```

```
            string message;

            if (wines.Any())
                message = "Here are the top matching wines: " +
                          string.Join(", ", wines.Select(w => w.Name));
            else
                message = "Sorry, No wines found matching your criteria.";

            await context.PostAsync(message);

            context.Wait(MessageReceived);
        }

        (int wineCategory, int rating) ExtractEntities(LuisResult result)
        {
            const string RatingEntity = "builtin.number";
            const string WineTypeEntity = "WineType";

            int rating = 1;
            result.TryFindEntity(RatingEntity, out EntityRecommendation
ratingEntityRec);
            if (ratingEntityRec?.Resolution != null)
                int.TryParse(ratingEntityRec.Resolution["value"] as string, out
rating);

            int wineCategory = 0;
            result.TryFindEntity(WineTypeEntity, out EntityRecommendation
wineTypeEntityRec);

            if (wineTypeEntityRec != null)
            {
                string wineType = wineTypeEntityRec.Entity;

                wineCategory =
                    (from wine in WineTypeTable.Keys
                     let matches = new Regex(WineTypeTable[wine]).Match(wineType)
                     where matches.Success
                     select (int)wine)
                    .FirstOrDefault();
            }

            return (wineCategory, rating);
        }

        Dictionary<WineType, string> WineTypeTable =
            new Dictionary<WineType, string>
            {
                [WineType.ChampagneAndSparkling] = "champaign and sparkling|champaig
n|sparkling",
                [WineType.DessertSherryAndPort] = "dessert sherry and
port|desert|sherry|port",
```

```
            [WineType.RedWine] = "red wine|red|reds|cabernet|merlot",
            [WineType.RoseWine] = "rose wine|rose",
            [WineType.Sake] = "sake",
            [WineType.WhiteWine] = "white wine|white|whites|chardonnay"
        };
    }
}
```

사용자 텍스트를 번역하기 위해 LUIS를 사용하는 챗봇은 목록 8-1의 WineBotDialog 같이 LuisDialog⟨T⟩에서 파생시킬 수 있다. 봇 프레임워크에서는 모든 다이얼로그가 봇 상태 서비스에 상태를 유지해야 하므로 WineBotDialog에는 Serializable 특성이 있다. LuisModel 특성은 이전 '모델 게시' 절에서 확인해 둔 model id와 subscription key를 지정한다. LUIS Endpoint url에서 얻은 값으로 ⟨model-id⟩와 ⟨subscription-key⟩를 교체하라. 다음 절부터 WineBotDialog의 각 부분을 설명하겠다.

의도 추가

그림 8-1에서 보듯이 WineBotDialog는 사용자 입력, 발화 텍스트를 번역하기 위해 LUIS로 전달한다. WineBotDialog의 기본 클래스인 LuisDialog⟨T⟩가 메시지를 처리하고 LUIS와의 통신을 관리하므로 여러분이 그 코드를 작성할 필요는 없다. LUIS에서 응답이 오면 LuisDialog⟨T⟩는 JSON을 평가하고, 가장 높은 점수를 갖는 의도를 선택해서 그 의도를 처리할 수 있는 파생 클래스(WineBotDialog) 메서드를 호출한다. LuisDialog⟨T⟩는 리플렉션 (reflection)을 사용해서 LuisIntent 특성을 검사하고 그와 일치하는 메서드를 호출한다.

LUIS가 발화를 의도에 매핑할 수 없으면 None 의도를 선택한다. WineBotDialog의 첫 번째 메서드는 None 의도를 처리한다. 편의를 위해 코드를 여기에 다시 반복해 써둔다.

```
        [LuisIntent("")]
        public async Task NoneIntent(IDialogContext context, LuisResult result)
        {
            string message = @"
Sorry, I didn't get that.
Here are a couple examples that I can recognize:
'What type of red wine do you have with a rating of 70?' or
'Please search for champaigne.'";

            await context.PostAsync(message);
            context.Wait(MessageReceived);
        }
```

None 의도를 처리하기 위해 LuisIntent 특성에 빈 문자열을 제공한다. 의도를 처리하는 메서드에는 두세 개의 매개변수가 있다. context를 위한 IDialogContext와 result를 위한 LuisResult는 반드시 있어야 한다. 이 외에도 목록 8-1의 SearchingIntent 메서드에서 볼 수 있 듯이, 선택적으로 두 번째 매개변수 Awaitable⟨T⟩를 추가할 수도 있다. context 매개변수는 5 장에서 설명했던 IDialogContext 형식과 같다. LuisResult는 실체 정보를 가지고 있는 특별한 형식이다. 이 예제는 봇 프레임워크의 명명 규칙을 따라 메서드 이름 뒤에 Intent를 덧붙였다.

None 의도에 대해서는 챗봇이 사용자가 말한 내용을 이해하지 못하니 사용자가 무엇을 해야 할지에 대해 몇 가지 제안을 포함해 간단하게 설명하도록 구현했다. 메시지를 사용자에게 보낸 다음 메서드를 완료하기 전에 context.Wait(MessageReceived)를 호출한다. WineBotDialog에 는 MessageReceived 메서드가 없지만, LuisDialog⟨T⟩에서 MessageReceived를 상속받는다.

> 챗봇이 사용자를 이해하지 못하는 경우를 처리할 때마다 응답에서는 사용자에게 챗봇이 무엇을 기대하는지에 대한 몇 가지 아이디어를 제공해야 한다. 시간이 지나면, 사용자에게 적응해서 그들을 더 잘 이해하는 로직을 작성하고 싶겠지만, 무엇인가 잘못됐을 때 사용자를 도우려고 노력하는 것은 여전히 바람직하다.

지금까지 None 의도를 위한 메서드를 알아보았고 이 외에도 SearchingIntent 메서드가 있다. Searching 의도에도 같은 LuisIntent 특성(attribute)이 있지만, 문자열에 String이 들어가며 같은 매개변수를 사용한다. 다음 절은 Searching 의도 메서드가 실체를 다루는 방식을 설명한다.

> 여러분은 LuisModel 특성을 여러 개 선언할 수 있다. 이때 각 특성은 별개의 모델을 갖는다. 이러면 챗봇이 필요로 하는 의도의 수에 제한이 걸리거나 별도의 모델을 통해 구성하고 싶을 때 유용하다. 의도의 이름이 고유한지만 확인하라. 아마도 pseudonamespace.myspecificintent처럼 네임스페이스 같은 방식을 쓰면 될 것이다. LUIS는 확률을 기준으로 의도에 일치하는 수준의 순위를 매긴다. 그리고 LuisDialog는 가장 높은 확률을 갖는 의도 처리기를 선택한다. 이렇게 하면 일치하지 않는 의도들은 낮은 확률을 가지므로 여러 모델을 사용해도 동작한다.

실체 처리하기

Searching 의도를 처리하는 메서드, SearchingIntent는 WineApi에서 필요한 매개변수를 추출하기 위해 LuisResult 매개변수인 result를 처리한다. 편의상 SearchingIntent 코드를 여기에서 다시 반복한다.

```
        [LuisIntent("Searching")]
        public async Task SearchingIntent(IDialogContext context,
IAwaitable<IMessageActivity> activity, LuisResult result)
        {
            if (!result.Entities.Any())
                await NoneIntent(context, result);

            (int wineCategory, int rating) = ExtractEntities(result);

            var wines = await new WineApi().SearchAsync(
                wineCategory, rating, inStock: true, searchTerms: string.Empty);
            string message;

            if (wines.Any())
                message = "Here are the top matching wines: " +
                          string.Join(", ", wines.Select(w => w.Name));
            else
                message = "Sorry, No wines found matching your criteria.";

            await context.PostAsync(message);

            context.Wait(MessageReceived);
        }
```

LuisResult에는 List⟨EntityRecommendation⟩인 Entites 속성이 있다. 이 리스트가 비어 있다면 사용자가 그 값들을 제공하지 않았거나 LUIS가 어떤 실체도 인지할 수 없다는 것을 의미한다. 이 경우 SearchingIntent는 NoneIntent를 호출하지만 향후에는 빠진 부분을 찾아낼 수 있도록 추가 로직을 작성하는 것이 좋다. None 의도를 호출하는 것은 완화 전략일 뿐, 요점은 LUIS가 항상 실체를 정확하게 인지하는 것은 아니므로 입력 값 검증이 필요하다는 것이다. 기억하자. 사용자는 말 그대로 챗봇에 어떤 것이든 말할 수 있다.

SearchingIntent는 실체로부터 wineCategory와 rating 값을 얻고, WineApi을 사용해 와인 검색을 수행한다. 다음의 ExtractEntities는 LuisResult 인스턴스를 읽고 wineCategory와 rating을 반환한다.

```
        (int wineCategory, int rating) ExtractEntities(LuisResult result)
        {
            const string RatingEntity = "builtin.number";
            const string WineTypeEntity = "WineType";

            int rating = 1;
            result.TryFindEntity(RatingEntity, out EntityRecommendation
ratingEntityRec);
```

```
            if (ratingEntityRec?.Resolution != null)
                int.TryParse(ratingEntityRec.Resolution["value"] as string, out
rating);

            int wineCategory = 0;
            result.TryFindEntity(WineTypeEntity, out EntityRecommendation
wineTypeEntityRec);

            if (wineTypeEntityRec != null)
            {
                string wineType = wineTypeEntityRec.Entity;

                wineCategory =
                    (from wine in WineTypeTable.Keys
                     let matches = new Regex(WineTypeTable[wine]).Match(wineType)
                     where matches.Success
                     select (int)wine)
                    .FirstOrDefault();
            }

            return (wineCategory, rating);
    }
```

ExtractEntities 메서드의 상단에 있는 두 개의 const string 값은 LUIS 모델의 실체 이름에 매핑된다. 이 둘은 결과에서 EntityRecommendation을 추출하기 위한 LuisResult 메서드인 TryFindEntity에 처음으로 전달되는 매개변수다.

 목록 8-1의 ExtractEntities의 RatingEntity 상수는 앞에 'builtin.' 접두사를 가지고 있다. builtin. number처럼 말이다. 이것은 그림 8-6의 number나 그림 8-8의 number와 다르다. 그림 8-6의 대화창과 같은 데서 비롯한 미리 구성된 실체들은 모두 이 접두사를 갖는다. 또 미리 구성된 기본 실체와 의도는 모두 특정 양식의 접두사를 갖고 있으므로 코드에 제대로 추가됐는지 확인해야 한다. 실체의 철자를 다시 한번 확인하는 방법으로는, 의도를 처리하는 메서드에서 중단 점을 설정하고 비주얼 스튜디오 디버거를 사용해서 LuisResult 매개변수 인스턴스를 자세히 검토하고 직접 실체를 검사하는 방법이 있다.

TryFindEntity에 전송되는 out 매개변수는 EntityRecommendation이고 실체가 존재하지 않는 경우를 대비해 이 매개변수가 null인지 확인해야 한다. EntityRecommendation에는 결과를 위한 두 개의 속성 Entity와 Resolution이 있다. 자신만의 맞춤 실체를 정의하게 되면 WineType 실체와 마찬가지로 Entity 속성을 읽을 수 있다. 미리 구성된 실체를 사용하면 Resolution 속성을 사용하는 것이 가장 좋다. Entity 속성으로부터 값을 읽어 들일 수는 있지만, 그러면 값은 사용자가 입력한 내용을 그대로 나타내는 문자열이기 때문이다. builtin.number의 경우 사용자가 50을 fifty로 쓰더라도 인식할 것이다. 다만 문자열로 표현된 곳에서는 Entity를 파싱할 수 없지만, 사용자가 숫자로 입력했다면 파싱할 수 있으므로 혼선이 생길 수 있다. LUIS는 Resolution["value"]에서 문자열에 대한 숫자 표현을 제공한다. 이 숫자는 언제나 파싱할 수 있는 숫자다.

다음으로 알아볼 딜레마는 사용자가 WineType 실체에 대해 입력했던 단어를 모두 정수형(int) 표현으로 얻는 방법이다. 핵심은 사용자의 입력 내용을 다음의 WineType 열거형에 매핑하는 방법으로 알아내야 한다는 것이다.

```
public enum WineType
{
        None = 0,
        RedWine = 124,
        WhiteWine = 125,
        ChampagneAndSparkling = 123,
        RoseWine = 126,
        DessertSherryAndPort = 128,
        Sake = 134
}
```

WineType은 wineCategory id를 일치하는 멤버에 할당하는데 그 ID는 Wine.com API의 카테고리와 매칭된다. 문제는 사용자가 red, cabernet, rose처럼 아무거나 입력할 수 있다는 사실이다. 여기에서 정규식이 빛을 발한다. 써볼 수 있는 여러 기법의 하나는 목록 8-1의 WineTypeTable에서처럼 정규식을 적절한 카테고리로 매핑하는 딕셔너리 테이블을 사용하는 것이다.

```
Dictionary<WineType, string> WineTypeTable =
new Dictionary<WineType, string>
{
    [WineType.ChampagneAndSparkling] = "champaign and sparkling|champaign|sparkling",
    [WineType.DessertSherryAndPort] = "dessert sherry and port|desert|sherry|port",
    [WineType.RedWine] = "red wine|red|reds|cabernet|merlot",
    [WineType.RoseWine] = "rose wine|rose",
    [WineType.Sake] = "sake",
    [WineType.WhiteWine] = "white wine|white|whites|chardonnay"
};
```

WineTypeTable에서 키는 WineType 멤버이고, 값은 잠재적으로 일치할 수 있는 모든 항목을 or 연산자로 연결한 정규식이다. 물론 이 목록과 정규식은 불완전하지만, 어떤 방식으로 접근하면 되는지를 잘 보여준다.

ExtractEntites에는 이 매핑을 해주는 LINQ 표현식이 있다. 그 표현식은 다음과 같다.

```
wineCategory =
    (from wine in WineTypeTable.Keys
     let matches = new Regex(WineTypeTable[wine]).Match(wineType)
     where matches.Success
     select (int)wine)
    .FirstOrDefault();
```

wineCategory 변수는 Wine.com API의 ID에 매핑되는 WineType의 값 중 하나를 가지고 있는 정수(int)다. From 절은 각 WineTypeTable의 키 즉, WineType 열거형의 멤버인 wine을 읽는다. Let 절은 Regex 클래스를 사용해서 wineType 실체 값을 WineTypeTable[wine]이 반환한 정규식 값과 매칭한다. 정규식이 wineType에 매칭되는 값을 포함하고 있다면, matches는 true이며 select 절은 WineType 키를 그 키의 기반이 되는 int 표현으로 캐스팅한다. 정규식에 얼마나 매칭되는지와 매칭되는 항목 수에 따라 항목별로 점수를 매겨서 가장 적합한 WineType을 찾는 로직을 추가로 작성해야 할 필요가 있다. 하지만 이 예제에서는 FirstOrDefault 절을 사용해서 처음으로 일치하는 와인을 선택하는 방식을 취한다. 쿼리가 일치하는 와인을 찾았다면 wineCategory는 검색한 카테고리에 해당하는 정수형(int) 표현식을 갖게 되며, 그렇지 않다면 WineApi로부터 어떤 결과도 반환하지 않는 기본값 0을 갖게 될 것이다.

사용자 입력을 인식하기 위해 두루 적용할 수 있는 해법은 없다. 이 기법이 모든 상황에 완벽하지 않고 사용자 입력을 해석하기 위한 별도의 로직을 더 코딩해야 할 수도 있겠지만, 이 방식을 함께 사용하면 많은 시나리오에서 문제를 해결하는 데 도움이 될 것이다. 그림 8-10은 WineBotLuis 동작 방식을 보여준다. 이것은 대화형 텍스트를 실행 가능한 로직으로 번역한다.

그림 8-10 WineBotLuis 테스트

이제 자연어 입력을 이해하는 챗봇을 갖게 되었다. 다음 절은 이것을 개선하는 방법을 설명한다.

8.4 지속적인 LUIS 모델 개선

앞에서 LUIS 모델을 생성하는 방법을 설명했다. 그 모델은 최소한의 기능을 갖춘 것으로 처음 시작하기에 알맞다. 이 모델은 빠르고 강력하지만, 예측할 수 없는 사용자 입력 내용에 좀 더 견고하고 탄력성 있게 대응할 수 있도록 만드는 것이 좋다. 다행히 LUIS에는 모델을 개선하기 위한 추가적인 도구들이 있다.

모델을 개선하기 위해 *https://www.luis.ai* 웹 페이지를 방문해서 WineBot Searching 의도로 이동한다.

그림 8-11 의도 재할당

그림 8-11의 Utternaces에 주목하자. Hello나 Greeting 의도를 생성하기로 했다면 이 항목들은 그 의도에 속하지만, Searching 의도에 속하지 않는다. 이 경우 이 발화 항목들은 재할당되어야 한다. 재할당할 발화들을 점검한 다음, Reassign intent 메뉴를 클릭하고 각 항목을 옮길 대상 의도를 클릭해서 재할당할 수 있다.

LUIS는 실체를 인지하지 못하거나, 잘못 인지할 때가 있는데 그 문제들도 해결해야 한다. 다음 페이지의 그림 8-12의 None 의도에는 LUIS가 Searching 의도로 분류해야 할 몇 가지 발화들이 포함되어 있다.

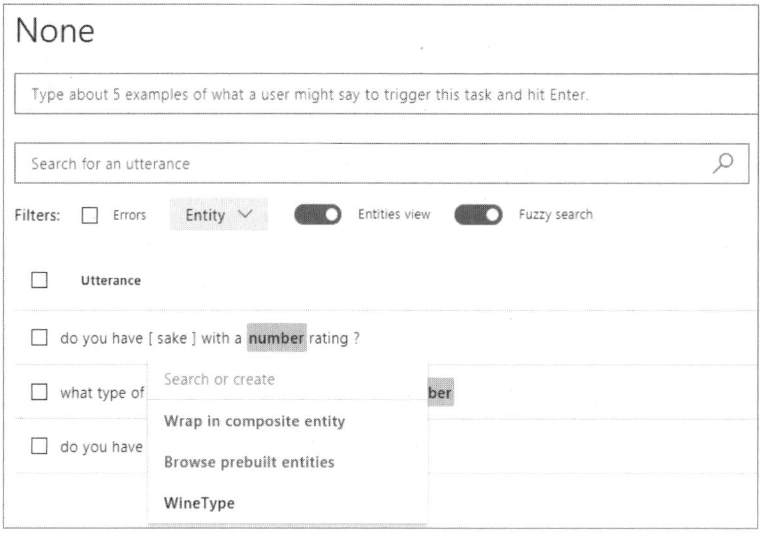

그림 8-12 실체 수정하기

그림 8-12는 분명히 Searching 의도에 속하는 몇 가지 발화가 None 의도에 등장하는 것을 볼 수 있다. 이 경우에 LUIS는 sake를 WineType으로 인지할 수 없으므로 sake를 클릭해서 거기에 WineType 실체를 할당해야 한다. 실체를 조정한 다음 앞에서 설명한 것처럼 발화를 적절한 의도에 다시 할당하면 된다.

Review endpoint utterances 메뉴에는 모든 의도와 실체가 등장하므로 모델을 개선하기 위해 그곳을 재방문해서 새로운 발화를 확인하고 조정하는 것이 좋다. 추가로 특정 의도의 utterances 항목을 재방문해서 그 의도에 적절하다고 생각되는 새로운 발화들을 추가할 수 있다. 제안대로 작업했고 자신만의 발화들을 더 추가했다면, 이전 절에서 설명한 대로 모델을 다시 훈련시킨 다음 테스트하라. 마지막으로 새롭게 훈련시킨 모델을 게시해서 챗봇에서 즉시 사용할 수 있도록 만들면 된다.

챗봇을 만드는 과정은 반복적인 프로세스로 이루어진다는 점을 기억하라. LUIS 모델을 만들어가는 것도 이와 같으며 주기적으로 모델을 방문하고 개선해 나감으로써 사용자 경험도 함께 개선된다.

요약

이 장에서 사용자로부터 입력받은 일반어 텍스트를 처리하기 위해 LUIS 모델을 구성하고 챗봇 코드를 구성하는 방법을 배웠다. 모델을 구성하려면 의도와 실체를 생성해야 한다. 여기에서 의도는 사용자가 달성하고자 하는 것이고 실체는 사용자의 발화에서 추출한 사실이다. 각 발화에서는 실체로 인식되어야 할 단어에 레이블을 붙일 수 있다.

의도, 실체, 발화를 정의했다면 모델을 훈련시키고 테스트한 다음 게시해야 한다. 훈련을 통해 사용자로부터 입력받은 일반화된 발화 내용을 인식하는 머신러닝 모델이 생성된다. 테스트 인터페이스를 사용하면 각자 만든 모델이 사용자 입력 내용을 정확하게 인식하는지 확인하기 위해 다양한 발화를 입력해볼 수 있다. 모델을 훈련시킨 다음 PUBLISH 메뉴에서 모델을 게시함으로써 챗봇이 이 모델을 사용할 수 있도록 만들었다.

그리고 LUIS 모델을 생성한 다음 그 모델을 사용하는 코드를 작성하는 방법을 배웠다. 또한, LuisIntent 특성을 사용해서 코드가 LUIS 모델과 통신할 수 있는 방법을 배웠다. LuisDialog<T>에서 파생되어 챗봇이 LUIS와 통신하는 작업을 자동으로 처리한다. 그리고 LuisDialog<T>에서 파생된 형식인 WineBot 내부에서 의도를 처리하는 메서드를 정의하는 방법을 살펴봤다. 또한, 실체를 처리하는 방법과 사용자 요청을 처리하기 위한 로직을 작성하는 방법도 배웠다.

이제 자연어와 LUIS로 작업하는 방법을 알았다. 다음 장에서는 LuisDialog<T>를 포함하여 다양한 다이얼로그들을 모두 사용해 봇 빌더 통신을 지원하는 고급 기능들을 알아본다.

9

고급 대화 관리하기

이번 파트의 앞부분에서는 IDialog⟨T⟩, FormFlow, LuisDialog⟨T⟩의 내부 작동 방식을 자세히 설명했다. 이 다이얼로그 형식들은 각각 강력하고 유용한 챗봇을 만들 수 있게 해준다. 대체로 챗봇을 만들 때 성공의 핵심은 단순함에 있다. 그렇지만 여러분의 요구사항이 복잡해서 발전된 통신 기법이 필요할 때가 있다. 이 장은 하나의 다이얼로그 형식이 제공하는 기능으로는 충분하지 않다고 느낄 때 이를 극복할 수 있는 몇 가지 기법을 소개한다.

내비게이션에 있어 중요한 개념은 다이얼로그 스택이며, 먼저 그 동작 방식 즉, 한 다이얼로그에서 다른 다이얼로그로 옮겨가는 것을 설명하겠다. 현실이 각본대로 흘러가지 않기 때문에 챗봇도 각본을 따라서는 안 된다. 그리고 범위에서 벗어난 정보를 받아들일 방법을 배울 것이다. 그렇지 않으면 그 정보를 처리할 수 없을 것이다. 이 장에서는 복잡한 다이얼로그 통신과 내비게이션을 지원하는 체이닝(chaining)을 배울 것이다. 또한, 메시지 텍스트 서식을 지정해서 사용자 경험을 개선하는 방법도 배울 것이다.

9.1 다이얼로그 스택 관리하기

앞에서 개발했던 챗봇은 모두 개발자가 하나의 다이얼로그 형식 인스턴스만 코딩하면 된다는 점에서 단순하다. 거기에서 챗봇의 로직은 작업을 수행하고 설계요소가 아닌 기본 구현을 하는 다이얼로그로 제어권을 넘기는 것이었다. 하지만 여러 다이얼로그로 작업할 때는 다이얼로그 간에 제어권을 넘기는 로직이 중요해지기 때문에, 다이얼로그 스택을 알아야 한다.

다이얼로그 스택이란 무엇인가?

다이얼로그 스택을 설명하기 전, 일반적인 스택을 살펴보자. 스택은 일반적으로 접시를 쌓아 둔 것에 비유한다. 이 스택을 특별하게 만드는 것은 사람이 접시를 스택에 올리고 빼는 방법에 있다. 찬장에 접시를 둘 때 사람은 접시를 스택의 다른 접시 위에 올린다. 접시를 뺄 때는 스택의 맨 위에서 접시를 뺀다. 여기에서 스택에 올린 마지막 접시가 빼낼 첫 번째 접시라는 데에 패턴이 있다.

이 패턴은 LIFO(Last-In First-Out)라 부르는 컴퓨터 스택을 사용할 때 주요한 고려사항이다. 컴퓨팅에서 소프트웨어는 스택을 기반으로 한다. 프로그램이 시작할 때, 진입점을 스택의 첫 항목에 설정한다. 프로그램이 메서드들을 호출할 때, 그 메서드는 스택의 위에 놓이기 때문에 스택이 증가하면서 메서드가 메서드를 호출하는 것을 상상할 수 있다. 그 메서드들이 반환할 때, 스택에서 이전 메서드를 빼내는데 이렇게 해서 프로그램은 자신의 호출자에게 반환하는 방법을 알게 된다.

다이얼로그 스택은 이와 같은 개념을 기반으로 한다. 봇 프레임워크가 다이얼로그를 호출하면 그 다이얼로그는 다이얼로그 스택 위에 놓인다. 그런 다음 현재 다이얼로그가 할 일이 끝나면 그 다이얼로그는 결과를 반환한 다음 스택에서 빠져나오고 그 다이얼로그를 호출한 호출자가 재개한다.

스택을 중심으로 봇 프레임워크 다이얼로그 내비게이션을 설계하는 것은 다른 기술에서도 입증된 흔한 경로다. 스택 기반의 내비게이션은 수많은 일반 시나리오를 처리하지만, 봇 프레임워크는 사람과의 대화를 예측할 수 없다는 특징을 고려하여 임의의 경로를 처리하기 위해 스택의 단일 경로에서 벗어나는 방법인 scorables를 지원하므로 아무것도 못하는 상황은 모면할 수 있다. 이 장 후반부에서 그 동작 방식을 살펴보겠다.

노트

스마트폰 앱을 작성해본 적이 있다면 아마 응용 프로그램 스택에 익숙할 것이다. 본질적으로 새로운 페이지를 열면 스택의 맨 위에 그 페이지를 놓는다. 뒤로 가기 버튼을 누르면 그 페이지를 응용 프로그램 스택에서 빼내서 사용자가 이전 페이지로 돌아가거나 앱을 닫을 수 있다.

다음 절은 다이얼로그 스택을 사용해서 다이얼로그 사이를 이동하는 챗봇을 만드는 방법을 보여준다.

다른 다이얼로그로 이동하기

다이얼로그 스택을 사용하면 하나의 다이얼로그에서 다른 다이얼로그로 이동했다가 다시 돌아오는 챗봇을 구성할 수 있다. 여기의 예제는 이전에 만들었던 와인봇을 기반으로 한다. 이번에는 와인을 검색하는 일은 사용자가 할 수 있는 일의 일부일 뿐이고 프로파일을 관리하기 위한 다른 기능을 보게 될 것이다. 부록 소스 코드의 WineBotDialogStack 프로젝트에서 발췌한 목록 9-1과 9-2는 다이얼로그 스택을 가지고 여러 다이얼로그 사이의 이동을 관리하는 법을 보여준다.

목록 9-1은 사용자가 처음으로 상호작용하는 다이얼로그인 RootDialog를 호출하기 위해 SendAsync를 호출하는 전형적인 Post 메서드다. 뒤에서는 SendAsync가 RootDialog를 스택의 위에 올려서 그 다이얼로그를 현재 다이얼로그로 만든다.

목록 9-1 다이얼로그 스택을 사용해서 다이얼로그 사이를 이동하기 — MessagesController.cs

```
using System.Net;
using System.Net.Http;
using System.Threading.Tasks;
using System.Web.Http;
using Microsoft.Bot.Builder.Dialogs;
using Microsoft.Bot.Connector;
using System;

namespace WineBotDialogStack
{
    [BotAuthentication]
    public class MessagesController : ApiController
    {
        public async Task<HttpResponseMessage> Post([FromBody]Activity activity)
        {
            if (activity.Type == ActivityTypes.Message)
            {
                try
                {
                    await Conversation.SendAsync(activity, () => new Dialogs.
RootDialog());
                }
                catch (InvalidOperationException ex)
                {
                    var client = new ConnectorClient(new Uri(activity.ServiceUrl));
                    var reply = activity.CreateReply($"Reset Message: {ex.Message}");
                    client.Conversations.ReplyToActivity(reply);
                }
            }
```

```
            var response = Request.CreateResponse(HttpStatusCode.OK);
            return response;
        }
    }
}
```

목록 9-2의 RootDialog는 이전 장에서 봤던 IDialog⟨T⟩이다. 이 다이얼로그의 StartAsync는
사용자 입력을 처리하기 위해 다음 메서드로 MessageReceivedAsync를 설정한다. SendAsync
가 RootDialog를 호출한 다음 RootDialog에 IMessageActivity를 전송하면 RootDialog는
MessageReceivedAsync에 이 호출을 전달한다.

목록 9-2 다이얼로그 스택을 사용해서 다이얼로그 사이를 이동하기 — RootDialog.cs

```
using System;
using System.Threading.Tasks;
using Microsoft.Bot.Builder.Dialogs;
using Microsoft.Bot.Builder.FormFlow;
using WineBotLib;
using System.Linq;

namespace WineBotDialogStack.Dialogs
{
    [Serializable]
    public class RootDialog : IDialog<object>
    {
        public Task StartAsync(IDialogContext context)
        {
            context.Wait(MessageReceivedAsync);

            return Task.CompletedTask;
        }

        Task MessageReceivedAsync(IDialogContext context, IAwaitable<object> result)
        {
            string prompt = "What would you like to do?";
            var options = new[]
            {
                "Search Wine",
                "Manage Profile"
            };

            PromptDialog.Choice(context, ResumeAfterChoiceAsync, options, prompt);

            return Task.CompletedTask;
        }

        async Task ResumeAfterChoiceAsync(IDialogContext context,
```

```
IAwaitable<string>result)
    {
        string choice = await result;

        if (choice.StartsWith("Search"))
            await context.Forward(
                FormDialog.FromForm(new WineForm().BuildForm),
                ResumeAfterWineSearchAsync,
                context.Activity.AsMessageActivity());
        if (choice.StartsWith("Manage"))
            context.Call(new ProfileDialog(), ResumeAfterProfileAsync);
        else
            await context.PostAsync($"'{choice}' isn't implemented.");
    }

    async Task ResumeAfterWineSearchAsync(
        IDialogContext context, IAwaitable<WineForm> result)
    {
        WineForm wineResults = await result;

        List[] wines =
            await new WineApi().SearchAsync(
                (int)wineResults.WineType,
                (int)wineResults.Rating,
                wineResults.InStock == StockingType.InStock,
                "");

        string message;

        if (wines.Any())
            message = "Here are the top matching wines: " +
                        string.Join(", ", wines.Select(w => w.Name));
        else
            message = "Sorry, No wines found matching your criteria.";

        await context.PostAsync(message);

        context.Wait(MessageReceivedAsync);
    }

    async Task ResumeAfterProfileAsync(IDialogContext context, IAwaitable<string>
result)
    {
        try
        {
            string email = await result;

            await context.PostAsync($"Your profile email is now {email}");
        }
        catch (ArgumentException ex)
        {
```

```
                await context.PostAsync($"Fail Message: {ex.Message}");
        }

        context.Wait(MessageReceivedAsync);
    }
  }
}
```

MessageReceivedAsync 내부에서 PromptDialog.Choice를 호출한 것을 주목하라. 5장 '다
이얼로그 구성하기'에서 봤지만 중요하기 때문에 한 번 더 짚고 넘어간다. PromptDialog는
ResumeAfterChoiceAsync를 RootDialog에서 실행할 다음 메서드로 설정한 다음 자신을 스
택의 새로운 다이얼로그로 밀어 넣는다. 사용자가 응답할 때, PromptDialog.Choice 다이얼
로그가 스택에서 빠져나오고 스택의 이전 다이얼로그인 RootDialog로 제어권을 반환해서
ResumeAfterChoiceAsync를 재개한다.

다음 절에서는 ResumeAfterChoiceAsync에서 중단했던 부분부터 시작해서 다이얼로그 스택
과 스택 사이 이동을 위한 더 많은 옵션을 상세하게 설명한다.

Forward를 통한 이동

다른 다이얼로그로 이동할 수 있는 다른 방법으로는 IMessageActivity를 전달하는 것이다.
그렇게 해서 새로운 다이얼로그가 사용자 입력을 처리할 수 있다. 목록 9-2에서는 이를 위해
IDialogContext의 Forward 메서드를 사용하는 법을 보여준다.

```
        await context.Forward(
            FormDialog.FromForm(new WineForm().BuildForm),
            ResumeAfterWineSearchAsync,
            context.Activity.AsMessageActivity());
```

이 예제는 forward의 세 개의 매개변수를 사용하고 네 번째 매개변수는 기본값인 비동기
식 CancellationToken을 취한다. 첫 번째 매개변수는 IDialog⟨T⟩ 인스턴스이고 이 인스턴스가
FormFlow를 사용한다는 것을 알 수 있다. 두 번째 매개변수는 WineForm 다이얼로그가 반환될
때 돌아갈 메서드를 참조한다. 세 번째 매개변수는 사용자 메서드를 포함한 액티비티다. 여기에서
는 Activity를 IMessageActivity 인스턴스로 변환해서 전달하는 AsMessageActivity를 사용한다.

Forward는 새로운 WineForm 다이얼로그를 스택에 밀어 넣고 그 다이얼로그를 시작해서 사

용자의 IMessageActivity를 전달한다. 목록 9-3은 WineForm 다이얼로그를 보여준다.

목록 9-3 IMessageActivity를 다이얼로그에 전달하기 — WineForm.cs

```
using Microsoft.Bot.Builder.Dialogs;
using Microsoft.Bot.Builder.FormFlow;
using System;
using System.Linq;
using System.Threading.Tasks;
using WineBotLib;

namespace WineBotDialogStack.Dialogs
{
    [Serializable]
    public class WineForm
    {
        public WineType WineType { get; set; }
        public RatingType Rating { get; set; }
        public StockingType InStock { get; set; }

        public IForm<WineForm> BuildForm()
        {
            return new FormBuilder<WineForm>()
                .Message(
                    "I have a few questions on your wine search. " +
                    "You can type \"help\" at any time for more info.")
                .Build();
        }
    }
}
```

WineForm은 FormFlow 양식을 호출하는 행위를 보여주기 위해 최소한으로 구현했다. ResumeAfterWineSearchAsync에서 보듯이, WineForm이 완료되면 속성에 사용자가 입력한 값이 모두 담겨있어서 호출자가 이 값에 접근할 수 있다. 이 코드를 목록 9-2에서 발췌해서 다시 보여준다.

```
        async Task ResumeAfterWineSearchAsync(IDialogContext context,
IAwaitable<WineForm> result)
        {
            WineForm wineResults = await result;

            List[] wines =
                await new WineApi().SearchAsync(
                    (int)wineResults.WineType,
                    (int)wineResults.Rating,
                    wineResults.InStock == StockingType.InStock,
```

```
            "");

        string message;

        if (wines.Any())
            message = "Here are the top matching wines: " +
                        string.Join(", ", wines.Select(w => w.Name));
        else
            message = "Sorry, No wines found matching your criteria.";

        await context.PostAsync(message);

        context.Wait(MessageReceivedAsync);
    }
```

WineForm이 완료되어 반환된 뒤, 스택에서 빠져나오고 RootDialog.ResumeAfterWine
SearchAsync에서 재개한다. 기다리던(await) result 매개변수는 지금 완료되어 사용자 응답
값을 담은 속성들을 포함한 WineForm의 인스턴스다. 앞에서 봤듯이, SearchAsync 호출은
WineForm 인스턴스인 wineResults의 속성을 기반으로 결과를 반환하고 사용자에게 응답한다.

Call을 통한 이동

이전 절에서 Forward를 설명하면서 보여줬듯이 호출된 다이얼로그에 IMessageActivity를 전
송할 필요가 없는 경우도 있다. 어쩌면 여러분은 다이얼로그를 시작하고 사용자의 초기 통
신 내용과 상관없이 그 다이얼로그가 사용자와 상호작용하도록 해야 할 수도 있다. 이럴 때
IDialogContext의 Call 메서드를 사용할 수 있다. 목록 9-2의 ResumeAfterChoiceAsync 메서
드에서 발췌한 코드를 여기서 다시 확인해보자.

```
context.Call(new ProfileDialog(), ResumeAfterProfileAsync);
```

Call은 새로운 다이얼로그와 재개할 메서드를 매개변수로 받는다. 이 예제에서 새로운 다이
얼로그는 ProfileDialog이다. Forward와 PromptDialog에서 재개할 메서드가 동작하는 방식
과 비슷하게 두 번째 매개변수는 목록 9-4의 ProfileDialog가 완료된 이후에 호출할 메서드로
ResumeAfterProfileAsync를 참조한다.

목록 9-4 다이얼로그 호출 – ProfileDialog.cs

```
using Microsoft.Bot.Builder.Dialogs;
```

```csharp
using System;
using System.Threading.Tasks;

namespace WineBotDialogStack.Dialogs
{
    [Serializable]
    public class ProfileDialog : IDialog<string>
    {
        public Task StartAsync(IDialogContext context)
        {
            string prompt = "What would you like to do?";
            var options = new[]
            {
                "Change Email",
                "Reset",
                "Fail",
            };

            PromptDialog.Choice(context, MessageReceivedAsync, options, prompt);

            return Task.CompletedTask;
        }

        async Task MessageReceivedAsync(IDialogContext context, IAwaitable<string> result)
        {
            string choice = await result;

            switch (choice)
            {
                case "Change Email":
                    string prompt = "What is your email address?";
                    PromptDialog.Text(context, ResumeAfterEmailAsync, prompt);
                    break;
                case "Fail":
                    context.Fail(new ArgumentException("Testing Fail."));
                    break;
                case "Reset":
                    context.Reset();
                    break;
                default:
                    await context.PostAsync($"'{choice}' isn't implemented.");
                    break;
            }
        }

        async Task ResumeAfterEmailAsync(IDialogContext context, IAwaitable<string> result)
        {
            string email = await result;
            context.Done(email);
```

```
        }
      }
   }
```

모든 IDialog⟨T⟩ 구현에서와 마찬가지로 StartAsync가 진입점이다. 이 예제는 이전에 본 StartAsync 구현과는 다른데 MessageReceivedAsync의 Wait를 호출하는 대신 PromptDialog. Choice를 호출해서 사용자가 다음에 할 일을 선택할 수 있게 메뉴를 제공한다. 이것은 ProfileDialog를 호출한 다음, StartAsync가 실행되고 다음 사용자 입력이 올 때까지 기다리므로 필요하다. 사용자는 자기가 무엇을 해야할 지에 대한 지시가 필요하다. 이것이 SendAsync, Forward와 다른 점이다. 이 둘은 모두 다이얼로그를 호출할 뿐 아니라 이어서 사용자의 IMessageActivity를 전송한다. 그러면 다음 메서드가 호출되는데, 그 메서드는 StartAsync가 Wait 메서드를 호출했다면 MessageReceivedAsync가 될 것이다. 이 경우, Forward는 의미 없고 Call을 사용하는 것이 더 합리적이다.

사용자가 StartAsync의 PromptDialog.Choice에 응답하면 다이얼로그는 MessageReceived Async 메서드에서 재개한다. Switch 문은 이 세 가지 선택 사항을 모두 처리한다. 이에 대해 다음에 설명하겠다.

다이얼로그 끝내기

목록 9-4의 MessageReceivedAsync의 switch 문에서 처리하는 사용자 선택 사항(choice)은 다이얼로그를 끝내는 세 가지 방식, 결과 반환, 스택 초기화, 실패를 보여준다. 다음부터 세 개의 절에서는 이 각 방식을 설명한다.

Done 메서드

Change Email의 경우는 Done 메서드를 처리하는 방법을 보여준다. 여기에서는 사용자 이메일을 얻기 위해 PromptDialog.Text를 사용한다.

```
case "Change Email":
    string prompt = "What is your email address?";
    PromptDialog.Text(context, ResumeAfterEmailAsync, prompt);
    break;
```

PromptDialog.Text는 ResumeAfterEmailAsync가 사용자 응답을 처리하도록 지정한다.

```
        async Task ResumeAfterEmailAsync(IDialogContext context, IAwaitable<string>
result)
        {
            string email = await result;
            context.Done(email);
        }
```

IDialogContext의 Done 메서드를 호출하는 것에 주목하자. 이렇게 해서 호출한 다이얼로
그에 제어권을 전달할 수 있다. email 매개변수는 string 형식이다. 이는 PromptDialog가
IDialog⟨string⟩을 구현한 사실과 부합한다. IDialog⟨T⟩의 형식 매개변수 T는 다이얼로그의
반환 형식이다. 앞선 예제에서는 어떤 값도 반환하지 않았기 때문에 이 반환 형식을 object로
설정했다. 이 예제에서는 Done 메서드를 통해 string을 반환해야 하기 때문에 IDialog⟨T⟩ 형
식 역시 string이어야 한다. IDialog⟨T⟩의 형식 T와 Done이 반환한 형식은 모두 같거나 최소
한 할당 가능해야 한다.

Done 메서드는 현재 다이얼로그를 다이얼로그 스택으로부터 빼내고 호출자에게 자신의 인수
를 반환한다. 목록 9-2의 RootDialog에는 ProfileDialog 호출로부터 반환된 결과를 처리하는
ResumeAfterProfileAsync 메서드가 있다. 다음에 다시 살펴보자.

```
        async Task ResumeAfterProfileAsync(IDialogContext context, IAwaitable<string>
result)
        {
            try
            {
                string email = await result;

                await context.PostAsync($"Your profile email is now {email}");
            }
            catch (ArgumentException ex)
            {
                await context.PostAsync($"Fail Message: {ex.Message}");
            }

            context.Wait(MessageReceivedAsync);
        }
    }
```

ResumeAfterProfileAsync는 결과 매개변수 IAwaitable⟨T⟩를 기다린다. 여기에서 T는 같거
나 할당 가능한 형식이어야 한다. 이 메서드에는 호출된 다이얼로그가 실패한 경우를 다루는
try/catch 처리 로직도 있다. 이에 대해서는 다음 절에 설명한다.

Fail 메서드

Fail 메서드는 챗봇이 다이얼로그를 완료할 수 없다는 것을 보여주는 방법이다. 목록 9-4 MessageReceivedAsync의 Fail의 경우에는 Fail 메서드를 호출한다.

```
case "Fail":
    context.Fail(new ArgumentException("Testing Fail."));
    break;
```

Fail 메서드의 인수는 Exception 형식이다. 여기에서는 ArgumentException을 사용하지만, 적절하다고 판단되면 어떤 예외도 선택할 수 있다. Fail 메서드가 실행되면 봇 빌더 내부의 레코드를 유지하는 로직을 처리하고 호출한 다이얼로그에서 재개할 메서드에 전달할 예외 매개변수를 발생시킨다.

Fail 메서드는 현재 다이얼로그를 다이얼로그 스택에서 빼내고, 그 메서드의 예외 인수를 호출자에서 재개할 메서드인 목록 9-2 RootDialog의 ResumeAfterProfileAsync 메서드의 호출 체인에 전달한다.

```
async Task ResumeAfterProfileAsync(IDialogContext context, IAwaitable<string>
result)
{
    try
    {
        string email = await result;

        await context.PostAsync($"Your profile email is now {email}");
    }
    catch (ArgumentException ex)
    {
        await context.PostAsync($"Fail Message: {ex.Message}");
    }

    context.Wait(MessageReceivedAsync);
    }
}
```

재개한 메서드에서 결과 매개변수에 대한 await 호출을 try/catch 블록에 감싼다. 여기에서 catch 블록 형식은 Fail 메서드 매개변수와 같은 형식이다. ResumeAfterProfileAsync에서 catch 형식은 Fail 메서드의 ArgumentException 인수와 일치하는 ArgumentException이다.

Reset 메서드

사용자가 현재 다이얼로그 스택을 취소하고 다시 시작하고 싶다면 Reset 메서드를 사용하면 된다. Reset 메서드는 전체 스택을 해제한다. 목록 9-4에서 본 MessageReceivedAsync 메서드의 Reset의 경우 Reset 메서드를 호출한다.

```
case "Reset":
    context.Reset();
    break;
```

위 코드처럼 Reset을 호출하면 스택에서 모든 다이얼로그를 빼내고 호출 체인의 시작점에 InvalidOperationException을 전달한다. 목록 9-1의 Post 메서드는 Reset을 처리하는 방법을 보여준다.

```
public async Task<HttpResponseMessage> Post([FromBody]Activity activity)
{
    if (activity.Type == ActivityTypes.Message)
    {
        try
        {
            await Conversation.SendAsync(activity, () => new Dialogs.
RootDialog());
        }
        catch (InvalidOperationException ex)
        {
            var client = new ConnectorClient(new Uri(activity.ServiceUrl));
            var reply = activity.CreateReply($"Reset Message: {ex.Message}");
            client.Conversations.ReplyToActivity(reply);
        }
    }

    var response = Request.CreateResponse(HttpStatusCode.OK);
    return response;
}
```

이 코드는 SendAsync를 try/catch 블록에 감싸는데 InvalidOperationException이 전파되는 곳이기 때문이다. 코드는 2장 '프로젝트 설정하기'에서 설명했던 ConnectorClient를 사용해서 사용자에게 정보 메시지를 돌려준다.

지금까지 여러분은 C# 조건부 로직 구문을 기반으로 다이얼로그 사이를 이동하는 방법을 살펴봤다. 하지만 봇 빌더는 대화를 관리하는 훨씬 정교한 도구들을 갖추고 있다. 이에 대해서 다음에 배우도록 하겠다.

9.2 체이닝으로 대화 관리하기

다이얼로그를 호출하고 다이얼로그에서 값을 반환하는 다이얼로그 스택 관리 능력은 대화를 관리하는 데 있어 매우 유용하다. 여러분은 이 작업을 좋아하게 될 수도 있고 특정 챗봇에서는 그 작업만 수행하면 되는 경우도 있다. 하지만 좀 더 다양한 대화 패턴을 위한 추가적인 체이닝 도구들이 있다. 이 절은 Chain 클래스가 자신이 가지고 있는 여러 메서드들을 사용해서 상대적으로 복잡한 내비게이션 작업을 수행하는 방법을 설명한다.

이 절은 WineBotChain 프로그램으로 시작해서, 그 프로그램을 관리가 더 쉬운 여러 부분으로 나눌 것이다. Chain이 매우 복잡한 대화 패턴을 생성하는 방법을 알아야 한다. 그렇지만 프로그램을 나누어보면 대화를 생성하는 것이 어렵지 않고 심지어 더 간단하다는 것을 알게 될 것이다.

 Call/Forward/Done을 사용할 것인지 Chain을 사용할 것인지는 어느 쪽을 사용해도 같은 목표를 달성할 수 있으므로 문제 되진 않는다. 그 선택은 여러분과 팀의 의견과 작업 방식의 문제일 뿐이다. 누군가는 복잡한 체인을 사용했을 때 어떻게 되는지 보고 나서 더 이상 체인을 사용하지 않으려 할 수 있다. 하지만 또 어떤 사람들은 온 사방에 여러 다이얼로그를 두는 것보다 더 작은 공간 안에 내비게이션 로직을 결합했을 때 갖는 장점을 발견할 수도 있다. 필자는 양극단 어느 쪽도 최적은 아니며, 그 중간 어딘가에서 더 나은 설계를 도출할 수 있다고 생각한다.

WineBotChain 프로그램

WineBotChain은 Chain 클래스와 그 멤버를 사용하는 몇 가지 기능을 보여준다. 여기에는 다이얼로그의 여러 계층이 있어서 본질적으로 수많은 내비게이션 코드를 한 곳으로 모은다. Chain이 여러 용도로 사용될 수 있기 때문에 이 예제가 모든 것을 보여줄 만큼 완벽하지는 않지만, 어떻게 사용할지 고려할 때 쓸만한 몇 가지 기술을 보여준다. 목록 9-5는 WineBotChain을 위한 RootDialog를 보여준다.

목록 9-5 Chain 클래스 사용하기 — RootDialog.cs

```
using Microsoft.Bot.Builder.Dialogs;
using Microsoft.Bot.Builder.FormFlow;
using System;
using System.Linq;
```

```
using System.Text.RegularExpressions;
using System.Threading.Tasks;
using WineBotLib;
using static Microsoft.Bot.Builder.Dialogs.Chain;

namespace WineBotChain.Dialogs
{
    [Serializable]
    public class RootDialog : IDialog<object>
    {
        public Task StartAsync(IDialogContext context)
        {
            context.Wait(MessageReceivedAsync);

            return Task.CompletedTask;
        }

        Task MessageReceivedAsync(IDialogContext context, IAwaitable<object> result)
        {
            string prompt = "Which chain demo?";
            var options = new[]
            {
                "From",
                "LINQ",
                "Loop",
                "Switch"
            };

            PromptDialog.Choice(context, ResumeAfterChoiceAsync, options, prompt);

            return Task.CompletedTask;
        }

        async Task ResumeAfterChoiceAsync(IDialogContext context, IAwaitable<string>
result)
        {
            string choice = await result;

            switch (choice)
            {
                case "From":
                    await DoChainFromAsync(context);
                    break;
                case "LINQ":
                    await DoChainLinqAsync(context);
                    break;
                case "Loop":
                    await DoChainLoopAsync(context);
                    break;
                case "Switch":
                    DoChainSwitch(context);
```

```
                break;
            default:
                await context.PostAsync($"'{choice}' isn't implemented.");
                break;
        }
    }

    async Task<string> ProcessWineResultsAsync(WineForm wineResult)
    {
        List[] wines =
            await new WineApi().SearchAsync(
                (int)wineResult.WineType,
                (int)wineResult.Rating,
                wineResult.InStock == StockingType.InStock,
                "");

        string message;

        if (wines.Any())
            message = "Here are the top matching wines: " +
                        string.Join(", ", wines.Select(w => w.Name));
        else
            message = "Sorry, No wines found matching your criteria.";

        return message;
    }

    async Task ResumeAfterWineFormAsync(
        IDialogContext context, IAwaitable<WineForm> result)
    {
        WineForm wineResult = await result;

        string message = await ProcessWineResultsAsync(wineResult);

        await context.PostAsync(message);

        context.Wait(MessageReceivedAsync);
    }

    async Task DoChainFromAsync(IDialogContext context)
    {
        IDialog<WineForm> chain =
            Chain.From(() => FormDialog.FromForm<WineForm>(new WineForm().
BuildForm));

        await context.Forward(
            chain,
            ResumeAfterWineFormAsync,
            context.Activity.AsMessageActivity());
    }
```

```
async Task DoChainLinqAsync(IDialogContext context)
{
    var chain =
        from wineForm in FormDialog.FromForm(new WineForm().BuildForm)
        from searchTerm in new PromptDialog.PromptString(
            "Search Terms?", "Search Terms?", 1)
        where wineForm.WineType.ToString().Contains("Wine")
        select Task.Run(() => ProcessWineResultsAsync(wineForm)).Result;

    await context.Forward(
        chain,
        ResumeAfterChainLinqAsync,
        context.Activity.AsMessageActivity());
}

async Task ResumeAfterChainLinqAsync(
    IDialogContext context, IAwaitable<string> result)
{
    try
    {
        string response = await result;
        await context.PostAsync(response);
        context.Wait(MessageReceivedAsync);
    }
    catch (WhereCanceledException wce)
    {
        await context.PostAsync($"Where cancelled: {wce.Message}");
    }
}

async Task DoChainLoopAsync(IDialogContext context)
{
    IDialog<WineForm> chain =
        Chain.From(() => FormDialog.FromForm(
            new WineForm().BuildForm, FormOptions.PromptInStart))
            .Do(async (ctx, result) =>
            {
                try
                {
                    WineForm wineResult = await result;
                    string message = await ProcessWineResultsAsync(
wineResult);
                    await ctx.PostAsync(message);
                }
                catch (FormCanceledException fce)
                {
                    await ctx.PostAsync($"Cancelled: {fce.Message}");
                }
            })
            .Loop();
```

```
            await context.Forward(
                chain,
                ResumeAfterWineFormAsync,
                context.Activity.AsMessageActivity());
    }

    void DoChainSwitch(IDialogContext context)
    {
        string prompt = "What would you like to do?";
        var options = new[]
        {
            "Search Wine",
            "Manage Profile"
        };

        PromptDialog.Choice(context, ResumeAfterMenuAsync, options, prompt);
    }

    async Task ResumeAfterMenuAsync(IDialogContext context, IAwaitable<string>
result)
    {
        IDialog<string> chain =
            Chain
                .PostToChain()
                .Select(msg => msg.Text)
                .Switch(
                    new RegexCase<IDialog<string>>(
                        new Regex("^Search", RegexOptions.IgnoreCase),
                        (reContext, choice) =>
                        {
                            return DoSearchCase();
                        }),
                    new Case<string, IDialog<string>>(choice => choice.
Contains("Manage"),
                        (manageContext, txt) =>
                        {
                            manageContext.PostAsync("What is your name?");
                            return DoManageCase();
                        }),
                    new DefaultCase<string, IDialog<string>>(
                        (defaultCtx, txt) =>
                        {
                            return Chain.Return("Not Implemented.");
                        })
                )
                .Unwrap()
                .PostToUser();

        await context.Forward(
            chain,
            ResumeAfterSwitchAsync,
```

```
                context.Activity.AsMessageActivity());
    }

    IDialog<string> DoSearchCase()
    {
        return
            Chain
                .From(() => FormDialog.FromForm(
                    new WineForm().BuildForm, FormOptions.PromptInStart))
                .ContinueWith(async (ctx, res) =>
                {
                    WineForm wineResult = await res;
                    string message = await ProcessWineResultsAsync(wineResult);
                    return Chain.Return(message);
                });
    }

    IDialog<string> DoManageCase()
    {
        return
            Chain
                .PostToChain()
                .Select(msg => $"Hi {msg.Text}'! What is your email?")
                .PostToUser()
                .WaitToBot()
                .Then(async (ctx, res) => (await res).Text)
                .Select(msg => $"Thanks - your email, {msg}, is updated");
    }

    async Task ResumeAfterSwitchAsync(IDialogContext context, IAwaitable<string>
result)
    {
        string message = await result;
        context.Done(message);
    }
  }
}
```

이전에 충분히 설명했듯이, 챗봇의 Post 메서드는 SendAsync를 호출해서 목록 9-5의 Root Dialog를 호출한다. RootDialog에는 필수 StartAsync가 있고, IDialog〈T〉 형식을 위한 전형적인 MessageReceivedAsync가 있다. MessageReceivedAsync는 PromptDialog.Choice를 사용해서 사용자에게 From, LINQ, Loop, Switch 중 어떤 옵션을 원하는지 묻는다. Choice에 이어서 ResumeAfterChoiceAsync는 사용자가 선택한 방식을 처리하기 위한 적절한 메서드를 시작하기 위해 switch 문을 통해 사용자 응답을 실행한다.

사용자가 선택한 각 항목은 Chain을 사용해서 내비게이션을 설계할 때 취해야 할 방식을 나타낸다. From 방식은 실행할 다이얼로그를 지정하고 Loop는 다이얼로그를 여러 차례 실행한다. LINQ 방식은 명시된 대로 다이얼로그를 사용하는 LINQ 문을 허용한다. Switch는 사용자 입력을 기반으로 어느 다이얼로그를 실행할지 선택하는 방법이다. Switch 문에서 우리는 새롭고 다양한 Chain 메서드를 보여주기 위해 더 자세히 살펴볼 것이다. 그럼 From부터 시작하자.

 Chain 클래스에는 플루언트 인터페이스를 지원하는 여러 메서드가 있다. 이것을 사용하면 하나의 다이얼로그나 응답 처리기로부터 다른 다이얼로그 또는 응답 처리기로 티 나지 않게 이동하는 대화를 만들 수 있다. 의심할 것 없이 이 체이닝 행위에 따라 이 클래스의 이름을 지었다.

Chain.From

Chain.From 메서드는 다이얼로그를 체인의 일부로 실행하는 것을 지원한다. 목록 9-5에서 DoChainFromAsync는 사용자가 From을 선택했을 경우를 처리한다.

```
async Task DoChainFromAsync(IDialogContext context)
{
    IDialog<WineForm> chain =
        Chain.From(() => FormDialog.FromForm<WineForm>(new WineForm().
BuildForm));

    await context.Forward(
        chain,
        ResumeAfterWineFormAsync,
        context.Activity.AsMessageActivity());
}
```

DoChainFromAsync는 FormFlow 양식, WineForm을 실행하기 위해 Chain.From을 사용한다. FormDialog.FromForm은 From이 IFormDialog와 Func⟨IDialog⟨T⟩⟩ 매개변수 형식의 일부로 필요로 하는 IDialog⟨T⟩를 반환한다.

뒤에서 From은 다이얼로그 스택 관리를 위해 Call과 Done을 처리한다. 그에 이어 Forward 호출은 Chain을 시작하고 다음의 ResumeAfterWineFormAsync에서 응답을 처리한다.

```
async Task ResumeAfterWineFormAsync(IDialogContext context,
IAwaitable<WineForm> result)
```

```
    {
        WineForm wineResult = await result;

        string message = await ProcessWineResultsAsync(wineResult);

        await context.PostAsync(message);

        context.Wait(MessageReceivedAsync);
    }
```

이 장 앞에서 설명했던 일반적인 재개 메서드처럼 이 코드는 다이얼로그로부터 받은 응답을 처리한다. 이것이 Chain으로부터 시작된 처리 과정의 끝이며 따라서 코드는 RootDialog가 메시지를 전송할 다음 메서드로 MessageReceivedAsync를 설정하기 위해 context.Wait를 호출한다.

Chain.Loop

사용자가 Loop를 선택하면 DoChainLoopAsync 메서드가 그 요청을 처리한다. 목록 9-5에서 가져온 다음의 코드는 같은 다이얼로그를 되풀이해서 실행하는 방법을 보여준다.

```
        async Task DoChainLoopAsync(IDialogContext context)
        {
            IDialog<WineForm> chain =
                Chain.From(() => FormDialog.FromForm(new WineForm().BuildForm,
    FormOptions.PromptInStart))
                    .Do(async (ctx, result) =>
                    {
                        try
                        {
                            WineForm wineResult = await result;
                            string message = await ProcessWineResultsAsync(
    wineResult);

                            await ctx.PostAsync(message);
                        }
                        catch (FormCanceledException fce)
                        {
                            await ctx.PostAsync($"Cancelled: {fce.Message}");
                        }
                    })
                    .Loop();

            await context.Forward(
                chain,
                ResumeAfterWineFormAsync,
```

```
                context.Activity.AsMessageActivity());
    }
```

이전 절과 유사하게 이 코드는 WineForm FormFlow 다이얼로그를 시작하기 위해 Chain.
From을 호출한다. 여기에서 차이점은 Loop를 호출해서 다이얼로그를 반복해서 실행한다
는 것이다. FormFlow 다이얼로그에서 사용자가 다이얼로그에서 나가려면 Quit을 입력해서
FormCanceledException을 발생시킨다.

이 예제는 체이닝의 목표가 다이얼로그를 실행하고 결과를 처리하며 완료될 때까지 내비게이
션을 계속 수행할 수 있도록 하는 것을 강조한다.

Forward는 체인을 시작하지만, 이 예제에서 체인을 나가는(Quit) 방법은 FormCanceled
Exception을 사용하는 것뿐이므로 재개 메서드 ResumeAfterWineFormAsync는 호출되지 않
는다. 다행히 Chain에는 또 다른 메서드로 While이 있어서 조건이 true인 동안 루프를 반복
하는 것을 지원한다.

Chain.Switch

챗봇이 사용자 입력을 기반으로 Chain 로직을 구현해야 한다면 Switch 메서드를 사용하면 된
다. Switch에는 사용자 입력을 처리하는 세 가지 방식이 있다. 정규식, 맞춤 로직, 기본 방식으
로 다음의 DoChainSwitchAsync 메서드에서는 그 각각의 케이스를 보여준다.

```
void DoChainSwitch(IDialogContext context)
{
    string prompt = "What would you like to do?";
    var options = new[]
    {
        "Search Wine",
        "Manage Profile"
    };

    PromptDialog.Choice(context, ResumeAfterMenuAsync, options, prompt);
}
```

DoChainSwitch는 ResumeAfterMenuAsync를 지정한 PromptDialog.Choice를 사용한다.

```
async Task ResumeAfterMenuAsync(IDialogContext context, IAwaitable<string>
```

```
result)
    {
        IDialog<string> chain =
            Chain
                .PostToChain()
                .Select(msg => msg.Text)
                .Switch(
                    new RegexCase<IDialog<string>>(new Regex("^Search",
RegexOptions.IgnoreCase),
                        (reContext, choice) =>
                        {
                            return DoSearchCase();
                        }),
                    new Case<string, IDialog<string>>(choice => choice.
Contains("Manage"),
                        (manageContext, txt) =>
                        {
                            manageContext.PostAsync("What is your name?");
                            return DoManageCase();
                        }),
                    new DefaultCase<string, IDialog<string>>(
                        (defaultCtx, txt) =>
                        {
                            return Chain.Return("Not Implemented.");
                        })
                )
                .Unwrap()
                .PostToUser();

        await context.Forward(
            chain,
            ResumeAfterSwitchAsync,
            context.Activity.AsMessageActivity());
    }
```

이 Chain에는 PostToChain, Select, Switch, Unwrap, PostToUser 메서드들이 있다. 첫 번째를 제외하고 각 메서드는 이전 메서드의 결과 다이얼로그를 처리한다. 이것이 어떻게 동작하는지 보기 위해 우리는 처리 절차를 단계별로 따라가 보아야 한다.

Chain을 되돌아보면 context.Forward를 호출함으로써 체인이 시작된다. 알다시피 Forward는 자신의 세 번째 매개변수인 IMessageActivity를 다이얼로그에 전달하고 Chain은 그 IMessageActivity 인스턴스를 받는 IDialog⟨T⟩다. PostToChain 메서드는 호출자로부터 받은 IMessageActivity를 체인의 다음 메서드인 Select에 전송한다.

팁 ResumeAfterMenuAsync 메서드에서 Chain은 계층구조에서 두 레벨을 차지하지만, 이 Chain을 챗봇의 Post 메서드에 있는 SendAsync에 주 다이얼로그로 전달할 수도 있다. 그렇게 되면 사용자의 IMessageActivity를 전달해서 그 IMessageActivity를 체인의 다음 메서드로 전달하기 위해 PostToChain을 호출해야 한다.

Select 메서드는 이전 메서드가 전달한 형식의 인스턴스를 취하고 다음 메서드에 전달할 새로운 프로젝션을 구성할 수 있게 해준다. 이 예제에서 Select는 PostToChain으로부터 전달받은 IMessageActivity를 취하고 IMessageActivity의 Text 속성인 문자열 형식 프로젝션을 구성한다. Select는 이 문자열을 Switch 메서드에 전달한다.

Switch는 이전 입력을 취하고 각 경우에 따라 그 입력을 실행한다. Switch가 한 경우에 일치하면 해당 경우의 결과를 체인의 다음 메서드에 전달한다. 논리적으로 이 동작 방식은 입력 값과 출력 값 흐름을 추가하는 것 외에는 C# switch 문과 매우 같다. Switch는 RegexCase, Case, DefaultCase 이 세 가지 유형의 케이스를 지원한다.

RegexCase는 Regex 인스턴스와 케이스 처리기, 두 개의 매개변수를 갖는다. 첫 번째 매개변수는 입력에 일치시키는 정규식을 지정할 수 있게 해주는 .NET Regex 클래스의 인스턴스다. RegexCase는 Regex 인스턴스를 사용해서 입력이 정규식과 일치하는지를 판단한다. 이 예제에서는 입력이 Search로 시작하면, 케이스는 일치하게 되고 처리기를 실행한다. 처리기 형식은 IBotContext와 string 매개변수를 받고 IDialog⟨T⟩(여기에서 T는 string이다)를 반환하는 ContextualSelector이다.

Case의 두 번째 매개변수도 ContextualSelector지만, 첫 번째 매개변수 condition은 Func⟨T, bool⟩이고, 이 경우 T는 string이다. condition은 입력을 평가하고 조건이 일치하는지를 가리키는 bool을 반환한다. 이 예제는 사용자 입력에 Manage가 포함된 경우 일치한다.

어떤 케이스와도 일치하지 않는 경우, Switch 메서드는 DefaultCase로 ContextSelector를 실행한다. DefaultCase 구현은 IDialog⟨T⟩(여기에서 T는 string)를 반환하는 또 다른 Chain 메서드인 Return이다. DoSearchCase와 DoManageCase도 모두 IDialog⟨string⟩을 반환한다. 이 메서드들을 곧 논의하겠지만, 우선 다음 메서드 UnWrap이 왜 필요한지를 설명하겠다.

Switch는 IDialog⟨T⟩를 다음 메서드에 전달한다. 이 시나리오에서 중요한 것은 T가 IDialog⟨string⟩이라는 점이다. 이것이 Switch 문의 각 케이스의 ContextSelector가 반환하는 것이기 때문이다. 이는 Switch가 다음 메서드에 IDialog⟨IDialog⟨string⟩⟩를 전달한다는 것을 의미한다. Chain 메서드가 호출한 코드와 다이얼로그는 자신이 Chain이나 Call, forward에

의해 호출됐는지를 알 필요가 없다. 따라서 Chain.Unwrap은 내부의 IDialog⟨T⟩를 역 참조하기 때문에 유용하다. 전체 과정을 설명하면 Unwrap은 Switch로부터 IDialog⟨IDialog⟨string⟩⟩을 받아서 IDialog⟨string⟩을 추출하고 다음 메서드인 PostToUser에 IDialog⟨string⟩을 전달한다.

PostToUser 메서드는 자기 앞의 메서드로부터 IDialog⟨string⟩을 받아, 그 이름대로 string을 사용자에게 게시한다. 이 예제에서 문자열은 Switch의 케이스로부터 받은 응답이다.

이 예제에서 보여준 중첩은 극단적인 예이고 여러분이 코드를 설계할 땐 이렇게 하진 않을 것이다. 그렇지만 이 예를 통해 체인을 사용하는 다양한 방법을 보여주고자 했다. 그럼 재미삼아 좀 더 살펴보자. 다음 절부터는 Switch 케이스에서 봤던 DoSearchCase와 DoManageCase 로직을 자세히 들여다보겠다.

Chain.ContinueWith

앞에서 본 Chain.Loop 예제는 선행하는 다이얼로그의 결과로 부수적으로 발생한 작업을 처리하기 위해 Do로 시작하는 이름의 다이얼로그로부터 받은 응답을 처리한다. 다음 DoSearchCase 메서드의 일부인 ContinueWith를 포함하여 다이얼로그 응답을 처리하는 다른 몇 가지 방법도 있다.

```
IDialog<string> DoSearchCase()
{
    return
        Chain
            .From(() => FormDialog.FromForm(new WineForm().BuildForm,
FormOptions.PromptInStart))
            .ContinueWith(async (ctx, res) =>
            {
                WineForm wineResult = await res;
                string message = await ProcessWineResultsAsync(wineResult);
                return Chain.Return(message);
            });
}
```

ContinueWith는 IBotContext와 IAwaitable⟨T⟩(이 예제에서 T는 WineForm)를 처리기에 전달하는 Continuation 형식의 매개변수를 취한다. Chain.Return은 Switch 메서드를 위한 DoSearchCase 메서드의 반환 형식인 IDialog⟨string⟩을 반환한다.

다음 예제는 Chain을 사용해서 챗봇 대화를 더 변경하는 것을 보여준다.

체인 게시 및 대기 메서드 종합

Chain 메서드는 별도의 다이얼로그를 호출하는 대신 몇 가지 게시(posting) 메서드와 대기 (waiting) 메서드를 사용해서 사용자와 직접 상호작용할 수 있다. 다음은 DoManageCase 의 예제다.

```
IDialog<string> DoManageCase()
{
    return
        Chain
            .PostToChain()
            .Select(msg => $"Hi {msg.Text}'! What is your email?")
            .PostToUser()
            .WaitToBot()
            .Then(async (ctx, res) => (await res).Text)
            .Select(msg => $"Thanks - your email, {msg}, is updated");
}
```

이 예제는 PostToChain으로 시작해서 Switch 케이스로부터 받은 입력을 취하고 그것을 Chain의 다음 메서드로 전달한다. 기억한다면, Switch 메서드의 케이스 처리기는 Do ManageCase를 호출하기 전 manageContext.PostAsync("What is your name?")을 호출해서 DoManageCase의 Chain을 사용자 응답을 처리하기 위한 다음 다이얼로그로 설정한다.

Select는 PostToChain에서 IMessageActivity, msg를 받고 PostToUser를 위한 새로운 문자열 을 프로젝션한다. PostToUser는 사용자에게 입력 문자열(string)을 전송한다.

이 시점에 우리는 사용자로부터 받은 메시지가 없기 때문에 사용자 응답을 기다려야 하므로 Chain은 사용자 메시지가 챗봇에 도착하기를 기다리는 WaitToBot을 호출한다.

지금까지 Do와 ContinueWith 메서드를 보았다. 이제 챗봇은 WaitToBot이 사용자 응답 을 받은 다음 도착한 사용자 메시지를 취해서 그 응답을 Then에 전달한다. Then 메서드는 Func⟨IBotContext, IAwaitable⟨T⟩, IDialog⟨T⟩⟩(이 예제에서 T는 IMessageActivity)를 받는 또 다 른 유형의 처리기다. 그런 다음 결과를 처리해서 그 결과를 Select에 전달한다.

Select는 Then의 IMessageActivity를 사용해서 새로운 문자열(string)을 선택하고 Switch 케이 스에 되돌려줄 새로운 IDialog⟨string⟩을 반환한다.

이 예제는 사용자와 빠르게 상호작용하기 위해 Chain을 사용하는 방법을 보여준다. 이렇게 하면 상호작용이 복잡해질 가능성이 있지만, 그것이 새로운 IDialog〈T〉 형식을 채택하는 것 보다는 단순한 상호작용으로 생각할 수 있다.

ContinueWith, Do, Then — 무엇을 선택할까?

지금까지 람다를 구현한 세 가지 Chain 메서드인 ContinueWith, Do, Then을 알아봤다. 이들은 구문에 따라 유사하게 보인다. 때로는 하나가 다른 하나를 대신할 수 있지만, 이들 각각은 특정 환경에서 자신을 고유하게 만들어주는 다른 기능들을 가지고 있다. 목록 9-5는 이러한 메서드가 사용되는 몇 가지 방식을 보여주며, 여기에서는 그 차이를 드러낼 만한 측면을 강조한다.

ContinueWith를 사용하면 Chain에서 다음 다이얼로그로 반환할 새로운 IDialog<T>를 생성한다. 이것은 DoSearchCase 메서드에서 볼 수 있다. 그 메서드에서 ContinueWith는 Chain.return을 사용해서 새로운 IDialog<T>(여기에서 T는 새로운 문자열이다)를 반환한다.

Do는 어떤 값도 반환하지 않는다. 이 메서드의 목적은 부작용으로 알려진 어떤 행동을 수행하는 데 있다. 그리고 선행 다이얼로그가 계속해서 체인 내의 현재 다이얼로그로 남아 있게 한다. DoChainLoopAsync 메서드에서 Do는 단지 행동을 수행하고 사용자에게 메시지를 전송하고 끝낼 뿐이다.

Then의 목적은 IMessageActivity에서 값을 추출하고 체인에 값을 반환하는 데 있다. DoManageCase 에서 Then 람다는 Text 속성을 반환한다. 그것이 다음 메서드가 필요로 하는 전부이기 때문이다. 이것은 IMessageActivity의 일부를 프로젝션하거나 변환하는 데 유용하기 때문에 Chain의 다음 메서드는 그 일을 하지 않아도 된다.

ContinueWith, Do, Then 중 선택할 때 고려해야 할 몇 가지 간단한 규칙을 요약하면 다음과 같다.

- ContinueWith: 새로운 IDialog<T>를 반환한다.
- Do: 부작용을 수행하고 선행(같은) IDialog<T>에 머문다.
- Then: 입력을 Chain의 다음 메서드를 위한 새로운 값으로 프로젝션한다.

이들이 명명된 방식 때문에 뜻하지 않게 잘못된 메서드를 사용하기 쉽지만, 컴파일러와 IDE 에서 형식 불일치로 인한 구문 오류가 발생하기 때문에 도움을 받을 수 있다.

LINQ to Dialog

앞선 절에서는 Chain을 다양한 방식으로 사용할 수 있음을 보여줬다. Chain을 사용하는 또 다른 방식으로 LINQ 문이 있다. LINQ to Dialog에서 데이터 원천은 IDialog〈T〉이다. from, let, select, where 절을 쓸 수 있다. 여러분은 Select를 사용했던 이전 예제처럼 플루언트 구문 을 사용할 수도 있지만, DoChainLinqAsync에서 보여준 것처럼 LINQ 쿼리 구문을 사용할 수도 있다.

```
        async Task DoChainLinqAsync(IDialogContext context)
        {
            var chain =
                from wineForm in FormDialog.FromForm(new WineForm().BuildForm)
                from searchTerm in new PromptDialog.PromptString("Search Terms?",
"Search Terms?", 1)
                where wineForm.WineType.ToString().Contains("Wine")
                select Task.Run(() => ProcessWineResultsAsync(wineForm)).Result;

            await context.Forward(
                chain,
                ResumeAfterChainLinqAsync,
                context.Activity.AsMessageActivity());
        }
```

두 개의 from 절은 여러 항목을 선택하는 방법을 보여준다. 이 예제는 일련의 다이얼로그를
실행한다. WineForm을 먼저 실행하고 FormFlow 다이얼로그 결과를 wineForm으로 반환한
다음 searchTerm에서 다이얼로그 결괏값을 반환하는 PromptDialog.PromptString을 실행한
다.

모든 것이 문제 없다면 select는 ProcessWineResultAsync를 실행하고 Chain의 결과를 string
으로 반환한다. 하지만 where 절에서 wineForm.WineType이 Wine을 포함한 값을 가졌는지
를 기준으로 필터링한다. where 절이 true인 한 모든 것이 좋다. 사용자가 WineType으로 sake
를 선택했다면 where 절은 false가 되고 그 결과 Chain은 WhereCanceledException을 발생시
킨다. 이것은 where 절에서 필터링하는 LINQ 데이터 구현을 검토한 개발자들에게는 예상 못
한 일이겠지만, 이것이 LINQ to Dialog이며 Chain이 자신이 의도한 목적을 완료할 수 없어서
예외를 일으켰음을 보여준다.

분명해 보이지 않겠지만, 또 다른 주의 사항은 WhereCanceledException을 처리하기 위
해 DoChainLinqAsync의 코드를 try/catch 블록에 감쌀 수 없다는 것이다. 우리는 비
동기식 코드로 작업하고 있고, 코드가 Forward를 기다리면 Chain을 시작하고 다음의
ResumeAfterChainLinqAsync 메서드를 지정한다.

```
        async Task ResumeAfterChainLinqAsync(IDialogContext context,
IAwaitable<string> result)
        {
            try
            {
                string response = await result;
                await context.PostAsync(response);
```

```
            context.Wait(MessageReceivedAsync);
        }
        catch (WhereCanceledException wce)
        {
            await context.PostAsync($"Where cancelled: {wce.Message}");
        }
    }
```

ResumeAfterChainLinqAsync 결과 매개변수는 Call과 Forward를 위한 모든 콜백처럼 IAwaitable⟨string⟩이다. 여기에 try/catch 블록이 있고, 흥미로운 문장은 'await result'이다. Chain에서 발생한 예외들은 코드가 ResumeAfterChainLinqAsync가 수행한 결과인 result를 기다릴 때까지 처리될 수 없다.

지금까지 Chain을 사용하기 위한 여러 방법을 보았다. 거기에는 수많은 옵션이 있고 앞으로도 봇 프레임워크는 의심의 여지 없이 더 많은 기능을 추가하고 보완할 것이다. 어떤 기능들이 여러분과 팀과 프로젝트를 지원하는지 알아보기 위해 Chain 기능 집합에 있는 것을 취해서 그 기능을 기반으로 구성한다.

9.3 IScorable로 중단 처리하기

수많은 챗봇 작업은 대화 흐름을 설계하는 데 할애된다. 그 중 쉬운 부분은 사용자가 각본을 따르는 한 완벽하게 동작하는 대화 패턴인 정상 경로(happy path)를 설계하는 것이다. 남은 작업은 계획대로 흘러가지 않는 대화 경로를 처리하는 데서 비롯되는데 실생활에서는 충분히 발생할 수 있는 일이다. 그 예로는 항공권을 예약하는 사용자를 들 수 있다. 대화 중 갑자기 도착지 날씨를 물을 수도 있다. 또 다른 예로는 사용자가 서비스 등록 양식에 있는 질문에 답변하는 중간에 취소 정책을 묻는 경우도 있다.

사용자는 언제든지 챗봇에 아무 말이나 할 수 있기 때문에 범위를 벗어나는 대화를 처리하기 위한 도구가 필요하다. 여기에서 등장하는 것이 IScorable이다. IScorable은 들어오는 메시지를 수신 대기하고 있다가 메시지를 처리해야 할지 여부를 평가하고 그 메시지를 어디에서 처리할지 투표하는 형식이다. 봇 빌더는 가장 높은 점수를 갖는 IScorable을 선택해서 그것이 메시지를 처리하도록 한다. IScorable 형식이 메시지를 처리할 때마다 다이얼로그 스택의 모든 처리를 무시하므로 선택된 IScorable이 사용자 메시지를 처리하고 적절하게 응답할 수 있게 된다.

이 절의 예제는 사용자가 도움을 요청할 경우에 대한 것이다. 이것은 FormFlow에 내장되어 있지만, 다른 다이얼로그 형식들이 그 상황을 처리하도록 코딩되어 있지 않다면 도움이 되지 않는다. 이 시나리오에서 IScorable이 도움될 수 있다. 이때 사용자를 돕기 위해 **help** 명령어를 가로챈다. 그렇지 않으면 이 명령어는 스택 맨 위에 있는 현재 다이얼로그로 들어갈 입력으로 해석될 것이다. 부록 코드의 ScorableHelp 프로젝트에서 가져온 목록 9-6은 이를 허용하는 HelpScorable을 보여준다.

목록 9-6 IScorable 생성 — HelpScorable.cs

```csharp
using Microsoft.Bot.Builder.Dialogs;
using Microsoft.Bot.Builder.Dialogs.Internals;
using Microsoft.Bot.Builder.Scorables.Internals;
using Microsoft.Bot.Connector;
using System.Text.RegularExpressions;
using System.Threading;
using System.Threading.Tasks;

namespace ScorableHelp.Dialogs
{
    public class HelpScorable : ScorableBase<IActivity, string, double>
    {
        readonly IBotToUser botToUser;

        public HelpScorable(IBotToUser botToUser)
        {
            this.botToUser = botToUser;
        }

        protected override async Task<string> PrepareAsync(
            IActivity activity, CancellationToken token)
        {
            var text = (activity as IMessageActivity)?.Text ?? "";
            var regex = new Regex("/help", RegexOptions.IgnoreCase);
            var match = regex.Match(text);

            return match.Success ? match.Groups[0].Value : null;
        }

        protected override bool HasScore(IActivity item, string state)
        {
            return state != null;
        }

        protected override double GetScore(IActivity item, string state)
        {
            return 1.0;
        }
```

```
        protected override async Task PostAsync(
            IActivity item, string state, CancellationToken token)
        {
            await botToUser.PostAsync("How may I help?", cancellationToken: token);
        }

        protected override Task DoneAsync(
            IActivity item, string state, CancellationToken token)
        {
            return Task.CompletedTask;
        }
    }
}
```

HelpScorable은 추상 클래스 ScorableBase에서 파생되고 이 ScorableBase는 IScorable에서 파생된다. 각 메서드는 ScorableBase의 추상 메서드를 재정의한다. ScorableBase 클래스는 강력한 형식의 상속을 지원함으로써 도움을 제공한다. 다음은 모든 멤버를 포함한 ScorableBase로 간결함을 위해 GetScore 메서드를 제외했다.

```
public abstract class ScorableBase<Item, State, Score> : IScorable<Item, Score>
{
    protected abstract Score GetScore(Item item, State state);

    [DebuggerStepThrough]
    Score IScorable<Item, Score>.GetScore(Item item, object opaque)
    {
        var state = (State)opaque;

        if (!HasScore(item, state))
        {
            throw new InvalidOperationException();
        }

        return this.GetScore(item, state);
    }
}
```

ScorableBase에는 세 개의 형식 매개변수가 있지만, IScorable에는 두 개의 형식 매개변수만 있다. Item은 클래스가 평가한 매개변수의 형식이고, State는 코드가 점수를 낼 때 필요한 정보를 담을 수 있게 해주는 값의 형식이며, Score는 그 클래스가 산출한 결과의 형식이다. IScorable의 목적은 Item을 평가하고, 모든 메서드에 공유된 정보를 State에 저장해서 최종 Score를 확인할 수 있도록 한다. 목록 9-5에서 Item은 IActivity고, State는 string이며 Score는

double이다.

ScorableBase의 두 개의 GetScore 오버로드는 강력한 형식의 자식 클래스(child class)를 만드는 방법을 보여준다. 봇 빌더는 인터페이스 형식을 사용해서 명시적으로 구현된 IScorable〈Item, Score〉.GetScore 메서드를 호출한다. 이 메서드는 점수가 할당됐는지를 확인한다. 우리는 다음 문단에서 이를 구현한 HelpScorable을 설명한다. 여기에서 알 수 있는 것은 opaque 매개변수의 형식이 object여도 IScorable〈Item, Score〉.GetScore는 abstractGetScore에 이 호출을 위임해서 HelpScorable의 메서드 같은 자식 클래스 메서드를 강력한 형식의 매개변수를 가지고 호출한다는 사실이다. IScorable을 직접 구현한 클래스라면 형식 제약이 약하다. ScorableBase가 더 편리하다.

HelpScorable 생성자는 IBotToUser 매개변수를 가져와서 사용자에게 응답하는 PostAsync에서 사용할 참조를 저장한다. 봇 빌더는 각 메서드를 목록 9-6에서 나오는 순서대로 호출한다. 여기에 몇 가지 주의해야 할 사항이 있는데 간단히 설명하면 다음과 같다.

PrepareAsync에서는 IScorable이 IActivity를 통해 사용자 입력을 평가한다. 이 예제는 사용자가 /help를 입력했는지 알아보기 위해 정규식을 사용한다. 슬래시(/)는 명령어를 일반 대화 입력과 구분하는 유용한 표현 규칙이다. 실제로 봇 프레임워크에는 /deleteprofile이라는 이름의 IScorable이 있다. 이것은 사용자 정보를 삭제하는 것으로 이 역시 슬래시를 앞에 붙이는 표현 규칙을 사용한다. /deleteprofile을 입력하기만 하면 봇 상태에서 모든 사용자 데이터를 삭제한다. PrepareAsync는 평가 결과를 나타내는 문자열을 반환하고 HasScore에 상태 매개변수로 전달된다.

봇 빌더는 여러 개의 IScorable 인스턴스를 평가할 가능성이 있다. 이 예제의 경우 /deleteprofile과 /help를 모두 평가 중이다. 이 목록을 최소화하기 위해 각 IScorable은 사용자 입력을 처리하기 위한 투표를 하고 싶지 않음을 알릴 수 있다. 이것이 HasScore 메서드의 목적이다. HelpScorable 예제는 테스트로 status가 null인지 검사한다. 이는 PrepareAsync가 일치하는 문자열을 반환하거나 사용자가 /help가 아닌 다른 것을 입력하면 null을 반환하기 때문이다. IScorable이 투표하고 싶다면 true를 반환한다. IScorable이 false를 반환하면 더 이상 평가에 참여하지 않고 봇 빌더는 더 이상 해당 Iscrable의 메서드를 호출하지 않는다.

GetScore는 메시지 처리를 두고 경쟁하기 위해 점수를 반환한다. 이 예제에서 점수는 1.0이다. 즉 /deletprofile의 구현과 일치한다는 뜻이다. 반환값은 double형으로 이 IScorable이 적절하게 사용자 입력을 처리할 수 있는지에 대한 확실성이나 신뢰도, 확률의 수준을 나타낸다. 여러분의 설계에서 선정된 IScorable을 수용하기 위해 반환값을 자유롭게 설정할 수 있다.

여러 개의 IScorable이 점수를 반환할 수 있다. 그렇게 되면 단일 활동을 처리하기 위해 경쟁하게 된다. 경쟁이 일어나면 봇 빌더는 가장 높은 점수를 갖는 IScorable을 취한다.

가장 높은 점수를 갖는 IScorable이 선정되면 봇 빌더는 그 인스턴스의 PostAsync 메서드를 호출한다. PostAsync 메서드의 목적은 사용자 입력에 응답하는 데 있다. 이 IScorable이 선정되지 않았다면 훨씬 더 빨리 수행하는 것은 처리상 낭비일 뿐이다. 이 예제에서는 사용자에게 간단한 메시지를 게시하지만, 다이얼로그 스택에서 현재 다이얼로그가 될 다른 다이얼로그를 시작할 수도 있다.

DoneAsync 메서드는 마지막으로 호출되는 메서드로 남은 작업이 있다면 마무리 정리하는 작업을 수행한다.

여러분은 IScorable을 등록하는 코드를 작성해서 봇 빌더가 그 IScorable을 찾을 수 있게 해야 한다. 목록 9-7은 그 방법을 보여준다.

목록 9-7 IScorable 등록 — Global.asax.cs

```
using Autofac;
using Microsoft.Bot.Builder.Dialogs;
using Microsoft.Bot.Builder.Scorables;
using Microsoft.Bot.Connector;
using ScorableHelp.Dialogs;
using System.Web.Http;

namespace ScorableHelp
{
    public class WebApiApplication : System.Web.HttpApplication
    {
        protected void Application_Start()
        {
            GlobalConfiguration.Configure(WebApiConfig.Register);

            Conversation.UpdateContainer(builder =>
            {
                builder.RegisterType<HelpScorable>()
                    .As<IScorable<IActivity, double>>()
                    .InstancePerLifetimeScope();
            });
        }
    }
```

```
}
```

봇 프레임워크는 AutoFac이라는 제어 반전(Inversion of Control, IoC) 컨테이너를 사용한다. 이것
은 오픈 소스 도구로 단위 테스트와 코드의 느슨한 결합(loose coupling)을 지원한다. AutoFac
은 봇 빌더를 사용해서 다양한 목적을 위한 형식을 주입하는 방식이기도 하다. 이 예제에서는
builder.RegisterType을 사용해서 봇 빌더에게 HelpScorable이 사용자 메시지 처리를 두고 등
록된 다른 IScorable 형식들과 경쟁하도록 허용해야 한다는 것을 알려준다.

Conversation.UpdateContainer 메서드는 봇 빌더 형식으로, 봇 빌더가 자신의 형식을 등록
하기 위해 사용하는 ContainerBuilder 인스턴스인 builder를 보여준다. 앞으로 많은 예제에서
ContainerBuilder를 인스턴스화하고 형식을 등록한 다음 그 인스턴스의 Update를 호출하는
것을 보게 될 것이다. 그러나 AutoFac에서 Update가 사장됐기 때문에 컴파일러 경고가 발생
할 것이다. 이 문제는 Conversation.UpdateContainer를 사용하면 해결된다.

9.4 텍스트 출력 서식 지정하기

지금까지 봤던 출력들은 전부 일반 텍스트였다. WineBot 검색으로부터 받은 응답은 쉼표로
구분된 목록으로 보여주기 때문에 읽기 쉽지 않다. 이 절에서 사용자 출력 서식을 지정해서
가독성을 높이는 방법을 배우겠다. 부록 소스 코드의 WineBotFormatted에서 가져온 목록
9-8은 텍스트를 Markdown 양식으로 지정하는 방법을 보여준다.

목록 9-8 텍스트 서식 지정하기 — WineForm.cs

```
using Microsoft.Bot.Builder.FormFlow;
using System;
using System.Collections.Generic;
using System.Linq;
using System.Web;
using WineBotLib;
using Microsoft.Bot.Builder.Dialogs;
using System.Threading.Tasks;
using System.Text;
using Microsoft.Bot.Connector;

namespace WineBotFormatted.Dialogs
{
    [Serializable]
    public class WineForm
```

```
    {
        public WineType WineType { get; set; }
        public RatingType Rating { get; set; }
        public StockingType InStock { get; set; }

        public IForm<WineForm> BuildForm()
        {
            return new FormBuilder<WineForm>()
                .Message(
                    "I have a few questions on your wine search. " +
                    "You can type \"help\" at any time for more info.")
                .OnCompletion(WineFormCompletedAsync)
                .Build();
        }

        async Task WineFormCompletedAsync(IDialogContext context, WineForm
wineResults)
        {
            List[] wines =
                await new WineApi().SearchAsync(
                    (int)wineResults.WineType,
                    (int)wineResults.Rating,
                    wineResults.InStock == StockingType.InStock,
                    "");

            var message = new StringBuilder();

            if (wines.Any())
            {
                message.AppendLine("# Top Matching Wines ");

                foreach (var wine in wines)
                    message.AppendLine($"* {wine.Name}");
            }
            else
            {
                message.Append("_Sorry, No wines found matching your criteria._");
            }

            //var reply = (context.Activity as Activity).CreateReply(message.
ToString());
            //reply.TextFormat = "plain";
            //await context.PostAsync(reply);

            await context.PostAsync(message.ToString());
        }
    }
}
```

WineFormCompletedAsync 메서드는 텍스트 서식을 지정하는 방법을 보여준다. 여기에서는 텍스트 서식을 지정할 때 많이 사용되는 Markdown을 사용한다. 이 서식에 대한 더 자세한 내용은 웹 검색으로 알아볼 수 있다. 이 예제는 제목 # Top Matching Wines를 만들기 위해 h1 해시 기호를 사용한다. 각 와인은 *{wine.Name}처럼 맨 앞에 별표를 붙여서 화면에 불릿 목록으로 표시된다. 그림 9-1은 이것이 어떻게 보이는지 보여준다.

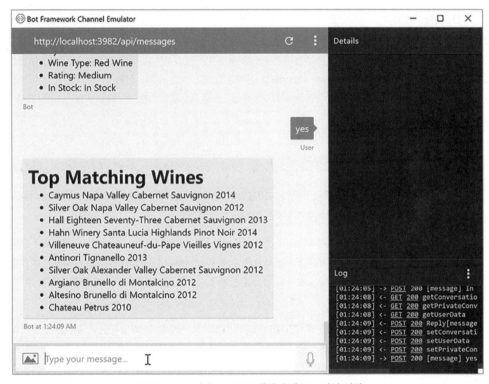

그림 9-1 markdown으로 메시지 텍스트 서식 지정

그림 9-1에서 보여주는 것처럼 와인 목록이 이전의 쉼표로 구분된 것보다 더 가독성이 높다.

텍스트의 기본 서식은 markdown이다. 일반적으로 마크업으로 사용하지 않을 #와 * 같은 문자들까지도 결과의 모양새를 바꿀 수 있다. 또한, markdown이 HTML로 변환될 것이라고 생각하지만, SMS 같은 텍스트 전용 채널에서 모든 markdown 텍스트는 일반적인 문자로 처리된다. 평범한 텍스트 출력을 원한다면 reply 변수의 TextFormat 속성을 plain으로 설정하면 된다. 목록 9-8에서 주석 처리된 다음 코드는 양식을 평범한 텍스트로 설정하는 방법을 보여준다.

```
            //var reply = (context.Activity as Activity).CreateReply(message.
 ToString());
            //reply.TextFormat = "plain";
            //await context.PostAsync(reply);
```

Activity 형식에는 CreateReply 메서드가 있다. 이 메서드는 입력 Activity를 가져와서 응답
Activity로 전환한다. 본질적으로 그 뒤에서는 Recipient와 From 속성을 맞바꾼다. 새로운 액
티비티가 생겼다면 TextFormat 속성을 plain으로 설정하면 된다.

> TextFormat도 xml의 값을 받는다. 하지만 이렇게 지정된 서식은 스카이프에서만 동작한다. 이것을
> 사용하려면 텍스트를 HTML 마크업으로 장식하면 된다. 이는 HTML 서식을 사용했던 이전 버전의
> 스카이프 챗봇을 이식할 때 유용하지만, 여러 플랫폼을 대상으로 하는 챗봇에서는 실용적이지 않다.

요약

이 장에서는 다양한 형태의 고급 대화를 배웠다. 다이얼로그 스택을 설명하는 것으로 시작해 체이닝을 다루었
고, IScorables를 설명하고 텍스트 서식을 지정하는 방법을 보여줬다.

그리고 스택을 통해 다이얼로그의 기본 내비게이션을 관리하는 방법을 배웠다. 이 스택의 맨 꼭대기에는 현재
다이얼로그가 있다. 이어서 다양한 메서드를 사용하여 한 다이얼로그에서 다른 다이얼로그로 이동하는 예제를
봤다. 다이얼로그가 자신을 호출한 다이얼로그로 결과를 반환해서 호출 다이얼로그가 그 결과를 처리할 수 있
도록 하는 방법을 배웠다.

Chain 메서드는 매우 확장적이며 다른 로직뿐 아니라 다이얼로그를 생성할 수 있게 해준다. 여러분은 루프와
케이스 문을 통해 체인으로 내비게이션을 관리할 수 있다. 여기에는 다이얼로그 결과를 처리하기 위해 연속으로
메서드를 추가할 방법이 있다. 게다가 LINQ를 사용해서 다이얼로그 체인을 구성할 수도 있다. 또한, Chain이 프
로그램에 어떻게 사용될 수 있는지 보여주는 몇 가지 예제도 함께 보았다. 이것을 어떻게 사용할지 감을 잡으려
면 더 많은 연습이 필요하다.

챗봇이 현재 대화의 일반적인 흐름에서 벗어나 있는 사용자 상호작용을 처리할 수 있도록 IScorable을 만드는
방법을 배웠다. IScorables도 봇 빌더가 사용하는 AutoFac IoC 컨테이너를 통해 등록되어야 한다.

마지막으로 markdown을 사용해서 출력을 위한 텍스트의 서식을 지정하는 방법을 배웠다. 이는 평범한 텍스
트보다 더 나은 사용자 경험을 제공한다. 다음 장에서는 카드를 사용해서 사용자 경험을 더 개선하는 방법을
배울 것이다.

PART

III

채널과 GUI

이 책의 전반부에서 다룬 대부분의 챗봇은 몇 가지 버튼을 제외하면 주로 텍스트다. 이는 챗봇의 대화형 특성을 생각하면 당연하다. 하지만 챗봇에서 GUI 상호작용이 필요한 경우가 있다. 이제 어떻게 그 일이 가능한지 보여주겠다. 이 책의 대부분은 여러 채널에 적용되는 챗봇을 만드는 방법을 다루기 때문에 그러한 채널을 구성하고 사용하는 방법도 배울 것이다.

10장 '카드 추가하기'는 주로 챗봇에 GUI를 추가하는 일에 초점을 맞춘다. 이 장에서는 첨부 파일을 통해 사용자에게 전송하는 메시지에 GUI를 추가하는 기본 기술을 살펴본다. 다음 두 장에서는 채널을 구성하는 방법을 설명한다. 11장 '채널 구성'에서는 여러분이 챗봇을 배포하길 원하는 몇 가지 전형적인 채널을 포함해서 채널 설정에 대한 일반적인 주제를 다룬다. 12장 '이메일, SMS, 웹 챗봇 생성'에서는 전형적인 메시징 앱 채널에는 맞지 않는 채널을 구성하는 방법을 보여준다.

이 파트가 끝나면, 사용자와의 상호작용을 강화하고 사용자에게 멀티미디어를 제공하기 위해 가능한 GUI 요소에는 무엇이 있는지 알게 될 것이다. 또한, 메시징 앱과 다른 유형의 채널을 구성하는 방법을 알 수 있다.

CHAPTER 10

카드 추가하기

앞에서 사용자 상호작용을 위한 수많은 텍스트를 보여줬다. 챗봇이 텍스트에서 탁월하게 동작하므로 당연하다. 하지만 개념을 보여주기엔 텍스트만으로 충분하지 않을 때가 있다. 때론 이미지가 대화를 개선할 수 있다. 그리고 또 어떤 때는 동영상, 음성 같은 리치 이진 데이터(rich binary data)를 공유해야 할 때가 있다. 이 장은 카드를 사용해서 리치 GUI 요소를 표시하는 방법을 보여준다.

이 장은 데모 프로그램인 음악 챗봇을 간단히 소개하는 것으로 시작하겠다. 먼저 몇 가지 기본 기능, 파일 첨부(attachment)와 추천 활동(suggested action) 기능을 배우겠다. 추천 활동 기능은 사용자가 특정 행동을 선택할 수 있는 버튼이다. 파일 첨부 기능은 사용자와 챗봇 사이에서 파일을 공유할 수 있게 해준다. 또한, 파일 첨부 기능을 사용하면 챗봇이 사용자에게 카드를 보여줄 수 있다. 여기에서는 영웅 카드와 오디오 카드 같은 몇 가지 유형의 카드를 만드는 방법을 배울 것이다. 끝으로 이 장은 챗봇에 더 유연한 교차 플랫폼 인터페이스를 지원하는 적응형 카드(Adaptive Cards)도 살펴볼 예정이다.

10.1 음악 챗봇 개요

이 장에선 앞서 봤던 챗봇들에 비해 훨씬 더 많은 기능을 갖는 음악 챗봇이라는 새로운 데모 프로그램을 소개한다. 이 데모를 통해 챗봇을 설계할 때 고려해야 할 많은 개념을 학습할 것이다. 여기서도 여러 코드들을 보게 될 텐데, 모두 음악 챗봇을 만드는 하나의 프로젝트에서 발췌한 것이다. 부록 소스 코드에서 확인할 수 있다.

챗봇을 만들기 전에 대화 경로를 설계하고 싶을 것이다. 다음 절부터 음악 챗봇과 어떤 대화를 하게 될지 처음부터 끝까지 설명한다. 필자는 비지오(Visio)와 주로 UML 순서도와 비슷하게 생긴 다이어그램을 사용했다. 챗봇 대화 설계를 지원하는 서드파티 도구들이 점점 증가하고 있으므로 도움이 된다면 그중 자신의 작업에 가장 적합한 도구를 선택해서 써야 한다. 여기에서는 설계를 설명하고 각각을 코드에 구현하고, 구현 내용과 설계를 연결하기 위해 각각의 다이어그램을 다시 확인한다.

노트 이 다이어그램들은 대부분 정상적인 경로(happy path)라고 부르는 것을 설명한다. 정상적인 경로란 대화가 문제없이 진행되는 경로를 말한다. 하지만 실생활에서 사용자는 이 정상적인 경로의 이상적인 모습에서 벗어나 챗봇에 어떤 말이든 할 수 있다. 이러한 이유로 개발 기간 예상치 못했던 입력을 처리하기 위해 응답을 논리적으로 설계하거나 예상치 못했던 시나리오를 처리하는 방법에 대해 팀 내 공통 규칙을 계속 늘려가야 할 것이다.

Spotify API

음악 챗봇은 Spotify API를 사용해서 콘텐츠에 접근한다. 이 장의 코드를 실행하려면 먼저 다음 절차를 수행해야 한다.

1. 2장 '프로젝트 구성'에서 설명한 것처럼 봇 프레임워크로 음악 챗봇을 등록한다.

2. *https://developer.spotify.com/*에 방문해서 Spotify API로 등록한다(역주: 국내에서는 아직 스포티파이 서비스가 제공되지 않아 2번 단계를 바로 수행할 수 없다. 인터넷을 검색해보면 우회 사용 방법을 확인할 수 있다).

3. 1단계에서 얻은 자격 증명을 사용해서 Web.config를 업데이트한다. – Spotify API와 통신을 위한 보안 토큰을 얻기 위해 필요하다.

스포티파이 유료 회원이 아니더라도 Web.config 설정을 통해 테스트 데이터를 사용할 수 있도록 SpotifyService를 설정할 수 있다. 자세한 내용은 뒤에 Web.config 설정을 다룰 때 다시 설명하겠다.

음악 챗봇은 Spotify API와의 통신을 처리하기 위해 자신만의 SpotifyService 클래스(목록 10-1)를 포함한다.

목록 10-1 음악 챗봇 SpotifyService

```
using MusicChatbot.Models;
```

```csharp
using Newtonsoft.Json;
using System;
using System.Collections.Generic;
using System.Configuration;
using System.IO;
using System.Linq;
using System.Net;
using System.Text;
using System.Text.RegularExpressions;

namespace MusicChatbot.Services
{
    public class SpotifyService
    {
        const string BaseUrl = "https://api.spotify.com";
        readonly bool useTestData = true; // set to false to use the Spotify API.

        public SpotifyService()
        {
            string useTestDataParam = ConfigurationManager.AppSettings["UseTestData"];
            useTestData = string.IsNullOrWhiteSpace(useTestDataParam) ? true : bool.
Parse(useTestDataParam);
        }

        public string GetToken()
        {
            string responseString = SendAuthorizationRequest();
            return ExtractTokenFromJson(responseString);
        }

        string ExtractTokenFromJson(string json)
        {
            Match match = Regex.Match(
                json, ".*\"access_token\":\"(?<token>.*?)\".*", RegexOptions.
IgnoreCase);

            string token = null;
            if (match.Success)
                token = match.Groups["token"].Value;

            return token;
        }

        string SendAuthorizationRequest()
        {
            HttpWebRequest request = (HttpWebRequest)WebRequest.Create(
                "https://accounts.spotify.com/api/token");

            UTF8Encoding encoding = new UTF8Encoding();
            byte[] data = encoding.GetBytes("grant_type=client_credentials");
```

```
            request.Method = "POST";
            request.ContentType = "application/x-www-form-urlencoded";
            request.ContentLength = data.Length;

            string clientId = ConfigurationManager.AppSettings["ClientID"];
            string clientSecret = ConfigurationManager.AppSettings["ClientSecret"];

            byte[] credentials = encoding.GetBytes(clientId + ":" + clientSecret);
            string authenticationValue = "Basic " + Convert.
ToBase64String(credentials);
            request.Headers.Add("Authorization", authenticationValue);

            using (Stream stream = request.GetRequestStream())
                stream.Write(data, 0, data.Length);

            string responseString = null;
            using (HttpWebResponse response = (HttpWebResponse)request.GetResponse())
                responseString = new StreamReader(response.GetResponseStream()).
ReadToEnd();

            return responseString;
        }

        public List<GenreItem> GetGenres()
        {
            string responseJson;

            if (useTestData)
            {
                responseJson = GenreTestData;
            }
            else
            {
                string token = GetToken();

                HttpWebRequest request = (HttpWebRequest)WebRequest.Create(
                    $"{BaseUrl}/v1/browse/categories");
                request.Method = WebRequestMethods.Http.Get;
                request.Accept = "application/json";
                request.Headers["Authorization"] = "Bearer " + token;

                using (var response = (HttpWebResponse)request.GetResponse())
                using (var sr = new StreamReader(response.GetResponseStream()))
                    responseJson = sr.ReadToEnd();
            }

            Genres genres = JsonConvert.DeserializeObject<Genres>(responseJson);
            var genreList =
                (from genre in genres.Categories.Items
                 select genre)
                .ToList();
```

```
            return genreList;
        }

        public List<Track> GetTracks(string genreID)
        {
            string responseJson;

            if (useTestData)
            {
                responseJson = TrackTestData;
            }
            else
            {
                string token = GetToken();

                HttpWebRequest playlistRequest = (HttpWebRequest)WebRequest.Create(
                    $"{BaseUrl}/v1/browse/categories/{genreID}/playlists?limit=1");
                playlistRequest.Method = WebRequestMethods.Http.Get;
                playlistRequest.Accept = "application/json";
                playlistRequest.Headers["Authorization"] = "Bearer " + token;

                using (var response = (HttpWebResponse)playlistRequest.GetResponse())
                using (var sr = new StreamReader(response.GetResponseStream()))
                    responseJson = sr.ReadToEnd();

                PlayLists playList = JsonConvert.DeserializeObject<PlayLists>
(responseJson);
                string tracksUrl = playList.Playlists.Items.FirstOrDefault()?
.Tracks.Href;

                if (string.IsNullOrWhiteSpace(tracksUrl))
                    return new List<Track>();

                HttpWebRequest tracksRequest = (HttpWebRequest)WebRequest.
Create(tracksUrl);
                tracksRequest.Method = WebRequestMethods.Http.Get;
                tracksRequest.Accept = "application/json";
                tracksRequest.Headers["Authorization"] = "Bearer " + token;

                using (var response = (HttpWebResponse)tracksRequest.GetResponse())
                using (var sr = new StreamReader(response.GetResponseStream()))
                    responseJson = sr.ReadToEnd();
            }

            TracksRoot tracks = JsonConvert.DeserializeObject<TracksRoot>
(responseJson);
            var trackList =
                (from item in tracks.Items
                 select item.Track)
                .Take(5)
```

```
                .ToList();

        if (useTestData)
        {
            var fileService = new FileService();
            trackList.ForEach(track =>
            {
                track.Album.Images = new TrackImage[0];
                track.Uri = "http://aka.ms/botbook";
                track.Preview_url = fileService.GetBinaryUrl("Testing123.m4a");
            });
        }

        return trackList;
    }

    public string Search(SearchArguments args)
    {
        string responseJson;

        if (useTestData)
        {
            responseJson = SearchTestData;
        }
        else
        {
            string token = GetToken();

            HttpWebRequest request = (HttpWebRequest)WebRequest.Create(
                $"{BaseUrl}/v1/search?q={Uri.EscapeDataString(args.Query)}" +
                $"&limit={args.MaxItems}&type={args.Filters}");
            request.Method = WebRequestMethods.Http.Get;
            request.Accept = "application/json";
            request.Headers["Authorization"] = "Bearer " + token;

            using (var response = (HttpWebResponse)request.GetResponse())
            using (var sr = new StreamReader(response.GetResponseStream()))
                responseJson = sr.ReadToEnd();
        }

        return responseJson;
    }

    // NOTE: 내려받은 소스 코드에는 GenreTestData, TrackTestData, SearchTestData가
포함돼 있다.
    }
}
```

Spotify API는 API 요청마다 토큰이 필요하며 GetToken은 그 동작 방식을 보여준다. GetToken

은 토큰을 얻기 위해 2단계에서 Spotify 애플리케이션을 등록하면서 얻은 ClientID와 ClientSecret를 사용한다. 다음 코드는 ClientID와 ClientSecret이 Web.config의 appSettings 부분에 있음을 보여준다.

```xml
<?xml version="1.0" encoding="utf-8"?>
<configuration>
    <appSettings>
        <add key="BotId" value="MusicChatbot" />
        <add key="MicrosoftAppId" value="Your App ID" />
        <add key="MicrosoftAppPassword" value="Your Password" />
    </appSettings>
    <connectionStrings>
        <add name="StorageConnectionString"
            connectionString="Your Azure storage connection string" />
    </connectionStrings>
    <system.web>
        <!-- 명확성을 위해 생략 -->
    </system.web>
    <system.webServer>
        <!-- 명확성을 위해 생략 -->
    </system.webServer>
    <runtime>
        <!-- 명확성을 위해 생략 -->
    </runtime>
</configuration>
```

> **노트**
> UseTestData 항목을 true로 설정했다는 점을 알아두자. 이렇게 하면 스포티파이 계정을 만들지 않고도 프로그램을 실행할 수 있다. 그 대신 테스트 데이터만 사용할 수 있다.

나머지 메서드들은 GetToken을 사용해서 Spotify API를 호출한다. GetGenres는 사용자가 고를 수 있는 음악 카테고리 목록을 가져온다. GetTracks는 음악 트랙을 검색하고 재생하기 위해 트랙 목록을 가져온다. GetPreview 메서드는 트랙의 오디오가 있는 URL을 포함한 형식을 반환해서 사용자가 그 트랙을 들어볼 수 있게 한다. Search는 사용자가 제공한 기준을 기반으로 검색을 수행한다. 이 모든 코드는 Spotify API 문서에 나온 데모를 기반으로 하며, 2단계에서 방문했던 링크에서 찾아볼 수 있다.

Item, Preview, SearchArguments는 음악 챗봇 코드에서 정의한 사용자 정의 형식으로 프로그램이 필요로 하는 데이터를 갖는 속성을 담고 있다. 이들이 어떻게 작동하는지 이 장에서 보게 될 것이다.

다음 절은 SpotifyService를 사용하는 다이얼로그를 설계하는 방법을 설명한다.

루트(Root) 다이얼로그

음악 챗봇은 사용자가 무엇을 하고 싶은지 묻는 루트 메뉴로 시작한다. 그림 10-1은 그 순서도를 설명한다.

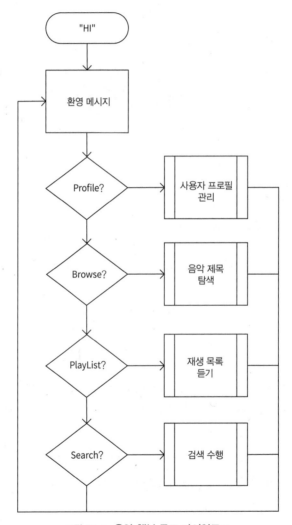

그림 10-1 **음악 챗봇 루트 다이얼로그**

그림 10-1에서 보듯이 환영 메시지 다음으로 사용자는 Profile, Browse, Playlist, Search 중 선택할 수 있다. 각 항목은 요청 내용을 만족시키기 위한 새로운 다이얼로그를 시작한다.

프로필(Profile) 다이얼로그

프로필 다이얼로그는 사용자 프로필 정보를 보여주고 사용자가 그 정보를 갱신할 수 있게 해준다. 그림 10-2는 그 동작 방식을 보여준다.

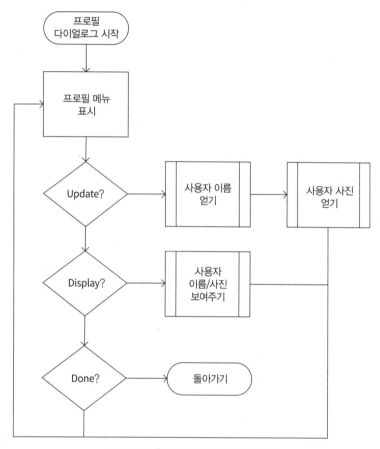

그림 10-2 **음악 챗봇 프로필 다이얼로그**

그림 10-2의 프로필 다이얼로그는 사용자가 자신의 프로필 정보를 갱신(Update)할 것인지 표시(Display)할 것인지 선택할 수 있게 한다. Update는 사용자 이름과 사진을 요청하고 저장하는 프로세스로 분기한다. Display는 사용자의 이름과 이미지를 가져와 그 값을 표시한다. 완료(Done)는 사용자가 루트 다이얼로그로 돌아가게 해준다.

탐색(Browse) 다이얼로그

사용자가 browse를 선택하면, 트랙(노래) 목록을 보고 선택해서 구매할 수 있다. 그림 10-3은 탐색 다이얼로그의 동작 방식을 보여준다.

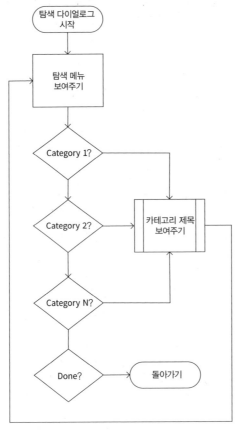

그림 10-3   음악 챗봇 탐색 다이얼로그

그림 10-3을 보면 탐색 다이얼로그가 메뉴를 어떻게 보여주는지 알 수 있다. 음악 챗봇은 직접 스포티파이 서비스에 요청해서 모든 카테고리를 가져오고 사용자에게 선택할 수 있는 카테고리 목록을 동적으로 제공한다. Done을 선택하면 사용자는 루트 다이얼로그로 돌아간다.

재생목록(Playlist) 다이얼로그

사용자는 playlist를 선택해서 트랙을 들을 수 있다. 그림 10-4는 재생목록 다이얼로그 동작 방식을 보여준다.

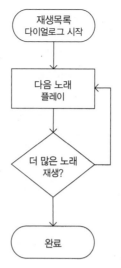

그림 10-4 음악 챗봇 재생목록 다이얼로그

사용자는 그림 10-4의 재생목록 다이얼로그를 통해 트랙을 들을 수 있다. 사용자는 자신이
원하는 만큼 계속해서 노래를 들을 수 있다. 다 들었다면 루트 다이얼로그로 돌아가게 된다.

검색(Search) 다이얼로그

사용자는 Search를 선택해서 아티스트, 트랙, 앨범 같은 다양한 정보를 검색할 수 있다. 그림
10-5는 검색 다이얼로그 동작 방식을 보여준다.

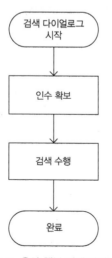

그림 10-5 음악 챗봇 검색 다이얼로그

그림 10-5는 검색 다이얼로그가 인수를 수집하고 검색을 수행하는 방식을 보여준다.

지금까지 음악 챗봇 설계를 살펴보았고, 데이터 원천이 되는 서비스인 Spotify API를 설명했다. 이 장의 나머지 부분에서는 이 설계의 구현을 살펴보고 각 다이얼로그가 SpotifyService를 사용하는 방식을 살펴보겠다.

10.2 구성 요소

이 절에서 설명하는 기능은 봇 프레임워크 카드를 구현하는 데 기본이 되므로 제목을 '구성 요소'로 지었다. 추천 활동에는 카드의 버튼에 해당하는 CardAction 형식이 있고 파일 첨부를 이용해서 챗봇 응답에 카드를 추가할 수 있다. 이것은 앞으로 카드에 대해 배우면서 더 분명해지겠지만, 일단은 추천 활동을 먼저 알아보자.

추천 활동 제시

추천 활동을 사용하면 챗봇의 메시지에 명령어를 추가할 수 있다. 이것은 일반적으로 사용자가 클릭하거나 탭 할 수 있는 버튼으로 나타난다. 구성할 수 있는 활동은 다양하게 많지만, 이 예제에서는 사용자의 응답을 일반적인 IMessageActivity로 받는다. 그림 10-6은 추천 활동을 포함한 메시지가 어떻게 나타나는지를 보여준다.

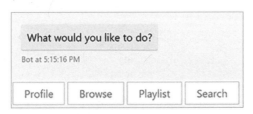

그림 10-6 **추천 활동을 포함한 메시지**

그림 10-6에서 보듯이 추천 활동은 Profile, Browse, Playlist, Search 버튼으로 등장한다. 그림 10-6은 그림 10-1의 다이어그램에서 보여줬던 루트 다이얼로그의 사용자 인터페이스로 목록 10-2와 10-3에서 이를 구현한다.

목록 10-2 **음악 챗봇 RootDialog**

```
using System;
using System.Threading.Tasks;
using Microsoft.Bot.Builder.Dialogs;
```

```csharp
using Microsoft.Bot.Connector;
using MusicChatbot.Models;
using System.Linq;
using System.Collections.Generic;

namespace MusicChatbot.Dialogs
{
    [Serializable]
    public class RootDialog : IDialog<object>
    {
        public const string WelcomeMessage =
            "### Welcome to Music Chatbot!\n" +
            "Here are some of the things you can do:\n" +
            "* *Profile* to manage your profile information.\n" +
            "* *Browse* to find the music you like.\n" +
            "* *Playlist* for listening to favorite tunes.\n\n" +
            "Type \""Go\"" to get started!";

        public Task StartAsync(IDialogContext context)
        {
            context.Wait(MessageReceivedAsync);
            return Task.CompletedTask;
        }

        async Task MessageReceivedAsync(IDialogContext context,
IAwaitable<IMessageActivity> result)
        {
            IMessageActivity activity = await result;

            RootMenuItem choice;
            if (Enum.TryParse(activity.Text, out choice))
            {
                switch (choice)
                {
                    case RootMenuItem.Profile:
                        await context.Forward(new ProfileDialog(),
ResumeAfterDialogAsync, activity);
                        break;
                    case RootMenuItem.Browse:
                        await context.Forward(new BrowseDialog(),
ResumeAfterDialogAsync, activity);
                        break;
                    case RootMenuItem.Playlist:
                        await context.Forward(new PlaylistDialog(),
ResumeAfterDialogAsync, activity);
                        break;
                    case RootMenuItem.Search:
                        await context.Forward(new SearchDialog(),
ResumeAfterDialogAsync, activity);
                        break;
                    default:
```

```
                    await context.PostAsync(WelcomeMessage);
                    context.Wait(MessageReceivedAsync);
                    break;
            }
        }
        else
        {
            await ShowMenuAsync(context);
        }
    }

    async Task ResumeAfterDialogAsync(IDialogContext context, IAwaitable<object>
result)
    {
        await ShowMenuAsync(context);
    }

    async Task ShowMenuAsync(IDialogContext context)
    {
        var options = Enum.GetValues(typeof(RootMenuItem)).Cast<RootMenuItem>().
ToArray();

        var reply = (context.Activity as Activity).CreateReply("What would you
like to do?");

        reply.SuggestedActions = new SuggestedActions
        {
            To = new List<string> { context.Activity.From.Id },
            Actions =
                (from option in options
                 let text = option.ToString()
                 select new CardAction
                 {
                     Title = text,
                     Type = ActionTypes.ImBack,
                     Value = text
                 })
                .ToList()
        };

        await
            new ConnectorClient(new Uri(reply.ServiceUrl))
                .Conversations
                .SendToConversationAsync(reply);

        context.Wait(MessageReceivedAsync);
    }
  }
}
```

목록 10-3 음악 챗봇 RootMenuItem

```
namespace MusicChatbot.Models
{
    public enum RootMenuItem
    {
        Profile, Browse, Playlist, Search
    }
}
```

목록 10-3의 RootMenuItem은 선택할 수 있는 유효한 메시지를 보여주는 열거형이다. 목록 10-2의 MessageReceivedAsync가 RootMenuItem 멤버와 일치하지 않는 경우, ShowMenuAsync 메서드를 호출한다.

ShowMenuAsync는 수신한 Activity의 CreateReply 메서드를 사용해서 사용자에게 돌려줄 새로운 Activity를 생성한다. Activity에는 SuggestedActions 속성이 있다. 이 속성의 형식은 SuggestedAction으로 이 형식에는 두 개의 속성, To와 Actions가 있다. To 속성은 선택적으로 쓰이는 것으로, 그룹 채팅 시나리오에서 이 행동들을 볼 수 있는 사용자를 지정할 때 사용된다. Actions는 사용자가 선택할 수 있는 옵션들을 포함하고 있는 List〈CardActions〉이다. 각 옵션은 Title, Type, Value 속성을 포함한 CardAction이며 ShowMenuAsync는 RootMenuItem 멤버에 대응하는 사용 가능한 옵션을 구하는 LINQ문으로 Actions를 채운다. ActivityType.ImBack 절은 사용자의 선택이 그 다이얼로그에 일반 IMessageActivity로 돌아가게 한다. 다음 ActivityTypes 클래스는 CardAction Types 속성과 함께 사용할 수 있는 옵션들을 보여주는 봇 프레임워크 형식이다.

```
public class ActionTypes
{
    /// <summary>
    /// 클라이언트는 내장된 브라우저에서 해당 url을 열게 됨
    /// </summary>
    public const string OpenUrl = "openUrl";

    /// <summary>
    /// 클라이언트는 봇에 메시지를 게시함으로써
    /// 다른 모든 참가자들은 봇에 게시된 내용과 게시자를 볼 수 있음
    /// </summary>
    public const string ImBack = "imBack";

    /// <summary>
    /// 클라이언트는 비공개로 봇에 메시지를 게시함으로써
    /// 대화에 참여한 다른 참여자들은 게시된 메시지를 볼 수 없음
```

```
    /// </summary>
    public const string PostBack = "postBack";

    /// <summary>
    /// url에 있는 오디오 컨테이너를 재생
    /// </summary>
    public const string PlayAudio = "playAudio";

    /// <summary>
    /// url에 있는 비디오 컨테이너를 재생
    /// </summary>
    public const string PlayVideo = "playVideo";

    /// <summary>
    /// url에 있는 이미지를 보여줌
    /// </summary>
    public const string ShowImage = "showImage";

    /// <summary>
    /// url에 있는 파일을 다운로드
    /// </summary>
    public const string DownloadFile = "downloadFile";

    /// <summary>
    /// Signin button
    /// </summary>
    public const string Signin = "signin";
}
```

ImBack과 PostBack의 차이는 그룹 대화에서 ImBack은 모든 사용자가 볼 수 있지만, PostBack은 그것을 선택한 사용자만 비공개로 볼 수 있다. PostBack은 JSON 문서 같은 정보를 돌려보내면서 그 정보가 채팅 창에 보이는 것을 원하지 않을 때 유용하다. 또한, 이 행위는 채널에 따라 달라질 수 있으므로 반드시 챗봇이 등장하는 모든 채널에서 테스트해서 그 행위를 검증해야 한다. ActionTypes 멤버 중 일부는 카드에 해당하며 이 장 후반부에서 그 멤버들이 어떻게 동작하는지 보게 될 것이다.

ShowMenuAsync가 메서드에 포함되는 형태를 주의 깊게 보자. ResumeAfterDialogAsync와 MessageReceivedAsync의 else 절에서 ShowMenuAsync를 호출해서 항상 사용자에게 안내할 내용을 제공한다. 이것이 여러분의 챗봇에 적합할 수도, 그렇지 않을 수도 있지만, 사용자가 길을 잃지 않도록 하는 것은 서비스 품질에 도움이 될 수 있다.

카드는 자신이 제공하는 옵션을 위해 CardAction을 사용하므로 이것을 카드의 필수 부분으로 사용하는 것을 볼 것이다. 다음으로 알아볼 구성 요소는 파일 첨부다.

파일 첨부 사용하기

파일 첨부 기능은 챗봇과 사용자가 콘텐츠를 공유할 수 있게 해준다. 사용자가 챗봇에 콘텐츠를 전송해야 한다면, 그것은 아마 자신의 프로필을 업데이트하기 위한 이미지나 데이터 분석을 위한 CSV 같은 파일 형태일 것이다. 역으로 챗봇이 사용자에게 이미지를 보여주고 싶을 경우도 있다. 목록 10-4는 음악 챗봇이 ProfileDialog에서 파일 첨부 기능을 사용하는 방법을 보여준다.

목록 10-4 음악 챗봇 ProfileDialog

```
using Microsoft.Bot.Builder.Dialogs;
using Microsoft.Bot.Connector;
using MusicChatbot.Models;
using MusicChatbot.Services;
using Newtonsoft.Json.Linq;
using System;
using System.IO;
using System.Linq;
using System.Net.Http;
using System.Threading.Tasks;

namespace MusicChatbot.Dialogs
{
    [Serializable]
    public class ProfileDialog : IDialog<object>
    {
        public string Name { get; set; }
        public byte[] Image { get; set; }

        public Task StartAsync(IDialogContext context)
        {
            context.Wait(MessageReceivedAsync);
            return Task.CompletedTask;
        }

        Task MessageReceivedAsync(IDialogContext context, IAwaitable<object> result)
        {
            ShowMainMenu(context);
            return Task.CompletedTask;
        }

        void ShowMainMenu(IDialogContext context)
        {
            var options = Enum.GetValues(
                typeof(ProfileMenuItem)).Cast<ProfileMenuItem>().ToArray();
            PromptDialog.Choice(
                context, ResumeAfterChoiceAsync, options, "What would you like to
do?");
```

```csharp
    }

    async Task ResumeAfterChoiceAsync(
        IDialogContext context, IAwaitable<ProfileMenuItem> result)
    {
        ProfileMenuItem choice = await result;

        switch (choice)
        {
            case ProfileMenuItem.Display:
                await DisplayAsync(context);
                break;
            case ProfileMenuItem.Update:
                await UpdateAsync(context);
                break;
            case ProfileMenuItem.Done:
            default:
                context.Done(this);
                break;
        }
    }

    Task UpdateAsync(IDialogContext context)
    {
        PromptDialog.Text(context, ResumeAfterNameAsync, "What is your name?");
        return Task.CompletedTask;
    }

    async Task ResumeAfterNameAsync(IDialogContext context, IAwaitable<string>
result)
    {
        Name = await result;
        await context.PostAsync("Please upload your profile image.");
        context.Wait(UploadAsync);
    }

    async Task UploadAsync(IDialogContext context, IAwaitable<object> result)
    {
        var activity = await result as Activity;

        if (activity.Attachments.Any())
        {
            Attachment userImage = activity.Attachments.First();
            Image = await new HttpClient().GetByteArrayAsync(userImage.
ContentUrl);

            StateClient stateClient = activity.GetStateClient();
            BotData userData = await stateClient.BotState.GetUserDataAsync
                (activity.ChannelId, activity.From.Id);
            userData.SetProperty(nameof(Name), Name);
            userData.SetProperty(nameof(Image), Image);
```

```
            await stateClient.BotState.SetUserDataAsync(
                activity.ChannelId, activity.From.Id, userData);
        }
        else
        {
            await context.PostAsync("Sorry, I didn't see an image in the
attachment.");
        }

        ShowMainMenu(context);
    }

    async Task DisplayAsync(IDialogContext context)
    {
        Activity activity = context.Activity as Activity;

        StateClient stateClient = activity.GetStateClient();
        BotData userData =
            await stateClient.BotState.GetUserDataAsync(
                activity.ChannelId, activity.From.Id);

        if ((userData.Data as JObject)?.HasValues ?? false)
        {
            string name = userData.GetProperty<string>(nameof(Name));

            await context.PostAsync(name);

            byte[] image = userData.GetProperty<byte[]>(nameof(Image));

            var fileSvc = new FileService();
            string imageName = $"{context.Activity.From.Id}_Image.png";

            string imageFilePath = fileSvc.GetFilePath(imageName);
            File.WriteAllBytes(imageFilePath, image);

            string contentUrl = fileSvc.GetBinaryUrl(imageName);
            var agenda = new Attachment("image/png", contentUrl, imageName);
            Activity reply = activity.CreateReply();
            reply.Attachments.Add(agenda);

            await
                new ConnectorClient(new Uri(reply.ServiceUrl))
                    .Conversations
                    .SendToConversationAsync(reply);
        }
        else
        {
            await context.PostAsync("Profile not available. Please update
first.");
        }
```

```
            ShowMainMenu(context);
        }
    }
}
```

ProfileDialog는 그림 10-2의 프로필 다이얼로그 다이어그램을 구현한다. 음악 챗봇은 IBotDataStore〈BotData〉를 사용해서 첨부 파일을 저장한다. 이 방식을 사용할 때 가장 먼저 고려할 사항은 IBotDataStore〈BotData〉가 이미지를 저장하기에는 충분하지 않은 32kb 용량의 기본 봇 상태 서비스를 사용한다는 것이다.

 봇 상태 서비스는 운영 작업을 위한 것은 아니고 개발을 쉽게 하기 위한 것이다.
노트

상태 데이터를 관리하는 적절한 방법은 자신만의 데이터 소스를 사용하는 IBotDataStore 〈BotData〉 구현을 제공하는 것이다. 음악 챗봇의 경우 데이터 소스로 애저 테이블 스토리지를 사용하고 다음에 그 단계를 정리하였다.

1. Microsoft.Bot.Builder.Azure NuGet 패키지를 설치한다. 여기에는 애저 테이블 스토리지를 포함해서 여러 데이터 소스를 위한 IBotDataStore〈BotData〉 구현이 포함되어 있다. 애저를 더 자세히 알고 싶다면《Microsoft Azure 에센셜》(https://blogs.msdn.microsoft.com/microsoft_press/2016/09/01/free-ebookmicrosoft-azure-essentials-fundamentals-of-azure-second-edition/)을 참고하기 바란다. 참고 서적으로 탁월하다.

2. 애저 스토리지 계정을 생성한다.

3. 목록 10-5에서처럼 web.config에 연결 문자열(connection string) 요소를 생성한다.

4. TableBotDataStore를 목록 10-6의 Global.asax.cs의 Autofac 컨테이너로 구현한 IBotDataStore〈BotData〉로 등록한다.

목록 10-5 테이블 스토리지 연결 문자열

```
<connectionStrings>
    <add name="StorageConnectionString" connectionString="각자 연결 문자열 입력" />
</connectionStrings>
```

목록 10-6 음악 챗봇 Global.asax

```csharp
using Autofac;
using Microsoft.Bot.Builder.Azure;
using Microsoft.Bot.Builder.Dialogs;
using Microsoft.Bot.Builder.Dialogs.Internals;
using Microsoft.Bot.Connector;
using System.Configuration;
using System.Web.Http;

namespace MusicChatbot
{
    public class WebApiApplication : System.Web.HttpApplication
    {
        protected void Application_Start()
        {
            GlobalConfiguration.Configure(WebApiConfig.Register);

            Conversation.UpdateContainer(builder =>
            {
                var store = new TableBotDataStore(
                    ConfigurationManager
                        .ConnectionStrings["StorageConnectionString"]
                        .ConnectionString);

                builder.Register(c => store)
                    .Keyed<IBotDataStore<BotData>>(AzureModule.Key_DataStore)
                    .AsSelf()
                    .SingleInstance();

                builder.Register(c => new CachingBotDataStore(store,
                    CachingBotDataStoreConsistencyPolicy
                    .ETagBasedConsistency))
                    .As<IBotDataStore<BotData>>()
                    .AsSelf()
                    .InstancePerLifetimeScope();
            });
        }
    }
}
```

목록 10-6에서 보듯이, 봇 프레임워크는 자신의 ContainerBuilder를 Conversation.Update
Container 람다 매개변수로 전달한다. Autofac은 봇 프레임워크가 사용하는 오픈 소스 IoC
컨테이너로 Autofac에 익숙하지 않은 독자라면 *https://autofac.org/*에서 더 자세한 내용을 확인
하면 된다.

다음 절부터 첨부 파일을 업로드하고 표시하는 방법을 설명한다.

사용자로부터 첨부 파일 받기

봇 에뮬레이터에는 텍스트 입력 창 왼쪽에 파일 업로드 버튼이 있고 그 버튼을 사용해서 음악 챗봇에 이미지를 업로드할 수 있다. 음악 챗봇은 사용자에게 이름을 물어본 다음 이미지 업로드를 요청한다. 음악 챗봇이 받아들일 수 있는 이미지 유형은 *.png뿐이다. 다음의 UploadAsync 메서드는 사용자 파일을 처리한다.

```
async Task UploadAsync(IDialogContext context, IAwaitable<object> result)
{
    var activity = await result as Activity;

    if (activity.Attachments.Any())
    {
        Attachment userImage = activity.Attachments.First();
        Image = await new HttpClient().GetByteArrayAsync(userImage.
ContentUrl);

        StateClient stateClient = activity.GetStateClient();
        BotData userData = await stateClient.BotState.GetUserDataAsync
(activity.ChannelId, activity.From.Id);
        userData.SetProperty(nameof(Name), Name);
        userData.SetProperty(nameof(Image), Image);
        await stateClient.BotState.SetUserDataAsync(activity.ChannelId,
activity.From.Id, userData);
    }
    else
    {
        await context.PostAsync("Sorry, I didn't see an image in the
attachment.");
    }

    ShowMainMenu(context);
}
```

여기에는 첨부 파일을 하나만 받기 때문에 UploadAsync는 Attachments 컬렉션의 첫 번째 항목을 읽는다. 사용자가 첨부 파일을 업로드하면 짧은 기간만 봇 커넥터 서버에 게시되기 때문에 그 파일을 가져올 때까지 너무 오래 기다려서는 안 된다. Attachment에는 그 파일이 위치한 URL을 담고 있는 ContentUrl 속성이 있다. 코드에서는 이 ContentUrl을 사용해서 byte[]를 가져와서 Image 속성에 넣는다. 그런 다음 챗봇은 3장 '대화의 기초'에서 다뤘듯이 사용자 상태에 Name과 Image를 저장한다.

이제 사용자로부터 첨부 파일을 받는 방법을 알았으니 다음 절에서는 첨부 파일을 사용자에게 전송하는 방법을 설명한다.

첨부 파일을 사용자에게 전송하기

사용자가 자신의 프로필 정보를 보고자 한다면 ProfileDialog 메뉴의 Display 옵션을 선택한다. 그러면 다음의 DisplayAsync 메서드가 실행된다.

```
async Task DisplayAsync(IDialogContext context)
{
    Activity activity = context.Activity as Activity;

    StateClient stateClient = activity.GetStateClient();
    BotData userData =
        await stateClient.BotState.GetUserDataAsync(
            activity.ChannelId, activity.From.Id);

    if ((userData.Data as JObject)?.HasValues ?? false)
    {
        string name = userData.GetProperty<string>(nameof(Name));

        await context.PostAsync(name);

        byte[] image = userData.GetProperty<byte[]>(nameof(Image));

        var fileSvc = new FileService();
        string imageName = $"{context.Activity.From.Id}_Image.png";

        string imageFilePath = fileSvc.GetFilePath(imageName);
        File.WriteAllBytes(imageFilePath, image);

        string contentUrl = fileSvc.GetBinaryUrl(imageName);
        var agenda = new Attachment("image/png", contentUrl, imageName);
        Activity reply = activity.CreateReply();
        reply.Attachments.Add(agenda);

        await
            new ConnectorClient(new Uri(reply.ServiceUrl))
                .Conversations
                .SendToConversationAsync(reply);
    }
    else
    {
        await context.PostAsync("Profile not available. Please update
first.");
    }

    ShowMainMenu(context);
}
```

사용자 프로필 정보는 UploadAsync 메서드를 통해 사용자 상태(User State)에 저장되며, 따라서 DisplayAsync 메서드는 사용자 상태로부터 그 값들을 가져와야 한다.

Attachments가 ContentUrl을 통해 파일을 전달하기 때문에, DisplayAsync는 그 파일을 로컬 파일 시스템으로 저장해서 URL을 생성한다. 다르게는 파일을 반환할 웹 API 끝점을 가리키는 URL을 구성하는 방법도 있지만, 이 방법이 간단하다. 목록 10-7은 파일명과 URL을 관리하기 위해 사용되는 FileService 클래스를 보여준다.

목록 10-7 음악 챗봇 FileService

```
using System.Web;

namespace MusicChatbot.Services
{
    public class FileService
    {
        public string GetBinaryUrl(string fileName)
        {
            string absoluteUri =
                HttpContext.Current.Request.Url.AbsoluteUri +
                $"/Binaries/" + fileName;
            return absoluteUri.Replace("api/messages/", "");
        }

        public string GetFilePath(string fileName)
        {
            return HttpContext.Current.Server.MapPath("/Binaries/" + fileName);
        }
    }
}
```

GetBinaryUrl와 GetFilePath는 모두 ASP.NET HttpContext를 사용해서, 소스 코드의 MusicChatbot 프로젝트의 일부인 Binaries 폴더를 사용하는 문자열을 구성한다.

DisplayAsync 메서드는 파일을 Binaries 폴더에 저장한 다음, contentUrl을 사용해서 새로운 Attachment를 인스턴스화한 다음, 새 응답을 생성하고, 그 Attachment를 Attachments 컬렉션에 추가한다. DisplayAsync는 context.PostAsync를 사용해서 이름을 표시하지만, 첨부 파일에 대해서는 동작하지 않는다. 이미지를 포함한 첨부 파일을 전송하려면 코드는 새로운 ConnectorClient를 인스턴스화한 다음 3장에서 다뤘던 Conversation 속성의 SendToConversationAsync 메서드를 호출해서 첨부 파일을 사용자에게 전송해야 한다. 그림 10-7은 사용자가 Display 옵션을 선택했을 때 어떤 일이 일어나는지 보여준다.

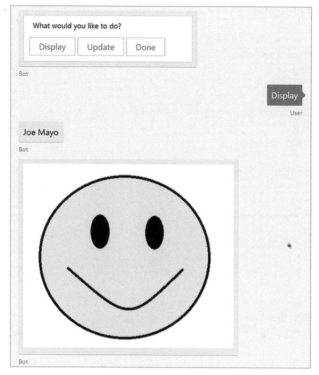
그림 10-7 **첨부 파일 표시하기**

이제 첨부 파일을 받고 전송하는 방법을 알게 됐다. 사용자에게 카드를 전송하려면 첨부 파일 기능이 중요하다. 카드에 대해서는 다음에 학습할 것이다.

10.3 카드 표시하기

봇 프레임워크에는 카드 목록이 있으며 그 목록은 점점 많아지고 있다. 각 카드에는 고유한 목적이 있고 사용자에게 GUI 인터페이스를 보여준다는 공통점이 있다. 이 절에선 사용할 수 있는 카드 중 몇 가지를 살펴보고 그것의 동작 방식을 설명한다.

BrowseDialog 구현하기

목록 10-8의 BrowseDialog는 영웅 카드(Hero card)와 섬네일 카드(Thumbnail cards)를 사용하는 방법을 보여준다. 영웅 카드를 사용하면 카드에 제목, 부제, 영웅 이미지, 활동을 추가할 수 있다. 섬네일 카드는 영웅 카드와 비슷하지만, 이미지로 크기가 작은 섬네일을 쓴다. BrowseDialog 클래스는 그림 10-3의 설계를 구현한다.

```csharp
using Microsoft.Bot.Builder.Dialogs;
using Microsoft.Bot.Connector;
using MusicChatbot.Models;
using MusicChatbot.Services;
using System;
using System.Collections.Generic;
using System.Linq;
using System.Threading.Tasks;

namespace MusicChatbot.Dialogs
{
    [Serializable]
    public class BrowseDialog : IDialog<object>
    {
        const string DoneCommand = "Done";

        public Task StartAsync(IDialogContext context)
        {
            context.Wait(MessageReceivedAsync);
            return Task.CompletedTask;
        }

        Task MessageReceivedAsync(IDialogContext context, IAwaitable<object> result)
        {
            List<string> genres = new SpotifyService().GetGenres();
            genres.Add("Done");
            PromptDialog.Choice(context, ResumeAfterGenreAsync, genres, "Which music
category?");
            return Task.CompletedTask;
        }

        async Task ResumeAfterGenreAsync(IDialogContext context, IAwaitable
<string> result)
        {
            string genre = await result;

            if (genre == DoneCommand)
            {
                context.Done(this);
                return;
            }

            var reply = (context.Activity as Activity)
                .CreateReply($"## Browsing Top 5 Tracks in {genre} genre");

            List<HeroCard> cards = GetHeroCardsForTracks(genre);
            cards.ForEach(card =>
                reply.Attachments.Add(card.ToAttachment()));
```

```csharp
        ThumbnailCard doneCard = GetThumbnailCardForDone();
        reply.Attachments.Add(doneCard.ToAttachment());

        reply.AttachmentLayout = AttachmentLayoutTypes.Carousel;

        await
            new ConnectorClient(new Uri(reply.ServiceUrl))
                .Conversations
                .SendToConversationAsync(reply);

        context.Wait(MessageReceivedAsync);
    }

    List<HeroCard> GetHeroCardsForTracks(string genre)
    {
        List<Item> tracks = new SpotifyService().GetTracks(genre);

        var cards =
            (from track in tracks
             let artists =
                 string.Join(", ",
                     from artist in track.Artists
                     select artist.Artist.Name)
             select new HeroCard
             {
                 Title = track.Name,
                 Subtitle = artists,
                 Images = new List<CardImage>
                 {
                     new CardImage
                     {
                         Alt = track.Name,
                         Tap = BuildBuyCardAction(track),
                         Url = track.ImageUrl
                     }
                 },
                 Buttons = new List<CardAction>
                 {
                     BuildBuyCardAction(track)
                 }
             })
            .ToList();
        return cards;
    }

    CardAction BuildBuyCardAction(Item track)
    {
        return new CardAction
        {
            Type = ActionTypes.OpenUrl,
            Title = "Buy",
```

```
                Value = track.Link
            };
        }

        ThumbnailCard GetThumbnailCardForDone()
        {
            return new ThumbnailCard
            {
                Title = DoneCommand,
                Subtitle = "Click/Tap to exit",
                Images = new List<CardImage>
                {
                    new CardImage
                    {
                        Alt = "Smile",
                        Tap = BuildDoneCardAction(),
                        Url = new FileService().GetBinaryUrl("Smile.png")
                    }
                },
                Buttons = new List<CardAction>
                {
                    BuildDoneCardAction()
                }
            };
        }

        CardAction BuildDoneCardAction()
        {
            return new CardAction
            {
                Type = ActionTypes.PostBack,
                Title = DoneCommand,
                Value = DoneCommand
            };
        }
    }
}
```

목록 10-8을 보면 MessageReceivedAsync는 SpotifyService를 사용해서 장르 목록을 얻고, 위해 사용자가 하나를 선택할 수 있도록 보여주고, ResumeAfterGenreAsync에서 결과를 처리한다. 다음으로 코드는 GetHeroCardsForTracks와 GetThumbnailCardForDone을 호출한다. 이에 대해 곧 다룰 것이다.

지금은 이 메서드들이 반환하는 값들이 어떻게 Attachments에 추가되는지 살펴보자. Get HeroCardsForTracks는 List〈HeroCard〉를 반환한다. 각 카드에는 그 카드가 영웅 카드이든 다른 유형의 카드이든 상관없이, 그것을 첨부 파일로 변환하기 위한 ToAttachment 메서드가 있다. 이것이 List〈CardAction〉의 LINQ ForEach 문에서 일어나는 일이다. 각 카드는 Attachment로 변환되어 Attachments 컬렉션에 추가된다.

카드는 수직으로 배치되는 것이 기본이지만, 이 데모에서처럼 reply Activity의 Attachment Layout 속성을 AttachmentLayoutTypes.Carousel로 설정해서 배치 형태를 바꿀 수 있다. 이렇게 하면 첨부 파일을 좌우로 스크롤 할 수 있다.

이제 각 카드는 첨부 파일로 변환되었고, 앞에서 첨부 파일을 SendToConversationAsync를 통해 전송하는 법을 배웠을 때와 같은 방식으로 사용자에게 전송된다. 다음의 몇 가지 예제를 통해 카드를 만드는 방법을 살펴볼 것이다.

영웅 카드 생성하기

다음의 GetHeroCardsForTracks는 List〈HeroCard〉를 구성한다. 이 영웅 카드는 Spotify Service를 사용해서 사용자가 선택한 장르의 음악 트랙을 표시한다. 또한, Buy 버튼이 있어 사용자가 노래에 대해 더 많은 정보를 읽거나 살 수 있는 웹 페이지를 방문할 수 있게 해준다.

```
List<HeroCard> GetHeroCardsForTracks(string genre)
{
    List<Item> tracks = new SpotifyService().GetTracks(genre);

    var cards =
        (from track in tracks
         let artists =
             string.Join(", ",
                 from artist in track.Artists
                 select artist.Artist.Name)
         select new HeroCard
         {
             Title = track.Name,
             Subtitle = artists,
             Images = new List<CardImage>
             {
                 new CardImage
                 {
                     Alt = track.Name,
                     Tap = BuildBuyCardAction(track),
                     Url = track.ImageUrl
                 }
             },
             Buttons = new List<CardAction>
             {
```

```
                    BuildBuyCardAction(track)
                }
            })
            .ToList();
    return cards;
}
```

GetHeroCardsForTracks는 주로 GetTracks가 반환한 각 트랙을 위한 영웅 카드를 구성하는
LINQ문이다. 여러 아티스트가 있을 수 있으므로 let 절에서 아티스트 이름을 쉼표로 구분한
하나의 목록으로 결합한다. select 절은 새 HeroCard 인스턴스를 나타낸다.

각 HeroCard에는 Title, Subtitle, Images, Buttons가 있다. Images 속성은 CardImage 형
식의 단일 이미지만 취한다. 이 형식에서 Alt는 이미지에 대한 설명이고, URL은 이미지
의 위치이다. 이 둘은 모두 SpotifyService가 반환한 Item 형식에서 가져온다. Tap 속성
은 BuildBuyCardAction 메서드가 반환한 CardAction을 실행한다. 이 코드는 목록 10-8
에서 발췌한 다음의 BuildBuyCardAction의 반환값을 List⟨CardAction⟩에 할당한다. 다시
List⟨CardAction⟩은 Buttons에 할당된다.

```
CardAction BuildBuyCardAction(Item track)
{
    return new CardAction
    {
        Type = ActionTypes.OpenUrl,
        Title = "Buy",
        Value = track.Link
    };
}
```

이것은 추천 활동을 다룬 이전 절에서 설명했던 CardAction 형식과 같다. 다만 이번에는 형식
이 ActionTypes.OpenUrl로, 이 형식은 웹 브라우저를 열어 Value에 할당된 track.Link에 지정
된 페이지로 이동한다.

비슷한 카드로는 다음에 논의할 섬네일 카드가 있다.

섬네일 카드 생성하기

BrowseDialog는 목록 끝에 섬네일 카드를 추가해서, 사용자가 Done을 클릭하면 스택의
이전 다이얼로그로 돌아갈 수 있게 했다. 다음은 목록 10-8에서 발췌한 GetThumbnail
CardForDone의 구현 내용이다.

```
ThumbnailCard GetThumbnailCardForDone()
{
    return new ThumbnailCard
    {
        Title = DoneCommand,
        Subtitle = "Click/Tap to exit",
        Images = new List<CardImage>
        {
            new CardImage
            {
                Alt = "Smile",
                Tap = BuildDoneCardAction(),
                Url = new FileService().GetBinaryUrl("Smile.png")
            }
        },
        Buttons = new List<CardAction>
        {
            BuildDoneCardAction()
        }
    };
}
```

이 코드는 형식이 ThumbnailCard인 것만 빼면 HeroCard와 거의 같다. 여기에는 단일 이미지가 있고, 이번에는 FileService를 사용해서 로컬 파일 시스템의 Smile.png 파일을 가져와서 URL을 반환한다. Buttons를 위한 CardImage.Tap과 CardAction 모두 여기에서 보여주는 BuildDoneCardAction을 호출한다.

```
CardAction BuildDoneCardAction()
{
    return new CardAction
    {
        Type = ActionTypes.PostBack,
        Title = DoneCommand,
        Value = DoneCommand
    };
}
```

이것은 그 형식이 ActionType.PostBack이며, Title, Value가 BrowseDialog.DoneCommand로 설정되어 Done이라고 쓰여 있는 버튼을 만든다는 점을 제외하면 HeroCard 데모에서 사용했던 CardAction 형식과 똑같다. ResumeAfterGenreAsync가 다이얼로그 스택 맨 위에 있는 현재 메서드이므로 사용자가 Done 버튼을 선택하면 봇 빌더는 그 메서드를 호출하고, Resume AfterGenreAsync 메서드는 그것이 메서드가 현재 IMessageAtivity의 텍스트와 일치하는지 확인한다. 그렇다면 이전 다이얼로그에 제어권을 반환하기 위해 다이얼로그 스택에서 빠져나올 것이다.

지금까지 몇 가지 예제를 통해 카드의 동작 방식을 알아보았다. 다음 절에선 또 다른 예제 PlaylistDialog 구현을 통해 카드를 생성하는 법을 알아보겠다.

PlaylistDialog 구현하기

PlaylistDialog를 통해 사용자는 장르를 선택한 다음, 해당 장르의 노래를 재생할 수 있게 해주는 카드 목록을 받는다. 목록 10-9는 그림 10-4의 다이어그램을 구현한 PlaylistDialog를 보여준다.

목록 10-9 음악 챗봇 PlaylistDialog

```
using Microsoft.Bot.Builder.Dialogs;
using Microsoft.Bot.Connector;
using MusicChatbot.Models;
using MusicChatbot.Services;
using System;
using System.Collections.Generic;
using System.Linq;
using System.Threading.Tasks;

namespace MusicChatbot.Dialogs
{
    [Serializable]
    public class PlaylistDialog : IDialog<object>
    {
        const string DoneCommand = "Done";

        public Task StartAsync(IDialogContext context)
        {
            context.Wait(MessageReceivedAsync);
            return Task.CompletedTask;
        }


        Task MessageReceivedAsync(IDialogContext context, IAwaitable<object> result)
        {
            List<string> genres = new SpotifyService().GetGenres();
            genres.Add("Done");
            PromptDialog.Choice(
                context, ResumeAfterGenreAsync, genres, "Which music category?");
            return Task.CompletedTask;
        }
```

```
    async Task ResumeAfterGenreAsync(IDialogContext context, IAwaitable<string>
result)
    {
        string genre = await result;

        if (genre == DoneCommand)
        {
            context.Done(this);
            return;
        }

        var reply = (context.Activity as Activity)
            .CreateReply($"## Viewing Top 5 Tracks in {genre} genre");

        List<AudioCard> cards = GetAudioCardsForPreviews(genre);
        cards.ForEach(card =>
            reply.Attachments.Add(card.ToAttachment()));

        ThumbnailCard doneCard = GetThumbnailCardForDone();
        reply.Attachments.Add(doneCard.ToAttachment());

        reply.AttachmentLayout = AttachmentLayoutTypes.Carousel;

        await
            new ConnectorClient(new Uri(reply.ServiceUrl))
                .Conversations
                .SendToConversationAsync(reply);

        context.Wait(MessageReceivedAsync);
    }

    ThumbnailCard GetThumbnailCardForDone()
    {
        return new ThumbnailCard
        {
            Title = DoneCommand,
            Subtitle = "Click/Tap to exit",
            Images = new List<CardImage>
            {
                new CardImage
                {
                    Alt = "Smile",
                    Tap = BuildDoneCardAction(),
                    Url = new FileService().GetBinaryUrl("Smile.png")
                }
            },
            Buttons = new List<CardAction>
            {
                BuildDoneCardAction()
            }
```

```
        };
    }

    List<AudioCard> GetAudioCardsForPreviews(string genre)
    {
        var spotifySvc = new SpotifyService();
        List<Item> tracks = spotifySvc.GetTracks(genre);

        var cards =
            (from track in tracks
             let artists =
                 string.Join(", ",
                     from artist in track.Artists
                     select artist.Artist.Name)
             let preview = spotifySvc.GetPreview(track.Id)
             select new AudioCard
             {
                 Title = track.Name,
                 Subtitle = artists,
                 Media = new List<MediaUrl>
                 {
                     new MediaUrl(preview.Url)
                 }
             })
            .ToList();

        return cards;
    }

    CardAction BuildDoneCardAction()
    {
        return new CardAction
        {
            Type = ActionTypes.PostBack,
            Title = DoneCommand,
            Value = DoneCommand
        };
    }
    }
}
```

앞에서 봤던 BrowseDialog 코드와 마찬가지로 목록 10-9의 PlaylistDialog는 장르를 묻
고 ResumeAfterGenreAsync에서 사용자가 선택한 사항을 처리한다. 그런 다음 코드는
GetAudioCardsForPreviews를 호출하고 결과를 reply의 Attachments 컬렉션에 추가하고,
SendToConversationAsync를 호출해서 사용자에게 그 오디오 카드를 보여준다. 다음 절에서
는 오디오 카드를 생성하는 법을 설명한다.

오디오 카드 생성하기

오디오 카드는 사용자가 오디오를 들을 수 있게 해준다. 음악 챗봇에서 사용자는 Playlist Dialog로 가서 노래가 포함된 오디오 카드 목록을 볼 수 있고 들을 수 있다. 목록 10-9에서 발췌한 다음 코드는 오디오 카드를 생성하는 방법을 보여 준다.

```
List<AudioCard> GetAudioCardsForPreviews(string genre)
{
    var spotifySvc = new SpotifyService();
    List<Item> tracks = spotifySvc.GetTracks(genre);

    var cards =
        (from track in tracks
         let artists =
             string.Join(", ",
                 from artist in track.Artists
                 select artist.Artist.Name)
         let preview = spotifySvc.GetPreview(track.Id)
         select new AudioCard
         {
             Title = track.Name,
             Subtitle = artists,
             Media = new List<MediaUrl>
             {
                 new MediaUrl(preview.Url)
             }
         })
        .ToList();

    return cards;
}
```

GetAudioCardsForPreview 메서드는 LINQ 문을 사용해서 AudioCard 목록을 구성한다. Image 대신 AudioCard는 List⟨MediaUrl⟩인 Media 컬렉션을 갖는다. 이 메서드는 SpotifyService의 미리 듣기 항목의 목록을 가져온다. 미리 듣기는 노래의 30초 정도만 제공한다. 이 preview는 URL을 가지고 있고 이 URL이 MediaUrl 생성자에 전달된다. 다른 첨부 파일들과 마찬가지로 파일은 URL로 전달된다. 그림 10-8에서 오디오 카드가 어떻게 보이는지 확인할 수 있다.

그림 10-8 음악 챗봇 오디오 카드

그림 10-8에서 알 수 있는 것 중 하나는 오디오 카드가 모든 기능을 갖췄다는 것이다. 플레이/
일시 정지 버튼, 재생 시간 표시, 볼륨 조절 기능 등을 모두 갖췄다. 이 카드는 음악 스트리밍
서비스를 위해 MediaUrl에 전달된 URL을 사용한다. 이와 같은 기능은 실제 텍스트로 서비
스하기는 적절하지 않거나 불가능했던 복잡한 작업을 수행할 때 카드가 얼마나 유용한지
보여준다.

그 외 카드 생성하기

이전 카드 데모들을 통해 알 수 있는 패턴 중 하나는 모든 카드가 목적은 달라도 사용법
은 매우 비슷하다는 것이다. 일반적으로 데이터를 얻거나 다른 서비스를 지원하기 위해
SpotifyService 같은 백엔드 기능이 있지만, 챗봇에 카드를 추가하는 작업은 비슷하다. 표
10-1에 이외에도 챗봇과 함께 사용할 수 있는 카드 중 일부를 정리했다.

표 10-1 기타 카드 형식

카드 형식	설명
ReceiptCard	구매 후 사용자에게 영수증을 제공하기 위해 설계된 카드로 구매 항목, 부가세, 총액을 담는 속성을 가지고 있음
SignInCard	사용자에게 로그인이 필요하다는 사실을 알려주고, 사용자가 로그인할 수 있도록 별도 웹 페이지에서 URL을 열거나 다른 인증 서비스를 열어 줌
VideoCard	동영상을 재생함. 오디오 카드와 비슷하지만, 사용자가 시청할 수 있는 동영상 URL을 받음

> 노트
> 기본으로 제공되는 카드이든 적응형 카드이든 채널에 따라 다르게 렌더링 될 수 있다. 따라서 원하는
> 경험을 제대로 제공하는지 확인하려면 챗봇이 서비스하는 채널별로 렌더링을 검증해야 한다.

기본으로 제공되는 카드는 일반적으로 간단하고 빠르게 구현할 수 있지만, 요구 조건을 늘 충

족시킬 수는 없다. 좀 더 유연한 카드 형식으로 적응형 카드가 있는데 다음 절에서 이를 알아보겠다.

10.4 적응형 카드

적응형 카드를 사용하면 챗봇에 리치 UI를 포함할 수 있다. 이 카드 형식은 기술 UI 간에 일관성을 추가하고, 더욱 많은 공유를 촉진하며, 잠재적인 서드파티 시장을 활성화하는 것을 목표로 플랫폼에 상관없이 적용될 수 있게 설계됐다. 이 절에선 봇 프레임워크 챗봇을 위한 적응형 카드를 만드는 방법을 보여준다.

 적응형 카드에 대한 더 자세한 내용은 *http://adaptivecards.io/*에서 확인하라.

적응형 카드의 기능 목록은 굉장히 많고 시간이 지날수록 더 늘어날 것이다. 이 절에서는 적응형 카드를 구성하는 법을 이해하는 데 도움이 될 세 가지 영역, 레이아웃(layout), 제어(control), 행동(action)을 중점적으로 살펴본다. 목록 10-10의 SearchDialog는 Spotify API로 검색 기능을 수행하고 이를 위해 적응형 카드를 사용한다. 이러한 SearchDialog는 그림 10-5의 설계를 구현한 것이다.

목록 10-10 음악 챗봇 SearchDialog

```
using AdaptiveCards;
using Microsoft.Bot.Builder.Dialogs;
using Microsoft.Bot.Connector;
using MusicChatbot.Models;
using MusicChatbot.Services;
using Newtonsoft.Json;
using Newtonsoft.Json.Linq;
using System;
using System.Collections.Generic;
using System.Threading.Tasks;

namespace MusicChatbot.Dialogs
{
    [Serializable]
    public class SearchDialog : IDialog<a>
    {
        public Task StartAsync(IDialogContext context)
        {
```

```
            context.Wait(MessageReceivedAsync);
            return Task.CompletedTask;
        }

        async Task MessageReceivedAsync(IDialogContext context, IAwaitable
<IMessageActivity> result)
        {
            var card = new AdaptiveCard();

            card.Body.AddRange(
                new List<CardElement>
                {
                    new Container
                    {
                        Items = BuildHeader()
                    },
                    new TextBlock { Text = "Query (max 200 chars):"},
                    new TextInput
                    {
                        Id = "query",
                        MaxLength = 200,
                        IsRequired = true,
                        Placeholder = "Query"
                    },
                    new TextBlock { Text = "Max Items (1 to 25):"},
                    new NumberInput
                    {
                        Id = "maxItems",
                        Min = 1,
                        Max = 25,
                        IsRequired = true
                    },
                    new TextBlock { Text = "Filters:"},
                    new ChoiceSet
                    {
                        Id = "filters",
                        Choices = BuildFilterChoices(),
                        IsRequired = false,
                        Style = ChoiceInputStyle.Compact
                    },
                    new TextBlock { Text = "Source:"},
                    new ChoiceSet
                    {
                        Id = "source",
                        Choices = BuildSourceChoices(),
                        IsMultiSelect = false,
                        IsRequired = false,
                        Style = ChoiceInputStyle.Expanded
                    }
                });
```

```
        card.Actions.Add(new SubmitAction
        {
            Title = "Search"
        });

        Activity reply = (context.Activity as Activity).CreateReply();
        reply.Attachments.Add(
            new Attachment()
            {
                ContentType = AdaptiveCard.ContentType,
                Content = card
            });

        await
            new ConnectorClient(new Uri(reply.ServiceUrl))
                .Conversations
                .SendToConversationAsync(reply);

        context.Wait(PerformSearchAsync);
    }

    async Task PerformSearchAsync(IDialogContext context, IAwaitable
<IMessageActivity> result)
    {
        IMessageActivity activity = await result;

        string values = activity.Value?.ToString();
        var searchArgs = JsonConvert.DeserializeObject<SearchArguments>(values);

        var results = new SpotifyService().Search(searchArgs);

        context.Done(this);
    }

    List<Choice> BuildFilterChoices()
    {
        return new List<Choice>
        {
            new Choice
            {
                Title = "artists",
                Value = "artists"
            },
            new Choice
            {
                Title = "albums",
                Value = "albums"
            },
            new Choice
            {
                Title = "tracks",
```

```
                    Value = "tracks"
                },
                new Choice
                {
                    Title = "playlists",
                    Value = "playlists"
                }
            };
        }

        List<Choice> BuildSourceChoices()
        {
            return new List<Choice>
            {
                new Choice
                {
                    Title = "catalog",
                    Value = "catalog"
                },
                new Choice
                {
                    Title = "collection",
                    Value = "collection"
                }
            };
        }

        List<CardElement> BuildHeader()
        {
            string contentUrl = new FileService().GetBinaryUrl("Smile.png");

            return new List<CardElement>
            {
                new ColumnSet
                {
                    Columns = new List<Column>
                    {
                        new Column
                        {
                            Items = new List<CardElement>
                            {
                                new TextBlock()
                                {
                                    Text = "Music Search",
                                    Size = TextSize.Large,
                                    Weight = TextWeight.Bolder
                                },
                                new TextBlock()
                                {
                                    Text = "Fill in form and click Search button.",
                                    Color = TextColor.Accent
```

```
                    }
                  }
                },
                new Column
                {
                  Items = new List<CardElement>
                  {
                    new Image()
                    {
                      Url = contentUrl
                    }
                  }
                }
              }
            }
          };
        }
      }
    }
```

먼저 Microsoft.AdaptiveCards NuGet 패키지 참조를 추가해야 한다. SearchDialog는 전형적인 IDialog⟨T⟩로, 사용자가 RootDialog에서 Search를 선택하면 초기 메시지를 Message ReceivedAsync가 처리한다.

MessageReceivedAsync는 제일 먼저 AdaptiveCard 형식을 인스턴스화한다. MessageReceived Async를 간단히 살펴보면 적응형 카드에는 카드의 콘텐츠를 담고 있는 Body 속성이 있다. AdaptiveCard도 사용자가 다양한 명령어를 실행할 수 있게 해주는 Actions 속성을 가지고 있다.

적응형 카드 기능 중 일부는 코드에서 함께 실행된다. 이는 모든 챗봇을 구성할 때 일반적이므로 다음 절부터는 레이아웃을 시작으로 코드를 보면서 핵심 개념을 설명하겠다.

컨테이너를 사용한 레이아웃

기본으로 제공되는 카드에서도 레이아웃을 지정하지만, 그것만으로 여러분의 요건을 충족시키지 못할 수 있다. 이것이 적응형 카드를 사용하는 이유다. 적응형 카드를 사용하면 컨테이너를 사용해서 다른 제어를 감쌀 수 있다. 게다가 컨테이너를 다른 컨테이너로 감싸서 행과 열을 지정할 수 있다. 목록 10-10에서 발췌한 다음 코드에서 볼 수 있듯이, Body 속성을 가지고 카드를 구성할 수 있다.

```
        card.Body.AddRange(
            new List<CardElement>
            {
                new Container
                {
                    Items = BuildHeader()
                },
                // …
            });
```

Body는 List⟨CardElement⟩를 받는데, 여기에서 CardElement는 적응형 카드에 존재할 수 있는 제어의 기본 클래스다. 여기에서 body에 할당된 다른 제어들은 배제했지만, 이 제어들의 기본 레이아웃은 수직이어서 코드에서 등장하는 순서대로 위에서 아래로 등장한다. 리스트의 첫 번째 CardElement는 Container이며 Container에는 List⟨CardElement⟩ 형식의 Items 속성이 있다. 여기에서 중요한 것은 카드의 첫 번째 부분은 헤더이고 그 다음으로 BuildHeader 메서드는 헤더가 어떻게 보일지 나타내는 List⟨CardElement⟩를 생성한다.

```
    List<CardElement> BuildHeader()
    {
        string contentUrl = new FileService().GetBinaryUrl("Smile.png");

        return new List<CardElement>
        {
            new ColumnSet
            {
                Columns = new List<Column>
                {
                    new Column
                    {
                        Items = new List<CardElement>
                        {
                            new TextBlock()
                            {
                                Text = "Music Search",
                                Size = TextSize.Large,
                                Weight = TextWeight.Bolder
                            },
                            new TextBlock()
                            {
                                Text = "Fill in form and click Search button.",
                                Color = TextColor.Accent
                            }
                        }
                    },
                    new Column
```

```
                    {
                        Items = new List<CardElement>
                        {
                            new Image()
                            {
                                Url = contentUrl
                            }
                        }
                    }
                }
            }
        };
    }
```

BuildHeader는 컨테이너 구조를 보여주기 위해 고도로 중첩된 List⟨CardElement⟩를 인스턴스화한다. ColumnSet은 열을 위한 컨테이너고 헤더는 두 개의 열로 나뉜다. Columns는 코드의 첫 번째 열이 가장 왼쪽에 놓이도록 해서 왼쪽에서 오른쪽으로 정렬된다.

각 column에는 List⟨CardElement⟩ 형식의 Items 컬렉션이 있다. 첫 번째 열은 지정된 텍스트를 표시하기 위한 두 개의 TextBlock 제어를 가진다. 두 번째 열에는 이미지가 있다. 이렇게 해서 왼쪽에는 텍스트로 된 헤더를, 오른쪽에는 이미지를 제공한다.

여기까지 제어에 대해 먼저 간단히 살펴봤지만, TextBlock의 폰트 스타일을 지정하는 속성을 살펴봄으로써 옵션이 풍부한 적응형 카드가 어떤 모습을 띠는지도 볼 수 있다. 다음 절에서 제어를 더 자세히 알아보겠다.

제어 사용하기

이전 절에서 Image와 TextBlock 제어가 컨테이너에 어떻게 들어가는지 보았다. 이 제어는 주로 화면 표시를 위한 것이다. 게다가 텍스트, 콤보 박스, 라디오 버튼 등을 위한 입력 제어를 추가할 수 있다. 목록 10-10에서 발췌한 다음 코드는 헤더 다음에 오는 제어로 AdaptiveCard Body 속성을 채우는 방법을 보여준다.

```
card.Body.AddRange(
    new List<CardElement>
    {
        new Container
        {
            Items = BuildHeader()
        },
```

```
            new TextBlock { Text = "Query (max 200 chars):"},
            new TextInput
            {
                Id = "query",
                MaxLength = 200,
                IsRequired = true,
                Placeholder = "Query"
            },
            new TextBlock { Text = "Max Items (1 to 25):"},
            new NumberInput
            {
                Id = "maxItems",
                Min = 1,
                Max = 25,
                IsRequired = true
            },
            new TextBlock { Text = "Filters:"},
            new ChoiceSet
            {
                Id = "filters",
                Choices = BuildFilterChoices(),
                IsRequired = false,
                Style = ChoiceInputStyle.Compact
            },
            new TextBlock { Text = "Source:"},
            new ChoiceSet
            {
                Id = "source",
                Choices = BuildSourceChoices(),
                IsMultiSelect = false,
                IsRequired = false,
                Style = ChoiceInputStyle.Expanded
            }
        });
```

헤더를 추가한 다음, 나머지 제어는 위부터 아래까지 수직으로 카드에 맞춘다. 여기에서 선택한 내용은 제어의 목적을 설명하는 TextBlock을 앞에 두고 제어를 쌍으로 배치하는 것이다. 이 각각의 입력 제어는 Spotify API 검색 서비스를 위한 매개변수에 대응한다.

모든 입력 제어의 첫 번째이자 공통된 항목은 Id 속성이다. Id 속성을 채우는 일은 사용자가 카드를 제출하면 받은 값이 무엇을 뜻하는지 알기 위해 그 Id를 사용하기 때문에 중요하다. 일반적으로 좋은 코딩이라면 각 제어에 대한 Id는 그 제어가 포착한 데이터의 특성을 설명할 수 있어야 한다. 일례로 최대 항목 수에 대한 NumberInput은 maxItems라는 Id를 갖는다. 또한, 사용자가 양식을 제출할 때 결괏값이 JSON 문서이므로 JSON 속성의 명명 규칙을 사용하는 것이 바람직하다.

제어 속성 중 다른 공통 속성으로는 IsRequired가 있다. 이 속성이 참이라면 사용자는 그 제어에 대해 반드시 값을 설정해야 한다.

ChoiceSets는 콤보 박스, 라디오 버튼 목록, 체크 박스 목록 중 하나를 표시하므로 흥미롭다. IsMultiSelect를 true로 설정하면 체크 박스 목록이 생성된다. Style을 ChoiceInputStyle.Compact로 설정하면 콤보 박스가 생성되고, ChoiceInputStyle.Expanded로 설정하면 사용자가 한 번에 모든 항목을 볼 수 있는 오픈 목록이 생성된다.

제어에는 옵션이 상당히 많으므로 각 옵션이 어떻게 동작하는지 배우기 가장 좋은 방법은 이 장의 코드를 사용하거나 여러분만의 예제를 만들어서 옵션들을 직접 경험하는 것이다. 그런 과정을 통해 AdaptiveCard에 제어를 추가하면 된다. 이제 이 값들을 챗봇에 다시 제출하는 데 필요한 사항을 살펴보자.

액션 처리하기

CardActions와 마찬가지로 적응형 카드는 카드에 다양한 액션을 가질 수 있게 해준다. 이 예제는 목록 10-10에서 발췌한 다음의 SubmitAction을 사용해서 카드에서 챗봇으로 값을 다시 제출한다.

```
card.Actions.Add(new SubmitAction
{
    Title = "Search"
});

Activity reply = (context.Activity as Activity).CreateReply();
reply.Attachments.Add(
    new Attachment()
    {
        ContentType = AdaptiveCard.ContentType,
        Content = card
    });

await
    new ConnectorClient(new Uri(reply.ServiceUrl))
        .Conversations
        .SendToConversationAsync(reply);

context.Wait(PerformSearchAsync);
```

여러분은 SubmitAction 인스턴스를 AdaptiveCard Actions 속성에 추가하기만 하면 된다. 적응형 카드는 사용자와 Attachments로 공유된다. 이 예제는 새로운 Attachment를 인스턴스화하는데, 이때 ContentType은 AdaptiveCard.ContentType으로, Content는 AdaptiveCard 인스턴스인 card로 설정한다.

다음으로 context.Wait가 어떻게 PerformSearchAsync를 스택에서 호출할 다음 메서드로 설정하는지 살펴보자. 사용자가 SubmitAction과 연결된 버튼을 클릭해서 카드를 제출하면 메시지는 챗봇의 현재 메서드, 다음의 PerformSearchAsync로 돌아간다.

```
        async Task PerformSearchAsync(IDialogContext context, IAwaitable
<IMessageActivity> result)
        {
            IMessageActivity activity = await result;

            string values = activity.Value?.ToString();
            var searchArgs = JsonConvert.DeserializeObject<SearchArguments>(values);

            var results = new SpotifyService().Search(searchArgs);

            context.Done(this);
        }
```

PerformSearchAsync에서 Activity의 Value 속성은 사용자의 선택을 포함한 JSON 개체를 가진 문자열이다. SearchArguments 클래스는 AdaptiveCard의 입력 제어들의 Id에 대응하는 속성을 가지고 있다. 적절한 매개변수를 사용하면 SpotifyService Search 메서드는 검색을 수행하고, 검색 결과를 담은 JSON 개체를 포함한 문자열을 결과로 반환한다. 이는 검색 결과를 가지고 챗봇이 사용자에게 보여줄 독창적인 적응형 카드를 만들 좋은 기회다.

그림 10-9는 Spotify API 검색을 위한 적응형 카드가 어떻게 생겼는지 보여준다.

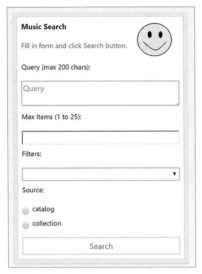

그림 10-9 음악 챗봇 검색 적응형 카드

요약

이 장에서는 챗봇에 그래픽적 요소를 강화하기 위해 카드를 사용하는 방법을 살펴봤다. 그리고 음악 챗봇을 소개했다. 음악 챗봇은 음악을 탐색하고, 재생하고 검색하기 위해 Spotify API를 사용한다.

또한, 기본적인 카드 기능인 CardAction과 Attachment를 배웠다. 우리는 이것을 기본 구성 요소라 불렀는데 카드가 동작하는 데 있어 핵심적인 부분을 차지하기 때문이다. 여러분은 CardAction 인스턴스를 추천 활동에 할당함으로써 사용자가 선택할 수 있는 빠른 명령어를 제공한다. Attachments는 사용자와 파일을 교환하는 수단이자, 카드를 사용자에게 전송하는 도구이기도 하다.

그리고 데모를 통해 사용자에게 정보를 표시하고 사용자가 음악을 들을 수 있도록 하려고 영웅 카드, 섬네일 카드, 오디오 카드를 추가하는 방법을 알아보았다. 카드의 기능은 달라도 카드를 만드는 방식은 매우 유사하다는 점을 기억하자.

적응형 카드는 플랫폼에 상관없이 적용되고 재사용할 수 있는 코드로, 이를 사용하면 사용자에게 풍부한 내용을 보여줄 수 있다. 적응형 카드는 기본으로 제공되는 카드에 비해 더 유연해서 카드의 레이아웃을 조정하거나 제어를 설정할 수 있으며, 다양한 액션을 포함하고 있다. 이 장에서 예제는 Spotify API를 사용해서 검색하는 적응형 카드를 만드는 방법을 보여주었다. 적응형 카드를 통해 창의력을 발휘할 수 있고 사용자에게 멋진 인터페이스를 제공하므로 유용하다.

이제 카드를 만드는 방법과 카드를 액티비티에 추가하는 방법을 알았으니 카드가 다양한 채널에 등장하는 방법을 알고 싶을 것이다. 다음 장에서 챗봇을 채널에 설정하고 배포하는 방법을 살펴보겠다.

채널 구성

이 책을 읽으면서 챗봇을 만들었다면 다음 단계에서는 이 챗봇을 하나 이상의 채널에 배포해야 한다. 채널은 사용자와 챗봇이 상호작용하는 곳이다. 챗봇은 대체로 메시징 채널에 존재하고 사용자는 채널이 설계된 플랫폼에서 챗봇을 자신의 목록에 초대한다. 현재 사용 가능한 주요 채널 일부를 꼽아보면 다음과 같다.

- 빙(Bing)
- 이메일
- 페이스북 메신저
- 스카이프(Skype)
- 팀(Microsoft Teams)
- 트윌리오(Twilio(SMS))
- 웹 챗(Web Chat)

12장 '이메일, SMS, 웹 챗봇 생성'에서는 이메일, 트윌리오, 웹 챗 제어를 다루겠다. 이 장에서는 채널을 설정하는 방법을 배우도록 한다. 채널 목록은 지금도 늘고 있기 때문에 여기에 그 목록을 모두 나열하는 것은 현실적이지 않다. 따라서 채널 설정 과정이 어떻게 작동하는지 이해하기 위해 적용해 볼 수 있는 몇 가지 채널을 보게 될 것이다. 먼저 채널에 대한 일반적인 내용을 알아보고 팀(Teams)과 빙(Bing)을 살펴보겠다. 마지막으로 채널 검사기(Channel Inspector)를 설명하고 이것이 특정 기능을 시각화하는 데 어떻게 도움이 되는지 알아볼 예정이다.

11.1 채널 개요

각 챗봇마다 채널을 설정하고, 채널 통계를 보여주며 챗봇 설정을 변경할 수 있는 별도의 페이지가 있다. 먼저 *https://dev.botframework.com/*에서 My Bots를 방문하고 배포하고 싶은 챗봇을 선택하라. 그러면 그림 11-1처럼 채널 목록을 볼 수 있다.

> **노트** 2장에서 챗봇을 등록하는 방법을 배울 수 있다. My Bots 목록은 등록된 챗봇을 모두 보여준다.

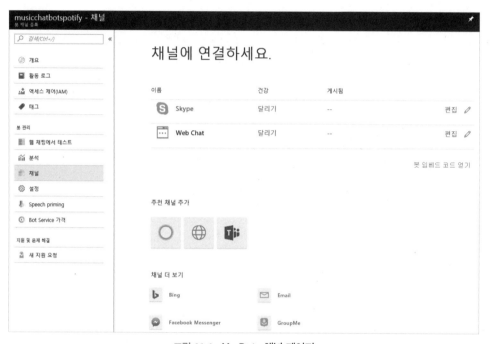

그림 11-1 My Bots 채널 페이지

채널 구성 페이지

그림 11-1을 보면 스카이프와 웹 챗 채널이 동작하고 있음을 알 수 있다. 오른쪽의 편집 링크로 설정을 바꿀 수 있다. 봇 임베드 코드 얻기를 클릭하면 설정된 각 채널에 대한 HTML 코드를 볼 수 있는 창이 뜬다. 추천 채널 추가 아래에는 아직 설정하지 않은 채널 목록이 보이고, 채널 버튼을 클릭하면 해당 채널을 설정할 수 있다.

챗봇 통계

분석 메뉴에서는 그 이름처럼 챗봇의 활용 지표를 보여준다. 이 지표는 자동으로 생성되지 않으며, 먼저 애저 애플리케이션 인사이트(Azure Application Insights)를 설정해야 한다. 애플리케이션 인사이트는 원격 분석 정보를 수집하는 애저 서비스로 여러분은 이 정보를 쿼리해서 챗봇의 상태를 확인하거나 지표를 수집할 수 있다. 통계 서비스를 설정하려면, 비주얼 스튜디오를 설정하고 키와 ID를 얻은 다음 설정을 업데이트해야 한다.

비주얼 스튜디오 설정하기

애플리케이션 인사이트는 해당 프로젝트에 적절한 계측을 추가할 수 있도록 비주얼 스튜디오 프로젝트의 일부여야 한다. 애플리케이션 인사이트를 추가하려면 그림 11-2에서처럼 **챗봇 프로젝트**에서 마우스 오른쪽 버튼을 클릭해서 **Application Insights 원격 분석 추가**를 선택하면 된다.

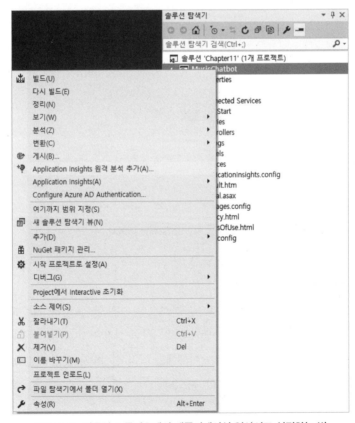

그림 11-2 비주얼 스튜디오에서 애플리케이션 인사이트 설정하는 법

애플리케이션 인사이트 원격 분석을 선택한 다음 2장의 배포 과정에서 만나는 질문 유형과 비슷하게 애저에 로그인을 요청하면 다양한 애저 서비스 매개변수를 선택하는 창을 볼 것이다. 이 앱에 대해 애플리케이션 인사이트에서 사용한 이름을 기록해 두면 다음 절에서 앱을 쉽게 찾을 수 있다. 그러면 애플리케이션 인사이트를 지원하기 위해 프로젝트에 새 DLL과 다른 설정 항목들이 생긴다.

애플리케이션 인사이트를 추가하면, 2장에서 설명한 것처럼 챗봇을 애저에 배포한다. 만약 이전에 챗봇을 배포한 적이 있다면 다시 배포해야 한다. 통계는 원격 분석 수집이 동작하고 있을 때 배포되어야 동작한다.

애플리케이션 인사이트 증명 찾기

통계는 애플리케이션 인사이트를 등록하기 위한 세 가지 증명인 계측 키, API 키, 응용 프로그램 ID가 필요하다. 계측 키를 얻으려면 애저 포탈에 로그인해서, 이 챗봇에 대한 **Application Insights**(이전 절에서 생성했던)를 클릭하고 그림 11-3에서처럼 **구성 ➡ 속성**을 선택한 다음 속성 블레이드의 계측 키를 복사하면 된다.

그림 11-3 애플리케이션 인사이트 계측 키 얻는 방법

그 계측 키를 저장한 다음에 우리는 두 개의 증명 정보를 얻을 것이다. 구성 아래에 API 액세스를 선택해서 새 블레이드에 API 키 만들기를 클릭하라. 그러면 새 API 키를 생성할 수 있는 API 키 만들기 블레이드를 연다. 새 API 키를 생성하고 API 키를 저장하면, 그림 11-4에서처럼 애저가 API 액세스 블레이드에 새 API 키 요소를 생성했다는 것을 보게 될 것이다.

 한 번 API 키 만들기 블레이드를 닫아버리면 더 이상 API 키에 접근할 수 없으므로 API 키는 꼭 저장해 두어야 한다. API 키를 잃어버리면 새 API 키를 다시 만들고 설정을 업데이트해야 한다(이 내용은 다음 절에 설명하겠다).

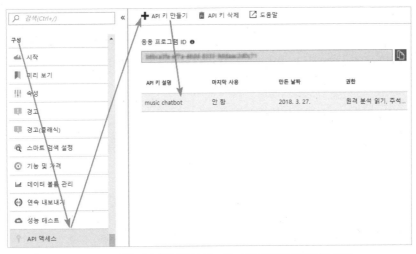

그림 11-4 애플리케이션 인사이트 API 키와 애플리케이션 ID 얻기

그림 11-4에서 보면 API 액세스 블레이드에 응용 프로그램 ID 항목도 있다는 것을 알 수 있다. 응용 프로그램 ID를 복사해두자. 이제 계측 키, API 키, 응용 프로그램 ID를 모두 얻었다. 이제 챗봇 설정을 업데이트할 수 있다.

설정 업데이트

애플리케이션 인사이트 증명을 모두 얻었으면 챗봇으로 돌아가서 설정을 클릭하고, 그림 11-5 처럼 분석 부분에 이 증명 정보를 추가한다.

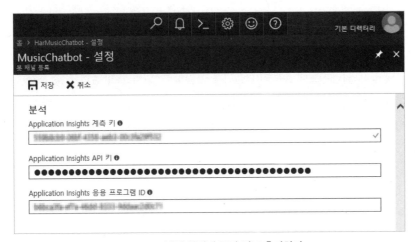

그림 11-5 분석 설정에 증명 정보 추가하기

설정 페이지를 떠나기 전에 반드시 저장 버튼을 클릭하라. 이제 채널을 통해 챗봇과 하는 모든 통신은 여러분이 분석 페이지를 통해 볼 수 있는 매트릭과 상태를 기록한다.

다음 절부터 사용자가 챗봇과 통신할 때마다 분석 데이터를 생성하게 될 채널을 설정하는 법을 배울 것이다.

11.2 팀 구성

팀(Teams)은 사람들이 채팅하고 협업할 수 있게 해주는 플랫폼이다. 현재 오피스 365 제품군의 일부로 오피스 응용 프로그램을 통합 제공하고 있다. 또한, 챗봇, 탭, 확장을 통해 개발자를 지원한다. 여러분이 봇 프레임워크 챗봇을 구성할 수 있고 팀을 통해 챗봇을 대화에 참여시킬 수 있으므로 챗봇 부분을 이 책에서 다루도록 한다. 먼저 설정하는 법을 살펴보자.

채널 구성

팀 채널을 구성하는 절차가 채널 페이지에서 Teams 버튼을 클릭하는 것으로 이루어지기 때문에 처음에는 채널 설정이 쉬워 보일 수 있다. 그림 11-6은 설정된 음악 챗봇을 위한 팀 채널을 보여준다.

그림 11-6 **팀 채널 구성하기**

음악 챗봇은 봇 프레임워크를 통해 팀 채널이 구성됐지만, 여전히 오피스 365 구성 작업이 남아 있다. 그렇게 하려면 오피스 365를 방문해서 관리자로 로그인하고 Settings ➡ Services & Add-Ins를 선택한 다음 그림 11-7에서 보는 것처럼 마이크로소프트 팀을 클릭해야 한다.

> 팀 구성 작업을 위해서는 오피스 365 계정(관리자 계정은 Office 365 Business 요금제에 포함된다)이 필요하고 관리자로 그 계정에 로그인할 수 있어야 한다.

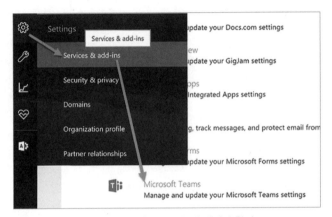

그림 11-7 오피스 365 구성 페이지 찾기

그러면 마이크로소프트 팀 설정 페이지가 열린다. Turn Microsoft Teams on or off for your entire organization을 On으로 설정하라. 그리고 그림 11-8에서 보듯이 Apps 패널을 펼쳐서, Allow External Apps In Microsoft Teams, Enable New External Apps By Default, Allow Sideloading Of External Apps 옵션들이 모두 On으로 켜졌는지 확인하라.

그림 11-8 오피스 365의 팀 설정하기

오피스 365 설정을 완료했으면 팀에서 챗봇을 사용할 수 있다.

챗봇 사용

팀 웹사이트인 *https://teams.microsoft.com/*을 통해 팀을 시작할 수 있다. 마이크로소프트 팀을 테스트하기 가장 쉬운 방법은 봇 프레임워크 채널 페이지를 방문해서 Microsoft Teams 링크 (위에서 설명한 대로 설정한 다음)를 클릭한다. 그러면 채팅 기능이 있는 마이크로소프트 팀이 챗 봇에 열린다. 그림 11-9는 음악 챗봇과의 대화를 보여준다.

그림 11-9 **마이크로소프트 팀 테스트하기**

그림 11-9는 Pop genre에 대한 Browse 회전식 보기에서 Done 섬네일 카드를 보여 준다. 보다 시피 채널은 봇 에뮬레이터와 다르게 렌더링한다.

11.3 빙 설정

빙에 챗봇을 배포하면 그 챗봇을 검색할 수 있게 된다. 사람들이 빙에서 검색하면 챗봇은 관 련 목록에 등장할 수 있다. 이렇게 하면 사용자는 빙에서 직접 챗봇과 상호작용할 수 있다.

 일부 비즈니스의 경우, 빙 챗봇을 사용해서 경쟁 우위를 점할 수 있다. 특히 경쟁사가 챗봇을 가지고 있지 않다면 말이다.

채널 설정

빙 채널 설정 페이지는 챗봇 정보, 봇 카테고리, 게시자 정보, 개인 정보 및 사용 약관을 위한 몇 가지 부분으로 구성되어 있다. 그림 11-10은 그중 몇 가지 필드만 보여주며 대부분은 명확해서 별도의 설명은 필요 없다.

그림 11-10 빙 채널 구성

성공적으로 챗봇을 제출하기 위해 Bing 검토 가이드라인을 클릭해서 더 자세히 알아보자.

개인 정보 및 사용 약관은 변호사를 고용하거나 빙에서 무료 사용 약관과 무료 개인 정보 보호 정책을 검색해서 채울 수 있다. Bing 검토 가이드라인에서는 더 많은 자료를 제공한다. 우리는 음악 챗봇 소스 코드에서 이 문서를 수정해서 제공하고 있다. 그 문서는 우리가 챗봇을 성공적으로 제출하기 위해 사용한 것으로 여러분도 이 문서에 어떤 내용이 포함될 수 있는지 이해하는 데 도움이 될 것이다.

> 마이크로소프트는 자신이 지원하는 각 채널에 대한 제출 가이드라인을 정리해서 제공함으로써 여러분이 해야 할 작업량을 최소화하도록 지원한다. 그러나 채널마다 요구사항이 다양하므로, 제출 절차를 쉽게 만들려면 사전에 해당 채널 사이트를 방문해서 그 요구사항을 꼼꼼히 확인해 두는 것이 좋다.

검색에서 사용하기

검토를 위해 챗봇을 제출하고 나면 그림 11-11처럼 빙에서 챗봇을 테스트할 수 있는 링크를 볼 수 있을 것이다.

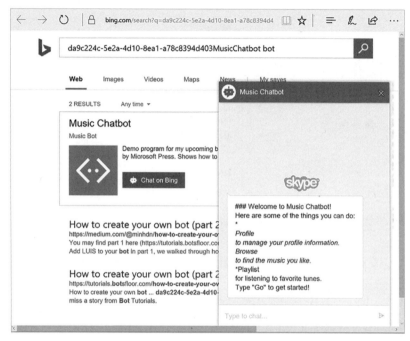

그림 11-11 빙에서 음악 챗봇 사용하기

그림 11-11에서 본 것처럼 빙에서 검색 결과로 챗봇을 보여줄 때 Chat on Bing 버튼을 볼 수 있을 것이다. Chat on Bing을 클릭하면 사용자가 브라우저 검색 페이지에서 바로 채팅할 수 있는 채팅 창이 열린다. 다른 페이지로 이동하거나 컨텍스트를 벗어나거나 돌아다닐 필요는 없다. 사용자는 간단한 질문을 통해 여러분의 챗봇이나 비즈니스가 자신의 요건을 만족시키는지를 결정할 수 있다.

11.4 채널 검사기

봇 프레임워크에는 채널 검사기(Channel Inspector)라는 도구가 있다. 채널 검사기는 챗봇의 각 기능이 해당 채널에서 어떻게 보일지 보여준다. 이것은 사용자 경험을 설계할 때 유용하다. 그림 11-12는 채널 검사기의 모습이다.

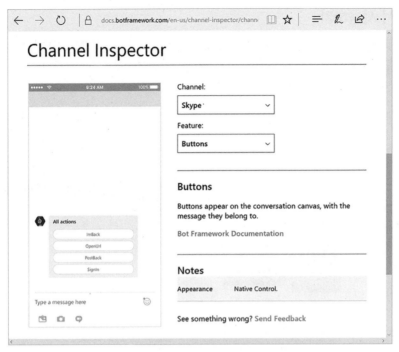

그림 11-12 채널 검사기는 챗봇의 다양한 기능이 채널에서 어떻게 보일지 보여준다

그림 11-12의 Channel 드롭-다운에는 봇 프레임워크가 지원하는 각 채널이 옵션으로 들어 있다. Feature 드롭 다운에는 챗봇이 콘텐츠를 표시할 수 있는 다양한 방식, 즉 회전식 보기, 영웅 카드, 마크다운 등이 옵션으로 포함되어 있다.

요약

이 장에선 2장의 등록 절차를 기반으로 챗봇을 위한 채널을 구성하는 방법을 살펴보았다. 특히 마이크로소프트 팀과 빙을 예로 들었지만, 이는 채널이 동작하는 방식과 다른 채널을 설정할 때 도움이 될 만한 몇 가지 팁을 알려주기 위한 것이다.

그리고 분석 구성, 프로젝트 계측, 애플리케이션 인사이트에서 키를 가져오는 방법을 배웠다. 챗봇을 위한 봇 프레임워크 페이지에는 분석 메뉴가 있어서 챗봇이 수신한 트래픽 양에 대한 몇 가지 사실을 확인할 수 있다. 마지막으로 채널 검사기에 대해서 배웠다. 채널 검사기는 특정 채널에 다양한 챗봇 기능의 시각화를 지원하는 도구다. 다음 장에서는 계속해서 이메일, SMS, 웹 챗 채널을 알아보겠다.

CHAPTER 12

이메일, SMS, 웹 챗봇 생성

11장은 채널을 구성하는 방법, 주로 단일 응용 프로그램에 접근하는 기술에 초점을 맞춰 알아보았다. 이 장은 11장에서 배운 내용을 기반으로 하지만, 메시징 앱 외의 채널들을 다룬다. 세상에는 스마트폰이 없어도 다른 방법으로 이메일, SMS, 또는 웹 페이지를 읽는 사람들이 있다. 바로 그 채널들을 설정하는 방법도 보여준다.

12.1 챗봇 대화를 이메일로 보내기

봇 프레임워크는 사용자가 이메일을 통해 챗봇과 통신할 수 있도록 이메일 채널을 제공한다. 이메일 채널을 사용하려면 오피스 365 이메일 계정을 생성하고 챗봇을 위한 봇 프레임워크 웹 페이지에서 이메일을 구성해야 한다.

어떤 유형의 이메일 계정을 통해서도 챗봇과 통신할 수 있지만, 이메일 채널은 오피스 365 계정이 필요하다.

이메일 계정 생성

이메일 계정을 생성하려면 오피스 365 웹사이트를 관리자로 방문해야 한다. **Admin tools**로 가서 **Users** ➡ **Active Users**를 클릭하고 **Add User** 버튼을 클릭하라. **Add User** 블레이드에 필수 정보를 채우고 그림 12-1처럼 **Add**를 클릭하라.

그림 12-1 오피스 365에 이메일 계정 추가하기

Add를 클릭한 다음 새로운 이메일 계정의 패스워드를 기록해야 한다. 다음에 설명할 이메일 채널을 구성할 때 필요하기 때문이다.

 초기 오피스 365 이메일 비밀번호는 임시 비밀번호로 90일 동안만 유효하다. 테스트용으로 발급받고 나중에 그 이메일 주소를 지울 예정이라면 상관없지만, 챗봇이 90일 이내에 이메일 채널에서 제대로 작동하지 않을 때 문제 해결이 곤란해지는 것을 피하려면 패스워드를 변경해 두는 것이 좋다.

이메일 채널 구성

이메일 채널을 구성하려면 봇 프레임워크 사이트에서 챗봇 페이지를 방문해서 이메일 채널을 클릭하면 된다. 그림 12-2에서처럼, 전자 메일 주소와 이메일 비밀번호를 추가하고 저장 버튼을 클릭하라.

그림 12-2 이메일 채널 구성

이제 사용자는 설정된 주소, 즉 이 예제의 경우 RockPaperScissors@mayosoftware.com으로 이메일을 보내서 RockPaperScissors 챗봇과 통신할 수 있다.

12.2 챗봇에 텍스트 보내기

여러분은 사용자가 트윌리오 채널에서 SMS 텍스트 메시지를 통해 통신하도록 할 수 있다. 먼저 봇 프레임워크 사이트에서 챗봇 페이지를 방문하고 그림 12-3처럼 트윌리오 채널을 클릭하라.

그림 12-3 트윌리오 채널 구성

'Twilio 인증서를 어디서 찾을 수 있나요?'를 클릭하라. 거기에는 새 TwilioML 앱을 등록하는 방법에 대한 세부 지시사항이 있다. 전화번호를 선택하고 자격 증명을 얻어라. 트윌리오는 테스트하기에 이상적인 무료 수준의 계정을 제공한다.

노트

일부 채널에서는 서드파티 플랫폼을 지원하기 위해 확장 설정이 필요한 부분이 있다. 봇 프레임워크 팀은 이 문서를 최신으로 유지한다. 이 문서를 활용하면 일반적으로 해야 할 작업량을 최소화하는 데 매우 도움이 된다. 예를 들어 트윌리오 설정 프로시저에는 이 문서를 검색하지 않아도 되도록 정확한 페이지로 안내하는 링크를 제공한다.

트윌리오 정보를 추가했다면 저장 버튼을 클릭한다. 채널 구성이 끝나면, 사용자는 그림 12-3에서 챗봇이 통신하도록 구성된 전화번호에 텍스트 메시지를 전송해서 챗봇과 통신할 수 있다.

12.3 웹챗 제어 포함시키기

웹챗(WebChat) 제어는 웹 페이지라면 어디에나 챗봇을 추가할 수 있게 해준다. 이 제어는 HTML iframe에 포함되어 있으므로 HTML을 지원하는 모든 화면에 웹챗 제어(다른 응용 프로그램 웹 제어까지도)를 넣을 수 있다. 이 예제는 기본 봇 응용 프로그램 템플릿에 포함된 default. htm 파일에 웹챗 제어를 추가한다. 이 절은 웹챗 제어를 담고 있는 웹 페이지를 위한 HTML을 작성하는 한 가지 방법을 보여준다. 여기에서는 서버 웹 API와 통신하기 위해 클라이언트에 자바스크립트(JavaScript)를 사용했다. 다음 절은 이 방식이나 그와 비슷한 방식을 추천하는 이유를 설명한다.

웹챗 IFrame 자리 표시자 추가하기

웹챗 제어를 사용하려면 챗봇을 위한 채널 페이지를 방문하고 다른 채널처럼 웹챗 채널을 추가하면 된다. 웹챗 채널을 이미 추가한 경우, 편집 버튼을 클릭하면 사이트 목록을 볼 수 있다. 목록에 사이트가 없다면, 새 사이트 추가 버튼을 클릭해서 그 사이트에 이름을 부여한 다음 완료를 클릭한다. 목록에 있는 사이트를 선택하면 그림 12-4와 비슷한 화면을 보게 될 것이다.

팁   여러 사이트를 추가하면 웹챗 제어가 배포된 위치마다 다른 자격 증명을 가질 수 있다.

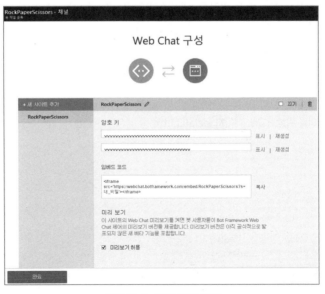

그림 12-4 웹챗 채널 구성

그림 12-4에서 보는 바와 같이 두 개의 암호 키를 가지고 있어서 하나는 운영 환경에, 다른 하나는 테스트, 프로토타이핑, 누군가 운영 키를 공유할 필요 없이 챗봇을 사용해야 하는 상황에 쓰고자 할 경우 유용하다. 암호 키 중 하나가 손상됐거나 암호 키를 더 이상 공유할 필요가 없다면 언제든 새 키를 생성하기 위해 **재생성** 버튼을 클릭하면 된다.

임베드 코드는 웹챗 제어를 위한 src를 포함하고 있는 iframe이다. URL 내 매개변수 s는 다음과 같이 비밀 키를 위한 것이다.

```
<iframe src='https://webchat.botframework.com/embed/RockPaperScissors?s=내_비밀'>
</iframe>
```

이 iframe을 웹 페이지에 추가하고 s 매개변수에 비밀 키 중 하나를 사용하면, 웹챗 제어가 작동해서 사용자는 웹 페이지의 웹챗 제어와 정상적으로 상호작용할 수 있게 된다. 하지만 이렇게 하면 여러분의 비밀 키가 손상될 수 있으므로 바람직하지 않다. 누구라도 브라우저의 소스코드를 살펴보면 비밀 키를 읽을 수 있기 때문이다. 이로 인한 영향도를 판단하기 위해 직접 위협 평가(threat assessment)를 해야 하지만, 다음 절을 시작으로 발생할 수 있는 잠재적인 문제들로 인해 평가를 수행하는 방법은 보여주지 않겠다.

클라이언트 쪽 코딩

비밀 키를 노출시키지 않고 웹챗 제어를 안전하게 배포하는 방법은 다양하다. 그중 하나로, 이 절에서 다룰 방법은 HTML 페이지에 div 자리표시자를 두고, jQuery를 사용해서 서버를 호출해서 iframe을 로딩하는 것이다. 이렇게 하면 비밀 키를 서버에 유지하기 때문에 사용자가 볼 수 없다. 목록 12-1은 이를 구현한 HTML 페이지를 보여준다.

목록 12-1 **웹챗 제어를 위한 HTML 페이지: default.htm**

```
<!DOCTYPE html>
<html>
<head>
    <title></title>
    <meta charset="utf-8" />
</head>
<body style="font-family:'Segoe UI'">
    <h1>Rock Paper Scissors</h1>

    <div id="webChatControl"/>
```

```
    <script src="https://code.jquery.com/jquery-3.2.1.min.js"></script>
    <script type="text/javascript">
        $("#webChatControl").load("api/WebChat");
    </script>
  </body>
</html>
```

목록 12-1은 default.htm 페이지를 수정한 내용을 보여준다. body에 id가 webChatControl인 div 자리표시자가 포함되어 있다. 그 아래에 두 개의 스크립트 태그가 있다. 그 중 첫 번째 스크립트 태그는 jQuery를 로딩한다. 두 번째 스크립트 태그에는 하나의 jQuery 문장이 포함되어 있는데, 이 문장은 #webChatControl div를 선택하고 HTTP GET 요청이 api/WebChat에 돌려주는 콘텐츠를 로딩한다. jQuery 로딩 함수는 웹 API 규칙에 따라 첫 번째 세그먼트에 api를 추가해서 상대 주소를 지정한다. 두 번째 세그먼트는 컨트롤러를 지정하고 웹 API 규칙에 따라 이 이름은 WebChatController라는 이름을 가진 컨트롤러 클래스에 매핑된다.

이렇게 해서 클라이언트는 웹챗 제어를 얻어 그 페이지에 로딩하게 된다. 다음으로 WebChatController를 검사하고 그 페이지의 요청에 응답하는 방법을 살펴보자.

 웹 챗 제어는 오픈 소스이며 *https://github.com/Microsoft/BotFramework-WebChat*을 방문해서 확인할 수 있다. 여기에서 다룬 기술 외에 깃허브 사이트에는 React.js 래퍼 함수를 사용하는 것처럼 사이트에 웹 챗 제어를 통합하기 위한 다른 방법들이 있다.

서버 요청 처리

앞서 언급했듯이, iframe을 HTML에 직접 넣는 것을 피하면 페이지에 비밀 키를 넣어 사용자가 접근할 수 있는 상황을 피하는 장점이 있다. 대신 비밀 키를 포함하지 않는 iframe을 반환해야 한다. 봇 프레임워크는 토큰으로 비밀 키를 교환하는 REST 끝점을 가지고 있어 이 방식을 지원한다. 이는 우리가 비밀 키 대신 토큰으로 호출자에게 iframe을 다시 전달할 수 있다는 뜻이다. 웹챗 제어의 각 인스턴스는 별도의 토큰을 가지며, 일정 기간 사용하지 않으면 만료되어 재사용할 수 없음을 뜻한다(여기서도 비밀 키는 기간 만료의 개념이 없다). 이 절에서는 토큰을 위해 비밀 키를 교환하고 더 안전한 형태의 iframe을 반환하기 위해 이전 절의 클라이언트에서 주소로 지정했던 WebChatController를 생성하는 방법을 볼 것이다.

먼저 웹챗 채널을 구성하면서 얻은 비밀 키 중 하나를 web.config에 복사한다. web.config의 appSettings 요소는 다음처럼 보일 것이다.

```
<appSettings>
  <!-- update these with your BotId, Microsoft App Id and your Microsoft App
Password-->
  <add key="BotId" value="RockPaperScissors" />
  <add key="MicrosoftAppId" value="Your App ID" />
  <add key="MicrosoftAppPassword" value="Your App Password" />
  <add key="WebChatSecret" value="Your Secret Key" />
</appSettings>
```

WebChatSecret은 키를 담고 있으며, WebChatController에서 이를 읽어들인다.

새로운 컨트롤러를 추가하기 위해 Controllers 폴더에 마우스 오른쪽 버튼을 클릭하고 추가
➡ Web API 컨트롤러 클래스(v2.1)를 클릭해서 WebChatController 이름을 추가한 다음 확인
버튼을 클릭한다. 이러면 새로운 WebChatController.cs 파일이 만들어진다. 목록 12-2는 새
iframe을 호출한 클라이언트(웹 페이지)로 되돌려주는 코드를 포함한 WebChatController 클래
스를 보여준다. 그리고 목록 12-3은 WebChatController가 봇 프레임워크의 토큰 응답을 파싱
하기 위해 사용하는 WebChatTokenResponse를 보여준다.

목록 12-2 토큰을 위해 비밀 키를 교환하는 컨트롤러: WebChatController.cs

```
using Newtonsoft.Json;
using RockPaperScissors3.Models;
using System.Configuration;
using System.Net;
using System.Net.Http;
using System.Text;
using System.Threading.Tasks;
using System.Web.Http;

namespace RockPaperScissors3.Controllers
{
    public class WebChatController : ApiController
    {
        public async Task<HttpResponseMessage> Get()
        {
            string webChatSecret = ConfigurationManager.AppSettings["WebChatSecret"];

            string result = await GetIFrameViaPostWithToken(webChatSecret);

            HttpResponseMessage response = Request.CreateResponse(HttpStatusCode.OK);
            response.Content = new StringContent(result, Encoding.UTF8, "text/html");
            return response;
        }

        async Task<string> GetIFrameViaPostWithToken(string webChatSecret)
```

```
        {
            var request = new HttpRequestMessage(
                HttpMethod.Post, "https://webchat.botframework.com/api/
conversations");
            request.Headers.Add("Authorization", "BOTCONNECTOR " + webChatSecret);

            HttpResponseMessage response = await new HttpClient().SendAsync(request);
            string responseJson = await response.Content.ReadAsStringAsync();
            WebChatTokenResponse webChatResponse =
                JsonConvert.DeserializeObject<WebChatTokenResponse>(responseJson);

            return
                $"<iframe width='600px' height='500px' " +
                $"src='https://webchat.botframework.com/embed/RockPaperScissors" +
                $"?t={webChatResponse.Token}'>" +
                $"</iframe>";
        }
    }
}
```

목록 12-3 **토큰을 파싱하는 클래스: WebChatTokenResponse.cs**

```
namespace RockPaperScissors3.Models
{
    public class WebChatTokenResponse
    {
        public string ConversationID { get; set; }
        public string Token { get; set; }
    }
}
```

목록 12-2의 Get 메서드는 구성에서 비밀 키를 읽고, GetIFrameViaPostWithToken 메서드를 호출한 다음 호출자(이 예제의 경우 default.htm 페이지)에게 응답을 전송한다.

GetIFrameViaPostWithToken 메서드는 요청 매개변수 설정, 응답 요청, 반환 문자열 서식 지정의 세 가지 주요 부분으로 이루어져 있다. 첫 번째 부분에서는 요청 매개변수를 설정한다.

```
            var request = new HttpRequestMessage(
                HttpMethod.Post, "https://webchat.botframework.com/api/
conversations");
            request.Headers.Add("Authorization", "BOTCONNECTOR " + webChatSecret);
```

이 요청은 *https://webchat.botframework.com/api/conversations* 끝점에 HTTP POST를 전송한

다. 이 요청은 BOTCONNECTOR에 비밀 키를 추가하고 Authorization 헤더에 이를 할당해서 권한을 받아야 한다. 그런 다음, HTTP 요청을 생성하고 결과를 파싱해야 한다.

```
HttpResponseMessage response = await new HttpClient().SendAsync(request);
string responseJson = await response.Content.ReadAsStringAsync();
WebChatTokenResponse webChatResponse =
    JsonConvert.DeserializeObject<WebChatTokenResponse>(responseJson);
```

이 코드는 SendAsync를 호출해서 요청을 게시하고 responseJson 문자열에 결과를 읽어들인다. 이것은 JSON 문서이므로 JsonConvert.DeserializeObject를 호출해서 JSON 문자열을 목록 12-3에서 정의한 형식의 WebChatTokenResponse 개체로 변환한다. 다음으로 응답 서식을 지정한다.

```
return
    $"<iframe width='600px' height='500px' " +
    $"src='https://webchat.botframework.com/embed/RockPaperScissors" +
    $"?t={webChatResponse.Token}'>" +
    $"</iframe>";
```

이것은 웹챗 제어 채널이 제공하는 것과 비슷한 iframe이다. 첫 번째 차이점은 height/width 가 600×500이라는 점이다. 여러분은 페이지에서 원하는 대로 차원을 바꿀 수 있다. 두 번째 는 s 매개변수가 t가 되었다는 점이다. t 매개변수 값은 방금 한 REST 호출에서 반환된 토큰 인 webChatResponse.Token이다. 그림 12-5는 이것이 웹 페이지에서 어떻게 나타나는지를 보 여준다.

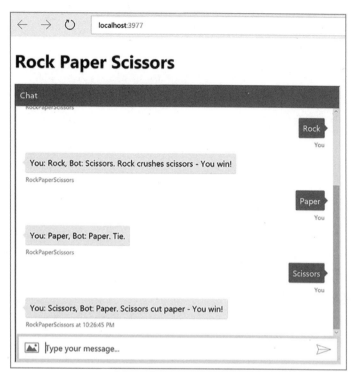

그림 12-5 웹 페이지 상의 웹챗 제어

요약

이전 장에 이어 몇 가지 채널을 설정하는 방법을 더 알아봤다. 그리고 이메일 채널을 구성하는 법을 배웠다. 이메일 채널을 설정할 때, 봇 프레임워크가 사용할 이메일 계정을 생성하려면 오피스 365의 관리자 권한이 필요하다는 점을 기억하자.

트윌리오 채널을 사용하면 챗봇이 SMS 텍스트로 통신할 수 있도록 구성할 수 있다. 우리가 사용했던 Rock PaperScissors 챗봇 예제는 텍스트로만 구성되어 있기 때문에 이러한 유형의 통신에 이상적이라고 할 수 있다. 이 채널을 통해 스마트폰을 사용하지 않는 사용자에게도 접근할 수 있다.

마지막으로 웹챗 제어를 페이지에 추가하는 방법을 배웠다. 이 방식은 HTML 페이지가 갈 수 있는 곳이라면 어디나 챗봇을 넣을 수 있어서 유용하다. 여기에서 다룬 예제는 서버에 비밀 키를 저장해서 챗봇을 더 안전하게 만드는 방식에 초점을 맞춰서 알아보았다.

여기에서는 미리 구성된 채널을 사용하는 방법을 보여주는 예제를 살펴보았다. 하지만 때로는 자신만의 응용 프로그램에서 챗봇을 사용하고 싶을 수 있다. 다음 장에서는 Direct Line을 사용해서 맞춤 채널을 만드는 법을 알아보겠다.

PART **IV**

API, 통합, 음성

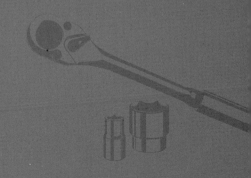

이 책의 마지막 파트로 봇 프레임워크 외부에서 제공하는 관련 기술을 사용해 챗봇을 강화하는 방법을 다룬다. 여기에서는 맞춤 채널을 생성하는 방법을 배울 것이다. 챗봇은 또한 인공지능 (AI) 서비스를 위한 탁월한 응용 프로그램으로, 여기서는 마이크로소프트 인식 서비스(Microsoft Cognitive Services)를 사용하는 방법을 배울 것이다. 그동안 대화의 장점과 사람의 언어를 이해하기 위한 자연어 처리(natural language processing, NLP)를 살펴봤는데, 마지막으로 이제 여기에 음성을 추가할 수 있게 될 것이다.

기존 채널이 여러분의 요구사항을 만족시키지 못한다면 13장 'Direct Line API로 맞춤 채널 코딩하기'를 읽으면 된다. 14장 '인식 서비스 통합하기'는 챗봇에 AI 능력을 추가하는 방법을 보여준다. 여기에서 살펴볼 예제는 마이크로소프트 인식 서비스를 사용하는 몇 가지 방법을 포함한다. 또한, Q&A 챗봇을 위해 마이크로소프트 QnA 메이커(Microsoft QnA Maker)를 사용하는 방법도 배울 것이다. 이 챗봇은 사용자 질문을 이해하기 위해 NLP도 함께 사용한다. 15장 '음성 서비스 추가하기'에선 챗봇과 음성 대화를 하는 방법을 보여주는 것으로 봇 프레임워크 이야기를 마무리한다. 이를 위한 기반 기술은 코타나 스킬 킷(Cortana Skills Kit)과 통합한 코타나 채널을 사용하는 봇 프레임워크 챗봇이다.

이 마지막 파트에서 이 책에서 배웠던 모든 것을 결합해서 챗봇의 진정한 잠재적 가능성과 비전을 보여준다. 여러분은 사용자가 대화할 수 있는 곳이라면 어디에나 등장하는 지능형 챗봇을 작성할 수 있을 것이다.

CHAPTER

13

Direct Line API로 맞춤 채널 코딩하기

앞부분에서 봤듯이 챗봇이 등장할 수 있는 채널은 여러 가지가 있다. 메시징 채널이 여러분의 요구사항에 부합하지 않는다면 이메일, SMS, 웹챗 제어 채널을 이용할 수 있다. 그러나 이러한 채널로도 만족시킬 수 없는 요구사항이 있으며, 이러한 경우 Direct Line API를 활용하면 된다.

개발자는 Direct Line API를 사용해서 자신만의 맞춤 채널을 생성할 수 있다. 예를 들어 Direct Line을 사용하면 챗봇을 모바일 앱에 추가할 수 있으므로 앱 기본 기능 외에도 사용자가 챗봇과 통신할 수 있는 페이지를 가질 수 있다. 다양한 기업 응용 프로그램에서 윈도우 폼(Windows Forms)과 윈도우 프레젠테이션 파운데이션(Windows Presentation Foundation, WPF) 용으로 작성된 여러 프로그램을 갖추고 있으며, 거기에서 챗봇 서비스를 제공하는 탭이나 창을 추가하려는 요구사항이 있을 수 있다.

Direct Line API는 REST 인터페이스를 기반으로 하지만 이 장에서는 어느 프로젝트에서나 참조할 수 있는 NuGet 패키지인 Microsoft Direct Line SDK를 사용한다. Direct Line API가 REST 인터페이스라는 것은 어떤 플랫폼, 어떤 언어에서도 이 API를 사용할 수 있다는 것을 뜻한다. 핵심은 문자 그대로 인터넷에서 HTTP를 통해 통신할 수 있는 곳이라면 어디나 봇 프레임워크 챗봇을 보여줄 수 있다는 것이다. 이는 마이크로소프트 봇 프레임워크의 멀티 플랫폼의 특징을 보여준다. 이 장은 맞춤형 콘솔 채널(console channel)을 통해 어디에서나 실행될 수 있다는 개념을 보여준다. 다음 절에서 그 채널의 동작 방식을 설명하는 것으로 이 장을 시작한다.

337

13.1 콘솔 채널 개요

이 장의 예제 프로그램은 콘솔 채널이다. 그 이름이 말해주듯이, 이것은 명령줄에서 챗봇을 보여주는 채널이다. 콘솔 채널은 이론상의 예제일 뿐이라며 그 용도를 무시하기 전에, 최근 개발자들의 작업하는 패턴과 트렌드를 생각해보자. 우리는 프로젝트 자동화와 다양한 스크립트 셸로 작업을 하면서 명령줄에 대해 새롭게 바라보게 되었다. 윈도우 관리자와 개발자가 파워셸(PowerShell)에서 얼마나 많은 시간을 보내는지 생각해 보라. 최근 마이크로소프트는 윈도우 10에 리눅스용 윈도우 하위시스템(Windows Subsystem for Linux, WSL)을 추가해서 우분투(Ubuntu), SUSE 같은 리눅스 운영체제의 다양한 버전을 사용할 수 있는 길을 열었다. 또한, .NET Core는 윈도우에서 실행될 뿐 아니라, 명령줄 작업이 보편적인 리눅스와 MacOS 모두에서 응용 프로그램을 지원한다는 점을 고려하라. 콘솔 채널을 호스팅하는 컴퓨터에 메인 프레임 개발자나 운영자가 텔넷으로 통신한다고 상상해보면, 콘솔 채널에도 나름의 목적이 있고 챗봇을 모든 사람이 어떤 플랫폼에서나 사용하도록 만들 수 있다는 말이 훨씬 더 믿을 만해진다.

콘솔 채널 구성 요소

이 책 소스 코드의 ConsoleChannel 프로젝트에는 Direct Line API를 사용해서 와인봇과 통신하는 로직이 포함되어 있다. 그 프로젝트에는 8장에서 챗봇이 통신했던 WineBotLuis의 업데이트 버전도 포함되어 있다. 이 장에서는 예제 챗봇으로 와인봇을 사용하지만, 같은 코드를 약간만 수정하면 어떤 챗봇에서도 동작할 수 있다.

콘솔 채널은 프로그램을 설명하기 쉽게 만드는 부분으로 나눌 수 있도록 설계한다. 코드를 다르게 구성할 수도 있지만, 여기에서는 Direct Line API를 사용하는 방법을 이해하고 설명을 최대한 간단하게 만드는 데 초점을 맞춰 구성했다. 그림 13-1은 코드를 Program, Authenticate, Listen, Configure, Prompt의 5개의 주요 모듈로 나누어 구성했다. 각 모듈은 .NET 콘솔 응용 프로그램의 C# 클래스다.

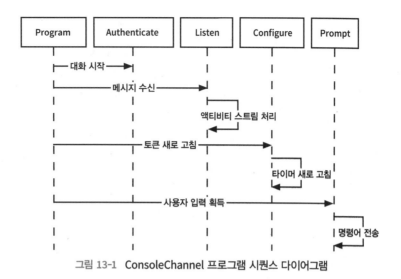

그림 13-1 ConsoleChannel 프로그램 시퀀스 다이어그램

그림 13-1에서 보듯이 Program 클래스는 전체 응용 프로그램을 구동하고 다른 클래스를 호출한다. Authenticate는 대화를 시작하고 만료시한을 갖는 토큰을 포함해서 다른 클래스가 사용하는 값을 반환한다. Listen은 챗봇 메시지가 도착할 때 그 메시지를 처리하는 스트림을 시작한다. Authenticate에서 받았던 토큰이 만료되기 때문에, Configure는 프로그램이 실행되는 동안 토큰이 유효하도록 주기적으로 갱신하는 일을 한다. 다른 모든 인프라가 실행되면 Prompt는 사용자 입력을 가져와 그 입력을 챗봇에 전송한다. 그림 13-2는 실제 콘솔 채널을 보여준다.

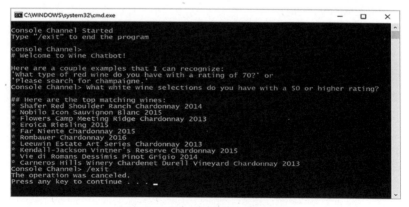

그림 13-2 콘솔 채널에서의 사용자 세션

이벤트 순서를 실제로 확인하려면 이 프로그램을 실행해야 하지만, 그전에 이 프로그램을 실행하면 무엇을 보게 될지 설명하겠다. 이 프로그램은 사용자가 챗봇과 통신할 수 있는

Console Channel 프롬프트를 보여준다. 첫 번째 프롬프트 앞에 콘솔 채널 프로그램은 /exit 명령어를 포함한 메시지를 보여준다. 사용자가 무엇인가 입력하기 전에(첫 번째 프롬프트는 비어 있다) 와인봇이 웰컴 메시지로 응답한다. 그다음 사용자가 What white wine selections do you have with a 50 or higher rating?을 입력한다. 여담으로 이것이 LUIS를 사용한 NLP가 명시적으로 훈련되지 않은 구문을 인식할 수 있다는 장점이 있다. 이 질문에 대한 응답은 가능한 와인 목록을 보여준다. 또한, 와인봇 응답의 서식을 보라. 이것이 응답을 그래픽적으로 바꾸는 화면에서도 멋지게 보이지만, 일반 텍스트의 가독성도 높여 주는 마크다운의 장점이다. 사용자가 /exit 명령어로 프로그램을 종료하면 프로그램 응답은 작업이 취소됐음을 알려준다. 프로그램이 대화를 어떻게 종료시켰는지 정확하게 알려준다.

콘솔 채널 코드 검사하기

목록 13-1의 콘솔 채널 프로그램은 그림 13-1의 시퀀스 다이어그램에서 설명한 것과 같은 로직을 따른다. 이 프로그램은 응용 프로그램의 모듈을 나타내는 각 클래스의 메서드를 비동기식으로 호출한다. 이 프로그램은 Direct Line API에 접근하기 위한 마이크로소프트 라이브러리인 Microsoft.Bot.Connector.DirectLine NuGet 패키지를 참조한다. 이 프로그램에 사용된 여러 형식은 이 패키지에서 비롯된다.

목록 13-1 **콘솔 채널 프로그램: Program.cs**

```
using Microsoft.Bot.Connector.DirectLine;
using System.Threading;
using System.Threading.Tasks;

namespace ConsoleChannel
{
    class Program
    {
        static void Main() => new Program().MainAsync().GetAwaiter().GetResult();

        async Task MainAsync()
        {
            var cancelSource = new CancellationTokenSource();

            AuthenticationResults results =
                await Authenticate.StartConversationAsync(cancelSource.Token);

            await Listen.RetrieveMessagesAsync(results.Conversation, cancelSource);

            await Configure.RefreshTokensAsync(results.Conversation, results.Client,
cancelSource.Token);
```

```
            await Prompt.GetUserInputAsync(results.Conversation, results.Client,
cancelSource);
        }
    }
}
```

목록 13-1의 Main은 MainAsync 메서드를 호출한다. 가장 먼저 MainAsync는 Cancellation TokenSource를 인스턴스화해서 cancelSource를 생성한다. 이 인스턴스는 각 메서드에 전달되는 인수로, 프로그램을 종료시키는 수단을 제공한다. StartConversationAsync는 Direct Line 으로 새 대화를 시작하고 나머지 프로그램이 작업할 때 필요한 값을 담고 있는 Direct Line 라이브러리 형식, results.Conversation을 포함한 AuthenticationResults의 인스턴스인 results 를 반환한다. results 변수는 DirectLineClient 인스턴스인 results.Client도 포함하고 있어서 다른 모듈이 같은 인스턴스를 공유할 수 있다. 나머지 메서드는 그림 13-1에서 보여준 일반적인 설명을 통해 동작한다.

이 프로그램 설계의 중요한 특징은 멀티 스레드 방식이라는 데 있다. 이 프로그램은 세 개의 스레드로 실행된다.

1. Program, Authenticate, Prompt 클래스의 메서드는 주 스레드에서 실행된다.
2. Listen 클래스의 메서드는 두 번째 스레드에서 실행된다.
3. Configure 클래스의 메서드는 세 번째 스레드에서 실행된다.

각 스레드에는 고유의 역할이 있기 때문에 프로그램을 단순화시킨다. 첫 번째 스레드는 대화를 시작하고, 각 메서드를 호출하고, GetUserInputAsync로 이동한다. 이 메서드는 나중에 배우겠지만, 사용자가 프로그램을 종료할 때까지 사용자 입력을 지속해서 받아들이는 루프를 실행한다. RetrieveMessagesAsync 메서드는 챗봇에서 입력 스트림을 열고 메시지가 도착할 때 그 메시지를 처리하기 위해 기다리는 새 스레드를 시작한다. RefreshTokensAsync는 현재 대화 토큰을 갱신해서 사용자가 끊김 없이 챗봇과 계속 통신할 수 있도록 시간을 연장하고 깨우는 새 스레드를 시작한다.

노트

멀티 스레드 설계 대신 이 세 개의 스레드 기능을 하나의 스레드로 엮어서 폴링을 수행할 수도 있지만, 그 방식은 비효율적일 수밖에 없다. 실세계에서 구현이 동작하게 하려면 필요한 에러 처리와 계측 형식을 고려했을 때 단일 스레드 방식은 언뜻 봤을 때보다 복잡도가 더 높아질 가능성이 있다. 또한, 이것은 콘솔 응용 프로그램이며, WPF, UWP 또는 자마린(Xamarin) 같은 멀티 플랫폼 모바일 툴킷 같이 다른 기술에서의 구현은 많이 다를 것이라는 점을 기억하라.

모듈 중 일부는 목록 13-2에서 보여주는 공통 코드 일부를 담고 있는 공유 클래스, Message 를 사용한다. 다시 말하지만, 어떤 데이터를 공유할지에 대한 각자의 선택은 다를 수 있지만, 이에 대한 여러 의견 중 하나를 고수하기보다는 단순함을 최우선으로 하여 선택하는 것이 좋 다.

목록 13-2 **콘솔 채널 프로그램: Message.cs**

```csharp
using System;

namespace ConsoleChannel
{
    static class Message
    {
        public const string ClientID = "ConsoleChannel";
        public const string ChatbotID = "WineChatbot";

        volatile static string watermark;

        public static string Watermark
        {
            get { return watermark; }
            set { watermark = value; }
        }

        public static void WritePrompt() => Console.Write("Console Channel> ");
    }
}
```

목록 13-2에는 두 개의 상수, ClientID와 ChatbotID가 있다. ConsoleChannel은 챗봇과 통신 할 때 ClientID를 From ID로 사용한다. 여기에서는 사용자가 직접 ID를 입력하도록 되어 있 지 않고 하드코딩 된 값을 사용하고 있다. 사용자가 직접 입력해서 로그인하려는 경우도 가능 하다. ChatbotID인 WineChatbot은 와인봇을 위해 봇 프레임워크에 등록된 핸들이다. 어떤 챗봇과도 통신할 수 있는 일반적인 채널을 만든다면, 이 핸들도 구성 가능할 것이다.

Direct Line을 통한 챗봇과의 통신에서 중요한 부분은 watermark 필드를 감싼 Watermark 속성이다. watermark는 우리가 챗봇으로부터 어떤 메시지를 받았는지 알려주고 중복 메시 지를 피하는 데 도움이 된다. 새 메시지를 기다리며 사용자 입력을 받는 두 스레드는 모두 이 Watermark를 사용한다. 이것은 여러 필드에서 사용되는 공유 필드이기 때문에 우리는 **volatile** 한정자를 사용해서 불완전한 읽기, 쓰기를 최소화했다. 구현 방식에 따라 이것이 여 러분에게 통할 수도 통하지 않을 수도 있다. 이 예제에서 우리는 값을 꾸준히 읽는 데에만 초점을 맞췄다. 채널 콘솔에는 여전히 중복 가능성이 있다는 것을 알고 사용자에게 중복된 내용을 보여주지 않도록 완화시키는 코드가 있다. 이에 대해서는 이 장 뒷부분에서 보게 될 것이다.

 멀티 스레드 프로그래밍에 대한 더 자세한 정보를 알고 싶다면 마이크로소프트 프레스에서 출간한 《CLR via C#》(*https://aka.ms/clrcsbook*)을 추천한다. 이 책의 저자 제프리 리히터(*Jeffrey Richter*)는 윈도우와 .NET 영역의 멀티 스레드 분야에서 가장 저명한 전문가 중 하나로 이 책은 .NET 개발자를 위한 주제에 대해 꼼꼼히 설명했다.

프로그램의 여러 부분에서 일관된 사용자 프롬프트를 보여주기 위해 하나로 통일시킨 Write Prompt를 호출한다. 이 장의 나머지 부분에서는 각 모듈이 어떻게 동작하는지 설명한다. 먼저 다음 절에서는 대화를 시작하는 방법을 설명한다.

13.2 대화 시작하기

앞서 언급했듯이 이 응용 프로그램은 Microsoft Direct Line NuGet 패키지를 사용한다. 목록 13-3의 코드는 이 패키지를 사용해서 DirectLineClient를 인스턴스화하고 대화를 시작하는 방법을 보여준다. 대화를 시작함과 동시에 인증되므로 우리는 포함하는 클래스인 Authenticate를 호출했다.

목록 13-3 **콘솔 채널 프로그램: Authenticate.cs**

```
using Microsoft.Bot.Connector.DirectLine;
using System.Configuration;
using System.Threading;
using System.Threading.Tasks;

namespace ConsoleChannel
{
    class AuthenticationResults
    {
        public Conversation Conversation { get; set; }
        public DirectLineClient Client { get; set; }
    }

    class Authenticate
    {
        public static async Task<AuthenticationResults>
            StartConversationAsync(CancellationToken cancelToken)
        {
```

```
        System.Console.WriteLine(
            "\nConsole Channel Started\n" +
            "Type \"/exit\" to end the program\n");
        Message.WritePrompt();

        string secret = ConfigurationManager.AppSettings["DirectLineSecretKey"];
        var client = new DirectLineClient(secret);
        Conversation conversation =
            await client.Conversations.StartConversationAsync(cancelToken);

        return
            new AuthenticationResults
            {
                Conversation = conversation,
                Client = client
            };
    }
  }
}
```

StartConversationAsync는 CancellationToken을 받고 Conversation과 DirectLineClient를 포함한 AuthenticationResults의 인스턴스를 반환한다. 이 장의 후반부에서 대화 종료에 대해 논의할 때 cancelToken을 설명하겠지만, 이 토큰은 프로그램의 모든 비동기식 메서드 호출에 전달된다는 것을 알아챘을 것이다.

StartConversationAsync 메서드의 첫 부분에서는 프로그램이 시작됐음을 사용자에게 알리고 프롬프트를 화면에 전송해서 사용자에게 프로그램이 입력받을 준비가 됐음을 알린다.

app.config 설정 파일은 DirectLineSecretKey를 위한 appSettings 키를 포함한다. 이 키는 여러분이 통신하고자 하는 챗봇(와인봇)을 위한 봇 프레임워크 사이트를 방문해서 Direct Line 채널을 생성하면 얻을 수 있다. 11장과 12장은 몇 가지 채널을 설정하는 방법을 보여줬는데 Direct Line 채널을 생성하는 절차도 비슷하다. 채널을 생성하고 다음과 같이 appSettings 항목에 비밀 키를 복사하라.

```
<appSettings>
  <add key="DirectLineSecretKey" value="비밀키는 여기에"/>
</appSettings>
```

StartConversationAsync 메서드는 그 비밀 키를 인수로 전달해서 새 DirectLineClient를 인스턴스화한다. 이것이 호출자에게 전달되는 DirectLineClient 인스턴스다.

DirectLineClient 형식은 REST 끝점 URL의 /conversations 세그먼트를 나타내는 Conversations 속성을 갖는다. StartConversationAsync를 호출하면 Direct Line API는 나머지 프로그램에서 필요로 하는 여러 값을 담은 Conversations 개체를 반환한다. 다음 절부터 이 값들이 무엇인지 그리고 컨텍스트 내에서 이 값들이 어떻게 사용되는지 알아볼 것이다.

프로그램은 시작된 대화로 챗봇의 새 액티비티 목록을 수신하기 위한 새 스레드를 시작한다.

13.3 새 액티비티 수신

Direct Line은 챗봇 메시지를 수신하는 방법으로 폴링과 스트림을 제공한다. 폴링 방식은 챗봇으로부터 일련의 액티비티를 반환하는 GetActiviesAsync 메서드를 사용한다. 요점은 여러분이 폴링을 계속해야 하고 반환되는 액티비티는 폴링 사이 동안만 유효하다. 폴링을 너무 자주 하면 대역폭의 낭비를 초래하고 프로그램이 느려질 수 있으며, 시간 간격을 너무 많이 두고 폴링하게 되면 사용자 경험이 나빠질 수 있다.

챗봇으로부터 새 액티비티를 받는 가장 효율적인 기법은 웹 소켓을 구현한 스트림을 통하는 것이다. 이렇게 하면 챗봇이 응답을 보내는 즉시 프로그램이 응답을 받기 때문에 작업의 효율성과 반응형 사용자 경험을 보장한다. 다행히 .NET 프레임워크는 목록 13-4에서 보듯이 콘솔 채널 프로그램이 사용하는 웹 소켓을 지원한다.

목록 13-4 **콘솔 채널 프로그램: Listen.cs**

```
using Microsoft.Bot.Connector.DirectLine;
using Newtonsoft.Json;
using System;
using System.Collections.Generic;
using System.Linq;
using System.Net.WebSockets;
using System.Text;
using System.Threading;
using System.Threading.Tasks;

namespace ConsoleChannel
{
    class Listen
    {
        public static async Task RetrieveMessagesAsync(
            Conversation conversation, CancellationTokenSource cancelSource)
        {
            const int ReceiveChunkSize = 1024;
```

```
            var webSocket = new ClientWebSocket();
            await webSocket.ConnectAsync(
                new Uri(conversation.StreamUrl), cancelSource.Token);

            var runTask = Task.Run(async () =>
            {
                try
                {
                    while (webSocket.State == WebSocketState.Open)
                    {
                        var allBytes = new List<byte>();
                        var result = new WebSocketReceiveResult(0,
WebSocketMessageType.Text, false);
                        byte[] buffer = new byte[ReceiveChunkSize];

                        while (!result.EndOfMessage)
                        {
                            result = await webSocket.ReceiveAsync(
                                new ArraySegment<byte>(buffer), cancelSource.Token);
                            allBytes.AddRange(buffer);
                            buffer = new byte[ReceiveChunkSize];
                        }

                        string message = Encoding.UTF8.GetString(allBytes.ToArray()).
Trim();
                        ActivitySet activitySet = JsonConvert.DeserializeObject<Activ
itySet>(message);

                        if (activitySet != null)
                            Message.Watermark = activitySet.Watermark;

                        if (CanDisplayMessage(message, activitySet, out
List<Activity>activities))
                        {
                            Console.WriteLine();
                            activities.ForEach(activity => Console.WriteLine
(activity.Text));

                            Message.WritePrompt();
                        }
                    }
                }
                catch (OperationCanceledException oce)
                {
                    Console.WriteLine(oce.Message);
                }
            });
        }
        static bool CanDisplayMessage(string message, ActivitySet activitySet, out
List<Activity> activities)
        {
            if (activitySet == null)
```

```
                    activities = new List<Activity>();
        else
            activities =
                (from activity in activitySet.Activities
                 where activity.From.Id == Message.ChatbotID &&
                       !string.IsNullOrWhiteSpace(activity.Text)
                 select activity)
                .ToList();

        SuppressRepeatedActivities(activities);

        return !string.IsNullOrWhiteSpace(message) && activities.Any();
    }

    static Queue<string> processedActivities = new Queue<string>();
    const int MaxQueueSize = 10;

    static void SuppressRepeatedActivities(List<Activity> activities)
    {
        foreach (var activity in activities)
        {
            if (processedActivities.Contains(activity.Id))
            {
                activities.Remove(activity);
            }
            else
            {
                if (processedActivities.Count >= 10)
                    processedActivities.Dequeue();
                processedActivities.Enqueue(activity.Id);
            }
        };
    }
}
}
```

목록 13-4는 웹 소켓을 통해 Direct Line 스트림을 처리하는 루프를 구현하는 새 스레드를 시작하기 때문에 확장성이 매우 좋다. RetrieveMessagesAsync 메서드는 다음에 보는 것처럼 WebSocket을 인스턴스화하고 연결하는 것으로 시작한다.

```
var webSocket = new ClientWebSocket();
await webSocket.ConnectAsync(
    new Uri(conversation.StreamUrl), cancelSource.Token);
```

ConnectAsync의 Uri 인수는 conversation 매개변수의 StreamUrl을 사용한다. 이것은 Start

Conversation이 반환했던 것과 같은 Conversation 인스턴스다. 코드는 새 스레드에서 나머지 코드를 시작하기 위해 작업 병렬 라이브러리(Task Parallel Library, TPL)인 Task.Run을 사용한다. 여기에는 WebSocket이 open 상태인 동안 반복하는 while 루프도 있다.

Direct Line API는 텍스트를 1,024바이트 블록으로 반환하기 때문에, 다음처럼 전체 액티비티가 전달될 때까지 각 블록을 수집하는 루프가 필요하다.

```
                    var allBytes = new List<byte>();
                    var result = new WebSocketReceiveResult(0,
WebSocketMessageType.Text, false);
                    byte[] buffer = new byte[ReceiveChunkSize];

                    while (!result.EndOfMessage)
                    {
                        result = await webSocket.ReceiveAsync(
                            new ArraySegment<byte>(buffer), cancelSource.Token);
                        allBytes.AddRange(buffer);
                        buffer = new byte[ReceiveChunkSize];
                    }
```

result 변수는 WebSocketReceiveResult의 인스턴스다. ReceiveAsync 메서드가 챗봇으로부터 다음에 사용할 수 있는 액티비티 목록을 기다리면서 현재 상태를 가리키는 WebSocket ReceiveResult를 반환하면 루프는 EndOfMessage가 true일 때까지 계속 반복된다. Receive Async는 buffer도 ArraySegment 인스턴스를 통해 채운다. allBytes는 나중에 역직렬화하기 위해 반환된 바이트를 모두 수집한다.

버퍼가 이전에 ReceiveAsync를 호출했을 때의 내용을 유지하기 때문에, 루프의 맨 마지막 줄에서 buffer를 다시 인스턴스화한다. 마지막 루프에서 1,024바이트 미만의 액티비티를 받으면 이전 버퍼에 있던 내용을 가비지로 받는 일은 자주 있기 때문이다.

코드가 전체 액티비티를 받으면 result.EndOfMessage는 true로 바꾸고 while 루프 실행을 중지하고 다음처럼 액티비티를 처리한다.

```
                    string message = Encoding.UTF8.GetString(allBytes.ToArray()).
    Trim();
                    ActivitySet activitySet = JsonConvert.DeserializeObject
    <ActivitySet>(message);

                    if (activitySet != null)
                        Message.Watermark = activitySet.Watermark;
```

```
                    if (CanDisplayMessage(message, activitySet, out
List<Activity>activities))
                    {
                        Console.WriteLine();
                        activities.ForEach(activity => Console.WriteLine
(activity.Text));

                        Message.WritePrompt();
                    }
```

Direct Line API는 데이터를 UTF-8 형식으로 반환하고 코드는 이를 사용해 바이트를 JSON 개체인 문자열로 변환한다. 이 JSON 개체는 Direct Line 라이브러리의 형식인 ActivitySet이라는 일련의 액티비티를 나타낸다.

ActivitySet은 Watermark 속성도 가지고 있다. 목록 13-2에서 Message 클래스를 설명했던 내용을 기억한다면 Watermark는 중복을 피할 수 있게 메시지를 기록한다. 우리의 경우 중복을 최소화하고 그 결과를 곧 보게 될 것이다. 다음의 CanDisplayMessage는 message와 activitySet 인수를 받아 사용자에게 표시될 수 있는 List⟨Activity⟩인 activities를 반환한다.

```
        static bool CanDisplayMessage(string message, ActivitySet activitySet, out
List<Activity> activities)
        {
            if (activitySet == null)
                activities = new List<Activity>();
            else
                activities =
                    (from activity in activitySet.Activities
                     where activity.From.Id == Message.ChatbotID &&
                           !string.IsNullOrWhiteSpace(activity.Text)
                     select activity)
                     .ToList();

            SuppressRepeatedActivities(activities);

            return !string.IsNullOrWhiteSpace(message) && activities.Any();
        }
```

Direct Line API는 스트림을 휴지 기간에도 열어 두기 위해 빈 messages/activities를 킵 얼라이브(keep-alive) 메시지 형태로 전송한다. 따라서 코드는 이러한 킵얼라이브 메시지를 탐지해야 한다. activitySet이 Activities 속성에 값을 가지고 있는 경우, LINQ 문은 텍스트로 된 액티비티만 등장할 수 있도록 필터링한다. 또한, 메시지를 봇 프레임워크가 아니라 챗봇으로부터 받았다는 사실을 확인하거나 사용자 메시지를 재생한다. 이 메서드는 메시지가 킵얼라이브 메시지이거나 LINQ 필터를 통과한 액티비티가 없다면 false를 반환한다. 코드는 결과를 반환하기 전에 다음과 같이 SuppressRepeatedActivities 메서드를 통해 Watermark에서도 걸러지지 않았을 수 있는 중복을 사용자에게 보여주지 않도록 한다.

```csharp
static Queue<string> processedActivities = new Queue<string>();
const int MaxQueueSize = 10;

static void SuppressRepeatedActivities(List<Activity> activities)
{
    foreach (var activity in activities)
    {
        if (processedActivities.Contains(activity.Id))
        {
            activities.Remove(activity);
        }
        else
        {
            if (processedActivities.Count >= 10)
                processedActivities.Dequeue();
            processedActivities.Enqueue(activity.Id);
        }
    };
}
```

> **노트**
> Direct Line은 메시지 액티비티 외에 여러 다른 액티비티 유형도 지원한다. 그러나 contactRelation Update는 지원하지 않는다. 또한, 봇 커넥터가 conversationUpdate를 처리하기 때문에 여러분이 직접 처리하지 않아도 된다(따라서 conversationUpdate도 지원하지 않는다). typing 액티비티는 웹 소켓을 통해서만 지원되고 폴링(HTTP GET)을 통해서는 지원되지 않는다. 다른 액티비티들은 모두 폴링과 웹 소켓을 통해 지원된다.

Direct Line API는 어떤 메시지도 잃지 않기 위해 지나치게 보호하려는 경향이 있으므로 중복 메시지를 받게 될 가능성이 있다. 이 프로그램은 가장 최근의 메시지를 기록해서 이미 사용자에게 보여줬던 메시지는 보여주지 않는다. 그 구현은 Queue<string>인 processedActivities로 원형 버퍼를 시뮬레이션한다. 우리는 이 버퍼 사이즈를 10으로 선택했는데 와인봇에서 10개 이상의 중복 메시지가 발생할 가능성은 희박하기 때문이다. 일반적으로 너무 많은 큐 검색으로 인한 자원 낭비를 피하고자 사이즈를 최소화하지만, 중복을 피하려면 챗봇에 한 번에 들어올 수 있는 메시지 양을 처리할 만큼 충분히 커야 한다. 이 코드는 각 액티비티에 대한 processedActivities를 확인해서 중복 메시지를 제거한다. 큐가 max보다 크다면 현재 액티비티

ID를 큐에 넣기 전에 가장 오래된 액티비티 ID를 큐에서 빼낸다.

이것이 챗봇으로부터 메시지를 받는 방법이다. 다음으로 대화를 계속 유지하는 방법을 살펴보자.

13.4 대화를 계속 열어두기

이전에 논의한 Authenticate 모듈은 대화를 시작한다. 그 절차의 결과 중 하나는 ConversationId와 ExpiresIn 속성을 담는 Direct Line 형식인 Conversation이었다. ExpiresIn에 지정된 시간(초)이 지나면 대화가 만료되기 때문에 이 프로그램은 사전 예방책을 취해서 대화를 유지한다. 다른 방법으로는 대화가 종료되고 재개될 때까지 기다리는 것이다. 연결이 끊어지면 일반적으로 시간 초과 및 네트워크 대기 시간이 발생해서 사용자 경험이 나빠질 수 있으므로 사전 예방책을 통해 대화 중단을 최소화한다. 어떤 방식을 쓸 것인지는 여러분의 선택이지만 이 논의는 맞춤 채널 설계 시 트레이드-오프를 고려할 때 도움이 될 것이다. 목록 13-5의 Configure 클래스는 그림 13-1의 Configure 모듈을 구현한 것으로 토큰 새로 고침을 처리하기 위해 새 스레드를 시작한다.

목록 13-5 콘솔 채널 프로그램: Configure.cs

```
using Microsoft.Bot.Connector.DirectLine;
using System;
using System.Threading;
using System.Threading.Tasks;

namespace ConsoleChannel
{
    class Configure
    {
        public static async Task RefreshTokensAsync(
            Conversation conversation, DirectLineClient client, CancellationToken
cancelToken)
        {
            const int ToMilliseconds = 1000;
            const int BeforeExpiration = 60000;

            var runTask = Task.Run(async () =>
            {
                try
                {
                    int millisecondsToRefresh =
                        ((int)conversation.ExpiresIn * ToMilliseconds) -
BeforeExpiration;
```

```
                    while (true)
                    {
                        await Task.Delay(millisecondsToRefresh);

                        await client.Conversations.ReconnectToConversationAsync(
                            conversation.ConversationId,
                            Message.Watermark,
                            cancelToken);
                    }
                }
                catch (OperationCanceledException oce)
                {
                    Console.WriteLine(oce.Message);
                }
            });
            await Task.FromResult(0);
        }
    }
}
```

목록 13-5의 RefreshTokensAsync 메서드는 루프를 돌고 현재 대화와 관련된 토큰을 주기적으로 업데이트하는 Task.Run으로 새 스레드를 시작한다. DirectLineClient 인스턴스에는 StartConversationAsync를 호출하는 동안 획득한 토큰을 포함한 Tokens 속성이 있다. 프로그램은 같은 DirectLineClient 인스턴스를 여러 메서드와 공유해서 우리가 메서드를 호출하고 싶을 때마다 새 개체를 다시 인스턴스화할 필요가 없게 한다.

ToMilliseconds 상수는 초 단위의 ExpiresIn을 밀리초 단위로 전환하는 것을 돕는다. BeforeExpiration 상수를 빼면 토큰을 새로 고치기까지 얼마나 남았는지를 밀리 초 단위로 설정한다. 여기에서 목표는 대화가 끝나는 것을 피하고자 만료되기 전에 새로 고침을 수행하는 것이다. 또한, 코드와 Direct Line API 사이의 지연이나 네트워크 대기 시간을 해결하기 위해 이 값을 바꿔가며 실험해볼 수 있다. while 루프의 새로 고침 사이에는 임시변통으로 만든 타이머로 millisecondsToRefresh를 취하는 Task.Delay를 볼 수 있다.

ReconnectToConversationAsync는 새로 고침을 수행하고 대화가 계속 열려 있도록 한다. 이 메서드는 Watermark도 인수로 전달한다는 점에 주목하라. 이것이 여러분이 Watermark 접근을 동기화하는 방법에 대해 생각해봐야 할 이유다. Watermark를 읽고 쓰는 스레드가 두 개 있기 때문이다. 더 자세한 내용은 그 두 스레드에서 Watermark가 어떻게 사용되는지를 설명한 이전 절을 참고하도록 한다.

이제 우리는 챗봇으로부터 실시간 메시지를 받고 있으며 대화를 열어둔 상태로 유지하고 있으니 사용자 입력을 챗봇에 전달하는 방법을 살펴보자.

13.5 액티비티 전송하기

별도의 스레드가 작업을 수신하고 프로그램을 활성화 상태로 유지하기 위해 실행되는 동안, 주 스레드는 그림 13-1의 Prompt 모듈을 구현한 Prompt 클래스로 내려간다. Prompt는 사용자 입력을 받아서 그 입력을 챗봇에 전송하는 루프를 시작한다. 목록 13-6은 Prompt 구현을 보여준다.

목록 13-6 **콘솔 채널 프로그램: Prompt.cs**

```
using Microsoft.Bot.Connector.DirectLine;
using System;
using System.Net.Http;
using System.Threading;
using System.Threading.Tasks;

namespace ConsoleChannel
{
    class Prompt
    {
        public static async Task GetUserInputAsync(
            Conversation conversation, DirectLineClient client,
CancellationTokenSource cancelSource)
        {
            string input = null;

            try
            {
                while (true)
                {
                    input = Console.ReadLine().Trim().ToLower();

                    if (input == "/exit")
                    {
                        await EndConversationAsync(conversation);
                        cancelSource.Cancel();
                        await Task.Delay(500);
                        break;
                    }

                    if (string.IsNullOrWhiteSpace(input))
                    {
                        Message.WritePrompt();
                    }
```

```
                else
                {
                    IMessageActivity activity = Activity.CreateMessageActivity();
                    activity.From = new ChannelAccount(Message.ClientID);
                    activity.Text = input;

                    await client.Conversations.PostActivityAsync(
                        conversation.ConversationId,
                        activity as Activity,
                        cancelSource.Token);
                }
            }
        }
        catch (OperationCanceledException oce)
        {
            Console.WriteLine(oce.Message);
        }
    }

    static async Task EndConversationAsync(Conversation conversation,
DirectLineClient client)
    {
        IEndOfConversationActivity activity = Activity.CreateEndOfConversationAct
ivity();

        activity.From = new ChannelAccount(Message.ClientID);

        await client.Conversations.PostActivityAsync(
            conversation.ConversationId, activity as Activity);
    }
  }
}
```

목록 13-6의 GetUserInputAsync 메서드는 사용자 입력을 얻고 그 입력을 챗봇에 전송하는 작업을 처리한다. while 루프는 사용자가 /exit를 입력할 때까지 사용자에게 입력을 받기 위한 프롬프트를 계속해서 보여준다. 다음 절에서 그 코드의 작동 방식을 설명하겠다.

if문은 챗봇에 빈 텍스트를 전송하는 것을 피하고 새 프롬프트를 작성한다. 사용자 입력이 텍스트를 포함하고 있다면 코드는 새 Activity 인스턴스를 구성한다. From 속성은 ID가 Message.ClientID로 설정된 ChannelAccount 인스턴스를 받는다. 앞에서 언급했던 내용을 기억한다면 여러분이 구현한 프로그램에 사용자 로그인이 있을 수 있으므로 ChannelAccount에 사용자 ID와 사용자명을 전달한다. 마지막으로 PostActivityAsync가 사용자 입력을 포함한 액티비티를 챗봇에 전송한다.

지금까지 이 프로그램이 챗봇 메시지를 받고, 대화를 활성화된 상태로 유지하고, 사용자 입력을 챗봇에 전송하는 방법을 보았다. 다음으로 프로그램이 종료되면 어떤 일이 일어나는지 알아보자.

13.6 대화 종료하기

.NET은 공식적으로 CancellationTokenSource와 CancellationToken 형식을 통해 비동기식 멀티 스레드 응용 프로그램을 취소하는 것을 지원한다. 이 프로그램은 사용자가 대화를 종료하고 싶은 경우를 처리하기 위해 이 형식을 사용한다. 이 절에서 우리는 .NET이 프로그램 취소를 어떤 방식으로 지원하는지 살펴본 다음 대화를 종료하는 방식을 보여주고 싶다.

CancellationTokenSource와 CancellationToken

목록 13-1은 MainAsync가 CancellationTokenSource 인스턴스인 cancelSource를 생성하는 방법을 보여준다. 이 CancellationTokenSource 인스턴스는 모든 스레드가 실행을 중지해야 할 때 모든 스레드에 그 사실을 알린다. 이 예제에서 스레드를 중지하는 목적은 프로그램을 종료하는 데 있다.

RetrieveMessagesAsync와 GetUserInputAsync가 cancelSource 인스턴스를 받으므로 스레드를 취소해야 할 때 알림을 받는 것 외에 직접 모든 스레드를 취소할 수 있다. Start ConversationAsync와 RefreshTokensAsync는 cancelSource.Token(여기에서 Token의 형식은 CancellationToken임)을 받는다. CancellationToken을 사용하면 메서드가 스레드를 언제 취소해야 하는지 알 수 있다. 이 몇 가지 메서드에서 Cancellation Token을 사용하는 방법을 확인해보자.

목록 13-3의 StartConversationAsync 메서드는 cancelToken 매개변수를 Direct Line StartConversationAsync에 전달한다.

```
Conversation conversation =
    await client.Conversations.StartConversationAsync(cancelToken);
```

목록 13-5의 RefreshTokenAsync 메서드는 cancelToken 매개변수를 Direct Line ReconnectTo ConversationAsync에 전달한다.

```
await client.Conversations.ReconnectToConversationAsync(
```

```
                    conversation.ConversationId,
                    Message.Watermark,
                    cancelToken);
```

이 각각의 경우에 CancellationTokenSource가 취소 메시지를 받았을 때 각 비동기 메서드가 현재 실행 중이라면 cancelToken을 통해 실행을 중지해야 한다는 알림을 받게 된다. 그러면 모든 스레드가 동시에 실행을 멈추고 정상적으로 종료할 수 있다.

 취소 알림을 받고 스레드가 얼마나 정상적으로 종료되는지는 여러분이 작성한 코드에 따라 다르다. 서드파티 개발자 라이브러리는 자신의 스레드를 종료하는 방법에 대한 가이드를 제공할 수도 있다.

다음으로 사용자가 대화를 종료하고 싶을 때 어떤 일이 일어나는지 알아보자.

사용자 종료 처리

사용자가 대화를 중단하고 싶을 때, /exit를 입력한다. 이 명령어는 모든 사용자 입력을 처리하는 GetUserInputAsync 메서드로 간다. /exit 명령어를 처리하는 로직은 목록 13-6에서 봤던 다음 코드와 같다.

```
        if (input == "/exit")
        {
            await EndConversationAsync(conversation);
            cancelSource.Cancel();
            await Task.Delay(500);
            break;
        }
```

코드는 EndConversationAsync를 호출한 다음 거기에 있는 CancellationTokenSource 매개변수인 cancelSource를 사용해서 모든 스레드를 취소(Cancel)한다. 모든 메서드가 같은 CancellationTokenSource 인스턴스 또는 그 인스턴스의 CancellationToken을 받기 때문에 이들은 모두 취소 알림을 받게 된다. 이전 절에서는 이때 RetrieveMessagesAsync 메서드가 취소를 처리하는 방법을 보여줬다. 또한, 다른 스레드에서 중단하기 위해 현재 루프에서 빠져나와 MainAsync로 돌아갔다가 Main으로 가서 프로그램을 종료하기까지 약간의 시간이 더 필요한 경우를 대비하여, 이 코드는 종료 전 지연 시간 500밀리 초를 추가한다. 이 지연 시간은 각자 스레드 수명을 관리하는 방법에 따라 약간씩 조정될 수 있다.

목록 13-6의 EndConversationAsync 메서드는 Direct Line이 사용자가 대화를 끝내고 싶은지 알아내는 방법을 보여준다.

```
        static async Task EndConversationAsync(Conversation conversation,
DirectLineClient client)
        {
            IEndOfConversationActivity activity = Activity.CreateEndOfConversation
Activity();
            activity.From = new ChannelAccount(Message.ClientID);

            await client.Conversations.PostActivityAsync(
                conversation.ConversationId, activity as Activity);
        }
```

NuGet 패키지의 Direct Line 라이브러리에는 대부분의 시나리오를 처리하는 메서드가 있지만, 대화 종료는 처리하지 않는다. 따라서 EndConversationAsync는 client.Conversations. PostActivityAsync를 사용해서 IEndOfConversationActivity를 챗봇에 전송한다.

 EndConversationAsync의 기술을 사용해서 다른 유형의 메시지가 없는 액티비티를 챗봇에 전달할 수 있다.

 이 장에서 설명했던 서비스 외에도 client.Conversations.UploadAsync를 사용해서 파일을 추가할 수도 있다. 이 메서드에서 클라이언트는 DirectLineClient 형식의 인스턴스다.

요약

이제 봇 프레임워크 Direct Line API로 클라이언트를 구성하는 방법을 알게 됐다. 이 장의 데모 프로그램은 콘솔 채널이다. 이 프로그램은 데모를 간단하게 만들기 위해 최소한으로 구성했지만, 문자 그대로 HTTP 호출이 가능하다면 어떤 플랫폼에서나 챗봇을 보여줄 수 있다는 사실을 확인시켜 주었다.

이 코드는 학습용으로 구성됐고, 자신만의 맞춤 채널 구현을 설계하는 방법을 생각하는 데 도움이 될 방법과 함께 몇 가지 팁을 제공한다. 특히 이 코드는 세 개의 스레드에서 실행된다. 주 스레드가 구성된 다음 사용자 입력을 얻는다. 나머지 두 개의 스레드는 사용자 입력을 받고 대화를 열린 상태로 유지한다. 마지막으로 정상적인 종료를 위해 표준 .NET CancellationTokenSource를 사용해서 프로그램을 종료하는 방법을 보여줬다.

이전 몇 장에 걸쳐 기본으로 제공하는 채널, 서드파티 채널, 맞춤 채널을 설명했다. 다음 장에서는 클라이언트 쪽에서 서버 쪽 개발로 옮겨서 인식 서비스를 사용해 챗봇에 지능을 더하는 방법을 논의한다.

CHAPTER

14

인식 서비스 통합하기

개발자들은 옵션을 보여주고, 사용자 응답을 받고, 사용자 요청에 응답하는 로직을 구현함으로써 다양한 챗봇을 작성할 수 있다. 여기까지는 인공지능(AI) 알고리즘에 해당하지 않는다. 앞 장에서 봤던 대부분의 챗봇은 어떤 AI도 사용하지 않았다. 예외라면 LUIS로 자연어 처리 방식을 사용했던 8장을 들 수 있다. NLP는 AI의 한 형태로 와인봇은 LUIS를 사용해서 사람의 문장을 컴퓨터가 읽을 수 있도록 번역했다.

LUIS는 마이크로소프트가 인식 서비스(Cognitive Services)라는 AI REST API 제품군에서 제공하는 여러 서비스 중 하나다. 인식 서비스는 시각, 음성, 언어, 지식, 검색을 포함해서 몇 가지 카테고리로 구성된다. 필자가 이 장을 집필할 당시 이미 25개 이상의 서비스가 있었고 앞으로 더 늘어가는 추세다.

현실적으로 인식 서비스와 그 자세한 내용 전부를 한 장에서 모두 다룰 수는 없다. 그 대신 이 장에서는 인식 서비스가 봇 프레임워크로 작성된 챗봇을 강화할 방법을 설명하는 데 필요한 일부만 다룬다. 먼저 검색 카테고리에서 시작해서 특정 음악가에 대한 뉴스를 요청한다. 그런 다음 시각 카테고리의 설명 기능을 사용해 음악 앨범 표지의 설명을 얻는 방법을 볼 것이다. 다국어 지원에 관심이 있다면 음성 카테고리에 텍스트 번역 API가 있으며, 이 API가 와인 쿼리에서 어떻게 작동하는지 예제를 통해 알아볼 것이다. 이 장을 마무리하면서 QnA Maker를 사용해서 챗봇에 FAQ를 추가하는 법을 배우게 될 것이다.

14.1 빙으로 검색하기

검색은 다양한 유형의 챗봇에서 유용하게 사용할 수 있는 기술이다. 인식 서비스는 검색을 위해 빙을 사용해서 다양한 유형의 검색 능력을 보강했다. 예를 들어, 여러분은 비디오, 이미지, 뉴스 등을 검색할 수 있다.

이 검색 API는 콘텐츠 특화된 쿼리로 기존 챗봇을 강화하는 데 있어 이상적이다. 수많은 챗봇에서 확인할 수 있는 또 다른 기술은 사용자가 챗봇이 어떻게 대답해야 할지 모르는 질문을 해서 사용자 질의 기반으로 검색해야 하는 경우를 처리하는 것이다. 아마 코타나가 질문에 바로 답할 수 없는 경우, 검색으로 돌아가는 것을 보았을 것이다.

이 절에서는 검색을 사용해서 앞에서 봤던 음악봇을 개선한다. 검색 카테고리를 사용해서 Browse 응답에 News 버튼을 추가하고 클릭하면 그 음악가에 대한 뉴스 기사를 반환한다. 그러려면 먼저 애저에서 인텔리전스 + 분석 서비스 ➡ Cognitive Services ➡ Cognitive Service 만들기에서 Bing Search APIs를 클릭한 다음 서비스 생성을 위한 양식을 채워야 한다. 목록 14-1은 그 서비스를 호출하는 방법을 보여주는 CognitiveService 클래스다.

목록 14-1 빙 검색 서비스 호출: CognitiveService.cs

```
using AILib.Models;
using Newtonsoft.Json;
using System;
using System.Configuration;
using System.Linq;
using System.Net.Http;
using System.Text;
using System.Threading.Tasks;
using System.Xml.Linq;

namespace AILib
{
    [Serializable]
    public class CognitiveService
    {
        const string AccessKey = "Ocp-Apim-Subscription-Key";

        public async Task<NewsArticles> SearchForNewsAsync(string artistName)
        {
            const string BaseUrl = "https://api.cognitive.microsoft.com/bing/v5.0";
            string url = $"{BaseUrl}/news/search?" +
                $"q={Uri.EscapeUriString(artistName)}&" +
                $"category=Entertainment_Music&" +
                $"count=5";
```

```
            string accessKey = ConfigurationManager.AppSettings["SearchKey"];
            var client = new HttpClient();
            client.DefaultRequestHeaders.Add(AccessKey, accessKey);

            string response = await client.GetStringAsync(url);

            NewsArticles articles = JsonConvert.DeserializeObject<NewsArticles>
(response);
            return articles;
        }
    }
}
```

부록 코드에는 지원하는 모델 클래스와 함께 목록 14-1의 CognitiveService 클래스를 포함하는 AILib 프로젝트를 볼 수 있다. 명확성을 위해 이 클래스의 메서드를 삭제했지만, 앞으로 다른 인식 서비스를 설명하면서 나오게 될 코드들에서 이 메서드들을 볼 것이다.

BaseUrl은 서비스 버전을 보여주며 현재 버전은 5.0이고 앞으로 버전이 올라갈 것이다. artistName을 처리할 때 했던 것처럼, URI 문자열을 이스케이프 해야 한다는 사실을 기억하자. 각 매개변수와 그 밖의 사항에 대해서는 인식 서비스 API 문서에 명확하게 설명되어 있다. 쿼리 q 말고도 category는 Entertainment 카테고리 아래의 Music 하위 카테고리를 살펴보고 count는 5개의 결과만 반환하도록 설정됐다.

이 서비스를 위한 애저 서비스 블레이드에는 목록 14-1의 **Manage Keys** 링크가 있다. 이 링크를 클릭해서 그 키를 web.config appSettings의 SearchKey 요소에 복사해야 한다. AccessKey, Ocp-Apim-Subscription-Key는 권한 요청으로 전송된 HTTP 헤더이다. 코드는 기사 목록을 포함한 맞춤형 NewsArticles 형식에 응답을 역직렬화해서 넣는다.

그림 14-1 애저에서 인식 서비스 키 얻기

목록 14-2는 NewsDialog를 보여주는데 NewsDialog는 SearchForNewsAsync를 호출한다. NewsDialog는 뉴스 항목이 포함된 카드를 회전식으로 보여준다. 사용자는 아무 기사나 클릭해서 브라우저를 통해 뉴스 기사를 읽을 수 있다.

목록 14-2 빙 서비스 검색: NewsDialog.cs

```
using AILib;
using AILib.Models;
using Microsoft.Bot.Builder.Dialogs;
using Microsoft.Bot.Connector;
using MusicChatbot.Models;
using MusicChatbot.Services;
using Newtonsoft.Json;
using System;
using System.Collections.Generic;
using System.Linq;
using System.Threading.Tasks;

namespace MusicChatbot.Dialogs
{
    [Serializable]
    public class NewsDialog : IDialog<object>
    {
        const string DoneCommand = "Done";
        readonly string artistName;

        public NewsDialog(string artistName)
        {
            this.artistName = artistName;
        }

        public Task StartAsync(IDialogContext context)
        {
            context.Wait(MessageReceivedAsync);
            return Task.CompletedTask;
        }

        async Task MessageReceivedAsync(IDialogContext context, IAwaitable<object>
result)
        {
            var activity = await result as IMessageActivity;

            if (activity.Text == DoneCommand)
            {
                context.Done(this);
                return;
            }
```

```
        NewsArticles articles = await new CognitiveService().SearchForNewsAsync
(artistName);

        var reply = (context.Activity as Activity)
            .CreateReply($"## Reading news about {artistName}");

        List<ThumbnailCard> cards = GetHeroCardsForArticles(articles);
        cards.ForEach(card =>
            reply.Attachments.Add(card.ToAttachment()));

        ThumbnailCard doneCard = GetThumbnailCardForDone();
        reply.Attachments.Add(doneCard.ToAttachment());

        reply.AttachmentLayout = AttachmentLayoutTypes.Carousel;

        await
            new ConnectorClient(new Uri(reply.ServiceUrl))
                .Conversations
                .SendToConversationAsync(reply);

        context.Wait(MessageReceivedAsync);
    }

    List<ThumbnailCard> GetHeroCardsForArticles(NewsArticles articles)
    {
        var cards =
            (from article in articles.Value
             select new ThumbnailCard
             {
                 Title = article.Name,
                 Subtitle = "About: " + article.About.FirstOrDefault()?.Name,
                 Text = article.Description,
                 Images = new List<CardImage>
                 {
                     new CardImage
                     {
                         Alt = article.Description,
                         Tap = BuildViewCardAction(article.Url),
                         Url = article.Image.Thumbnail.ContentUrl
                     }
                 },
                 Buttons = new List<CardAction>
                 {
                     BuildViewCardAction(article.Url)
                 }
             })
            .ToList();
        return cards;
    }

    CardAction BuildViewCardAction(string url)
```

```
        {
            return new CardAction
            {
                Type = ActionTypes.OpenUrl,
                Title = "Read",
                Value = url
            };
        }

        ThumbnailCard GetThumbnailCardForDone()
        {
            return new ThumbnailCard
            {
                Title = DoneCommand,
                Subtitle = "Click/Tap to exit",
                Images = new List<CardImage>
                {
                    new CardImage
                    {
                        Alt = "Smile",
                        Tap = BuildDoneCardAction(),
                        Url = new FileService().GetBinaryUrl("Smile.png")
                    }
                },
                Buttons = new List<CardAction>
                {
                    BuildDoneCardAction()
                }
            };
        }

        CardAction BuildDoneCardAction()
        {
            return new CardAction
            {
                Type = ActionTypes.PostBack,
                Title = DoneCommand,
                Value = DoneCommand
            };
        }
    }
}
```

목록 14-2는 앞서 음악 챗봇에서 봤던 회전식 카드를 보여준다. 차이점이라면 뉴스 카드의 형식이 각 기사를 보기 위한 버튼을 포함한 TumbnailCard라는 것이다. BuildViewCardAction 메서드는 뉴스 기사와 연결된 URL을 열기(OpenUrl) 위한 CardAction을 생성한다.

목록 14-3은 어떻게 NewsDialog가 시작되는지 보여준다. 이 다이얼로그는 앞에서 봤던 BrowseDialog에 음악가의 뉴스를 볼 수 있도록 CardAction을 추가한 것이다.

목록 14-3 뉴스 탐색 옵션: BrowseDialog.cs

```csharp
using AILib;
using Microsoft.Bot.Builder.Dialogs;
using Microsoft.Bot.Connector;
using MusicChatbot.Models;
using MusicChatbot.Services;
using Newtonsoft.Json;
using System;
using System.Collections.Generic;
using System.Linq;
using System.Threading.Tasks;

namespace MusicChatbot.Dialogs
{
    [Serializable]
    public class BrowseDialog : IDialog<object>
    {
        const string DoneCommand = "Done";
        const string NewsCommand = "News";

        public Task StartAsync(IDialogContext context)
        {
            context.Wait(MessageReceivedAsync);
            return Task.CompletedTask;
        }

        async Task MessageReceivedAsync(IDialogContext context, IAwaitable<object>
result)
        {
            var activity = await result as IMessageActivity;
            string heroCardValue = activity?.Text;
            if (!string.IsNullOrWhiteSpace(heroCardValue) && heroCardValue.
StartsWith("{"))
            {
                var news = JsonConvert.DeserializeObject<Item>(heroCardValue);
                string artistName = news.Artists.First().Artist.Name;
                await context.Forward(
                    new NewsDialog(artistName),
                    MessageReceivedAsync,
                    activity);
            }
            else
            {
                List<string> genres = new GrooveService().GetGenres();
                genres.Add("Done");
```

```
            PromptDialog.Choice(context, ResumeAfterGenreAsync, genres, "Which
music category?");
        }
    }

    async Task ResumeAfterGenreAsync(IDialogContext context, IAwaitable
<string>result)
    {
        string genre = await result;

        if (genre == DoneCommand)
        {
            context.Done(this);
            return;
        }

        var reply = (context.Activity as Activity)
            .CreateReply($"## Browsing Top 5 Tracks in {genre} genre");

        List<HeroCard> cards = await GetHeroCardsForTracksAsync(genre);
        cards.ForEach(card =>
            reply.Attachments.Add(card.ToAttachment()));

        ThumbnailCard doneCard = GetThumbnailCardForDone();
        reply.Attachments.Add(doneCard.ToAttachment());

        reply.AttachmentLayout = AttachmentLayoutTypes.Carousel;

        await
            new ConnectorClient(new Uri(reply.ServiceUrl))
                .Conversations
                .SendToConversationAsync(reply);

        context.Wait(MessageReceivedAsync);
    }

    async Task<List<HeroCard>> GetHeroCardsForTracksAsync(string genre)
    {
        List<Item> tracks = new GrooveService().GetTracks(genre);

        var cogSvc = new CognitiveService();

        foreach (var track in tracks)
            track.ImageAnalysis = await cogSvc.AnalyzeImageAsync(track.ImageUrl);

        var cards =
            (from track in tracks
             let artists =
                 string.Join(", ",
                     from artist in track.Artists
                     select artist.Artist.Name)
```

```
            select new HeroCard
            {
                Title = track.Name,
                Subtitle = artists,
                Text = track.ImageAnalysis.Description.Captions.First().Text,
                Images = new List<CardImage>
                {
                    new CardImage
                    {
                        Alt = track.Name,
                        Tap = BuildBuyCardAction(track),
                        Url = track.ImageUrl
                    }
                },
                Buttons = new List<CardAction>
                {
                    BuildBuyCardAction(track),
                    BuildNewsCardAction(track)
                }
            })
            .ToList();
        return cards;
}

CardAction BuildBuyCardAction(Item track)
{
    return new CardAction
    {
        Type = ActionTypes.OpenUrl,
        Title = "Buy",
        Value = track.Link
    };
}

CardAction BuildNewsCardAction(Item track)
{
    return new CardAction
    {
        Type = ActionTypes.PostBack,
        Title = NewsCommand,
        Value = JsonConvert.SerializeObject(track)
    };
}

ThumbnailCard GetThumbnailCardForDone()
{
    return new ThumbnailCard
    {
        Title = DoneCommand,
        Subtitle = "Click/Tap to exit",
        Images = new List<CardImage>
```

```
                {
                    new CardImage
                    {
                        Alt = "Smile",
                        Tap = BuildDoneCardAction(),
                        Url = new FileService().GetBinaryUrl("Smile.png")
                    }
                },
                Buttons = new List<CardAction>
                {
                    BuildDoneCardAction()
                }
            };
        }

        CardAction BuildDoneCardAction()
        {
            return new CardAction
            {
                Type = ActionTypes.PostBack,
                Title = DoneCommand,
                Value = DoneCommand
            };
        }
    }
}
```

BuildNewsCardAction 메서드를 살펴보면 그 형식이 PostBack임을 알 수 있다.

```
CardAction BuildNewsCardAction(Item track)
{
    return new CardAction
    {
        Type = ActionTypes.PostBack,
        Title = NewsCommand,
        Value = JsonConvert.SerializeObject(track)
    };
}
```

특히 CardAction의 Value 속성은 직렬화된 track 인스턴스를 받는다. 처음에는 Value가 다시 게시된 하나의 값을 취할 것으로 생각했기 때문에 특이하다고 생각할 수 있다. 하지만 Value 는 string 형식이므로 우리는 복합 값(complex values)을 JSON 개체 형태로 전달할 수 있다.

PostBack이 어느 메서드로 가는지 알기 위해 ResumeAfterGenreAsync의 마지막 문장을 보

자. 거기에서 다음의 MessageReceivedAsync를 다이얼로그 스택의 다음 메서드로 지정하고 기다린다(Wait).

```
        async Task MessageReceivedAsync(IDialogContext context, IAwaitable
<object> result)
        {
            var activity = await result as IMessageActivity;
            string heroCardValue = activity?.Text;
            if (!string.IsNullOrWhiteSpace(heroCardValue) && heroCardValue.
StartsWith("{"))
            {
                var news = JsonConvert.DeserializeObject<Item>(heroCardValue);
                string artistName = news.Artists.First().Artist.Name;
                await context.Forward(
                    new NewsDialog(artistName),
                    MessageReceivedAsync,
                    activity);
            }
            else
            {
                List<string> genres = new GrooveService().GetGenres();
                genres.Add("Done");
                PromptDialog.Choice(context, ResumeAfterGenreAsync, genres, "Which
music category?");
            }
        }
```

MessageReceivedAsync는 activity.Text에 왼쪽 중괄호가 있는지를 확인한다. 왼쪽 중괄호는 이것이 JSON 개체라는 것을 뜻한다. 왼쪽 중괄호가 있다면 이 메서드는 자신이 작업할 수 있는 개체 형태로 역직렬화해서 음악가 이름을 추출하고, Forward를 호출해서 제어를 NewsDialog로 전달한다. NewsDialog 매개변수는 음악가 이름을 인수로 전달한다.

 사용자가 ImBack이나 PostBack 카드 버튼을 클릭했을 때, 여러 값을 다이얼로그로 돌려보내려면 문자열로 직렬화된 전체 개체를 CardAction의 Value 속성에 할당하면 된다.

목록 14-2의 NewsDialog로 돌아와서 보면 음악가 이름을 받아들이는 생성자가 있다. 필드에 음악가 이름을 저장한다. 또한, MessageReceivedAsync 메서드의 CognitiveService 인스턴스에서 SearchForNewsAsync를 호출하면 음악가 이름을 사용해서 검색을 수행한다.

이것이 검색 카테고리이고 다음 절에서는 시각 서비스를 사용해서 음악 봇을 보완한다.

14.2 이미지 해석

인식 서비스는 시각 카테고리에서 설명, 비디오, 얼굴, 감정 감지를 포함해서 다양한 API를 제공한다. 이 절에서의 예제는 Vision API를 사용해서 앨범 커버 이미지를 분석하고 설명한다. 이 기능을 적용하면 캡션이 달린 이미지, HTML 이미지의 alt 태그, 또는 뒤이어 있을 이미지 검색을 위한 인덱싱이 가능한 콘텐츠들을 표시할 수 있다. 시각 서비스를 사용하려면 모든 서비스, 인텔리전스 + 분석 서비스, Computer Vision API를 클릭하고 서비스 생성을 위한 양식을 작성해서 애저 포탈에 새 서비스를 생성해야 한다. 목록 14-4는 Vision API를 사용해서 앨범 커버의 설명을 얻는 코드를 보여준다.

목록 14-4 시각 서비스 호출: CognitiveService.cs

```
using AILib.Models;
using Newtonsoft.Json;
using System;
using System.Configuration;
using System.Linq;
using System.Net.Http;
using System.Text;
using System.Threading.Tasks;
using System.Xml.Linq;

namespace AILib
{
    [Serializable]
    public class CognitiveService
    {
        const string AccessKey = "Ocp-Apim-Subscription-Key";

        public async Task<ImageAnalysis> AnalyzeImageAsync(string imageUrl)
        {
            const string BaseUrl = "https://westus.api.cognitive.microsoft.com/
vision/v1.0";
            string url = $"{BaseUrl}/analyze?visualFeatures=Description";

            string accessKey = ConfigurationManager.AppSettings["VisionKey"];
            var client = new HttpClient();
            client.DefaultRequestHeaders.Add(AccessKey, accessKey);

            var content = new StringContent(
                $"{{ \"url\": \"{imageUrl}\" }}", Encoding.UTF8, "application/json");

            HttpResponseMessage response = await client.PostAsync(url, content);
            string jsonResult = await response.Content.ReadAsStringAsync();

            ImageAnalysis analysis = JsonConvert.DeserializeObject<ImageAnalysis>
```

```
(jsonResult);
            return analysis;
        }
    }
}
```

목록 14-4의 AnalyzeImageAsync 메서드는 애저 시각 서비스를 호출한다. 그림 14-1에서 보여주는 것처럼 애저 서비스의 Manage Keys 블레이드에서 키를 찾아 web.config appSettings에 VisionKey로 복사한다. 코드에서의 ConfgurationManager.AppSettings["VisionKey"] 호출과 일치한다.

URL이 생성되는 방식을 보면 이 예제는 이미지의 Description만 요청한다. 다른 옵션으로는 Categories, Tags, ImageType 등이 있다. API 문서에는 모든 옵션을 상세하게 설명하고 있으며, 앞으로 추가될 새 기능도 포함되어 있다. 이미지를 제공하는 데에는 URL이나 이진 첨부파일을 통하는 두 가지 방법이 있다. 이 예제는 JSON 개체로 StringContent를 구성하고, URL을 imageUrl 매개변수가 되는 값을 포함해 지정한다.

이 코드는 요청을 게시하고, 결과를 맞춤 ImageAnalysis 인스턴스에 역직렬화하여 넣는데, 여기에 이미지 설명이 포함되어 있다. BrowseDialog는 ImageAnalysis를 사용해서 HeroCards에 캡션을 표시한다. 목록 14-3에서 발췌한 다음 코드에서 그 방법을 보여준다.

```
async Task<List<HeroCard>> GetHeroCardsForTracksAsync(string genre)
{
    List<Item> tracks = new GrooveService().GetTracks(genre);

    var cogSvc = new CognitiveService();

    foreach (var track in tracks)
        track.ImageAnalysis = await cogSvc.AnalyzeImageAsync(track.ImageUrl);

    var cards =
        (from track in tracks
         let artists =
             string.Join(", ",
                 from artist in track.Artists
                 select artist.Artist.Name)
         select new HeroCard
         {
             Title = track.Name,
             Subtitle = artists,
             Text = track.ImageAnalysis.Description.Captions.First().Text,
```

```
                    Images = new List<CardImage>
                    {
                        new CardImage
                        {
                            Alt = track.Name,
                            Tap = BuildBuyCardAction(track),
                            Url = track.ImageUrl
                        }
                    },
                    Buttons = new List<CardAction>
                    {
                        BuildBuyCardAction(track),
                        BuildNewsCardAction(track)
                    }
                })
                .ToList();
        return cards;
    }
```

우리는 각 음악 트랙을 담고 있는 Item 클래스에 형식이 ImageAnalysis인 ImageAnalysis 속성을 추가했다. Foreach 문은 각 트랙의 설명을 얻기 위해 AnalyzeImageAsync를 호출해서 결과를 해당 트랙을 위한 ImageAnalysis 속성에 할당한다. LINQ문은 각 트랙에 할당된 설명을 활용하여 HeroCard를 구성하고 첫 번째 캡션(이미지 설명)을 Text 속성에 할당할 수 있다. Captions가 컬렉션인 이유는 캡션이 여러 개 있을 수 있기 때문이며, 각 캡션에는 신뢰 점수를 포함하고 있고 첫 번째가 가장 높은 점수를 갖는다.

모든 인식 서비스 카테고리와 마찬가지로 훨씬 더 많은 Vision API가 있다. 다음으로 우리는 텍스트 카테고리 서비스를 살펴보겠다.

 이 장의 예체는 인식 서비스와 통신을 위해 HttpClient를 사용한다. 그러나 많은 인식 서비스는 이 작업을 쉽게 만드는 SDK도 제공한다. 예를 들어 Vision API도 SDK를 제공하며, NuGet(*https://www.nuget.org/packages/Microsoft.ProjectOxford.Vision/*)에서 찾을 수 있다. NuGet 또는 사용하고 싶은 인식 서비스의 참고 페이지에서 다른 SDK들도 찾아볼 수 있다.

14.3 텍스트 번역

다문화 커뮤니케이션은 많은 응용 프로그램에서 반드시 필요한 항목이다. ASP.NET Web API에서 국제화/지역화를 지원하는 반면, 챗봇은 독특한 상황을 제기한다. 기본으로 지원하는 지역화 기능은 응용 프로그램 응답이 무엇일지 예상한다. 그러나 챗봇과 NLP를 사용하면 사용자가 무엇을 말할지 예측할 수 없다. 게다가 챗봇이 응답을 위해 외부 서비스에 의존하는 것을 고려하면 우리는 챗봇이 무엇을 말할지에 대해서도 항상 예측할 수 있는 것은 아니다. 이 부분이 인식 서비스 Text Translation API가 도움이 될 수 있는 부분으로 이 절의 예도 그렇다.

이 예제는 사용자로부터 자연어 질의를 처리하기 위해 LUIS를 사용하는 8장의 와인봇을 사용한다. 여기에서의 전략은 메시지가 챗봇에 도착하자마자 가로채서 언어를 감지하고 필요하면 영어로 번역하는 것이다. 이 코드는 현재 요청에 대한 사용자 언어를 기록하고 필요하면 영어에서 사용자가 쓰는 언어로 번역한다. 그 방식으로 챗봇은 사용자가 어떤 언어를 쓰든 상관없이 사용자와 대화할 수 있다. 심지어 대화 중간에 사용자가 언어를 바꾸더라도 말이다. Translator Text API를 사용하려면 모든 서비스, 인텔리전스 + 분석 서비스, Cognitive Services, 추가, Cognitive Service, Translator Text API를 클릭하고 서비스 생성을 위한 양식을 채워서 애저 포탈에 새 서비스를 생성해야 한다. 목록 14-5의 코드는 인식 서비스 언어 감지와 번역 API들을 사용한다.

목록 14-5 텍스트 번역 서비스 호출: CognitiveService.cs

```
using AILib.Models;
using Newtonsoft.Json;
using System;
using System.Configuration;
using System.Linq;
using System.Net.Http;
using System.Text;
using System.Threading.Tasks;
using System.Xml.Linq;

namespace AILib
{
    [Serializable]
    public class CognitiveService
    {
        const string AccessKey = "Ocp-Apim-Subscription-Key";

        public async Task<string> DetectLanguageAsync(string text)
        {
            const string BaseUrl = "https://api.microsofttranslator.com/V2/Http.svc/
Detect";

            string encodedText = Uri.EscapeUriString(text);
            string url = $"{BaseUrl}?text={encodedText}";
```

```
            string accessKey = ConfigurationManager.AppSettings["TranslateKey"];
            var client = new HttpClient();
            client.DefaultRequestHeaders.Add(AccessKey, accessKey);

            string response = await client.GetStringAsync(url);
            response = XElement.Parse(response).Value;
            return response;
        }

        public async Task<string> TranslateTextAsync(string text, string language)
        {
            string encodedText = Uri.EscapeUriString(text);
            string encodedLang = Uri.EscapeUriString(language);
            const string BaseUrl = "https://api.microsofttranslator.com/V2/Http.svc/
Translate";
            string url = $"{BaseUrl}?text={encodedText}&to={encodedLang}";
            string accessKey = ConfigurationManager.AppSettings["TranslateKey"];
            var client = new HttpClient();
            client.DefaultRequestHeaders.Add(AccessKey, accessKey);

            string response = await client.GetStringAsync(url);
            response = XElement.Parse(response).Value;
            return response;
        }
    }
}
```

애저 서비스 블레이드에는 그림 14-1에서 본 것처럼 Manage Keys 항목이 있어서 거기에서 키를 web.config 파일의 appSettings 요소 TranslateKey에 복사해야 한다. 이것은 목록 14-5의 각 메서드에서 사용하는 ConfgurationManager.AppSettings에 매칭된다.

DetectLanguageAsync 메서드는 사용자 메시지를 포함한 text 매개변수를 가지고 URL을 구성한다. 대부분의 인식 서비스 API와는 달리 텍스트 번역 API는 XML을 반환하기 때문에 값을 추출하려면 LINQ to XML을 사용해야 한다. 반환값은 두 자리 표준 규격 국가 코드다.

TranslateTextAsync는 text와 그 텍스트를 변환할 언어(language)를 가지고 URL을 구성한다. 두 메서드는 입력 문자열을 인코딩하기 위해 Uri.EscapeUriString을 호출한다. 이것은 요청이 특수 문자를 적절히 통과시키는지 확인하는 데 필수적이다. 그렇다면 코드는 LINQ to XML을 사용해서 번역된 텍스트를 호출자에게 반환한다.

여기까지가 인식 서비스를 호출하기 위한 코드였고, 다음으로 와인봇의 번역을 위한 두 개의 예시를 살펴볼 것이다. 목록 14-6은 이 장에 수반된 코드를 위한 WineBotLuis 프로젝트의 챗봇이 수신된 메시지 번역을 처리하는 방법을 보여준다.

목록 14-6 사용자 입력 번역: MessagesController.cs

```csharp
using System.Net;
using System.Net.Http;
using System.Threading.Tasks;
using System.Web.Http;
using Microsoft.Bot.Builder.Dialogs;
using Microsoft.Bot.Connector;
using System;
using WineBotLuis.Dialogs;
using System.Linq;
using AILib;

namespace WineBotLuis
{
    [BotAuthentication]
    public class MessagesController : ApiController
    {
        public async Task<HttpResponseMessage> Post([FromBody]Activity activity)
        {
            if (activity.Type == ActivityTypes.Message)
            {
                await DetectAndTranslateAsync(activity);
                await Conversation.SendAsync(activity, () => new Dialogs.
WineBotDialog());
            }
            else
            {
                await HandleSystemMessageAsync(activity);
            }
            var response = Request.CreateResponse(HttpStatusCode.OK);
            return response;
        }

        async Task DetectAndTranslateAsync(Activity activity)
        {
            var cogSvc = new CognitiveService();

            string language = await cogSvc.DetectLanguageAsync(activity.Text);

            if (!language.StartsWith("en"))
            {
                activity.Text = await cogSvc.TranslateTextAsync(activity.Text, "en");
                activity.Locale = language;
            }
        }

        async Task HandleSystemMessageAsync(Activity message)
```

```
            {
                if (message.Type == ActivityTypes.ConversationUpdate)
                {
                    if (message.Type == ActivityTypes.ConversationUpdate)
                    {
                        Func<ChannelAccount, bool> isChatbot =
                                channelAcct => channelAcct.Id == message.Recipient.Id;

                        if (message.MembersAdded?.Any(isChatbot) ?? false)
                        {
                            Activity reply = (message as Activity).CreateReply(
                                "# Welcome to Wine Chatbot!\n" + WineBotDialog.
ExampleText);

                            var connector = new ConnectorClient(new Uri(message.
ServiceUrl));

                            await connector.Conversations.ReplyToActivityAsync(reply);
                        }
                    }
                }
            }
        }
    }
}
```

목록 14-6의 Post 메서드가 이것이 사용자로부터 받은 메시지라는 것을 아는 순간 Detect AndTranslateAsync를 호출한다. DetectAndTranslateAsync의 첫 번째 문장은 Detect LanguageAsync를 호출해서 사용자 메시지의 언어를 반환한다. 이 챗봇은 영어 텍스트로 작업하기 때문에 그 언어가 영어인지 아닌지 확인한다. 영어가 아니라면 이 챗봇은 감지된 언어를 영어로 전환하기 위해 TranslateTextAsync를 호출한다. 그런 다음 이 코드는 현재 액티비티를 사용해서 후속 처리를 위한 Text와 Locale을 설정한다.

DetectAndTranslateAsync가 Post에 반환하면, WineBotDialog의 새 인스턴스의 SendAsync를 호출한다. 기억한다면 WineBotDialog는 LuisDialog에서 파생된 것으로, 뒤에서 LUIS에 요청하고 일치하는 의도를 반환한다. 따라서 제어를 WineBotDialog에 전송하기 앞서 번역하는 것이 중요하다.

 인식 서비스 API를 사용할 때, 불필요한 API 호출을 막기 위해 이 API가 지원하는 언어를 확인해야 한다. 예를 들어, LUIS가 지원하는 언어 목록이 증가하고 있으므로 DetectAndTranslateAsync 메서드에서 영어뿐 아니라 LUIS가 지원하는 다른 언어를 확인해서 불필요한 번역 API 호출을 피하는 것도 최적화 방법이 될 수 있다.

이제 사용자 메시지를 처리하는 방법을 알아봤으니 다음으로 사용자에게 응답 보내는 방법을 알아보자. 목록 14-7의 WineBotDialog를 보자. 의도 처리 메서드에서 코드는 응답을 사용자 언어로 번역한다.

목록 14-7 사용자 응답 번역: WineBotDialog.cs

```
using System;
using System.Threading.Tasks;
using Microsoft.Bot.Builder.Dialogs;
using Microsoft.Bot.Builder.Luis.Models;
using Microsoft.Bot.Builder.Luis;
using WineBotLib;
using System.Collections.Generic;
using System.Text.RegularExpressions;
using System.Linq;
using Microsoft.Bot.Connector;
using AILib;
using AILib.Models;
using System.Web;


namespace WineBotLuis.Dialogs
{
    [LuisModel(
        modelID: "<your LUIS model ID>",
        subscriptionKey: "<your LUIS subscription key>")]
    [Serializable]
    public class WineBotDialog : LuisDialog<object>
    {
        public const string ExampleText = @"
Here are a couple examples that I can recognize:
'What type of red wine do you have with a rating of 70?' or
'Please search for champaigne.'";

        readonly CognitiveService cogSvc = new CognitiveService();

        [LuisIntent("")]
        public async Task NoneIntent(IDialogContext context, LuisResult result)
        {
            QnAAnswer qnaAnswer = await cogSvc.AskWineChatbotFaqAsync(result.Query);
            string message =
                qnaAnswer.Score == 0 ?
                    @"Sorry, I didn't get that. " + ExampleText :
                    HttpUtility.HtmlDecode(qnaAnswer.Answer);

            message = await TranslateResponseAsync(context, message);

            await context.PostAsync(message);
            context.Wait(MessageReceived);
```

```
        }

        [LuisIntent("Searching")]
        public async Task SearchingIntent(IDialogContext context, LuisResult result)
        {
            if (!result.Entities.Any())
            {
                await NoneIntent(context, result);
                return;
            }

            int wineCategory;
            int rating;
            ExtractEntities(result, out wineCategory, out rating);

            var wines = await new WineApi().SearchAsync(
                wineCategory, rating, inStock: true, searchTerms: string.Empty);

            string message = wines.Any() ?
                "Here are the top matching wines" :
                "Sorry, No wines found matching your criteria.";

            message = await TranslateResponseAsync(context, message);

            if (wines.Any())
                message =
                    $"## {message}:\n" +
                    $"{ string.Join("\n", wines.Select(w => $"* {w.Name}"))}";

            await context.PostAsync(message);

            context.Wait(MessageReceived);
        }

        void ExtractEntities(LuisResult result, out int wineCategory, out int rating)
        {
            const string RatingEntity = "builtin.number";
            const string WineTypeEntity = "WineType";

            rating = 1;
            EntityRecommendation ratingEntityRec;
            result.TryFindEntity(RatingEntity, out ratingEntityRec);
            if (ratingEntityRec?.Resolution != null)
                int.TryParse(ratingEntityRec.Resolution["value"] as string, out
rating);

            wineCategory = 0;
            EntityRecommendation wineTypeEntityRec;
            result.TryFindEntity(WineTypeEntity, out wineTypeEntityRec);

            if (wineTypeEntityRec != null)
```

```
            {
                string wineType = wineTypeEntityRec.Entity;

                wineCategory =
                    (from wine in WineTypeTable.Keys
                     let matches = new Regex(WineTypeTable[wine]).Match(wineType)
                     where matches.Success
                     select (int)wine)
                    .FirstOrDefault();
            }
        }

        async Task<string> TranslateResponseAsync(IDialogContext context, string
message)
        {
            var activity = context.Activity as IMessageActivity;
            if (!activity.Locale.StartsWith("en"))
                message = await cogSvc.TranslateTextAsync(message, activity.Locale);
            return message;
        }

        Dictionary<WineType, string> WineTypeTable =
            new Dictionary<WineType, string>
            {
                [WineType.ChampagneAndSparkling] = "champaign and sparkling
|champaign|sparkling",
                [WineType.DessertSherryAndPort] = "dessert sherry and port|desert|
sherry|port",
                [WineType.RedWine] = "red wine|red|reds|cabernet|merlot",
                [WineType.RoseWine] = "rose wine|rose",
                [WineType.Sake] = "sake",
                [WineType.WhiteWine] = "white wine|white|whites|chardonnay"
            };
    }
}
```

이 코드 대부분은 8장에서 LUIS 동작 방식을 설명할 때 살펴봤다. 차이점이라면 의도 처리 메서드인 NoneIntent와 SearchingIntent가 응답을 사용자 언어로 전환하고 사용자에게 보낼 메시지 응답에 번역 결과를 할당하기 위해 TranslateResponseAsync를 호출한다.

TranslateResponseAsync는 사용자 언어가 영어인지 아닌지를 확인하고 영어가 아니면 번역을 수행한다. 이는 텍스트가 이미 영어라면 쓸데없이 번역 API를 호출하는 것을 방지한다.

SearchingIntent에서 wines.Any()가 true인 경우, TranslateResponseAsync의 응답을 어떻게 처리하는지 주의깊게 살펴보자. 결과 서식은 제목을 위해 ## 접두어를 붙인 마크다운으로 지정된다. # 문자는 인코딩되지 않아 번역 API에 전달되면 HTTP 400 에러가 발생한다. 그러므로 마크다운 형식을 번역 API에 전달하는 상황은 피하는 것이 좋다. 만일 HTTP 400 같은 에러를 받게 되면 즉시 URL에 텍스트 매개변수를 위한 인코딩되지 않은 특수 문자가 포함되어 있지 않은지 검사해야 한다.

이제 번역 API를 사용하는 방법을 살펴봤으니 사용자 메시지를 번역하고 응답하는 추가적인 방법에 대해 살펴보자.

14.4 QnA Maker로 FAQ 챗봇 구성하기

챗봇의 또 다른 용도는 고객 지원 영역에서 찾아볼 수 있다. 앞에서는 게임, 엔터테인먼트, 전자상거래 영역의 챗봇을 살펴봤다. 이 시나리오들과 그 외 다른 시나리오에서도 고객이 추가 질문을 하고 싶을 수 있다. 성숙한 챗봇이라면 대부분의 질문을 예상하고 적절한 응답을 제공할 것이다. 일반적인 질문과 관련하여 자주 묻는 질문(FAQ)이라는 개념이 있다. 사용자가 FAQ를 위해 웹 페이지나 앱 메뉴 항목을 방문하는 대신 챗봇에 질문만 한다면 더 편리할 것이다.

이 절은 인식 서비스 도구 모음 중 QnA Maker라는 또 다른 도구를 사용하는 법을 보여줌으로써 FAQ 시나리오를 만든다. QnA Maker는 API임과 동시에 API를 사용하는 웹사이트다. 이 절은 웹 페이지를 사용해서 FAQ를 생성한 다음 코딩을 통해 이를 사용하는 방법을 설명한다. 여기에서는 특별히 와인봇을 개선하는 예제를 살펴보는데, 와인봇이 질문을 인식하지 못하면 질의 내용을 QnA Maker로 전달해서 그 질의와 관련된 FAQ 항목이 있는지를 확인한다.

QnA Maker로 시작하려면 *https://qnamaker.ai/*를 방문해서 Create New Service 탭을 클릭하라(로그인이 필요할 것이다). 그림 14-2는 FAQ를 생성하기 위한 양식이다.

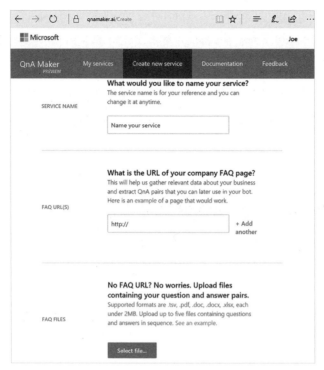

그림 14-2 QnA Maker로 FAQ 생성하기

그림 14-2에서 보는 바와 같이 서비스에 이름을 지정할 수 있다. 또한 URL로 웹 상의 기존 FAQ를 가리키거나 지원되는 형식(.pdf, .doc 등)으로 파일을 업로드할 수도 있다. 또 다른 방법으로 이 설정들을 모두 무시하고 웹 UI에서 FAQ를 편집할 수도 있다.

FAQ를 생성했다면, My Services 탭은 여러분이 생성했던 다른 FAQ들과 함께 새 FAQ 목록을 보여준다. FAQ에 Edit 버튼을 클릭하면 그림 14-3의 와인봇 화면과 비슷한 편집기 화면이 열린다.

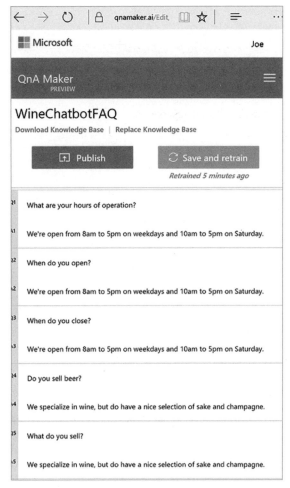

그림 14-3 QnA Maker에서 질문과 답변 편집하기

그림 14-3은 몇 가지 질문과 답변을 보여준다. Q1, Q2, Q3의 답변이 똑같지만, 발화는 모두 다르다는 것을 알 수 있다. UI는 여러분이 이 글을 읽는 시점에 달라질 수 있지만, 이것은 의도별로 여러 발화를 가질 수 있는 LUIS라고 생각하면 된다. 예외라면 여기에서는 의도 대신 대답을 갖는다는 것이다.

FAQ가 준비됐다면 Save And Retain 버튼을 클릭해서 질문을 인식하고 적절한 답변으로 응답하는 모델을 구성하라. 서비스를 사용할 준비가 되면 Publish를 클릭하라. FAQ가 게시되면, 목록 14-8의 CognitiveService 클래스에서 보듯이 HTTP POST 호출을 사용해서 FAQ를 호출할 수 있을 것이다.

이 예제는 HttpClient를 사용해서 QnA Maker API를 직접 호출했다. 하지만 이를 대신할 QnA Maker 다이얼로그를 위한 오픈 소스 프로젝트(*https://github.com/Microsoft/BotBuilder-CognitiveServices/tree/master/CSharp/Samples/QnAMaker*)도 있어서 더 편리하게 사용할 수도 있다.

목록 14-8 QnA Maker 서비스 호출: CognitiveService.cs

```
using AILib.Models;
using Newtonsoft.Json;
using System;
using System.Configuration;
using System.Linq;
using System.Net.Http;
using System.Text;
using System.Threading.Tasks;
using System.Xml.Linq;

namespace AILib
{
    [Serializable]
    public class CognitiveService
    {
        const string AccessKey = "Ocp-Apim-Subscription-Key";

        public async Task<QnAAnswer> AskWineChatbotFaqAsync(string question)
        {
            const string BaseUrl = "https://westus.api.cognitive.microsoft.com/
qnamaker/v2.0";
            string knowledgeBaseID = ConfigurationManager.AppSettings["QnAKnowledgeBa
seID"];
            string url = $"{BaseUrl}//knowledgebases/{knowledgeBaseID}/
generateAnswer";

            var client = new HttpClient();
            string accessKey = ConfigurationManager.AppSettings["QnASubscriptionK
ey"];
            client.DefaultRequestHeaders.Add(AccessKey, accessKey);

            var content = new StringContent(
                $"{{ \"question\": \"{question}\" }}", Encoding.UTF8, "application/
json");

            HttpResponseMessage response = await client.PostAsync(url, content);
            string jsonResult = await response.Content.ReadAsStringAsync();

            QnAResponse qnaResponse = JsonConvert.DeserializeObject<QnAResponse>(json
Result);
            return qnaResponse.Answers.FirstOrDefault();
        }
```

```
        }
}
```

목록 14-8의 AskWineChatbotFaqAsync는 QnA Maker FAQ의 두 개의 증명 정보, Knowledge baseID와 Ocp-Apim-Subscription-Key를 사용한다. My Services 탭에 가서 View Code를 클릭하여 그림 14-4처럼 HTTP 요청 사양을 열어 이 값들을 확인할 수 있다.

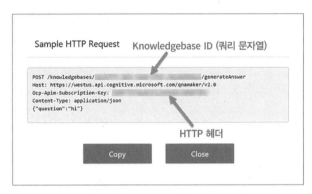

그림 14-4   QnA Maker의 KnowledgebaseID와 Ocp-Apim-Subscription-Key 얻기

그림 14-4를 보면 POST 쿼리 문자열에서 Knowledgebase ID를, 요청 헤더에서 Ocp-Apim-Subscription-Key를 찾을 수 있다. 이 값들을 web.config의 appSettings 부분의 QnAKnowledgeBaseID와 QnASubscriptionKey 요소에 복사하면, 코드에서 Configuration Settings.AppSettings 호출로 읽어들인 해당 키와 매칭한다.

AskWineChatbotFaqAsync 메서드는 QnA Maker에 일반적인 HTTP POST를 수행해서 결과를 맞춤형 QnAResponse 개체로 역직렬화하고 Answers 컬렉션의 첫 번째 항목을 반환한다. 목록 14-7에서 발췌한 다음의 WineBotDialog 클래스의 NoneIntent 메서드는 챗봇이 인식하지 못한 의도의 답변을 찾고자 AskWineChatbotFaqAsync를 호출한다.

```
[LuisIntent("")]
public async Task NoneIntent(IDialogContext context, LuisResult result)
{
    QnAAnswer qnaAnswer = await cogSvc.AskWineChatbotFaqAsync(result.Query);

    string message =
        qnaAnswer.Score == 0 ?
            @"Sorry, I didn't get that. " + ExampleText :
            HttpUtility.HtmlDecode(qnaAnswer.Answer);

    message = await TranslateResponseAsync(context, message);
```

```
        await context.PostAsync(message);
        context.Wait(MessageReceived);
    }
```

QnA Maker의 응답에는 점수 기준으로 순위가 매겨진 일련의 대답이 포함된다. 점수는 대답과 일치할 확률을 나타낸다. 점수가 0이면 QnA Maker는 어떤 질문과도 일치하지 않는다는 것이고, NoneIntent 코드에서 질문을 이해할 수 없다는 설명을 반환한다. 점수가 0보다 큰 좋은 답이 있다면(이 점수는 가능성을 나타내기 때문에 항상 0보다 크다) 코드는 사용자에게 해당 메시지로 응답한다. QnA Maker는 사용자에게 대답을 표시하기에는 적절하지 않은 HTML 인코딩된 대답을 반환할 수 있으므로 HttpUtility가 대답을 디코딩한다.

노트 이 장에서는 요청 데이터가 적절한 형식을 가질 수 있도록 지원하는 다양한 인코딩을 봤다. 기대하지 못했던 인코딩을 가진 데이터는 처리 과정을 건너뛰어서 HTTP 에러를 일으키기 쉽다. URL, HTML, Markdown 관련 인코딩을 사용해서 폭넓은 테스트를 수행하는 데 시간을 들일 가치가 있다.

요약

이 장은 여러분이 만드는 챗봇 중 일부에 유용하게 쓰일 수 있는 인식 서비스 API를 다뤘다. 여러분은 음악가와 관련된 뉴스 기사를 찾기 위해 Search API를 사용하는 법을 봤다. Vision API 예제에서는 음악 앨범 표지의 캡션을 만들었다. 텍스트 처리 API 예제에서는 사용자 언어를 감지해서 질의/응답을 영어와 사용자 언어로 변환했다. 마지막으로 여러분은 QnA Maker가 사용자 질문에 응답하는 챗봇의 능력을 강화하기 위해 FAQ를 구성하는 것을 어떻게 돕는지 살펴봤다.

이는 서비스 중 극히 일부를 다룬 것으로 전체 인식 서비스 도구 모음은 더 많은 API를 제공하고 그 목록은 점점 증가하고 있다. 여러분은 챗봇을 보강하기 위해 이 도구들을 사용할 수 있고 더 똑똑한 챗봇을 만들기 위해 기능을 추가하고 AI 기술을 활용할 수 있다. 애저 웹사이트의 인식 서비스 페이지를 방문해서 다른 모든 서비스를 배우는 것이 좋다.

인식 서비스를 사용해서 챗봇에 지능을 더할 수 있다. 다음 장에서는 챗봇이 음성 서비스를 사용해서 더 똑똑하게 소리 내는 것을 살펴볼 예정이다.

15

음성 서비스 추가하기

봇 프레임워크는 여러 플랫폼에서 실행되며 지금까지 여러분이 구성했던 채널은 모두 텍스트 상호작용을 포함한다. 사용자는 채널 인터페이스(대체로 메시징 앱)에 메시지를 입력하고 챗봇 은 텍스트로 응답한다. 하지만 챗봇에서 사용할 수 있는 매체가 텍스트만 있는 것은 아니다. 음성으로도 가능하다.

음성을 사용하면 사용자는 챗봇에 텍스트를 입력하지 않고도 직접 챗봇과 말할 수 있다. 챗 봇은 음성이나 텍스트로 응답할 수 있다. 코타나는 그러한 인터페이스 중 하나다. 사용자는 코타나를 소환해서 챗봇과 상호작용을 요청할 수 있다. 이 장에서는 먼저 사용자에게 다양한 유형의 응답에 음성을 추가하는 방법을 보여준다. 여러분은 챗봇의 수신 상태를 가리키는 입 력 힌트를 구현하는 방법을 볼 것이다. 그런 다음 챗봇을 코타나에 배포하는 방법을 배울 것 이다.

15.1 액티비티에 음성 추가하기

이 책의 첫 번째 챗봇 예제는 connector.Conversations.ReplyToActivityAsync(reply)를 사용해 서 메시지를 사용자에게 돌려준다. reply 인수는 Activity 인스턴스다. 이 인스턴스의 Text 속 성은 메시지를 포함하고 있다. 이 기법은 이 책에서 특히ConversationUpdate 이벤트를 처리하 는 동안 환영 메시지를 구성할 때 이미 보았다.

Text 외에도, Activity 형식에는 Speak 속성이 있다. 코타나 같은 채널은 사용자에게 말하기 위해 Speak 속성의 텍스트를 사용한다. 목록 15-1은 4장의 RockPaperScissors 프로그램을 수정해서 Activities에 음성을 추가했다.

목록 15-1 액티비티에 음성 추가: MessagesController.cs

```csharp
using System;
using System.Net;
using System.Net.Http;
using System.Threading.Tasks;
using System.Web.Http;
using Microsoft.Bot.Connector;
using RockPaperScissors4.Models;
using System.Web;

namespace RockPaperScissors4
{
    [BotAuthentication]
    public class MessagesController : ApiController
    {
        public async Task<HttpResponseMessage> Post([FromBody]Activity activity)
        {
            HttpStatusCode statusCode = HttpStatusCode.OK;

            var connector = new ConnectorClient(new Uri(activity.ServiceUrl));

            if (activity.Type == ActivityTypes.Message)
            {
                string message = await GetMessage(connector, activity);

                Activity reply = activity.BuildMessageActivity(message);
                reply.Speak = message;
                reply.InputHint = InputHints.AcceptingInput;

                await connector.Conversations.ReplyToActivityAsync(reply);
            }
            else
            {
                try
                {
                    await new SystemMessages().Handle(connector, activity);
                }
                catch (HttpException ex)
                {
                    statusCode = (HttpStatusCode) ex.GetHttpCode();
                }
            }

            HttpResponseMessage response = Request.CreateResponse(statusCode);
```

```
            return response;
        }

        async Task<string> GetMessage(ConnectorClient connector, Activity activity)
        {
            var state = new GameState();

            string userText = activity.Text.ToLower();
            string message = "";

            if (userText.Contains(value: "score"))
            {
                message = await state.GetScoresAsync(connector, activity);
            }
            else if (userText.Contains(value: "delete"))
            {
                message = await state.DeleteScoresAsync(activity);
            }
            else
            {
                var game = new Game();
                message = game.Play(userText);

                if (message.Contains(value: "Tie"))
                {
                    await state.AddTieAsync(activity);
                }
                else
                {
                    bool userWin = message.Contains(value: "win");
                    await state.UpdateScoresAsync(activity, userWin);
                }
            }

            return message;
        }
    }
}
```

목록 15-1의 Post 메서드는 Activity에 음성을 추가한다.

```
        Activity reply = activity.BuildMessageActivity(message);
        reply.Speak = message;
```

이것은 사용자 응답 텍스트인 message를 Activity의 Speak 속성에 할당한다.

이 장의 예제는 일반 텍스트로 음성을 구현한다. 여러분은 SSML(Speech Synthesis Markup Language)을 사용할 수도 있다. 음성 합성기(synthesizer)는 종종 문장 일부를 이해할 수 없을 정도로 잘못 발음하고 오해할 수 있다. SSML은 텍스트가 말로 전해질 때 강조, 운율, 별칭 등을 지정하는 특수 특성을 제공하는 XML 마크업 언어다. 더 자세한 내용은 *https://aka.ms/ssmlref*의 마이크로소프트 페이지와 *http://www.w3.org/TR/speech-synthesis/*의 W3C 표준에서 확인할 수 있다.

지금까지 Activity에 음성을 추가하는 방법을 알아봤다. 프롬프트에도 음성을 추가할 수 있는데, 이에 대해서는 다음 장에서 논의하겠다.

15.2 SayAsync로 음성 추가하기

사용자에게 응답하는 또 다른 방법은 PromptAsync를 사용하는 것이다. 하지만 이 절에서는 이에 대응하여 음성으로 응답하는 SayAsync가 있다. SayAsync를 사용하면 텍스트와 음성을 모두 지정할 수 있다. 8장의 와인봇은 PromptAsync를 사용했는데 목록 15-2는 음성을 사용하기 위해 이것을 어떻게 수정했는지 보여준다.

목록 15-2 SayAsync로 음성 추가하기: WineBotDialog.cs

```
using System;
using System.Threading.Tasks;
using Microsoft.Bot.Builder.Dialogs;
using Microsoft.Bot.Builder.Luis.Models;
using Microsoft.Bot.Builder.Luis;
using WineBotLib;
using System.Collections.Generic;
using System.Text.RegularExpressions;
using System.Linq;
using Microsoft.Bot.Connector;

namespace WineBotLuis.Dialogs
{
    [LuisModel(
        modelID: "<your model ID goes here>",
        subscriptionKey: "<your subscription key goes here>")]
    [Serializable]
    public class WineBotDialog : LuisDialog<object>
    {
        [LuisIntent("")]
        public async Task NoneIntent(IDialogContext context, LuisResult result)
        {
            string message = @"
Sorry, I didn't get that.
Here are a couple examples that I can recognize:
```

```
'What type of red wine do you have with a rating of 70?' or
'Please search for champaigne.'";

        await context.SayAsync(text: message, speak: message,
            options: new MessageOptions
            {
                InputHint = InputHints.AcceptingInput
            });
        context.Wait(MessageReceived);
}

[LuisIntent("Searching")]
public async Task SearchingIntent(IDialogContext context, LuisResult result)
{
    if (!result.Entities.Any())
    {
        await NoneIntent(context, result);
        return;
    }

    int wineCategory;
    int rating;
    ExtractEntities(result, out wineCategory, out rating);

    var wines = await new WineApi().SearchAsync(
        wineCategory, rating, inStock: true, searchTerms: string.Empty);
    string message;

    if (wines.Any())
        message = "Here are the top matching wines: " +
                    string.Join(", ", wines.Select(w => w.Name));
    else
        message = "Sorry, No wines found matching your criteria.";

    await context.SayAsync(text: message, speak: message,
        options: new MessageOptions
        {
            InputHint = InputHints.AcceptingInput
        });
context.Wait(MessageReceived);
}

void ExtractEntities(LuisResult result, out int wineCategory, out int rating)
{
    const string RatingEntity = "builtin.number";
    const string WineTypeEntity = "WineType";

    rating = 1;
    EntityRecommendation ratingEntityRec;
    result.TryFindEntity(RatingEntity, out ratingEntityRec);
    if (ratingEntityRec?.Resolution != null)
```

```
            int.TryParse(ratingEntityRec.Resolution["value"] as string, out
rating);

        wineCategory = 0;
        EntityRecommendation wineTypeEntityRec;
        result.TryFindEntity(WineTypeEntity, out wineTypeEntityRec);

        if (wineTypeEntityRec != null)
        {
            string wineType = wineTypeEntityRec.Entity;

            wineCategory =
                (from wine in WineTypeTable.Keys
                 let matches = new Regex(WineTypeTable[wine]).Match(wineType)
                 where matches.Success
                 select (int)wine)
                .FirstOrDefault();
        }
    }

    Dictionary<WineType, string> WineTypeTable =
        new Dictionary<WineType, string>
        {
            [WineType.ChampagneAndSparkling] = "champaign and sparkling|
champaign|sparkling",
            [WineType.DessertSherryAndPort] = "dessert sherry and port|desert|
sherry|port",
            [WineType.RedWine] = "red wine|red|reds|cabernet|merlot",
            [WineType.RoseWine] = "rose wine|rose",
            [WineType.Sake] = "sake",
            [WineType.WhiteWine] = "white wine|white|whites|chardonnay"
        };
    }
}
```

NoneIntent와 SearchingIntent 모두 PromptAsync 대신 SayAsync를 사용한다.

```
    await context.SayAsync(text: message, speak: message);
```

SayAsync는 text와 speak를 모두 매개변수로 갖고 있다.

 비록 음성을 사용할 생각이 없더라도 SayAsync 같은 음성 관련 구문을 사용하는 것이 좋다. 텍스트 전용 챗봇에서도 여전히 동작하며, 나중에 코타나같이 음성 채널에 배포하고 싶을 때 쉽게 전환할 수 있게 해준다.

지금까지 프롬프트에 음성을 추가하는 방법을 알아봤다. 다음으로는 PromptDialog 형식을 살펴보겠다.

15.3 PromptDialog에 음성 추가하기

사용자와 상호작용하는 또 다른 방법으로는 PromptDialog가 있다. PromptDialog.Choice 옵션은 기본 메시지와 retry 옵션 모두에 음성 옵션을 제공한다. 10장의 음악 챗봇은 여러 곳에서 PromptDialog를 사용하고 목록 15-3은 음성을 구현하는 방법을 보여준다.

목록 15-3 PromptDialog에 음성 추가하기: ProfileDialog.cs

```
using Microsoft.Bot.Builder.Dialogs;
using Microsoft.Bot.Connector;
using MusicChatbot.Models;
using MusicChatbot.Services;
using Newtonsoft.Json.Linq;
using System;
using System.IO;
using System.Linq;
using System.Net.Http;
using System.Threading.Tasks;

namespace MusicChatbot.Dialogs
{
    [Serializable]
    public class ProfileDialog : IDialog<object>
    {
        public string Name { get; set; }
        public byte[] Image { get; set; }

        public Task StartAsync(IDialogContext context)
        {
            context.Wait(MessageReceivedAsync);
            return Task.CompletedTask;
        }

        Task MessageReceivedAsync(IDialogContext context, IAwaitable<object> result)
        {
            ShowMainMenu(context);
            return Task.CompletedTask;
        }

        void ShowMainMenu(IDialogContext context)
        {
            var options = Enum.GetValues(typeof(ProfileMenuItem)).Cast
<ProfileMenuItem>().ToArray();
```

```
        string promptMessage = "What would you like to do?";
        string retryMessage = "I don't know about that option, please select an
item in the list.";

        var promptOptions =
            new PromptOptions<ProfileMenuItem>(
                prompt: promptMessage,
                retry: retryMessage,
                options: options,
                speak: promptMessage,
                retrySpeak: retryMessage);

        PromptDialog.Choice(
            context: context,
            resume: ResumeAfterChoiceAsync,
            promptOptions: promptOptions);
    }

    async Task ResumeAfterChoiceAsync(IDialogContext context,
IAwaitable<ProfileMenuItem> result)
    {
        ProfileMenuItem choice = await result;

        switch (choice)
        {
            case ProfileMenuItem.Display:
                await DisplayAsync(context);
                break;
            case ProfileMenuItem.Update:
                await UpdateAsync(context);
                break;
            case ProfileMenuItem.Done:
            default:
                context.Done(this);
                break;
        }
    }

    Task UpdateAsync(IDialogContext context)
    {
        PromptDialog.Text(context, ResumeAfterNameAsync, "What is your name?");
        return Task.CompletedTask;
    }

    async Task ResumeAfterNameAsync(IDialogContext context, IAwaitable<string>
result)
    {
        Name = await result;
        string message = "Please upload your profile image.";
        await context.SayAsync(text: message, speak: message,
            options: new MessageOptions
```

```
                {
                    InputHint = InputHints.AcceptingInput
                });
            context.Wait(UploadAsync);
        }

        async Task UploadAsync(IDialogContext context, IAwaitable<object> result)
        {
            var activity = await result as Activity;

            if (activity.Attachments.Any())
            {
                Attachment userImage = activity.Attachments.First();
                Image = await new HttpClient().GetByteArrayAsync(userImage.
ContentUrl);

                StateClient stateClient = activity.GetStateClient();
                BotData userData = await stateClient.BotState.GetUserDataAsync
(activity.ChannelId, activity.From.Id);
                userData.SetProperty(nameof(Name), Name);
                userData.SetProperty(nameof(Image), Image);
                await stateClient.BotState.SetUserDataAsync(activity.ChannelId,
activity.From.Id, userData);
            }
            else
            {
                string message = "Sorry, I didn't see an image in the attachment.";
                await context.SayAsync(text: message, speak: message,
                    options: new MessageOptions
                    {
                        InputHint = InputHints.IgnoringInput
                    });
            }

            ShowMainMenu(context);
        }

        async Task DisplayAsync(IDialogContext context)
        {
            Activity activity = context.Activity as Activity;

            StateClient stateClient = activity.GetStateClient();
            BotData userData =
                await stateClient.BotState.GetUserDataAsync(
                    activity.ChannelId, activity.From.Id);

            if ((userData.Data as JObject)?.HasValues ?? false)
            {
                string name = userData.GetProperty<string>(nameof(Name));

                await context.SayAsync(text: name, speak: name);
```

```
            byte[] image = userData.GetProperty<byte[]>(nameof(Image));

            var fileSvc = new FileService();
            string imageName = $"{context.Activity.From.Id}_Image.png";

            string imageFilePath = fileSvc.GetFilePath(imageName);
            File.WriteAllBytes(imageFilePath, image);

            string contentUrl = fileSvc.GetBinaryUrl(imageName);
            var agenda = new Attachment("image/png", contentUrl, imageName);

            Activity reply = activity.CreateReply();
            reply.Attachments.Add(agenda);

            await
                new ConnectorClient(new Uri(reply.ServiceUrl))
                    .Conversations
                    .SendToConversationAsync(reply);
        }
        else
        {
            string message = "Profile not available. Please update first.";
            await context.SayAsync(text: message, speak: message);
        }
        ShowMainMenu(context);
    }
  }
}
```

목록 15-3의 ShowMainMenu는 PromptDialog.Choice에 음성을 추가한다.

```
        string promptMessage = "What would you like to do?";
        string retryMessage = "I don't know about that option, please select an
item in the list.";

        var promptOptions =
            new PromptOptions<ProfileMenuItem>(
                prompt: promptMessage,
                retry: retryMessage,
                options: options,
                speak: promptMessage,
                retrySpeak: retryMessage);

        PromptDialog.Choice(
            context: context,
            resume: ResumeAfterChoiceAsync,
            promptOptions: promptOptions);
```

PromptDialog에서는 PromptOptions를 통해 음성을 구현한다. PromptOptions 형식에는 prompt/speak와 retry/retrySpeak 쌍을 위한 매개변수가 있다. 그런 다음 prompt Options 인수를 받는 PromptDialog.Choice의 오버로드를 사용하면 된다.

지금까지는 응답에 음성을 추가하기 위한 다양한 기술을 알아봤으니 이제 입력 힌트(input hint)에 대해 살펴보자.

15.4 입력 힌트 지정

입력 힌트는 챗봇이 사용자가 어떤 경우에 통신할 것으로 가정했는지 보여준다. 봇 프레임워크의 InputHints 클래스는 어떤 입력 힌트를 사용할 수 있는지 그리고 그 입력 힌트는 무엇을 의미하는지를 설명한다.

```
/// <summary>
/// 봇이 입력을 받아들였는지, 기다리고 있는지, 또는 무시했는지를 보여줌
/// </summary>
public static class InputHints
{
    /// <summary>
    /// 보낸 사람은 수동적으로 입력을 받을 준비는 됐지만, 응답을 기다리지는 않음
    /// </summary>
    public const string AcceptingInput = "acceptingInput";

    /// <summary>
    /// 보낸 사람이 입력을 무시하고 있음
    /// 봇이 적극적으로 요청을 처리한다면 이 힌트를 보낼 것임
    /// 그리고 요청이 완료될 때까지 사용자로부터 들어오는 입력은 무시될 것임
    /// </summary>
    public const string IgnoringInput = "ignoringInput";

    /// <summary>
    /// 보낸 사람이 사용자의 응답을 적극적으로 기다리고 있음
    /// </summary>
    public const string ExpectingInput = "expectingInput";
}
```

Activity나 SayAsync 호출을 위한 기본 InputHint는 AcceptingInput이다. 다음은 목록 15-1의 Activity 예제다.

```
Activity reply = activity.BuildMessageActivity(message);
```

```
                reply.Speak = message;
                reply.InputHint = InputHints.AcceptingInput;
```

Activity.InputHint를 InputHints 멤버에 설정하기만 하면 된다. SayAsync에는 입력 힌트를 위한 명시적 매개변수가 없으므로 약간 다르다. 목록 15-2에서 가져온 다음 코드는 SayAsync에 입력 힌트를 추가하는 법을 보여준다.

```
        await context.SayAsync(text: message, speak: message,
            options: new MessageOptions
            {
                InputHint = InputHints.AcceptingInput
            });
```

SayAsync의 경우, 우리는 MessageOptions를 인스턴스화해서 InputHint 속성을 설정한다.

챗봇이 메시지를 사용자에게 전송하고 응답을 기다린다면, InputHints.ExpectingInput을 사용한다. 이에 대한 예로는 PromptDialog 형식을 들 수 있는데 프롬프트의 목적이 사용자로부터 응답을 얻는 것이기 때문이다. PromptDialog의 기본값은 항상 InputHints.ExpectingInput 이므로 입력 힌트를 명시적으로 설정하지 않아도 된다.

목록 15-3에는 InputHints.IgnoringInput을 사용하는 방법에 대해 예를 보여준다.

```
        string message = "Sorry, I didn't see an image in the attachment.";
        await context.SayAsync(text: message, speak: message,
            options: new MessageOptions
            {
                InputHint = InputHints.IgnoringInput
            });
```

이 예제에서 사용자는 자신의 프로필을 구성할 때 이미지를 업로드하지 않았다. 메시지는 정보뿐이고 응답을 요청하지 않으므로 InputHints.IgnoringInput을 선택하는 것이 적당하다. 덧붙이자면, 이 다음에 실행할 코드는 사용자에게 프롬프트를 보여주고 입력을 받는 Show MainMenu이다.

15.5 코타나 설정

챗봇에 음성 기능이 있다면 음성 채널에 챗봇을 배포할 수 있다. 이 예제에서는 챗봇을 코타나에 배포한다. 다른 수많은 채널처럼 코타나를 위한 설정이 그렇게 어렵지는 않지만, 알아두어야 할 몇 가지 추가적인 단계가 있다. 첫 번째 단계는 2장에서 설명한 것처럼 챗봇이 봇 프레임워크로 등록됐는지 확인하는 것이다. 그다음에 **My bots**를 방문해서 **등록된 챗봇**을 선택하고 Cortana 채널을 클릭하면 된다. 그러면 그림 15-1과 비슷한 창을 보게 될 것이다.

> 📝 코타나로 테스트하기 전에 챗봇을 배포해야 한다는 사실을 기억하라.
> **노트**

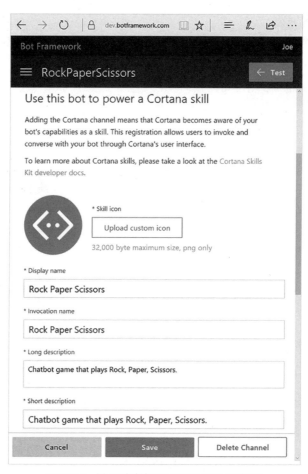

그림 15-1 봇 프레임워크로 코타나 채널 구성하기

봇 프레임워크는 챗봇 등록 정보를 기반으로 필드를 미리 채우고 여러분은 그 값들이 정확한지 확인해야 한다. 여기에서 가장 흥미로운 필드는 사용자가 챗봇을 호출하기 위해 코타나에 말하는 이름인 Invocation Name이다.

Save 버튼을 클릭하면 코타나 대시보드 링크가 있는 챗봇의 채널 페이지로 돌아간다. **Manage in Cortana Dashboard** 링크를 클릭하면 그림 15-2와 비슷한 창이 나타난다.

> 코타나 스킬(Cortana Skills)을 관리하기 위해 계정 생성이 필요할 수 있다. 그럴 경우 챗봇을 등록할 때 사용했던 것과 같은 마이크로소프트 계정으로 로그인해야 게시 전에 테스트할 수 있다.

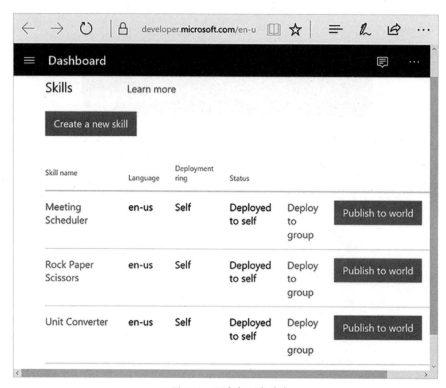

그림 15-2 **코타나 스킬 게시**

이제 RockPaperScissors 챗봇은 코타나 스킬이 됐다. Publish to world를 클릭하고 제출 양식을 채우면 코타나에서 사용할 수 있다.

RockPaperScissors에는 LUIS 모델이 없다. 그러나 챗봇이 LUIS 모델을 가지고 있다면 그림 15-3처럼 챗봇 설정 페이지에 가서 챗봇을 음성 인식이 가능하게 만들 수 있다.

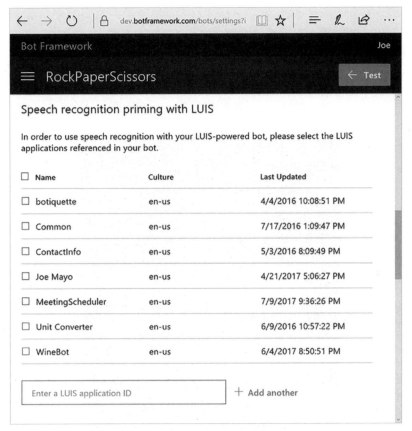

그림 15-3 **음성 인식 시작**

음성 인식을 시작하려면 luis.ai 웹 페이지에 가서 LUIS 모델이 시작할 수 있도록 애플리케이션 ID를 얻고 그 ID를 그림 15-3의 Enter a LUIS application ID 박스에 추가한 다음 해당하는 LUIS 모델에 체크한다. 이러면 코타나 또는 다른 음성 채널이 사용자 발화를 인식할 수 있다.

> 코타나를 테스트하려면 작업 표시줄에서 Cortana 메뉴를 열고 **Setting 아이콘**을 클릭해서 Let Cortana Respond To 'Hey Cortana' 옵션이 켜졌는지 확인해야 한다.

새 챗봇을 테스트하려면, 다음과 같이 말해서 코타나의 주의를 끈 다음 챗봇 호출 구문을 사용해서 챗봇을 시작하면 된다.

"Hey Cortana! Ask Rock Paper Scissors to play!"

우리가 알아낸 바에 따르면, 'Hey Cortana!' 다음에 바로 호출 구문을 사용하면 더 잘 작동한다. 두 구문 사이에 너무 오랜 시간을 망설이면 코타나는 기본적으로 빙 검색을 한다.

챗봇을 사용하는 것이 이번이 처음이라면 코타나는 그림 15-4에서처럼 허가를 요청할 것이다.

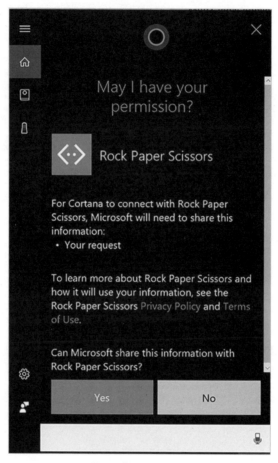

그림 15-4 **챗봇 호출을 위해 코타나 허가 제공**

그림 15-4에서 Yes를 클릭하면 RockPaperScissors 챗봇을 호출한다. 마이크를 클릭하고 말하면 코타나는 텍스트를 단어로 번역해서 봇 커넥터를 통해 그 단어를 전송하면, 새 메시지 액티비티로 RockPaperScissors 챗봇에 도착한다. 그림 15-5는 사용자가 "Rock"이라고 말할 때 가능한 출력을 보여준다.

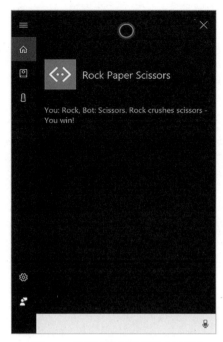

그림 15-5　코타나를 통해 챗봇과 말하기

그림 15-5를 보면 화면에 텍스트를 보여주지만, 이것은 일반적인 메시징 인터페이스가 아니다. 실생활에서 여러분은 코타나가 책 읽는 것을 들을 것이다. 또한, 코멘트가 스크롤 되지는 않지만, 코타나가 말한 마지막 부분은 표시된다.

요약

이제 사용자가 음성을 통해 상호작용할 수 있도록 챗봇을 구성하는 방법을 알았다. 여러분은 이 책에서 만들었던 주요 챗봇들이 음성을 구현하기 위해 어떻게 수정됐는지 보았다. RockPaperScissors 챗봇에서는 액티비티의 Speak 속성에 음성을 추가했다. 와인봇에서는 PostAsync를 SayAsync로 바꾸고 speak 매개변수를 추가했다. 음악 챗봇은 PromptDialog에 speak와 retrySpeak를 포함한 옵션을 추가했다.

음성을 지정하는 것 외에 챗봇이 사용자 입력을 수신 대기할 때 알려주는 입력 힌트를 추가할 수 있다.

마지막으로 코타나 채널에 등록하고 챗봇을 코타나 스킬로 변환하는 방법을 배웠다. 그런 다음 코타나를 통해 챗봇을 호출하고 음성으로 챗봇과 상호작용하는 방법을 배웠다.

여러 면에서 음성은 챗봇의 가능성을 보여주는 전형적인 예다. 이전부터 존재했던 앱을 위해 새 사용자 인터페이스를 배워야 할 필요 없이 이제 사용자는 챗봇을 통해 컴퓨터에 말하면 된다. 이 책에서 배웠던 모든 것을 결합하면, NLP와 다른 AI 서비스를 사용해서 모든 사람이 사용하기 쉬운 고급 대화, 음성 인터페이스를 갖춘 다양한 내비게이션 기법을 가진 여러 유형의 챗봇을 구성할 수 있다.

찾아보기